广视角·全方位·多品种

皮书系列

皮书系列

皮书系列

皮书系列

权威·前沿·原创

皮书系列

皮书系列

皮书系列

皮书系列

皮书系列

中国民营经济发展报告
No.7（2009~2010）

ANNUAL REPORT
OF NON-STATE-OWNED-ECONOMY
IN CHINA
No.7 (2009-2010)

中华全国工商业联合会
主　编／黄孟复
主　审／全哲洙

社会科学文献出版社
SOCIAL SCIENCES ACADEMIC PRESS (CHINA)

法 律 声 明

民营经济蓝皮书编辑委员会

各报告负责人及撰稿人

主 报 告

抓住新机遇，激发新动力，在新起点上再创新辉煌

课题组负责人　陈永杰　黄文夫

课题组成员　刘　檀　李　飞　涂　文　鲁咪咪　尚小琴　林蔚然　郭　蕾　刘佩华　房安文

专题报告

2009 年全国个体私营经济发展基本情况

课题组成员　潘海民　张久荣　赵莉

2009 年民营企业对外经济贸易发展报告

课题组成员　陈旭光　陈桂林

2009 年民营经济融资报告

课题组成员　纪　敏　王新华

中国民营经济税收报告

课题组成员　付广军　李国锋　史书新　张玉春　张　辉　陈淑贞

2009 年民营上市公司研究

课题组成员　孙卜雷　廖宗魁

2008 年度全国工商联上规模民营企业调研报告

课题组负责人 欧阳晓明

课题组成员 罗 力 傅继军 谢昆仑 于明晟 刘琦波 沙 霖 汪秉权 程静萍 方静洁

2009 年度中国民营企业 500 家分析报告

课题组负责人 欧阳晓明

课题组成员 傅继军 罗 力 谢昆仑 王 怡 沙 霖 刘小青 汪秉权 赖 晓 方静洁 来 红 陈 淼

地方报告

课题组负责人 （以姓氏拼音为序）

孔火团 廖贻东 栾文通 刘杰锋 潘丽珍 邱家赞 钱卫东 谭 辉 王志华 张卫江 赵昌奎 周国仁

出版说明

由全国工商联精心组织、社会科学文献出版社出版的《中国民营经济发展报告 No. 7（2009～2010）》又和读者见面了。2010 年的发展报告在原有基础上进行了调整创新，除已有的主报告、专题报告外，将地方报告更新为区域发展报告。主报告系统分析了 2009 年全年及 2010 年上半年民营经济发展的宏观环境、整体状况，深入分析了 2010 年民营经济发展面临的重大机遇和严峻挑战，全面解读了“民间投资 36 条”在民营经济发展中的重大意义，提出了贯彻落实的措施和建议，站在经济社会发展全局的高度对民营经济未来发展作了展望。专题报告对个体私营经济、对外贸易、融资、税收、民营上市公司等领域进行了深层次研究。区域发展报告重点反映了各区域民营经济发展的特点、存在的问题，对未来发展趋势进行了展望。同时还收录了《2008 年度全国工商联上规模民营企业调研报告》和《2009 年度中国民营企业 500 家分析报告》。本书以翔实的数据、丰富的资料，全方位、多角度地反映了当前民营经济发展的现状、特征、发展趋势，有关部门及专家学者的参与和支持增加了本书的权威性。希望本书的出版能为各界专家学者以及企业界人士研究民营经济、了解民营经济提供帮助。

目 录

主 报 告

专题报告

区域报告

地方报告

皮书数据库阅读使用指南

主 报 告

抓住新机遇　激发新动力
在新起点上再创新辉煌

2009年是进入新世纪以来我国经济发展最为困难的一年。这一年，国际金融危机扩散蔓延，世界经济深度衰退，致使我国经济受到严重冲击，出口大幅下降，不少企业经营困难，有的甚至停产倒闭，失业人员大量增加，农民工大批返乡，经济增速陡然下滑。还是这一年，我们隆重地庆祝了新中国成立60周年，全国各族人民在党中央的果断决策、正确领导下，迎难而上、共克时艰，努力化挑战为机遇，在世界各国中率先实现经济企稳回升、逐步向好。我国国内生产总值达到33.5万亿元，比2008年增长8.7%；财政收入6.85万亿元，增长11.7%；城镇新增就业1102万人；城镇居民人均可支配收入17175元，农村居民人均纯收入5153元，实际分别增长9.8%和8.5%，我国在全面建设小康社会的道路上又迈出了坚实的一步。

2010年是我国继续巩固经济回升向好态势、夺取应对国际金融危机冲击全面胜利的关键之年，也是全面完成“十一五”规划目标，为“十二五”时期经济社会发展奠定良好基础的重要之年。当前，调整经济结构、加快经济发展方式转变，已经成为我国经济领域的一场深刻变革，成为深入贯彻落实科学发展观的重要目标和战略举措。我们已经站到全面建设小康社会、加快推进社会主义现代化的新的起点上。在这样的背景下，我们围绕民营经济发展作深入分析，具有十分重要的意义。

本报告系统分析了2009年全年及2010年上半年民营经济发展的宏观环境、整体状况，深入分析了2010年民营经济发展面临的重大机遇和严峻挑战，全面解读了“民间投资36条”在民营经济发展中的重大意义，提出了贯彻落实的措施和建议，站在经济社会发展全局的高度对民营经济未来的发展作了展望。

一　2009年，民营经济依然较快发展，为“保增长、保民生、保稳定”作出重大贡献

2009年，受外需不足影响，大量外向型民营企业出口遇到前所未有的困难；受金融制度和政策影响，民营企业特别是小企业融资难问题始终未得到有效解决，国际金融危机的到来又在许多方面加重了这一困难；受国内消费需求不足影响，民营企业经营困难、投资意愿下降，一批中小企业停产关闭；长期存在的技术创新能力弱、治理结构不完善等问题，在金融危机中暴露得更加充分。尽管如此，我国民营经济再次凸显抗逆性强的特点，依然保持了较好的发展态势，为“保增长、保民生、保稳定”作出了重大贡献。

（一）民营经济发展的宏观政策环境

2009年，民营经济之所以能够在危机中保持较好的发展势头，得益于党中央、国务院对民营经济发展的高度重视和一系列促进民营经济发展的政策举措的出台。党和国家实施了积极的财政政策和适度宽松的货币政策，并陆续出台了一系列政策措施以刺激经济的发展。4万亿元投资计划和十大产业调整振兴规划等的实施，有效抑制了经济快速下滑的局面，大大提振了民营企业的信心，给民营企业发展带来了新的机遇。9万多亿元信贷投放，加大了向中小企业贷款的倾斜，推出创业板市场，拓宽了中小企业的融资渠道，在一定程度上缓解了中小企业的融资难题。颁布实施的《国务院关于进一步促进中小企业发展的若干意见》，为以中小企业为主体的民营经济持续健康发展营造了良好的政策环境。此

外，国家还加大了家电下乡的范围和财政补贴力度，以刺激农村消费市场；针对生产经营困难的企业出台了一系列财政和税收的优惠政策，以帮助企业渡过难关。正是这些强有力的政策支持，为民营经济在逆境中保持较好发展态势提供了有利的政策环境。

（二）民营经济发展概况

2009年，广大民营企业家在困难面前始终保持一种迎难而上、锐意进取、百折不挠的拼搏精神，根据形势变化，努力转变发展理念，积极调整发展战略，不断创新发展思路，采取积极应变措施。有的企业苦练内功，凭借完善企业治理结构，挖掘人力资源潜力，提高员工工作效率，降低生产成本，增强企业的竞争力；有的企业重新定位市场，凭借实施品牌战略，开发二线、三线市场和农村市场，拓展海外新兴市场，稳定销售渠道，确保企业有序运转；有的企业充分利用国家政策，凭借加大研发投入，开发关键核心技术，优化产业产品结构，化解市场风险，开辟新的利润增长点；有的企业主动顺应经济全球化趋势，积极挺进国际市场，在世界范围寻找商机、抢占市场份额，实现了新的发展。这一年，民营企业在企业数量、注册资本金、城镇固定资产投资、进出口额、完成税收等诸多方面明显高于国家平均水平。

1. 2009年民营经济发展贡献情况

——民营企业数量持续增长。截至2009年底，登记注册的私营企业已达740.15万户，占全国登记注册企业总数的70%以上，较2008年底增加82.73万户，增长12.6%；个体工商户已达3197.37万户，较2008年底增加280.07万户，增长9.6%（见表1）。从图1可看出，2002～2009年，个体工商户的数量持续增加，且增长率逐年上升；私营企业数量持续增加，其增长率在2003～2008年连续5年下降后在2009年出现了较大幅度的提升。

——民营企业资金规模继续增加。截至2009年底，私营企业注册资金已达14.64万亿元，较2008年底增加2.9万亿元，增长24.7%，户均注册资金达197.8万元，增长10.8%。个体工商户注册资金已达10856.6亿元，较2008年底增加1850.6亿元，增长20.55%，户均注册资金达3.4万元，增长9.7%（见表2）。从图2可以看出，截至2009年底，虽然私营企业和个体工商户注册资金绝对值均保持了20%以上的增长速度，但增长率出现了较小幅度的回调。

表 1　2002～2010 年上半年个体、私营企业户数及增长率表

单位：万户，%

年份	私营企业户数	增长率	个体工商户户数	增长率
2002	263.83	20.0	2377.5	-2.3
2003	328.72	24.6	2353.2	-1
2004	402.41	22.4	2350.5	-0.1
2005	471.95	17.3	2463.9	4.8
2006	544.14	15.3	2595.6	5.3
2007	603.05	10.8	2741.5	5.6
2008	657.42	9.0	2917.3	6.4
2009	740.15	12.6	3197.37	9.6
2010.6	789.41	6.7	3328.40	4.1

说明：1. 表中历年私营企业户数均包含分支机构数量。

2. 数据来源于国家工商总局。

3. 2010 年 6 月增长率为半年数据。

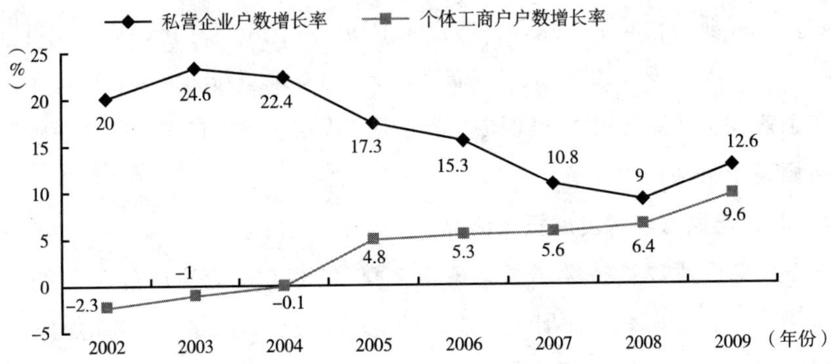

图 1　2002～2009 年个体私营企业户数增长率变化图

说明：根据表 1 绘制而成。

——民营经济投资依然保持增长态势。截至 2009 年底，全国社会固定资产投资累计完成 19.41 万亿元，同比增加 4.54 万亿元，增长 30.5%。其中国有经济完成 8.65 万亿元，同比增加 2.25 万亿元，增长 35.2%；外资企业完成 1.41 万亿元，同比下降 0.07 万亿元，下降 0.5%；内资民营企业完成 9.35 万亿元，同比增加 2.29 万亿元，增长 32.5%（见表 3）。从图 3 可以看出，外资企业城镇固定资产投资比重继续逐年下降，国有经济在经历了持续下降后，在 2009 年比重有所回升，内资民营企业比重持续上升，已经接近了总量的一半。

表2 2002～2010年上半年个体私营企业注册资金数额及增长率表

年份	私营企业注册资金(万亿元)	增长率(%)	户均注册资金(万元)	个体工商户注册资金(亿元)	增长率(%)	户均注册资金(万元)
2002	2.48	35.9	94.0	3782.4	10.1	1.6
2003	3.53	42.3	107.4	4187.0	10.7	1.8
2004	4.79	35.7	119.0	5057.9	20.8	2.2
2005	6.13	28.0	129.9	5809.5	14.9	2.4
2006	7.60	24.0	139.7	6468.8	11.3	2.5
2007	9.39	23.6	155.7	7350.8	13.6	2.7
2008	11.74	25.0	178.6	9006.0	22.52	3.1
2009	14.64	24.7	197.8	10856.6	20.55	3.4
2010.6	16.52	12.8	209.2	12012.1	10.64	3.6

说明：1. 表中历年私营企业户数均包含分支机构数量。

2. 数据来源于国家工商总局。

3. 2010年6月增长率为半年数据。

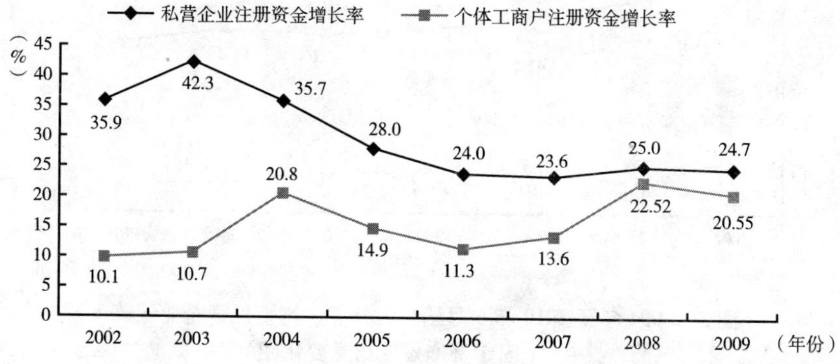

图2 2002～2009年个体私营企业注册资金数额增长率变化图

说明：根据表2绘制而成。

表3 2004年至2010年6月分经济类型城镇固定资产投资变化情况表

单位：亿元，%

指标 \ 年份	2004	2005	2006	2007	2008	2009	2010.6	2010.1～6同比增长
投资总额	59028	75095	93369	117465	148738	194139	98047.4	25.5
国有经济	34092	38678	44824	52229	63998	86536	40453.6	21.5
外资企业	6968	8424	9925	12193	14179	14111	6609.6	8.0

续表 3

指标＼年份	2004	2005	2006	2007	2008	2009	2010.6	2010.1～6 同比增长
内资民营企业	17968	27993	38620	53043	70561	93492	50984.2	31.9
构成	100	100	100	100	100	100	100	较 2009 年底比重变化
国有经济	57.8	51.5	48.0	44.5	43.0	44.6	41.3	-3.3
外资企业	11.8	11.2	10.6	10.4	9.5	7.3	6.7	-0.6
内资民营企业	30.4	37.3	41.4	45.2	47.4	48.2	52.0	3.8

说明：1. 这里的国有经济不包括国有联营和国有独资企业。

2. 民营投资总量 = 全社会固定资产投资 - 国有投资 - 外资及港澳台企业投资。

3. 资料来源：国家统计局。

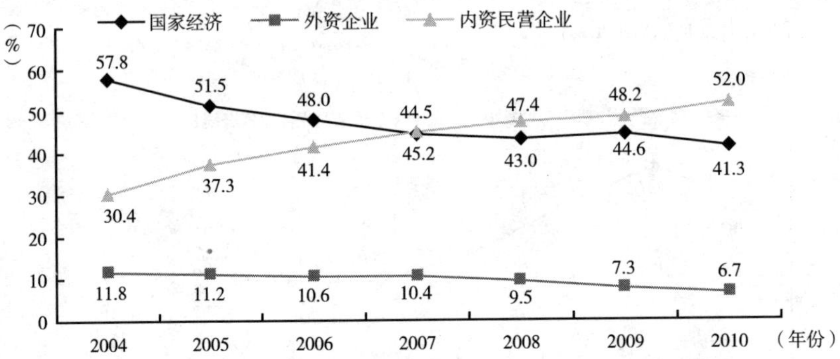

图 3　2004 年至 2010 年 6 月国有、外资、内资民营企业城镇固定资产投资比重变化图

说明：根据表 3 绘制而成。

——民营工业企业增加值增速恢复上升。截至 2009 年底，全国规模以上工业企业增加值同比增长 11%。其中私营企业增速达到 18.7%，横向比较，高于全国 7.7 个百分点，高于国有及国有控股企业 11.8 个百分点；但纵向比较，私营企业增速较 2008 年下降 1.7 个百分点，继续了 2008 年的下降势头（见表 4）。从图 4 可以看出，私营工业企业工业增加值增速始终高于全国平均速度，在 2009 年经济发展相对缓慢，工业增加值增速普遍较低的情况下，私营企业仍保持了 18.7% 的增长速度。

表4　2001年至2010年6月规模以上工业企业工业增加值增长速度表

单位：%

分类＼年份	2001	2002	2003	2004	2005	2006	2007	2008	2009	2010.1~6
工业增加值	9.9	12.6	17.0	16.7	16.4	16.6	18.5	12.9	11.0	17.6
在总计中：										
国有及国有控股企业	8.1	11.7	14.3	14.2	10.7	12.6	13.8	9.1	6.9	17.7
股份制企业	10.4	10.5	13.9	16.5	17.8	17.8	20.6	15.0	13.3	18.8
外商及港澳台投资企业	11.9	13.3	20.0	18.8	16.6	16.9	17.5	9.9	6.2	17.0
私营企业	—	—	—	22.8	25.3	24.4	26.7	20.4	18.7	20.8

说明：1. 资料来源：《中国统计摘要（2010）》、《中国经济景气月报》2010.7。

2. 工业增加值增长速度按可比价计算。

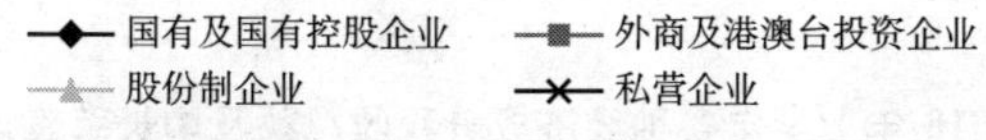

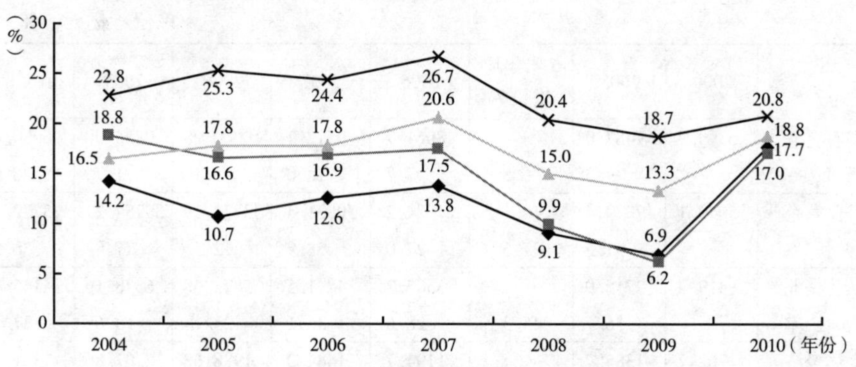

图4　2004年至2010年6月规模以上工业企业增加值增速图

说明：根据表4绘制而成。

——民营经济税收贡献增速放缓。截至2009年底，私营经济完成税收总额6378.16亿元，同比增长8.6%，低于全国增长率0.5个百分点，纵向较2008年增长率降低14.5个百分点；个体经济完成税收总额2207.86亿元，同比增长11%，高于全国增长率1.9个百分点，纵向较2008年增长率降低23个百分点。横向比较，私营经济和个体经济完成税收总额增长率均明显高于国有企业-1.7%的水平（见表5、表6）。

表 5　2000～2010 年上半年中国民营经济税收状况表

单位：亿元，%

年　份	全　国 税收收入	私营经济		个体经济		民营经济	
		绝对数	占　比	绝对数	占　比	绝对数	占　比
2000	11855.78	414.42	3.5	762.70	6.4	1177.12	9.9
2005	30308.78	2715.96	9.0	1385.67	4.6	4101.63	13.5
2006	37636.3	3505.22	9.3	1194.7	3.2	4699.92	12.5
2007	49449.29	4771.51	9.6	1484.26	3.0	6255.77	12.7
2008	57862.39	5873.68	10.2	1988.68	3.4	7862.36	13.6
2009	63103.74	6378.16	10.1	2207.86	3.5	8586.02	13.6
2010.1～6	40294.44	4145.46	10.3	1321.30	3.3	5466.76	13.6

资料来源：历年《中国税务年鉴》、《税收月度快报》。税收收入不含农税和关税，含海关、代征两税（下同）。

表 6　2000～2010 年上半年各种经济成分税收总额及增长率表

单位：亿元，%

指标＼年份	2000	2005	5 年年均增长率	2006	2007	2008	2009	2010.1～6
国有企业	5399.9	7487.9		8061.7	9512.1	10000.98	9833.98	6080.49
增 长 率	—	9.3	6.8	7.7	18.0	5.1	-1.7	26.9
内资民营企业	5049.1	17029.4		21624.2	30031.4	33772.19	39784.2	25772.33
增 长 率	—	31.2	27.5	27.0	38.9	12.5	17.8	36.5
私营企业	419.7	2715.9		3505.2	4771.5	5873.68	6378.16	4145.46
增 长 率	—	36.1	45.3	28.6	36.1	23.1	8.6	37.1
个体经济	762.7	1385.7		1194.7	1484.2	1988.68	2207.86	1321.30
增 长 率	—	14.3	12.7	—	24.2	34	11.0	32.1
外资企业	2216.7	6348.5		7950.4	9905.8	11960.85	13485.56	8441.62
增 长 率	—	18.5	23.4	25.2	24.6	20.7	12.7	25.5
全　　国	12665.8	30865.8		37636.3	49449.3	57862.39	63103.7	40294.44
增 长 率	—	20.0	19.5	21.9	31.4	17.0	9.1	28.3

说明：1. 2006 年个体经营税中不含利息所得税，统计口径与前期不同，因此无法与前期数据进行比较。
2. 资料来源：国家税务总局和笔者的计算。
3. 2010 年 1～6 月增长率为同期比。

——民营企业进出口额有所回落但比重仍不断上升。截至 2009 年底，全国私营企业进出口总额达 4368.3 亿美元，较 2008 年减少 196.5 亿美元，虽然下降 4.3%，但

仍明显优于全国进出口总额下降13.8%的比率（见表7）。如图5所示，私营企业进出口总额占全国总额比重从2008年的17.8%上升至2009年的19.8%，连续五年上升。

表7　2000～2009年私营企业进出口情况表

单位：亿美元，%

指标＼年份	2000	2005	2006	2007	2008	2009
全国进出口总额	4743	14221	17606	21745	25616.3	22072.2
增长率	31.3	23.1	23.8	23.5	17.8	-13.8
私营进出口总额	37.5	1662.1	2435.8	3476	4564.8	4368.3
增长率	254.8	49.5	46.5	42.7	31.3	-4.3
占全国比重	0.8	11.7	13.8	16.0	17.8	19.8
全国出口总额	2492	7620	9690	12190	14285.5	12016.6
增长率	27.9	28.4	27.2	25.8	17.2	-15.9
私营出口额	23.8	1122.3	1707.6	2475	3260.3	2963.6
增长率	275	62.1	52.2	45.0	31.7	-9.1
占全国比重	1.0	14.7	17.6	20.3	22.8	24.7

资料来源：根据商务部提供的数据计算。

图5　2000～2009年私营企业进出口总额比重图

横向比较不同类型企业，2009年全年民营企业进出口总额5053.8亿美元，虽然较2008年出现了6.4%的负增长，但仍超过了国有企业进出口总额（见表8）。民营企业出口总额比重自加入WTO以来不断提升，2009年全年，其年增长率受宏观经济影响仅为-11.1%，但仍优于国有企业-25.8%的增长水平（见表9）。

表8　2000年至2010年6月各类企业进出口情况表

单位：亿美元，%

年　份	国有企业		外资企业		民营企业	
	金　额	增长率	金　额	增长率	金　额	增长率
2000	2153.7	24.7	2367.1	35.6	222.3	65.0
2001	2167.8	0.7	2591.0	9.5	338.9	52.5
2002	2373.5	9.5	3302.1	27.4	532.1	57.0
2003	2805.1	18.2	4722.5	43.0	984.4	85.0
2004	3300.5	17.7	6631.8	40.4	1615.7	64.1
2005	3660.1	10.9	8317.2	25.4	2243.9	38.9
2006	4165.8	13.8	10364.5	24.6	3076.5	37.1
2007	4945.3	18.7	12549.3	21.1	4243.7	37.9
2008	6110.4	23.6	14105.8	12.4	5400.2	27.3
2009	4975.0	-18.6	12174.4	-13.7	5053.8	-6.4
2010.1~6	2934.3	40.4	7281.5	40.2	3333.0	52.2

资料来源：商务部。

表9　加入WTO以来各类企业出口走势比较表

单位：亿美元，%

年份	国有企业			外资企业			民营企业		
	金额	增长	比重	金额	增长	比重	金额	增长	比重
2001	1132.3	-2.8	42.5	1332.4	11.6	50.1	196.9	47.8	7.4
2002	1228.6	8.5	37.7	1699.4	27.5	52.2	327.7	66.4	10.1
2003	1380.3	12.3	31.5	2403.4	41.4	54.8	600.0	83.1	13.7
2004	1535.9	11.3	25.9	3386.1	40.9	57.1	1011.7	68.6	17.0
2005	1688.1	9.9	22.2	4442.1	31.2	58.3	1489.8	47.3	19.5
2006	1913.4	13.3	19.7	5638.3	26.9	58.2	2139.3	43.6	22.1
2007	2248.1	17.5	18.5	6955.2	23.4	57.1	2976.8	39.1	24.4
2008	2572.3	14.4	18.0	7906.2	13.7	55.3	3807.0	27.9	26.7
2009	1909.9	-25.8	15.9	6722.3	-15.0	55.9	3384.4	-11.1	28.2
2010.1~6	1085.7	24.7	15.4	3853.1	33.6	54.6	2112.1	44.5	30.0

资料来源：商务部。

——民营经济贷款增长总体偏弱，但个体私营经济贷款增速回升较快。截至2009年底，金融机构投向广义民营经济（含外资）的贷款余额为22.3万亿元，比上年末增加2.73万亿元，同比增长14%，比上年回落近5个百分点，比金融机构各项贷款增速低17.7个百分点，这一状况表明广义民营经济贷款增长总体偏弱。自2009年一季度经济开始企稳回升后，个体私营经济先于整体民营经济恢复，个体私营经济贷款增长回升速度加快。2009年末，个体私营经济贷款增速为22.3%，比上年末大幅回升约11个百分点，分别高于广义民营经济和内资民营经济的贷款增速8.3个和5.4个百分点（见表10）。

表10　2002～2009年各层次民营经济贷款余额情况表

单位：亿元

年　份	广义民营经济贷款	内资民营经济贷款	个体私营经济贷款
2002	75601	66095	10333
2003	98702	87873	15147
2004	111414	99379	14560
2005	126710	112970	16985
2006	145681	129448	21221
2007	164517	138212	37525
2008.9	186449	158720	42243
2008	195654	169517	41739
2009	222974	198222	51046

——民营上市公司数量强势增长。截至2009年底，民营上市公司已达到640家，比2008年的563家增加了77家。2010年民营公司上市的强劲步伐仍在延续，截至2010年4月30日，民营上市公司达到735家，在短短4个月里，就上市了95家（见图6）。2008年经济快速下滑，股市下跌了近2/3，致使民营企业上市步伐有所放慢。伴随着2009年中国经济的强势反弹，创业板市场的成功推出，民营企业上市再次迎来了井喷格局。整体而言，2007年之后，民营企业上市的增速都维持在一个较高的水平，处在急速扩张的阶段。

——民营经济在吸纳扩大就业方面的贡献更加突出。面对2009年严峻的就业形势，民营企业积极响应党和国家的号召，在困难时期尽量做到不裁员、不降薪、不欠薪，维护员工的合法权益，与政府一起共度危机。截至2009年底，个体私营企业从业人员总数已达15192.4万人，较2008年增加1512万人，增长

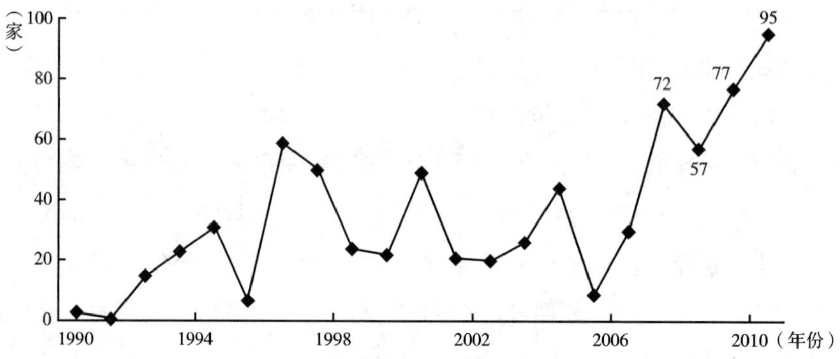

图 6　历年民营企业上市增加数量

资料来源：Wind、SEEC。

11.1%（见表 11），城镇新增就业的 90% 以上都是由民营经济解决的。从图 7 可以看出，个体私营企业从业人数从 1989 年以来持续增加，但在 2006 年以来增长率逐年下降，而在 2009 年实现了近 4 年来最大幅度的增长，抑制了近年来增长率不断下降的趋势。

表 11　2000 年至 2010 年 6 月个体私营企业从业人员数量变化情况及增长率表

单位：万人，%

年份	私营企业		个体工商户		个体私营企业从业人员总数	增长率
	从业人员	增长率	从业人数	增长率		
2000	2406.5	19.0	5070.0	-18.8	7476.5	-9.5
2005	5824.1	16.1	4900.5	6.8	10724.6	11.7
2006	6586.3	13.1	5159.7	5.3	11746.0	9.5
2007	7253.1	10.1	5496.2	6.5	12749.3	8.5
2008	7904.0	9.0	5776.4	5.1	13680.4	7.3
2009	8607.0	8.9	6585.4	14.0	15192.4	11.1
2010.6	8895.7	3.4	6691.7	1.6	15587.5	2.6

说明：1. 资料来源：根据国家工商总局数据计算整理。

2. 2000 年个体从业人员大幅减少主要由于统计口径出现了变化。

——民营经济的发展领域不断拓宽。中国企业 500 强中，民营企业数量和营业收入所占比重已分别从 2003 年的 13.8% 和 5.6%，上升到 2009 年的 20.8% 和 9.2%。从产业看，民营企业广泛分布在工业和建筑业以及第三产业中的绝大多

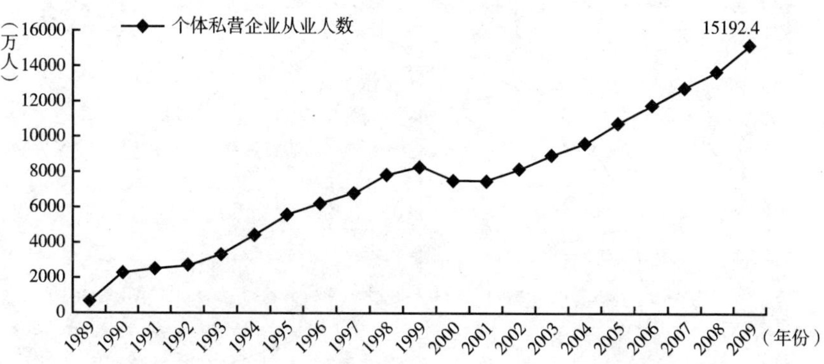

图7　2000～2009 年个体私营企业从业人员数量变化图

数行业（见图 8、图 9），截至 2009 年，私营企业在第一产业实有 16.4 万户，注册资本（金）0.3 万亿元，第二产业实有 183.9 万户，注册资本（金）4.18 万亿元，第三产业实有 539.9 万户，注册资本（金）10.16 万亿元；从区域看，个体私营企业在沿海地区发展日趋成熟，占地方经济的 70%～80%，尤其在县域经济中占有绝对主体地位；从类型看，劳动密集型、资本密集型、技术密集型企业种类繁多。这些都为民营经济的进一步发展打下了坚实的基础，积聚了巨大的力量。

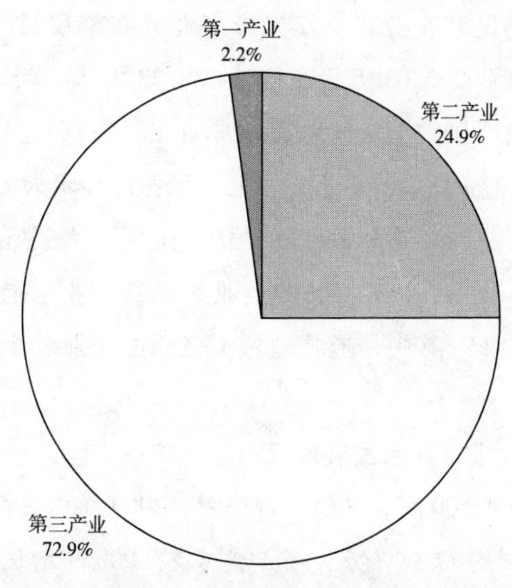

图8　全国私营企业实有户数三次产业结构图

资料来源：国家工商总局。

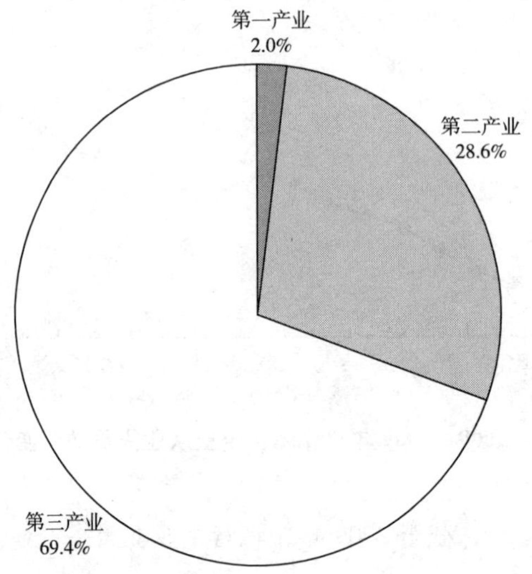

图9　全国私营企业实有注册资本（金）三次产业结构图

资料来源：国家工商总局。

——民营企业积极承担社会责任。随着民营经济的发展，涌现出一大批以强国富民为己任，自觉实践义利兼顾、以义为先理念，为推动科学发展、促进社会和谐作出积极贡献的民营企业家。仅光彩事业共实施项目6425个，到位资金978.86亿元，安排就业292.03万人，培训230.33万人，带动786.63万人脱贫致富。2010年，在西南旱灾、玉树地震和舟曲泥石流等自然灾害面前，他们积极捐款捐物，踊跃支援灾区，充分展示了心系国家、情牵人民、致富思源、富而思进的情怀。尤其在中央电视台举办的“情系玉树　大爱无疆——抗震救灾大型募捐活动特别节目”中，163家民营企业和民营企业家捐款总计10.1亿元，占晚会募捐总额的50%。其中，捐款超过1亿元的企业和个人均为国内大型民营企业和民营企业家。

2. 2009年民营企业500家发展情况

单独考察民营企业500家，从资产规模看，2009年，民营企业500家总资产达到3.90万亿元，户均77.96亿元，资产总额较2008年增长1.07万亿元，增长37.99%，远远高于民营企业总体增长率（见表12）。可以看出，大规模民营企业的发展速度较一般规模企业更快，部分企业的规模已经处于国内领先水平。

表 12　2008～2009 年民营企业 500 家资产情况表

单位：亿元

	资产总额		固定资产		净资产	
	总额	户均	总额	户均	总额	户均
2008 年	28250.07	56.5	8303.63	16.61	10620.04	21.24
2009 年	38982.28	77.96	10419.55	20.84	13754.17	27.51

2009 年，民营企业 500 家产业格局基本稳定，继续向现代服务业发展。第一产业入围企业 3 家，占比 0.6%；第二产业入围企业 381 家，占比 76.2%；第三产业入围企业 116 家，占比 23.2%（见表 13）。

表 13　2008～2009 年民营企业 500 家产业分布情况表

单位：家，%

	第一产业	第二产业	第三产业
2008 年	6	389	105
2009 年	3	381	116
增长率	-50	-2.06	10.48

2009 年全国工商联上规模民营企业调研显示，2009 年民营企业 500 家中控股权在非家族内的企业有 267 家，较 2008 年显著提高，主要集中在建筑业、黑色金属冶炼及压延加工业、批发和零售业、电器机械及器材、线缆制造及仪器仪表制造业。在一些行业和地区，家族企业具有一定的经营管理优势，特别是处于起步阶段的企业，能够加强管理层团队互信，降低经营风险，加快决策速度。随着企业规模的不断扩大，资金来源愈发呈现多元化，这有利于民营企业整合各方面的人才和资源进入管理层，建立科学高效的管理体系，提高决策的科学性。2009 年民营企业 500 家中，非家族控股企业的销售净利润及资产净利率均高于家族控股企业（见表 14）。

表 14　2009 年民营企业 500 家控股类型绩效对比表

单位：家，%

控股权	企业数	占比	销售净利率	资产净利率
家族内	181	36.2	4.38	5.38
非家族	267	53.4	4.85	5.79

2009年，民营企业500家中，被省级以上科技管理部门认定为高新技术企业的有232家，占500家的46.4%，获得国家科技进步奖的企业有32家，省级科技进步奖的企业有149家（见表15）。以上数据较2008年均有不同比例的下降。而考察同期的专利成果情况，2009年民营企业500家中，有314家企业共拥有29037项专利，专利数较2008年仅增长了1.1%，这说明规模民营企业在加大研发投入力度、提高自主创新能力上依然面临艰巨的任务。

表15　2007～2009年民营企业500家科技实力对比表

单位：家，%

项　　目	2007年		2008年		2009年	
	企业数	占比	企业数	占比	企业数	占比
国家科技进步奖	58	11.60	69	13.80	32	6.4
省部级科技进步奖	154	30.80	177	35.40	149	29.8
高新技术企业	237	47.4	245	49	232	46.4

二　2010年形势：民营经济发展面临的挑战和机遇

2010年是经济形势非常复杂的一年。从国际看，世界经济正在复苏，但其基础并不巩固，增长的内生动力明显不足；国际金融市场信心有所恢复，但国际金融体系的受损对实体经济的制约依然严重，还可能出现局部性金融震荡；各国经济刺激政策对经济企稳回升作用显著，但也面临何时退出和怎样退出的艰难抉择，把握不好可能会影响经济恢复进程；发达国家和发展中国家内需的不断扩大和外需的不断恢复为国际贸易和投资带来恢复性增长，但石油等初级产品、大宗商品价格和美元汇率震荡可能加剧，气候变化、能源资源安全等问题带来的全球性挑战压力可能进一步增大。总之，世界经济复苏进程将会呈现复杂曲折的态势。

从国内看，经济增长"保八"目标将成功实现，国际社会对我国的评价不断上升，企业和居民对市场的信心明显增强，扩大内需和改善民生的政策效应进一步显现，企业适应市场变化的能力和竞争力不断增强，经济发展的内生动力和活力正在得到进一步激发。但是，国际市场需求仍然疲弱，新的贸易保护主义抬头，我国出口压力短期难以缓解；刺激经济增长的政策效应可能减弱，民间投资意愿尚待增强，居民消费一时难有大幅度增长，进一步扩大内需存在较大制约；部分行业产能出现过剩，整体技术创新能力不足，产业结构调整的压力较大，转变经济发展方式难度加大；资源环境约束的矛盾仍然十分突出，实现节能减排目标、长期有效应对气候变化的压力加大。总之，国内经济回升向好的基础尚需进一步巩固和发展。

以上国际因素与国内因素的相互叠加，短期矛盾和长期矛盾的相互交织，既给我国民营经济发展带来巨大挑战，也为我国民营经济发展带来重要机遇。

（一）2010 年上半年民营经济发展情况

2010 年，逐步走出国际金融危机影响的民营企业发展速度进一步加快，为巩固我国经济回升向好势头、推动经济平稳较快发展作出了积极贡献。数据显示：

2010 年上半年，登记注册的私营企业达 789.4 万户，较 2009 年底增长 6.65%；注册资金达 16.52 万亿元，较 2009 年底增长 12.8%。个体工商户达 3328.4 万户，较 2009 年底增长 4.1%；注册资金达 1.2 万亿元，较 2009 年底增长 10.64%。个体私营企业从业人员总数已达 15587.5 万人，较 2009 年底增加 395.1 万人，增长 2.6%。预计个体私营经济 2010 年全年的数量、实力都将保持较高增长速度。

2010 年上半年，全国内资民营企业累计完成城镇固定资产投资 5.10 万亿元，同比增加 1.23 万亿元，增长 31.9%。内资民营企业城镇固定资产投资完成额比重持续上升，已经超过了总量的一半，且 2010 年上半年的上升速度较 2009 年有显著提高，预计全年将实现更大幅度的提高。

2010 年上半年，受国有及国有控股企业、外商及港澳台投资企业较大比例提高增速的带动，全国工业增加值增速大幅提升了 6.6 个百分点，同比增长 17.6%。其中私营企业增速达到 20.8%，较 2009 年底上升了 2.1 个百分点，终止了 2008 年以来的下降势头。

2010 年上半年，私营经济完成税收总额 4145.46 亿元，同比增长 37.1%，高于全国增长率 8.8 个百分点，纵向较 2009 年底增长率提高了 28.5 个百分点；个体经济完成税收总额 1321.3 亿元，同比增长 32.1%，高于全国增长率 3.8 个百分点，纵向较 2009 年底增长率提高了 21.1 个百分点。

海关总署公布的数据显示，2010 年 1～7 月，我国进出口总值 16170.5 亿美元，同比增长 40.9%，其中民营企业共完成进出口值 3998.5 亿美元，增长 50.5%，进出口规模已经超过同期国有企业，占同期我国进出口总值的 24.7%。民营企业名下贸易顺差 1128.1 亿美元。这充分表明，在我国大力发展民营经济的背景下，我国对外贸易的经营主体已经实现了多元化。

如图 10 所示，截至 2010 年上半年，全国私营企业有限责任公司达 654.3 万户，较 2009 年底增加 44 万户，增长 7.21%，占私营企业总户数比例达到 82.88%；注册资金达 15 万亿元，较 2009 年底增加 1.7 万亿元，增长 12.78%，占私营企业注册资金总额的 90.94%，有限责任制企业占比继续大幅度增长。股份有限公司达 1.71 万户，投资者人数 10.98 万人，投资者人数较 2009 年底出现了 20.68% 的下降，注册资金达 4993.3 亿元，较 2009 年底增长 18.78%。

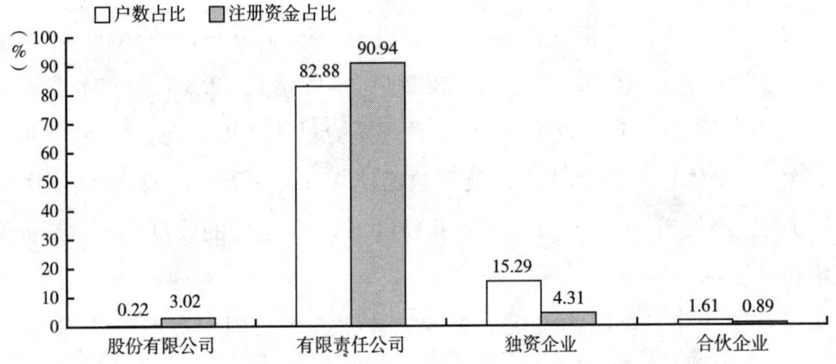

图 10　2010 年 6 月按企业类型分全国私营企业实有户数、注册资金结构图

资料来源：国家工商总局。

（二）民营经济发展面临的重大挑战

1. 世界经济格局调整与国际贸易保护主义抬头为民营经济发展带来挑战

为尽快摆脱国际金融危机的影响，世界各国正在以各种办法进行应对。主要发达国家开始转变消费模式，陆续推出提高关税、贸易禁令、出口补贴、非关税贸易壁垒等措施，贸易保护主义重新抬头，贸易摩擦日益增多。仅 2009 年前三个季度，就有 19 个国家和地区对中国产品发起 88 起贸易救济调查。国际经济形势的这些新变化，为民营企业特别是出口型民营企业的发展带来巨大挑战。

2. 全球气候变化与绿色低碳经济发展趋势为民营经济发展带来挑战

近年来，低碳经济、绿色经济、循环经济业已成为未来发展趋势，我国也正在积极推进低碳绿色经济发展。发展低碳绿色经济的核心是要取得关键技术上的突破，因此离不开对相关技术的大规模研发投入。对于多数民营企业来说，资金问题就很难解决，开发新技术所具有的高风险性更让民营企业望而却步。但是如不抢占未来产业发展的制高点，势必在经济全球化的大潮中失去竞争力。当前，民营企业在传统产业节能减排、技术改造尚未完成的情况下，又遇到发展清洁能源和低碳经济的新的竞争，其面临的挑战和压力无疑是十分巨大的。

3. 扩大国内需求与转变经济发展方式为民营经济发展带来挑战

这次国际金融危机对我国经济的冲击，表面上看是对经济增长速度的冲击，实际上是对经济发展方式的冲击。同样，对民营企业的冲击，表面上看是偶发的冲击，实际上是对长期以来主要以外延型、粗放型为主的生产经营模式的冲击。面对世界经济增长乏力、进口动力不足，国际市场极度萎缩，国内市场也面临更加激烈的竞争，无论出口型还是内销型民营企业都将面对来自国内外的双重压力。

4. 国家十大产业调整振兴规划与发展新兴战略产业为民营经济发展带来挑战

为应对国际金融危机对我国经济的影响，国务院制定并实施了钢铁、汽车、船舶等十大产业调整振兴规划。在对原有产业进行加速调整的同时，也在大力推动新兴战略产业的发展。产业调整的总趋势是要将产业、企业做强、做稳、做大。因此，在产业调整中，绝大多数规模较小、实力较弱的民营工业企业往往成为被调整的对象，其生存发展受到严峻挑战。

5. 经济结构调整与企业兼并重组为民营经济发展带来挑战

近年来，我国已有200多种产品产量居于全球第一，但这些产业多数处于全球产业链的中低端。特别是钢铁、水泥等传统产业规模扩张过快，大量落后产能亟待淘汰。国家将坚决抑制部分行业的盲目扩张和无序发展，进一步提高钢铁、水泥、平板玻璃、煤炭化工等产业在能耗、环保、资源综合利用等方面的准入门槛，这就必然给那些规模小、技术工艺落后的民营企业带来生存压力。这些企业只有抓紧实现结构调整、转型升级才有持续发展的可能。

（三）民营经济发展面临的广阔机遇和有利环境

挑战总是与机遇并存，越是大的挑战越是蕴藏着大的机遇。民营经济是最具活力的经济，只要找准时机，选好突破口，充分利用国际国内资源环境转变发展方式、提升自身素质，就一定会实现突破性发展。

1. 从国际看，民营经济发展面临新的机遇

首先，世界经济有望实现恢复性增长，民营经济发展的国际经济环境出现好转。尽管受国际金融危机冲击的影响，国际市场需求大幅下降、贸易保护主义明显抬头，发达国家增长动力依然不足，世界经济复苏仍将经历复杂曲折的过程，特别是后国际金融危机时期全球产业分工格局、贸易格局、经济力量对比都会发生重大变化，从而增加我国外部发展环境的复杂性和不确定性。但是，为应对国际金融危机，世界各国采取了空前的经济刺激措施。目前，发达国家金融体系功能逐步恢复，国际金融市场信心有所回升；新兴经济体经济活力较快复苏，带动国际贸易和跨国投资开始活跃；一些发展中国家内需不断扩张，经济逐步加速增长。根据国际货币基金组织预测，2010 年世界经济将实现 3.9% 的正增长，其中发达经济体的增长将由 2009 年的 -3.2% 回升到 2.1%，新兴和发展中经济体将由 2009 年的 2.1% 回升到 6%。世界经济的好转，为我国民营经济发展提供了有利的国际经济环境。

其次，世界新技术革命的兴起，为我国民营经济技术创新、结构优化提供了难得的机遇。每一次大的经济危机都会孕育和催生新的科技和产业革命。当前，西方主要发达国家正纷纷致力于新能源、新材料、新技术的开发与应用，致力于抢滩绿色经济、生态经济等前瞻性领域，正在通过科技创新和产业结构重组开辟新的经济增长点、创造竞争新优势。经济全球化背景下，世界经济发展的这些大趋势将对我国民营经济发展产生重大影响。而危机后期国际市场需求的下降以及国际贸易保护主义的重新抬头，在一定程度上对我国民营企业加快转变发展方式，重点提高出口产品的档次、附件价值和竞争力形成了“倒逼”机制。这些都有利于我国民营经济充分借助国际产业转移和重组，借助国际资本、技术、人才和市场，积极抢占国际经济科技制高点；有利于我国民营经济主动学习与利用新技术，提高自主创新能力，增强核心竞争力。民营企业既可着眼于当前发达国家有较好科技资源，一时陷入困境的企业，通过并购来获得它们的新技术，或通过引进它们的科技人才来提升自主创新能力，也可从长远战略出发，积极到海外开拓市场、投资建厂、设立研发机构、建立销售网络、输出品牌产品、获取技术和人才、承包大型工程等，力求实现跨越式发展。

再次，对外开放向广度、深度拓展，为民营经济开拓国际市场提供了前所未有的开放平台。我国对外开放不断扩大和深化，境外投资管理、财税、金融和外汇等政策，日益注重支持有条件的企业开展海外经济合作，购并国外企业；注重鼓励符合国外市场需求的行业有序向境外转移产能，带动商品、技术出口；注重推进境外资源开发利用合作，为我国民营企业提供长期稳定、渠道多元的资源供应，等等。特别是当前世界经济格局正在出现新的变化，以中国、印度、巴西、俄罗斯“金砖四国”崛起为标志的新兴经济体的不断壮大，意味着发展中国家的经济实力和话语权相对上升。这些都有利于非公有制企业加速“走出去”，充分利用两个市场、两种资源，优化资源和要素配置，加快做精、做强、做大企业的发展进程。

2. 从国内看，民营经济发展面临广阔空间和有利条件

首先，民营经济发展的国内经济社会环境不断改善。尽管目前我国外部需求有所下降、扩大内需难度较大，一定时期内土地、资源、劳动力等各种要素成本会不断上升，经济与社会之间、城乡之间、区域之间协调发展的任务还十分繁重，但我国以扩大内需和改善民生为重点的应对国际金融危机的“一揽子”政策措施的效应将继续显现，国内经济正迎来新一轮经济周期的上升期。2010 年上半年，我国经济同比增长 11.1%，规模以上工业增加值同比增长 19.6%，社会消费品零售总额同比增长 18.2%，均较上年同期有较大幅度提高。国内经济的快速增长，为民营经济发展创造了良好的国内经济环境。

其次，我国工业化、城镇化的加速推进，扩大内需方针政策的逐步落实，为民营经济又好又快发展提供了广阔空间。当前，西方主要发达国家已经进入后工业化时期，而我国仍处于工业化加速发展期。以信息化带动工业化，以工业化促进信息化，大力发展战略性新兴产业，努力走新型工业化道路，这将为民营经济发展提供广阔的产业空间。我国城镇化率仅为 46%，而世界平均水平已超 50%，发达国家已达 70%，我国仍处于城镇化加速发展阶段。城镇化建设会带动大量投资，促进产业集聚，这为民营经济发展提供了广阔的地理和投资空间。我国正致力于调整国民收入分配格局，提高城乡居民收入，这将极大地释放 13 亿多人口的消费需求潜力，为民营经济发展提供更广阔的内需空间。

再次，社会主义市场经济体制的日臻完善，为民营经济增强活力提供了有利的体制条件。改革开放以来，党和国家对民营经济发展的思想认识不断深化，方针政策不断完善，市场与社会环境不断优化，这使蕴藏在人民群众中的创造活力竞相迸发，创造财富的源泉充分涌流，成就了过去30年民营经济发展的辉煌。站在新的起点上，胡锦涛总书记再次强调坚持两个“毫不动摇”，强调“鼓励、支持和引导民营经济发展是党和政府坚定不移的方针”；国务院继2005年和2009年出台“非公经济36条”和“中小企业29条”后，2010年5月又出台了《国务院关于鼓励和引导民间投资健康发展的若干意见》，即“民间投资36条”，明确要进一步坚持市场化改革的基本取向，进一步放宽基础设施、公用事业、社会事业领域准入条件，对民间投资与其他投资一视同仁，为民间资本开辟了更广阔的发展空间。这有利于提振民间投资意愿，增强经济发展内在动力和活力，也预示着我国民营经济将迎来新一轮的更大发展。

最后，保障和改善民生与提高员工工资水平为民营经济发展带来了难得的发展机遇。2010年，我们国家的一项重要任务就是着力保障和改善民生，促进社会和谐进步。改善民生很重要的一个方面就是要不断优化收入分配结构，稳步提高城乡居民收入水平。而在我国，城镇居民收入的60%以上和农村居民收入的近40%都来自工资性收入，这就使得改善民生与民营企业发展之间形成必然联系。提高员工工资水平，表面看会引起企业利润的相对下降，但实际上是企业发展的一种机遇，因为当所有企业都稳步增加员工工资时，整个社会的购买力就会增强，企业的产品就会更有市场；同时工资的增加还将进一步激发员工劳动和工作的积极性与主动性，从而提升企业的内在动力与活力。特别是目前我国消费率只有45%左右，低于国际平均水平近20个百分点。而有研究表明，我国消费率每提高1个百分点，经济增速将提高1.5~2.7个百分点。所以加快形成员工工资随企业效益增长稳步增加的机制，不断提高城乡居民的收入和消费水平，不仅是改善民生的内在要求，还会为我国经济增长注入新的活力，从而为民营企业自身发展带来更多机会。此外，从宏观政策的角度看，为改善民生，中央提出2010年要坚持更加积极的就业政策，努力扩大就业。由此民营经济中的劳动密集型企业、中小企业、各种服务业都将迎来加快发展的机遇。为改善民生，国家还将进一步统筹城乡区域协调发展，大力推进城镇化建设，加速实现农村剩余劳动力的转移，这对与县域经济联系最为紧密的民营经济来说，也蕴涵着难得的历史性机遇。

三 民间投资是我国经济增长内在活力与动力的重要源泉

2010年5月7日，国务院出台了《关于鼓励和引导民间投资健康发展的若干意见》（以下简称“民间投资36条”）。这是改革开放以来我国出台的第一部专门针对民间投资发展、管理和调控方面的综合性政策文件，是国务院“非公经济36条”和“中小企业29条”文件内容的继续和发展，对于创造公平竞争、平等准入的市场环境，进一步拓宽民间投资的领域和范围，充分发挥国有经济和民营经济各自的积极性，推动市场经济体制在发展中不断完善，保持我国经济平稳较快发展，必将产生重大而深远的影响。

（一）“民间投资36条”的主要精神

1. 文件进一步明确了民间投资的领域和范围

前几年颁发的“非公经济36条”中明确规定，允许外资进入的行业和领域，也允许国内非公有资本进入，但目前全社会80多个行业，允许外资进入的比允许民间资本进入的还要多。民间投资在传统垄断行业和领域，如电力、金融、电信、邮政和公共设施管理等行业所占比重非常低。“民间投资36条”再次重申民间资本可进入法律法规未明确禁止准入的行业和领域；明确鼓励和引导民间资本进入基础产业和基础设施、市政公用事业、社会事业、金融服务、商品批发和现代物流、国防科技工业、战略性新兴产业七大领域，涉及十五六个行业；进一步深化了传统垄断行业和领域的开放程度，规范设置了投资准入门槛；明确界定了政府投资的范围，从国有经济战略布局的角度进一步规范了国有资本进入领域。文件还特别强调“市场准入标准和优惠扶持政策要公开透明”，“不得单对民间资本设置附加条件”，对民间投资与其他投资要一视同仁。这些对于打破阻碍民间投资的制度性障碍、营造有利于民营经济发展的环境，将会起到十分重要的作用。

2.“民间投资36条”在涉及具体行业准入方面有很多突破

“民间投资36条”针对相关行业都提出了具体的政策措施，其中很多规定较以往有很大突破。如在基础产业和基础设施领域，提出民间资本可进入油气勘

探开发领域，参与土地整治，并坚持矿业市场全面向民间资本开放；在市政公用事业领域，提出鼓励民间资本参与经济适用房、公共租赁住房等政策性住房项目，并享受相应的优惠政策；在社会事业领域，提出将民办社会事业作为社会公共事业发展的重要补充。特别是在金融服务领域，明确提出放宽对金融机构的股比限制，支持民间资本参股商业银行、信用社、村镇银行、贷款公司等银行和金融机构，这必然会对解决小企业融资难、推进金融体系改革起到巨大的推动作用。同时，在行业准入的具体规定上，文件具有很强的可操作性，根据各行业和领域的具体情况，提出了引导民间投资进入的途径和方式，为以后各个部门在制定具体的实施细则时指明了方向。

3. “民间投资36条”为推动和保护民间投资提出了具体保障措施

针对目前存在的准入难题，为提高政策措施的可执行性，文件通过规定推进体制改革、健全收费补偿机制、实行政府补贴和政府采购、给予信贷支持和用地保障等多种方式，从管理体制、运行机制、财税金融等方面提出保障措施，切实鼓励民间投资进入相关行业领域。如文件提出要清理和修改不利于民间投资发展的法规政策规定，切实保护民间投资的合法权益；在制定涉及民间投资的法律、法规和政策时，要听取有关商会和民营企业的意见和建议；要进一步清理和规范涉企收费，切实减轻民营企业负担；建立健全民间投资服务体系，充分发挥商会、行业协会等自律性组织的作用，切实为鼓励民间投资提供服务；营造有利于民间投资健康发展的舆论环境，等等。这为文件的贯彻落实提出了明确要求，为确保民间投资健康发展提供了有力保障。

（二）制定并出台“民间投资36条”的重大意义

1. “民间投资36条”的出台，明确表达了党和政府坚持两个“毫不动摇”和坚持我国基本经济制度的决心

我国实行的是以公有制为主体、多种所有制经济共同发展的基本经济制度。形成各种所有制经济平等竞争、相互促进的新格局，是坚持和完善这一基本经济制度、建立健全社会主义市场经济体制的内在要求。长期以来，党中央、国务院高度重视鼓励和引导民间投资，促进民营经济的发展。目前，我国民营经济占GDP的比重超过50%，解决了90%以上的新增就业，发展势头总体向好。“民间投资36条”再次表明了国家在毫不动摇地巩固和发展公有制经济的同时，毫不动摇地鼓励、支持和引导民营经济发展的决心，说明国家仍然要大力发展民营经济，鼓励民间投资。这无疑给广大民营企业吃了定心丸，具有非常重要的现实意义。

2. 鼓励、引导和扩大民间投资，有利于保持经济稳定快速增长

2008 年下半年国际金融危机爆发后，在国际需求大幅下降，国内消费需求短期难以快速提升的情况下，我国为保经济增长，以空前的力度和规模加大了固定资产投资。在此过程中，由于大量民营企业都在观望，大规模增加政府投资就成为扩大固定资产投资的主要途径和根本性政策选择。实践证明，这一决策是科学的、十分成功的。但是，2009 年大规模增加政府投资是在特殊时期采取的特殊措施，主要投向基础设施、公益事业等领域，许多方面具有应急性、临时性的特点。当经济回到正常发展轨道时，政府投资就要回到正常状况，民间投资、社会投资将发挥更大作用。目前，我国全社会固定资产投资的一半以上来源于民间投资。但是，民间投资在一些亟须扩大投资、加快发展的产业领域，比重还很低。据 2008 年的统计数据，私人控股投资在电力、热力的生产和供应业中只占 13.6%，在金融业中只占 9.6%，在信息传输、计算机服务和软件业中只占 7.8%，在交通运输、仓储和邮政业中只占 7.5%，在水利、环境和公共设施管理业中只占 6.6%。民间投资在这些产业领域所占比重之所以不高，一个重要原因就是行业准入限制。只要放宽市场准入，民间投资将在这些行业领域发挥与在制造业和传统服务业中一样的加速发展的作用，其潜力十分巨大。鼓励、引导和扩大民间投资，不仅可以保证制造业和传统服务业的快速稳定发展，而且可以加快能源工业和运输、通信、金融等重要服务业的发展步伐，进而推动国民经济的持续快速稳定增长。

3. 鼓励、引导和扩大民间投资，有利于转变发展方式、调整经济结构

多数民营企业特别是中小企业，处于全球产业链的低端，面对危机冲击，生存和发展必然受到更严峻挑战。目前，民营经济已经占我国 GDP 的一半以上，是经济发展的主要动力来源。同时，民营经济和中小企业也是我国高耗能、高污染、低技术、低水平产能的主要集中地，转变发展方式的任务更重、更迫切。没有民营经济发展方式的转变，没有民营企业由主要依靠增加物质和人力消耗向主要依靠科技进步、提高人力资本素质和管理创新转变，就难以实现整个经济发展方式的转变和整个经济结构的调整优化。进一步完善和调整相关政策，鼓励、引导和扩大民间投资，推动民营企业、民间资本更多地流向对传统产业和传统技术的改造，淘汰落后产能与技术，更多地流向新能源、新材料、生物医药、节能环保、信息技术以及现代服务业等领域，发展低碳经济、绿色经济、循环经济，这是转变经济发展方式的必然选择和必经之路，这既是民营经济的重要历史任务，也是民营经济新的发展机遇。

（三）切实将“民间投资36条”落到实处的政策建议

根据“民间投资36条”和《鼓励和引导民间投资健康发展重点工作分工的通知》的有关内容，为推动各项措施的加快贯彻落实，建议政府及有关部门做好以下几方面的工作。

1. 加快制定相关配套政策

“民间投资36条”的出台意味着过去在某些方面制约民营经济发展的“红灯灭了，绿灯亮了”，政府及有关部门要抓紧制定配套政策，画出“斑马线”让民营企业通过。文件的配套政策要体现灵活性、规范性和可操作性，要坚持公平、公正、透明的原则，对不同所有制、不同规模、不同行业一视同仁，真正贯彻落实文件精神。措施内容要广泛征求民营企业的意见和建议，提高适用性。

2. 尽快清理和修改不利于民间投资的政策规定

对于那些有悖于“民间投资36条”的精神、不利于民间投资发展的法规和政策，各级政府和有关各部门要进行及时的清理和修改，切实保护民间投资的合法权益，培育和维护平等竞争的投资环境。

3. 进一步加大行政管理体制改革的力度

要积极打造服务型政府，推动政府职能转变，减少审批环节和程序，提高办事效率。要充分发挥商会、行业协会等自律性组织的作用，积极培育和发展为民间投资提供相关服务的中介组织，建立健全政府服务与社会化、市场化服务相结合的民间投资服务体系。在制定涉及民间投资的配套文件和进行有关法规政策的清理时，要充分听取有关商会、行业协会的意见和建议，切实为民间投资营造良好的市场环境、政策环境、法制环境和社会环境。

4. 抓紧建立文件落实监督机制

国务院应责成专人或专门机构负责对文件的贯彻落实进行监督和检查，督促有关部门立即着手开展对“民间投资36条”的贯彻落实工作。同时，在实施细则制定过程中，要加大督导力度，统一协调管理，避免各自为政现象的发生，增强文件内容的协调性、系统性和可操作性。应将对“民间投资 36 条”的贯彻落实程度，列为地方政府的考核指标之一。

四　“十二五”时期民营经济发展展望

2010 年是“十一五”规划实施的最后一年，也是为“十二五”发展勾画宏伟蓝图的重要一年。民营经济的未来发展，既面临着要加速调整产业产品结构、完善内部治理结构、提高自主创新能力和水平的巨大挑战，也迎来了国家更加重视提高经济增长的质量和效益，更加重视推动经济发展方式转变和经济结构的战略性调整，更加重视推进改革开放和自主创新、增添经济增长的内在活力和动力，更加重视改善民生、保持社会和谐稳定，更加重视统筹国内国际两个大局、努力实现经济平稳较快发展的战略机遇期。经过国际金融危机洗礼的中国民营经济已经站在新的历史起点上，必将成为我国经济长期又好又快发展的重要引擎。

（一）“十二五”时期民营经济发展趋势

1. 民营经济数量、实力发展趋势

民营企业数量和规模将不断壮大。“十二五”期间，预计我国私营企业户数将继续以每年 10% 以上的速度递增，个体工商户户数将保持基本稳定。

民营经济固定资产投资将继续高速增长。“十二五”期间，预计我国民营企业固定资产投资将继续保持年均 12% ~14% 的增长速度，到 2015 年，民营企业固定资产投资总额在全社会固定资产投资中的比重也将进一步增加，成为我国固定资产投资的主要来源。

民营经济将成为全面建设小康社会的中坚力量。“十二五”期间，民营经济对经济增长的贡献将不断加大。预计规模以上民营经济总产值将以年均 15% 以上的速度稳定增长，增速将继续明显高于全国平均速度，到“十二五”期末在规模以上企业规模总产值中的比例将进一步提升。个体、私营经济吸收的就业人数在“十二五”期间仍将稳定增长，继续为促进社会和谐稳定作出积极贡献。

2. 民营经济产业和地区发展趋势

民营经济将成为新技术、新产业的主要推动者。民营企业机制灵活、决策快捷、资产配置效率高的特点将使其紧跟世界新技术革命的浪潮，在新能源、新材料、新一代互联网、生物工程和低碳经济、绿色经济等新兴产业领域成为新技术的创造者、新产业的引领者。民营经济将更多地进入垄断行业，极大地拓展发展空间；将更多地涌现以服务外包、现代物流、金融、科技服务、专业化的信息服务、知识密集型商务服务、医疗服务、创意产业和文化产业为代表的一批对先进制造业支撑能力强、与城市化进程结合紧密的现代服务业企业，这些企业将更多地聚集于我国东部经济发达地区，使这些地区的产业结构更趋合理。

民营经济将在地区产业结构调整升级中发挥更加重要的作用。“十二五”期间，东部地区民营企业制造业将逐步升级为以技术密集型和资本密集型产业为主，劳动密集型行业、资源密集型行业将向中、西、东北部逐步转移。东部民营企业将更多地利用沿海、沿江开发的机遇，发挥其资本雄厚、技术领先、人才聚集的优势，在石化、船舶、汽车、高新技术等资本密集、智力密集型行业和以物流、金融服务为主的现代服务业加速发展。

民营经济将在县域经济和新农村建设中发挥主体作用。民营经济已经成为农村经济的重要组成部分，民营经济的发展与我国实施的城镇化战略，可以顺利地实现农业农村经济结构调整和新农村建设，有利于统筹城乡经济协调发展。“十二五”期间，县域经济中的民营企业产业集聚将在政府的规划和引导下不断发展壮大，按产业链或产品类别集聚形成的产业集群将大量增加，在县域经济和新农村建设中将发挥更大作用。

3. 民营经济总体素质继续提高

大中小型民营企业将发挥各自优势实现新的发展。不少小型企业和个体工商户将进入为大中型企业配套的产业集群，通过分工协作加速发展，一些高新技术企业将成为极具成长性的企业。中型企业将更多地向专业化、特色化方向发展，部分将会成长为大型企业。大型民营企业则会进一步做精、做专、做强、做稳、做大，有的会向价值链上下游延伸，有的会向原材料和产品终端市场发展，有的会向金融、物流等现代服务业扩展，预计在“十二五”期末，将有若干家民营企业进入世界500强，在中国企业500强中的占比亦会有明显提升。

产权结构多元化成为主流，企业管理更加规范。从产权结构来看，大中型民营企业中由家族内部控制的或几个人合伙的企业将向股份制、混合所有制方向发展，单一的产权结构将被开放型、多元化的股权结构所取代。民营企业将积极利用资本市场实现跨越式发展，企业兼并重组增多，很多企业将按照现代企业制度走上管理规范化、科学化轨道。

职业经理人队伍将得到快速成长。一支具有敬业精神、创新意识、适应激烈市场竞争的民营企业家队伍在国家的政治、经济、社会、文化等方面将发挥更大的作用，争做爱国、敬业、诚信、守法的优秀社会主义事业建设者将成为广大民营经济人士的价值取向。改革开放初期创业的第一代企业家会逐步退出企业管理层，有较高文化和知识背景的青年企业家将陆续成为企业的领航人。特别是随着民营企业的发展壮大，市场化、职业化的经理人队伍将得到快速发展，在推动民营企业建立现代企业制度中发挥重要作用。

履行社会责任将成为自觉行动。民营经济的纳税额呈逐年上升态势，税收占比将继续上升。民营经济创造的就业岗位会持续增加，对社会和谐稳定将起到不可替代的重要作用。民营企业将更加重视慈善事业、热心光彩事业，积极为教育、扶贫、救灾等作贡献，从而有力地推进共同富裕，为构建社会主义和谐社会、全面建设小康社会作出新的贡献。

非公有制企业党建工作将有新突破。在各级地方党组织的推动下，通过创新领导体制、健全运行机制、改进工作方式，从中央到街道、社区上下贯通的非公有制经济组织党的指导体系将逐步建立；在非公有制企业内实现党的组织全覆盖和党的工作全覆盖将取得实质性进展；以党建工作带动工会工作，以工会工作拓展党建工作将取得新的突破。

4. 民营企业“走出去”利用两个市场优化资源配置的能力将进一步增强

优势民营企业将成为实施“走出去”战略的重要力量。相当一批民营企业将逐步成长为有能力在国际间进行配置资源、具有国际竞争力的跨国公司。越来越多的民营企业将从企业的长远发展战略出发，到海外开拓市场、投资建厂、设立研发机构、建立销售网络输出品牌产品、获取技术和人才、承包大型工程。民营企业通过品牌延伸、资本渗透、跨国经营、海外合作等形式加速发展，必将成为我国企业“走出去”的主力军。

中小民营企业抱团“走出去”将成为趋势。抱团“走出去”既可以有效降

低成本、减少风险、形成合力，也有利于我国政府对企业的权益保护。我国境外经贸合作区的大量建立为中小企业境外投资提供了良好的服务平台，这必将使中小企业和产业集群抱团“走出去”成为拓展国际发展空间的新趋势。

5. 民间投资将更加活跃

民间投资将在重要行业和领域得到大发展。随着“民间投资 36 条”的贯彻落实，民营经济在一般竞争性领域的比重还会不断提高，且规模和数量将保持高速增长。同时，“民间投资 36 条”必将推动垄断行业改革的进一步深化，在逐步引入市场竞争、投资主体适当多元化的要求下，垄断行业的准入门槛一定会进一步规范和降低，将有越来越多的具备条件的民营企业进入以前很难进入的行业和领域，对整个国家经济实现可持续发展产生重大的推动作用。

（二）在各级政府及相关部门的重视和支持下，民营经济将成为职工工资稳步增长的重要源泉

收入分配问题是中央高度重视、社会广泛关注、百姓最为关心的重大社会问题。与我国经济快速发展的形势和全国职工工资总体增长水平相比，中小企业普通职工工资状况主要呈现出工资水平偏低、工资增速过慢、工资差距较大、涉及人数众多、权益易受侵害五个方面的特点。改善中小企业发展环境，持续较快提高中小企业普通职工工资水平，已成为解决收入分配问题的关键环节。调整国民收入分配不合理格局，关键是要“提低、限高、扩中”，“提低”的重要环节是要持续快速地提高中小企业普通职工工资水平，而在各级政府及相关部门的重视和支持下，民营经济将为职工工资稳步增长作出重要贡献。

1. 各级政府将着力推动民营企业调整结构、转型升级，以提高劳动生产率为基础提升职工工资

预计“十二五”期间，各级政府部门将在财政支出上进一步加大对中小企业转型升级的支持力度，将加快建立扶持中小企业技术创新的服务平台、推进中小企业服务体系建设，将大力推进金融制度改革和创新、加快发展专门为小型微型企业和个体户服务的小型金融机构，将加大财政专项资金投入力度、组织社会力量广泛开展中小企业经营者和管理技术人员的培训。这些都将加速推进民营企业的结构调整、转型升级，促进民营企业劳动生产率的提高，从而为企业提升职工工资创造条件。

2. 各级政府将积极鼓励创业、创造更多就业机会，以创造劳动力需求拉动职工工资提升

预计“十二五”期间，各级政府部门将进一步改善创业环境，推动中小企业创业基地建设，扩大创业辅导范围，提高创业辅导质量；进一步降低创业门槛，降低创业风险，探索建立创业风险补偿机制；切实加大对小企业的扶持，完善政府采购支持小企业发展的有关制度；对于劳动密集型小企业，将立足于稳定扩大就业，对其采取税费优惠措施等。这将有效创造更多就业机会，增加劳动力总需求，从而拉动职工工资增长。

3. 各级政府将建立健全相关制度机制，为中小企业职工工资正常增长提供重要保障

预计“十二五”期间，政府部门将推动各省区市科学制定、逐年提高并严格执行最低工资标准，探索分区域、按行业建立最低工资指导线制度，普遍建立企业工资集体协商机制，充分发挥工会和商会在维护双方权益、调解双方矛盾中的重要作用。这将在制度层面为职工工资的提升提供保障。

4. 各级政府将着力提高劳动者素质，以此为基础促进企业发展、提高职工工资

预计“十二五”期间，各级政府将更加严格地执行九年制义务教育制度，发达地区将加快普及高中阶段教育；将大力发展各类职业教育，大力支持社会化办学，着力加强在岗职工岗位培训；将更加重视对 80 后、90 后就业人员的教育引导，逐步在全社会营造干事创业的良好氛围等。这些将会有效改善就业中的结构性矛盾，促进就业总量的增加；大幅提高劳动者素质，促进劳动力价值的提升，从而为职工工资的提升创造条件。

（三）加强和改进新形势下工商联工作的“新文件”的出台，将为非公有制经济发展带来重大契机

2010 年 9 月，中共中央颁发的《中共中央、国务院关于加强和改进新形势下工商联工作的意见》（以下简称《意见》），是我国经济、政治和社会生活中特别是统一战线工作和工商联事业发展中的一件大事，对于坚持和完善我国基本经济制度、促进非公有制经济科学发展，对于适应政府职能转变、完善社会主义市场经济体制，对于坚持对外开放基本国策、不断提高我国开放型经济水平，对于

巩固发展壮大爱国统一战线、加强党在非公有制经济领域的领导，为全面建设小康社会凝聚最广泛的力量，推进中国特色社会主义伟大事业，具有重大的现实意义和深远的历史意义。

改革开放特别是新世纪以来，我国经济社会结构发生了历史性变化。非公有制经济彰显出强大的生机与活力，在促进经济增长、扩大社会就业、增加财政收入、推动自主创新等方面作出了巨大贡献，成为社会主义市场经济的重要组成部分和社会主义现代化建设的重要推动力量。非公有制经济人士等新的社会阶层不断壮大、素质不断提高、履行社会责任意识日益增强，他们坚持爱国、敬业、诚信、守法、贡献，成为中国特色社会主义事业的建设者。

《意见》以邓小平理论和“三个代表”重要思想为指导，深入贯彻落实科学发展观，以促进“两个健康”为出发点和落脚点，在认真总结工商联历史经验、深刻把握时代特征、适应形势发展变化的基础上，在思想理论、方针政策、体制机制等方面，提出了一系列具有创新意义的重要论断和举措。

《意见》的颁布实施，有利于工商联充分发挥在政府管理和服务非公有制经济中的助手作用，在行业协会、商会改革发展中的促进作用，从而推动非公有制经济加快发展方式转变、促进国民经济又好又快发展；有利于工商联充分发挥在非公有制经济人士思想政治工作中的引导作用，在非公有制经济人士参与国家政治生活和社会事务中的重要作用，引导广大非公有制经济人士致富思源、富而思进，积极履行社会责任，为全面建设小康社会、加快推进现代化建设凝聚最广泛的力量；有利于工商联充分发挥在构建和谐劳动关系中的协调作用，为经济社会发展营造和谐稳定的环境。总之，《意见》的颁布实施，将为非公有制经济的健康发展和非公有制经济人士的健康成长提供重要保障。

（四）非公有制企业将在三个方面实现有更大作为

2010 年 3 月 4 日，胡锦涛总书记在“两会”期间参加全国政协民建、工商联联组讨论会时，要求非公有制企业要在经济发展方式转变、保障和改善民生、提升自身素质上有更大作为。这是总书记站在全局和战略的高度，对非公有制企业未来发展提出的明确要求。转变经济发展方式，是贯彻落实科学发展观的重要目标和战略举措，是当前我国经济领域的一场深刻变革，关系改革开放和社会主义现代化建设全局；保障和改善民生，是促进社会和谐稳定、推动各项事业繁荣进步的重要基础，是中国共产党执政为民的根本要求；提升企业自身素质，是适应国际国内激烈竞争，不断增添企业内在发展动力的必然选择。三者之间互相联系、相互促进。特别是在转变经济发展方式过程中，保障和改善民生是重要任务，提高企业自身素质是基本保证。预计“十二五”期间，非公有制企业将在实现“三个有更大作为”方面取得重大进展。

1. 非公有制企业将在加快经济发展方式转变上有更大作为

非公有制企业是转变经济发展方式的重要主体。预计“十二五”期间，将会有一大批民营企业抓住国际产业重组的良机，利用国家产业政策导向，积极调结构、转方式、上水平，不断提升市场竞争力、抵御风险能力和可持续发展能力；将进一步加大研发投入力度，加强对关键核心技术的开发和转化应用，努力掌握更多自主知识产权，培养更多自主品牌，向现代农业、现代服务业发展；将注重培育新的经济增长点，积极投身新能源、新材料、节能环保、新一代信息技术、生物工程、现代物流、航空航天工程等战略性新兴产业；将切实做到加快发展与环境保护相协调，努力做好节能减排工作，抓紧淘汰高耗能、高排放的落后生产能力，广泛推行清洁生产和节能技术，大力发展绿色经济、低碳经济，积极投身资源节约型、环境友好型社会建设；将积极投身国家区域经济发展战略，在国家西部大开发、东北老工业基地振兴、中部地区崛起、东部地区率先发展中找准坐标、大显身手。

2. 非公有制企业将在保障和改善民生上有更大作为

非公有制企业是保障和改善民生的重要力量。预计“十二五”期间，多数民营企业将努力增加就业岗位，大力开辟就业渠道，吸纳更多劳动者就业，尤其会对高校毕业生、农民工、就业困难群众给予特别关照，努力为保持国家就业形势稳定多作贡献；将按时发放、稳步提升员工工资，建立员工工资随企业效益增长稳步增加的机制，努力为提升居民消费需求能力、增添经济增长动力多作贡献；将不断增进员工福利，为员工及时足额缴纳各种社会保险，切实加强劳动安全保护，不断改善员工工作生活条件，自觉保障员工合法权益，努力为保持社会和谐稳定多作贡献；将积极参与社会事业建设，在教育、卫生、文化等领域进行重点投资，为更好满足人民群众多层次、个性化需求多作贡献；将积极践行依法经营理念，遵守国家法律法规，自觉维护市场经济秩序，为社会主义市场经济的健康发展多作贡献；将积极履行社会责任，进一步弘扬中华民族扶危济困的传统美德，加大扶贫开发投入，深入推进光彩事业，积极投身公益慈善事业，努力为促进共同富裕作出更多贡献。

3. 非公有制企业将在提升自身素质上有更大作为

目前，不少非公有制企业在治理结构、管理模式、经营理念、人才队伍建设等方面还亟待改进和提高。预计“十二五”期间，一大批民营企业将不断完善内部治理结构，建立健全内部激励约束机制，积极推动股权结构的分散化、社会化，发展混合所有制，加快建立现代企业制度；将不断提高经营管理者素质，树立世界眼光，强化战略思维，努力掌握现代经营管理知识，增强科学决策水平和市场应变能力；将切实加强吸引和使用人才工作，加大人力资本投入，广泛吸纳人才、真心对待人才、放手使用人才，充分调动人才的积极性、主动性和创造性，努力为企业发展提供人才支持；将着力构建内涵丰富、特色突出、员工认同的企业文化，努力使之成为企业可持续发展的动力。

课题组负责人：陈永杰　黄文夫
课题组成员：刘　檀　李　飞　涂　文　鲁咪咪　尚小琴
林蔚然　郭　蕾　刘佩华　房安文

专题报告

2009年全国个体私营经济发展报告

摘　要：2009年全国个体私营经济仍然保持了快速健康发展的态势，在促进经济社会平稳较快发展、增加财政收入、解决新增就业岗位、转移农村剩余劳动力、维护社会和谐稳定等多个方面继续发挥了重要作用。私营企业在发展户数、注册资金数额方面均有较大幅度增长。企业组织形式多样化发展，公司制企业增长迅速。第三产业发展迅速，产业、行业分布更加优化。个体工商户继续保持稳定发展，并在第一产业和城镇获得较快增长。港澳居民个体工商户健康快速发展，户数、资金数额和成员人数都有大幅增长。农民专业合作社健康发展，农民加入合作社的数量急剧增加。个体私营经济已经成为新增就业的主要渠道、财政收入的重要来源、自主创新的重要基地，是推动我国经济社会又好又快发展的重要力量。

关键词：私营企业　个体工商户　港澳居民个体工商户　农民专业合作社

2009年，为应对全球金融危机及其对个体私营经济发展带来的影响，全国工商系统在国家工商总局党组的正确领导下，一方面，积极指导各地工商机关开展多种形式的帮扶活动，全力支持个体私营企业发展；另一方面，加强对个体私营经济的监管和服务，努力为个体私营经济创造良好的经营发展环境。在全社会的共同努力下，2009年全国个体私营经济仍然保持了快速健康发展的态势，在促进经济社会平稳较快发展、增加财政收入、解决新增就业岗位、转移农村剩余劳动力、维护社会和谐稳定等多个方面继续发挥了重要作用。特别是许多个体私营企业，在自身经营困难的情况下，仍然顾大局、讲奉献，自觉坚持不裁员、不减薪，积极缓解严峻就业形势，为“保增长、保民生、保稳定”作出了重要贡献。

一 私营企业发展基本情况

私营企业在发展户数、注册资金数额方面均有较大幅度增长。企业户均注册资金继续增长，发展规模进一步扩大。企业组织形式多样化发展，公司制企业增长迅速。第三产业发展迅速，产业、行业分布更加优化。

私营企业户数和注册资金增长情况。一是从企业户数方面看，截至2009年底，全国实有私营企业740.15万户（含分支机构，下同），比上年增加82.73万户，增长12.58%（见表1）。私营企业户数排在前5名的省市依次是：江苏省91.16万户、广东省81.34万户、上海市63.07万户、浙江省56.66万户、山东省47.12万户。以上5省共计339.35万户，占到了全国私营企业总数的45.85%。二是从注册资金方面来看，私营企业注册资本（金）14.65万亿元，比上年增加2.91万亿元，增长24.79%。三是从户均注册资金数量来看，私营企业户均注册资金197.86万元，比上年增加19.35万元，增长10.84%（见表1）。

私营企业投资者人数、雇工人数增长情况。截至2009年底，全国私营企业从业人员8606.97万人，比上年同期增加702.97万人，增长8.89%。其中投资者人数1650.61万人，增加143.25万人，增长9.5%；雇工人数6956.35万人，增加559.73万人，增长8.75%（见表1）。

企业组织形式情况。随着市场经济的进一步发展完善和改革的日趋深化，市场主体日益多样化，企业组织形式和出资方式也更加灵活。以现代企业制度为代

表1 近年来全国私营企业发展基本情况

年份	户数(万户)	增长率(%)	人数(万人)	增长率(%)	注册资金(万亿元)	增长率(%)
2002	263.83	20.0	3247.5	19.7	2.48	35.9
2003	328.72	24.6	4299.1	32.4	3.53	42.3
2004	402.41	22.4	5017.3	16.7	4.79	35.7
2005	471.95	17.3	5824.0	16.1	6.13	28.0
2006	544.14	15.3	6586.4	13.1	7.60	24.0
2007	603.05	10.8	7253.1	10.1	9.39	23.6
2008	657.42	9.0	7904.0	9.0	11.74	25.0
2009	740.15	12.58	8606.97	8.89	14.65	24.8

说明：表中历年户数均包含分支机构数量。

表的公司制企业发展迅速，在私营企业组织形式中所占比重较大，特别是私营股份有限公司增长速度加快。

截至2009年底，私营有限责任公司610.25万户，比上年增加74.96万户，增长14%，占私营企业总户数的82.45%；注册资本13.34万亿元，增加了2.65万亿元，增长了24.79%，占私营企业注册资本总额的91.06%。

实有股份有限公司1.51万户，比上年增加3905户，占私营企业总户数的0.20%，增长34.88%；注册资本4192.96亿元，增加1061.17亿元，增长33.88%。

独资企业实有115.80万户（其中含分支机构3.18万户），比上年增加7.49万户，占私营企业总户数的15.65%，增长6.92%；注册资本6730.90亿元，增加982.15亿元，增长17.08%。

合伙企业实有12.58万户（其中含分支机构4059户），比上年底减少1090户，占私营企业总户数的1.70%，下降0.86%；认缴出资额2164.73亿元，比上年底增加592.55亿元，增长37.69%。

产业结构发展情况。私营企业在服务业发展迅速，第三产业所占比重持续增加。私营企业在第一产业实有16.36万户，占私营企业总户数的2.21%，注册资本（金）0.3万亿元，增长28.84%，占私营企业总注册资本（金）的2.05%；第二产业实有私营企业220.59万户，占私营企业总户数的29.8%，注册资本（金）5.36万亿元，增长24.43%，占私营企业总注册资本（金）的

36.59%；第三产业实有私营企业503.2万户，占私营企业总户数的67.99%，注册资本（金）8.99万亿元，增长24.87%，占私营企业总注册资本（金）的61.37%。

在第三产业中，私营企业经营批发和零售业的最多，有263.19万户，比上年增长12.95%，占私营企业从事第三产业经营总户数的52.3%，从业人数达2317.15万人，增长10.37%，注册资本（金）3.21万亿元，增长18.55%；租赁和商务服务业71.68万户，比上年增长18.77%，从业人数662.82万人，增长19.31%，注册资本（金）1.88万亿元，增长35.25%；科学研究、技术服务和地质勘查业实有户数达到37.94万户，增长20.67%，从业人数321.56万人，增长16.56%，注册资本（金）0.58万亿元，增长28.89%；信息传输、计算机服务和软件业27.43万户，增长13.35%，从业人数221.935万人，增长15.02%，注册资本（金）0.24万亿元，增长20%；房地产业24.86万户，增长15.79%，从业人数286.61万人，增长12.59%，注册资本（金）1.73万亿元，增长24.46%；居民服务和其他服务业24.26万户，增长9.77%，从业人数214.02万人，增长8.7%，注册资本（金）0.18万亿元，增长12.5%；交通运输、仓储和邮政业19.54万户，增长15.35%，从业人数211.95万人，增长13.02%，注册资本（金）0.37万亿元，增长27.59%；住宿和餐饮业13.67万户，增长4.03%，从业人数190.89万人，增长8.29%，注册资本（金）0.14万亿元，增长7.69%（见图1）。

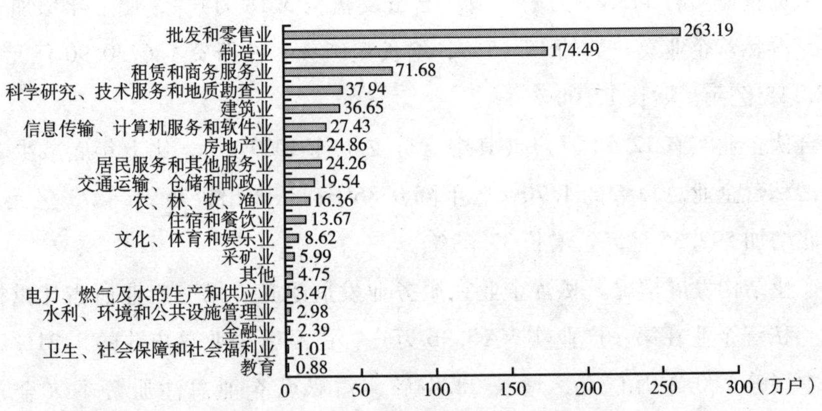

图1　全国私营企业实有户数行业分布图

区域结构发展情况。私营企业在区域上的分布，总体上仍以东部地区发达程度较高，中、西部地区发展相对落后为主要特征，但是西部地区增长速度较快，东、中部增长速度相对较缓。2009年，全国工商系统认真贯彻落实党的十七大、十七届三中、四中全会精神，按照中央提出的“保增长、保民生、保稳定”的总体要求，积极采取措施促进区域经济协调发展，支持主办和参与举办中国国际中小企业博览会、中国中部投资贸易博览会、中国·兰州投资贸易洽谈会、中国·青海投资贸易洽谈会、中国民营企业西部（乌鲁木齐）峰会等多项经贸洽谈活动，为东、中、西部私营企业实现相互交流、优势互补和协调发展作出了积极的努力。私营企业在东、中、西部的发展情况是：东部12省市实有487.2万户，比上年底增长11.26%，占私营企业总户数的65.82%；西部10省区实有106.58万户，增长17.76%，占私营企业总户数的14.4%；中部9省有146.38万户，增长13.44%，占私营企业总户数的19.78%。

私营企业在农村、城镇发展情况。随着城乡一体化进程的推进，城镇私营企业发展速度加快。农村私营企业向城镇转移，发展速度相对较低。全国城镇实有私营企业521.31万户，比上年增加66.24万户，增长14.56%，占全国私营企业总户数的70.43%；投资者人数1164.99万人，比上年增加98.30万人，增长9.22%；雇工人数4379.34万人，比上年增加322.33万人，增长7.95%；注册资本104129.66亿元，增加22562.61亿元，增长27.66%。农村私营企业218.85万户，比上年增加16.49万户，增长8.15%，占全国私营企业总户数的29.57%；投资者人数485.63万人，比上年增加44.95万人，增长10.20%，雇工2577.01万人，增加237.40万人，增长10.15%；注册资本42316.96亿元，增加6527.32亿元，增长18.24%。

二　个体工商户发展的基本情况

个体工商户继续保持稳定发展，并在第一产业和城镇获得较快增长。

个体工商户户数和资金情况。2009年，全国实有个体工商户3197.37万户，比上年增加280.01万户，增长9.60%，是近几年增长速度较快的一年（见表2）。从实有户数看，排在前5位的省份依次是：广东325.91万户、江苏261.44万户、山东215.69万户、四川203.49万户、浙江198.69万户。

资金数额10856.6亿元，比上年增加1850.6亿元，增长20.55%；户均资金数额3.40万元，增加3084元，增长率9.98%；从业人员6632万人，比上年增加855.6万人，增长率14.81%（见表2）。

表2　近年来全国个体工商业发展基本情况

年份	户数(万户)	增长率(%)	人数(万人)	增长率(%)	资金数额(亿元)	增长率(%)
2002	2377.5	-2.3	4742.9	-0.39	3782.4	10.1
2003	2353.2	-1.0	4299.1	-9.4	4187.0	10.7
2004	2350.5	-0.1	4587.1	6.7	5057.9	20.8
2005	2463.9	4.8	4900.5	6.8	5809.5	14.9
2006	2595.6	5.3	5159.7	5.3	6468.8	11.3
2007	2741.5	5.6	5496.2	6.5	7350.8	13.6
2008	2917.3	6.4	5776.4	5.1	9006.0	22.52
2009	3197.4	9.6	6632.0	14.81	10856.6	20.55

2009年全国新登记个体工商户688.3万户，比上年增加73.12万户，增长11.89%。新登记个体工商户规模不断扩大，资金数额0.32万亿元，比上年增长23.6%。新登记个体工商户户均资金4.62万元，比实有个体工商户户均资金高1.22万元，比上年新登记个体工商户户均资金增长10.26%。

个体工商业产业结构情况。各级工商行政管理机关积极贯彻落实支持“三农”的各项政策，配合政府部门运用产业政策对农民进行引导，农民开办个体工商户的积极性提高。个体工商户在第一产业发展较快。截至2009年底，第一产业实有个体工商户42.67万户，比上年增长33.74%，占个体工商户总数的1.33%，资金数额488.98亿元，增长13.53%；第二产业277.62万户，增长4.57%，占个体工商户总数的8.68%，资金数额1695.28亿元，增长11.7%；第三产业2877.08万户，增长9.81%，占个体工商业总户数的89.98%，资金数额8672.29亿元，增长22.88%。

从各行业发展情况来看，批发和零售业1990.32万户，比上年增长12.09%，资金数额5313.64亿元，增长27.72%；居民服务和其他服务业324.51万户，增长10.29%，资金数额883.31亿元，增长30.97%；住宿和餐饮业281.25万户，比上年增长8.76%；制造业264.04万户，增长4.67%，资金数额1438.42亿元，增长 11. 16%；交通运输、仓储和邮政业 159. 64 万户，减少 0. 97%。这五个行业个体工商户实有总户数为 3019. 76 万户，占个体工商户实有总户数的 94. 44%（见图 2）。

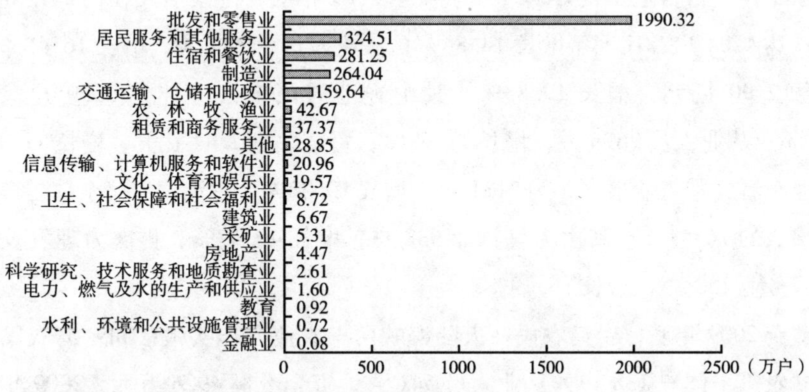

图 2　全国个体工商户数行业分布图

个体工商业区域结构发展情况。从区域结构看，个体工商户在中部地区发展较快，中部 9 省实有个体工商户 934. 05 万户，增长 12. 01%，占个体工商户总数的 29. 21%；资金数额 0. 32 万亿元，增长 28. 6%；从业人员 2014. 15 万人，增长 14. 94%。东部 12 省市实有个体工商户 1617. 17 万户，增长 9. 6%，占个体工商户总数的 50. 58%；资金数额 0. 61 万亿元，增长 16. 26%；从业人员 3478. 98 万人，增长 18. 3%。西部 10 省区实有 646. 14 万户，增长 5. 37%，占个体工商户总数的 20. 21%；资金数额 1551. 41 亿元，增长 22. 32%；从业人员 1138. 91 万人，增长 5. 1%。

个体工商户城乡发展情况。随着全国城镇化进程进一步推进，农民进城务工人数大量增加，这使得城镇个体工商户各项指标稳定增长，农村个体工商户增长速度减缓，城镇个体工商户发展速度大大高于农村。全国城镇实有户数 2081. 90 万户，比上年增加 223. 23 万户，增长 12. 01%，占个体工商户总数的 65. 11%；从业人员 4292. 17 万人，增加 682. 73 万人，增长 18. 92%；资金数额 6982. 97 亿元，增加 1188. 49 亿元，增长 20. 51%。农村个体工商业实有户数 1115. 47 万户，增长 5. 37%，占个体工商户总数的 34. 89%；从业人员 2339. 87 万人，增加 172. 91 万人，增长 7. 98%；资金数额 3873. 58 亿元，增加 662. 09 亿元，增长

20.62%。

港澳居民内地个体工商户发展情况。国家工商总局依据CEPA补充协议的有关规定，及时下发文件，提出经营范围进一步放开的落实意见，为港澳居民在内地从事个体经营营造了良好的环境。截至2009年底，港澳居民在内地设立个体工商户达4204户，比上年增长14.86%；从业人员11234人，增长16.43%；资金数额2.90亿元，增长19.83%。其中香港居民申办个体户3569户，增长11.43%；从业人员9676人，增长11.98%；资金数额2.44亿元，增长11.42%。从行业来看，零售业最多，为3131户，增长10.32%，占港澳居民个体工商户实有总户数的74.48%；其次为餐饮业538户，增长40.47%；再次为理发及美容保健服务业153户，增长16.79%。

截至2009年底，台湾农民在大陆海峡两岸农业合作实验区和台湾农民创业园设立农民个体户138户，从业人员541人，资金数额4926万元。2009年新登记台湾农民个体户61户，从业人员222人，资金数额3182万元。从行业来看，台湾农民个体户以种植业最多，实有48户，从业人员209人，资金数额3414万元；其次为养殖业21户，从业人员96人，资金数额592万元。

三　农民合作社发展基本情况

全国工商系统认真落实2009年中央1号文件精神，从统筹城乡发展、重视“三农”工作的高度，积极鼓励、支持和引导农民专业合作社健康发展。制定一系列发挥工商行政管理职能作用，大力支持农民专业合作社发展的对策措施，配合有关部门积极做好农民专业合作社的扶持、建立和发展工作。

全国农民专业合作社户数、出资总额和农民成员增长迅速。截至2009年底，全国实有农民专业合作社24.64万户（含分支机构），比上年增长122.09%。出资总额0.25万亿元，增长179.65%，其中货币出资额0.2万亿元，比上年增长188.55%，占出资总额的80%；非货币出资额0.05万亿元，增长146.57%（见图3）。农民专业合作社法人户均出资总额为101.1万元，比上年增加20.87万元，增长26.01%。

全国新登记农民专业合作社12.89万户，比上年增长73.97%，出资总额0.14万亿元，增长150.3%，成员总数174.75万个，增长103.12%。

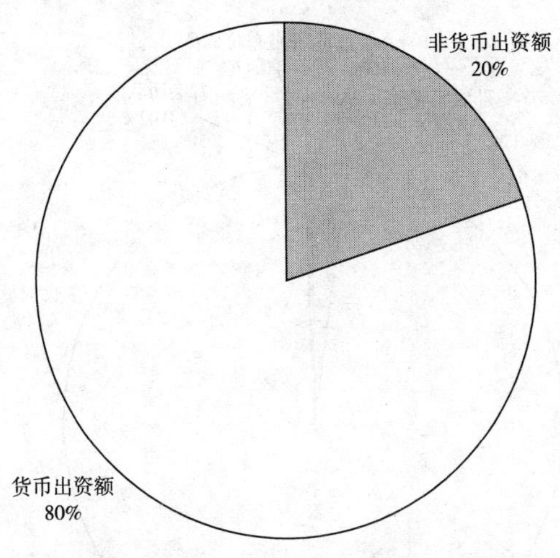

图3　全国农民专业合作社出资方式结构图

农民专业合作社的迅猛发展带动了农民增收致富，农民加入合作社的数量急剧增加。全国农民专业合作社实有成员总数391.74万户，比上年增长176.42%；其中农民成员380.53万户，增长184.1%，占全国农民专业合作社成员总数的97.14%；非农民成员9.17万户，增长52.59%；企业单位成员1.85万户，增长10.98%；事业单位成员987户，增长44.72%；社会团体成员919户，增长175.75%（见图4）。

出资规模情况。出资总额100万元以下的农民专业合作社（不含分支机构，下同）最多，为18.2万户，比上年底增长105.4%，占实有总户数的78.85%，出资100万~500万元的有5.25万户，增长185.41%，占18.43%，500万~1000万元的有0.67万户，增长238.67%，1000万~1亿元的有0.23万户，增长209.63%，1亿元以上的有41户，增长272.73%（见图5）。

从事业务范围情况。有9.76万户农民专业合作社的经营范围中包含种植业，比上年底增长127.93%；7.63万户农民专业合作社的经营范围中包含养殖业，增长122.98%。从增长速度看，增长最快的是与农民生产经营有关的技术、信息等服务业，实有5.15万户，增长140.1%。

农民专业合作社地区发展情况。从地区看，农民专业合作社实有户数最多的省份是山东、江苏、山西。其中，山东实有2.59万户，出资总额213.35亿元，成员总数26.60万户。江苏实有2.44万户，出资总额281.93亿元，成员总数

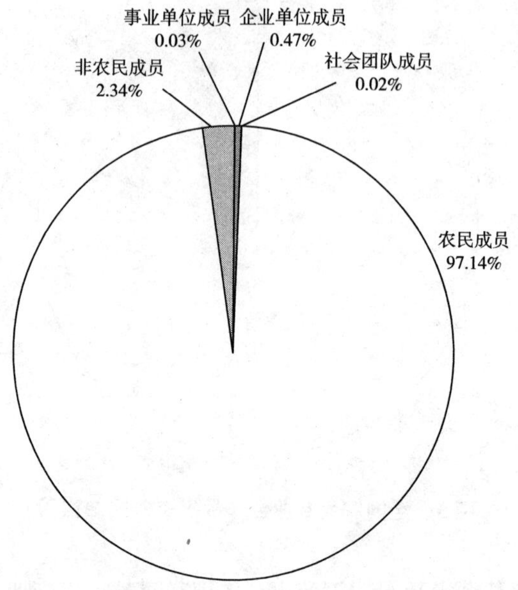

图4　全国农民专业合作社实有成员类别结构图

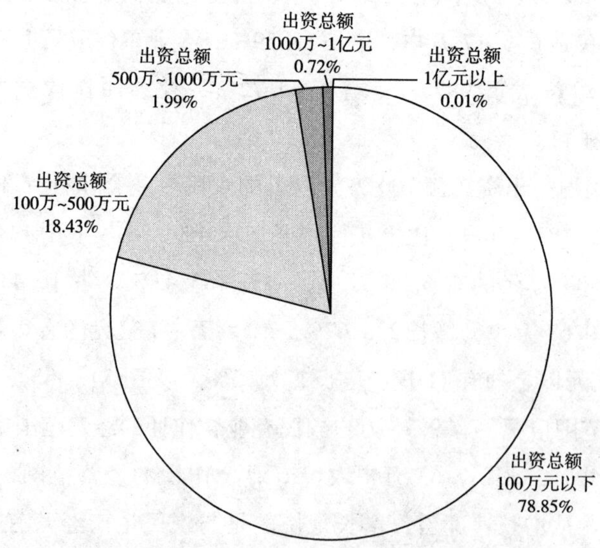

图5　全国农民专业合作社实有出资规模结构图

126.69万户。山西实有2.38万户，出资总额142.67亿元，成员总数17.10万户。

附件 1

全国各地区私营企业基本情况（期末实有）

单位：户，人，万元

地　区	户数(含分支机构)	投资者人数	雇工人数	注册资本(金)
北　京	432290	850752	2811139	58388979
天　津	126089	171754	739804	42206201
河　北	247164	525788	2095490	54521869
山　西	139263	314238	655211	34833417
内蒙古	94844	221041	832236	33431601
辽　宁	266809	506200	2869598	49179016
吉　林	111565	226873	841133	16769985
黑龙江	140499	318110	1173978	19963575
上　海	630701	1176259	4306235	112924534
江　苏	911554	1671751	12004897	201366531
浙　江	566595	1173618	6811292	129757128
安　徽	189525	395790	1575017	36559080
福　建	230577	530688	2147972	72354914
江　西	136628	332040	1948442	24771008
山　东	471213	1074159	4656253	92942128
河　南	260613	596222	2082445	44557276
湖　北	230567	545496	1950528	42853107
湖　南	160261	394476	2237972	33384068
广　东	813445	2228386	6343186	156192033
广　西	108879	309086	1346081	17518923
海　南	66647	145983	305560	17455327
重　庆	142785	316306	1552659	25345952
四　川	325476	752823	2896231	36642302
贵　州	71738	161809	519714	14095566
云　南	136746	278653	1714589	30729241
西　藏	6286	15436	118373	1769748
陕　西	170178	803185	1352398	24106217
甘　肃	70678	143218	552442	10647823
青　海	13220	33438	278705	3192231
宁　夏	34423	85803	244519	7867424
新　疆	94281	206742	599431	18138970
合　计	7401539	16506123	69563530	1464466175

附件 2

全国各地区个体工商业基本情况（期末实有）

单位：户，人，万元

地　区	户　数	从业人员	资金数额
北　京	807886	1122091	1481028
天　津	210156	361561	914514
河　北	1302274	4928196	5976360
山　西	771088	1533526	3526573
内蒙古	693841	1289303	2288288
辽　宁	1459614	3661449	8323034
吉　林	661153	1392351	2019903
黑龙江	923953	1825482	3690837
上　海	333365	408182	590074
江　苏	2614427	4088591	15817118
浙　江	1986913	4294888	8499857
安　徽	1250875	2633497	4191579
福　建	650499	1758218	2762405
江　西	839578	2176730	3301648
山　东	2156925	4667030	6684721
河　南	1579998	3480065	3480348
湖　北	1392770	3278730	4234429
湖　南	1227292	2065168	5483508
广　东	3259122	6961711	6508454
广　西	1178505	2184766	2714866
海　南	212042	353115	561892
重　庆	720024	1264938	1826532
四　川	2034929	3633868	3940365
贵　州	597864	886198	1631149
云　南	986655	2009177	2938143

续表

地 区	户 数	从业人员	资金数额
西 藏	86780	202423	246623
陕 西	736259	1029581	1481739
甘 肃	479308	879349	1201485
青 海	119794	258762	520455
宁 夏	183323	362000	709128
新 疆	516451	862852	1018473
合 计	31973663	65853798	108565528

国家工商总局个体私营经济监督管理司

课题组负责人：潘海民

课题组成员：张久荣　赵　莉

2009 年民营企业对外经济贸易发展报告

摘　要： 2009 年，是改革开放以来中国对外经济贸易发展最为困难的一年。国际金融危机造成全球需求急剧萎缩、金融风险明显增大、贸易摩擦上升。面对严峻的外部环境，我国民营企业依然表现出较强的市场适应能力和抗风险能力，尽管全年出口额同比下降 11.5%，但比全国平均降幅低 4.5 个百分点，而进口更是实现了 8.8% 的增长。民营企业出口和进口在全国中的比重分别达到 28.1% 和 16.6%，比上年分别提高 1.4 个和 2.5 个百分点。在对外投资方面，民营企业抓住国际金融危机带来的机遇，在开展海外技术、市场、资源合作等方面取得新突破。2010 年，国际经济形势出现复苏迹象，但回升的道路并不平坦，民营企业需要冷静分析、敏锐观察，努力抓住危机结束后孕育的新机遇，提升参与国际竞争的能力。

关键词： 民营企业　对外经济贸易

2009 年是进入新世纪以来我国经济发展最为困难的一年，也是改革开放以来我国对外经济贸易外部环境最为严峻的一年。2008 年下半年爆发的国际金融危机对全球实体经济造成的冲击，在 2009 年开始全面发酵。各国经济均受到不同程度的影响，全球贸易、投资出现大幅下滑，经济全球化进程遭遇空前困难。2009 年全球货物贸易下降 23%，服务贸易下降 13%，跨国直接投资下降 38.7%。面对如此严峻的国际环境，我国民营企业再次显示出了顽强的生命力和市场应变能力，经受住了大风大浪的考验，在我国对外经济贸易中的地位得到进一步提升。但同时也要看到，产品层次低、创新能力不足等问题在这次危机中也进一步暴露出来，一些企业进出口出现大幅下滑，甚至面临经营困难。面对国际金融危机，全面落实好政府出台的一系列支持民营经济发展的政策措施，紧紧抓住历史性新机遇，引导和鼓励企业化危为机，对于促进民营企业发展外向型经济，壮大我国民营经济实力，具有重大意义。

一　民营企业的应对能力和市场活力在国际金融危机中进一步凸显，对外贸易实现新突破

（一）民营企业对外贸易逆境中求发展，在我国对外贸易中地位进一步提升

2009 年，国际金融危机扩散蔓延直接导致世界经济和国际需求进入深度衰退，我国进出口贸易额出现改革开放以来的最大降幅。全国进出口额 2.2 万亿美元，同比下降 13.9%，其中出口额 1.2 万亿美元，同比下降 16%，进口额 1 万亿美元，同比下降 11.2%。尽管面临着外部需求下降、财务风险加大、订单减少、贸易摩擦增多等困难，但民营企业在危机面前显示出了较强的灵活性和抗风险能力。2009 年，我国民营企业（包括私营企业、集体企业和个体工商户，下同）进出口总额 5053.8 亿美元，与上年相比下降 5.7%。其中，出口额 3382.6 亿美元，同比下降 11.5%；进口额 1671.2 亿美元，同比增长 8.8%，实现贸易顺差 1711.4 亿美元，比上年减少 502 亿美元（见表 1、图 1）。民营企业进出口和出口的下降幅度比全国的平均水平要低 8.2 个和 4.5 个百分点，进口实现正增长。出口和进口在全国中的比重分别达到 28.1% 和 16.6%，比上年分别提高 1.4 个和 2.5 个百分点，在全国外贸中的地位得到进一步巩固和提升。这一方面与民营企业自身机制带来的发展活力密切相关，也是近年来国家连续出台支持民营经济发展的政策措施的结果。

表 1　2009 年我国各类企业进出口比较

单位：亿美元，%

企业类型	出口		进口	
	金额	同比	金额	同比
国有企业	1909.9	-25.8	2885.1	-18.4
外资企业	6722.3	-15.0	5452.1	-12.0
民营企业	3382.6	-11.5	1671.2	8.8

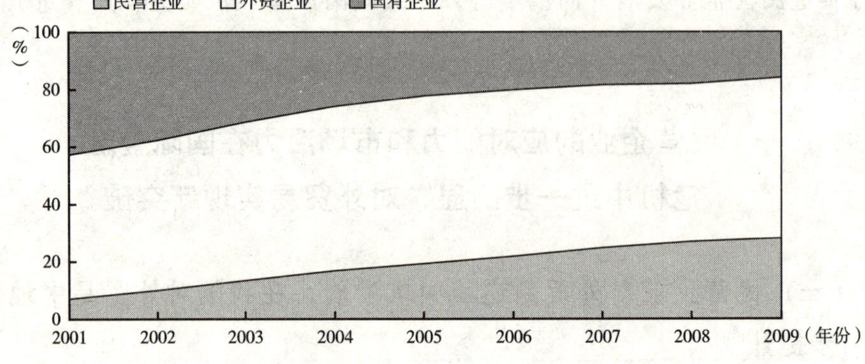

图1　近年来我国各类企业出口比重变化图

从民营企业内部看，私营企业继续保持民营企业主力军的地位。2009 年私营企业出口 2963.6 亿美元，同比下降 9%，下降幅度比集体企业和个体工商户分别少 16.9 个和 21.5 个百分点，比国有企业和外资企业的下降幅度也分别少 16.8 个和 6 个百分点。2009 年私营企业进口 1404.7 亿美元，与上年相比增长 12.7%，增速比上年回落 11.8 个百分点。与其他企业类型进口纷纷下滑的情况相反，私营企业进口依然保持增长势头。私营企业在民营企业出口和进口中的比重大幅提升，分别达到 87.6% 和 84.1%，比上年分别增加 2 个和 6.1 个百分点。集体企业和个体工商户的对外贸易受金融危机冲击较大，出口金额分别下降 25.9% 和 30.5%，下降幅度均超过全国平均水平，进口金额分别下降 8.2% 和 29.4%（见表2、表3）。

表2　2009 年民营企业主要类型分月度出口情况

单位：亿美元，%

月份	私营企业		集体企业		个体工商户	
	金额	同比	金额	同比	金额	同比
1	243.2	-0.2	33.7	-25.2	1.2	-35.4
2	122.2	-27.1	23.2	-29.9	0.6	-44.8
3	216.3	2.3	31.3	-27.3	1.2	-5.1
4	231.3	-10.9	32.6	-33.1	1.2	-21.2
5	223.2	-17.1	31.4	-36.9	1.2	-38.6
6	233.0	-15.4	32.2	-36.1	1.4	-23.6
7	262.3	-18.7	37.1	-31.5	1.4	-27.3

续表 2

月份	私营企业		集体企业		个体工商户	
	金额	同比	金额	同比	金额	同比
8	261.7	-18.2	35.4	-33.5	1.5	-27.8
9	288.7	-7.9	37.4	-23.0	1.2	-36.9
10	262.9	-12.3	33.9	-20.4	1.0	-47.6
11	277.6	-1.3	36.3	-9.6	0.9	-28.9
12	341.3	16.3	40.6	7.7	1.0	-23.0
全年	2963.6	-9.0	405.2	-25.9	13.8	-30.5

表 3　2009 年民营企业主要类型分月度进口情况

单位：亿美元，%

月份	私营企业		集体企业		个体工商户	
	金额	同比	金额	同比	金额	同比
1	64.3	-36.6	15.6	-36.0	0.07	-43.6
2	78.2	-0.9	18.0	-13.6	0.06	-50.5
3	97.7	-8.7	21.1	-13.9	0.08	-43.2
4	111.6	-5.9	23.5	-12.3	0.10	-21.4
5	108.7	-1.1	20.1	-25.6	0.10	-40.2
6	126.8	17.1	22.6	0.3	0.09	-43.8
7	136.4	7.3	25.8	-7.0	0.12	-53.4
8	127.3	15.3	20.0	-34.2	0.09	-47.1
9	149.5	27.6	26.2	-0.8	0.13	-14.9
10	110.5	11.6	23.5	12.3	0.10	-18.9
11	127.9	60.6	22.5	20.7	0.16	67.9
12	165.6	87.2	26.3	41.4	0.14	24.4
全年	1404.7	12.7	265.3	-8.2	1.2	-29.4

从月度情况看，在金融危机的冲击下，民营企业出口与全国整体出口水平一样，形成了一个U形发展态势。从2008年9月开始，民营企业出口增速逐步回落，在2009年5月达到谷底并延续了4个月后，开始逐步回升。从图2中不难看出，民营企业的抗风险能力要高于其他企业类型，在衰退过程中下降幅度低于全国平均水平，在复苏过程中由于基数较高，回升速度略低于全国平均水平。

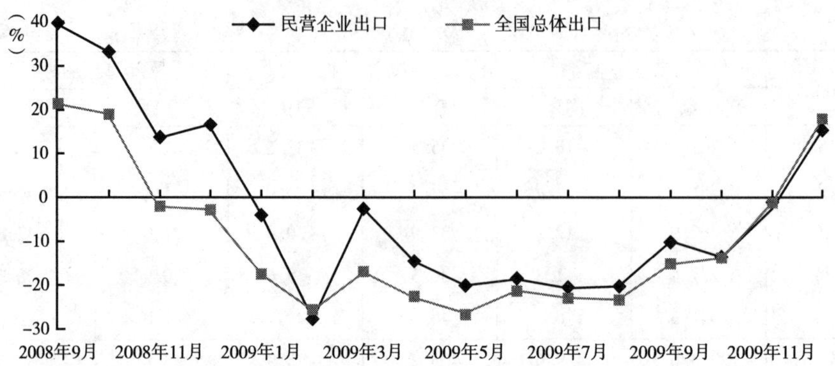

图2　民营企业出口与全国整体出口月度变化对比图

（二）民营企业是我国纺织品、服装、箱包、鞋、玩具、农产品等劳动密集型产品的主要出口力量，机电产品和高新技术产品的出口比重有所提升

1. 劳动密集型产品

民营企业出口降幅比全国水平小，也与其出口商品结构有关。从需求市场看，受金融危机冲击最大的是资本品、IT和机电产品；相对而言，需求弹性较小的劳动密集型产品特别是日常生活需求产品受冲击较小。2009年，我国服装、纺织品、鞋和箱包出口合计下降9.5%，比机电产品出口降幅低3.9个百分点。轻纺等劳动密集型产品是目前我国民营企业的主要出口产品，也是参与国际竞争的优势产品。2009年，民营企业出口服装、纺织品、鞋和箱包的金额分别为517.5亿美元、322亿美元、135.5亿美元和66.7亿美元，上述四类商品占民营企业出口的30.8%。民营企业在我国传统大宗劳动密集型产品出口中占到半壁江山，上述四类商品占全国同类产品出口的比重分别为48.3%、53.7%、48.4%和52.2%。在劳动密集型产品开拓国际市场能力方面，民营企业显示出了一定优势。尽管民营企业上述四类商品出口也出现了萎缩，但下降幅度均低于国有企业和外资企业的平均水平，显示出了一定的抗风险能力（见表4）。

2. 资源密集型产品

资源密集型产品由于进入门槛比较低、技术水平要求不高，民营企业是此类产品出口的主要力量。2009年民营企业出口钢材70.1亿美元、未锻造的铝及铝

表4　2009年各企业类型开拓传统大宗商品国际市场比较

单位：亿美元，%

比较项目 \ 商品名称		服装及衣着附件	纺织纱线、织物及制品	鞋类	箱包及类似容器	玩具
出口金额	民营企业	517.5	322.0	135.5	66.7	20.8
	国有企业	196.9	91.7	45.6	18.6	21.1
	外资企业	356.8	186.1	99.2	42.6	35.9
金额与上年相比	民营企业	-9.8	-1.9	-0.7	-4.3	7.8
	国有企业	-18.0	-19.8	-12.3	-20.9	-19.0
	外资企业	-8.1	-12.3	-8.7	-10.5	-12.6
占全国同类产品出口比重	民营企业	48.3	53.7	48.4	52.2	26.8
	国有企业	18.4	15.3	16.3	14.5	27.1
	外资企业	33.3	31.0	35.4	33.3	46.1

材26.4亿美元、未锻造的锰1.8亿美元，占全国同类商品出口的比重分别为31.5%、51.8%、77.7%。此外，民营企业出口占全国同类商品出口比重较高的资源性产品还包括花岗岩石材及其制品16.9亿美元，比重71.5%；黏土及其他耐火矿物3.8亿美元，比重56%；镁及其制品3.5亿美元，比重54.4%；氧化锌及过氧化锌1881万美元，比重81%；氧化铝1457万美元，比重51%。资源性产品也是受金融危机冲击最大的产品，钢材、未锻造的铝及铝材、未锻造的铜及铜材、未锻造的锰等商品，出口下降幅度分别达到61.1%、33.7%、57.4%和69.9%。

3. 机电和高新技术产品

近年来，机电产品和高新技术产品在民营企业出口中的比重不断提升。2009年，民营企业出口机电产品1264.7亿美元，同比下降10.6%（低于全国机电产品出口下降13.4%的平均水平），占民营企业总出口的37.4%，比上年略有提高。民营企业出口高新技术产品331.4亿美元，在国际需求大幅萎缩的情况下依然实现了7.3%的增幅（与全国高新技术产品出口下降9.3%的局面形成强大反差），占民营企业总出口的9.8%，比上年提高1.8个百分点。机电和高新技术产品在民营企业出口中的比重依然较低，比全国平均水平分别低21.9个和21.6个百分点（见图3）。

4. 出口出现增长的产品

尽管全球市场需求萎缩严重，绝大部分产品出口都出现不同程度的下滑，但农产品、家具及其零件、水海产品、船舶、自动数据处理设备及其部件、电话机等产品出口依然逆势而上，成为推动民营企业出口的主要力量。2009年民营企

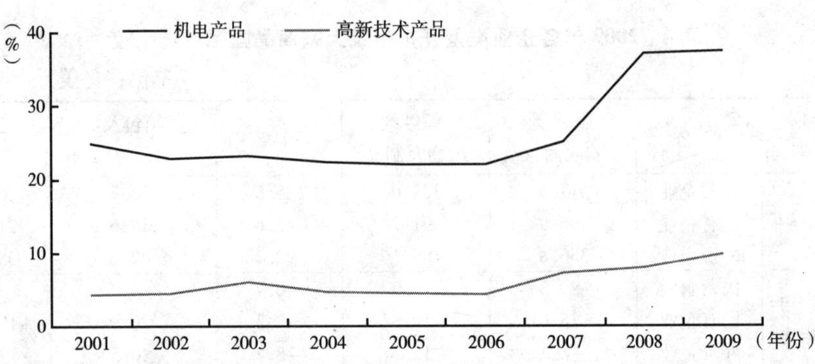

图3 机电产品和高新技术产品占民营企业出口比重变化图

业出口农产品172.5亿美元，同比增长7.7%，占全国农产品出口的44%。水海产品成为出口增长最快的主要商品，增长幅度高达62.8%，金额31.3亿美元。此外，家具及其零件、船舶、自动数据处理设备及其部件、电话机的出口增幅分别达到8.4%、38.6%、15.3%、18.4%（见表5）。

表5 2009年民营企业出口主要商品

单位：亿美元，%

商品名称	出口金额	与上年相比	占民营企业出口比重	占全国同类产品出口比重
机电产品*	1264.7	-10.6	37.4	17.7
高新技术产品*	331.4	7.3	9.8	8.8
农产品*	172.5	7.7	5.1	44.0
服装及衣着附件	517.5	-9.8	15.3	48.3
纺织纱线、织物及制品	322.0	-1.9	9.5	53.7
鞋类	135.5	-0.7	4.0	48.4
家具及其零件	113.4	8.4	3.4	44.8
钢材	70.1	-61.1	2.1	31.5
箱包及类似容器	66.7	-4.3	2.0	52.2
塑料制品	60.6	-6.4	1.8	42.1
汽车零件	43.8	-19.7	1.3	33.8
船舶	41.7	38.6	1.2	15.4
自动数据处理设备及其部件	34.6	15.3	1.0	2.8
灯具、照明装置及类似品	32.8	-18.7	1.0	43.3
水海产品	31.3	62.8	0.9	45.9
医药品	29.5	9.8	0.9	34.2
蔬菜	28.4	31.5	0.8	56.9
电话机	26.8	18.4	0.8	6.4
未锻造的铝及铝材	26.4	-33.7	0.8	51.8
玻璃制品	24.0	-2.9	0.7	71.1

说明：*包括本表中已列明的有关商品。

5. BEC分类产品

从广义经济分类（Broad Economic Categories，BEC）看，2009年民营企业出口消费品1519.6亿美元，与上年相比下降2.2%，中间产品1351.9亿美元，下降22.1%，资本品497.5亿美元，下降3.7%。从中我们可以看出，民营企业与国有企业和外资企业出口结构有很强的互补性。2009年民营企业出口中45%是消费品，资本品和中间产品的比重分别是15%和40%。而国有企业出口最多的是中间产品，占到46%，资本品和消费品的比重均是27%。外资企业出口较多的产品是资本品和中间产品，比重分别是42%和34%，消费品的比重仅占到24%（见图4）。

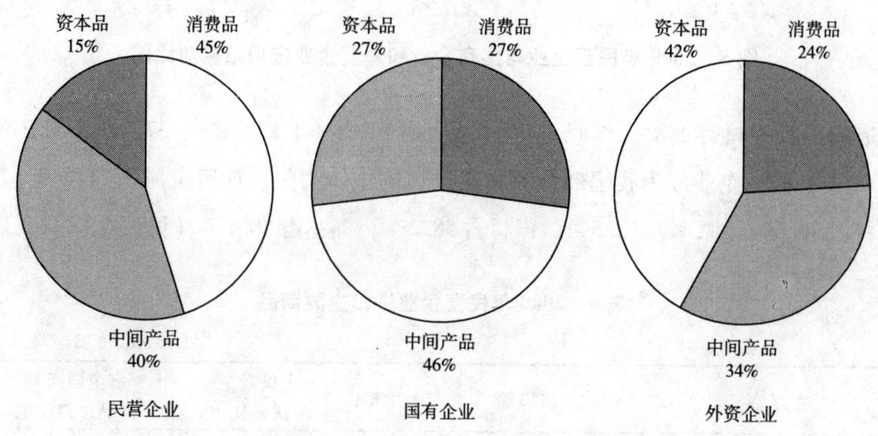

图4　2009年民营企业与国有企业和外资企业出口结构对比图

6. 进口贸易

近年来，民营企业进口发展快速，进口规模与出口规模的巨大反差在逐步缩小。在国际金融危机影响尚未消除、全球经济发展尚不稳固的情况下，民营企业进口率先反弹，于2009年6月开始出现正增长，显示出了民营经济对国际市场逐步复苏的敏锐嗅觉。从广义经济分类看，民营企业进口结构与国有企业和外资企业进口结构大致相同。中间产品所占比重最大，达到80%左右。其次是资本品，民营企业和国有企业的进口比重都在15%左右，外资企业略大，达到22%。消费品的进口比重都不超过6%（见图5）。

从具体商品来看，2009年民营企业进口最多的商品是铁矿砂及其精矿、集成电路、初级形状的塑料，进口额分别为119.6亿美元、107亿美元、104.7亿美元。进口增长最快的主要商品是未锻造的铜及铜材、煤、废金属、计算机零件、未

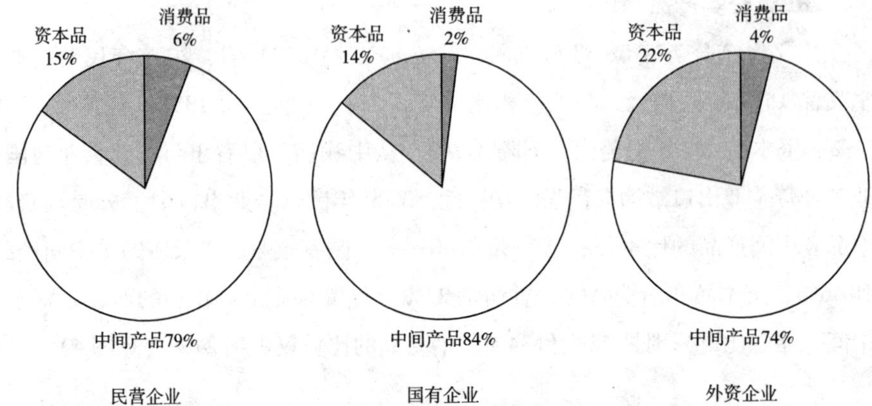

图5 2009年民营企业与国有企业和外资企业进口结构对比图

锻造的铝及铝材等商品，增长速度分别达到141.8%、137.1%、37.7%、60.2%、323.5%。民营企业成为我国部分原材料进口的主体力量，如废金属占56.3%、废塑料占76.6%、原木占63.5%、锯材占58.2%、棉花占50.1%（见表6）。

表6 2009年民营企业进口主要商品

单位：亿美元，%

商品名称	进口额	与上年相比	占民营企业进口比重	占全国同类产品进口比重
机电产品*	527.1	5.6	31.5	10.7
高新技术产品*	317.2	14.7	19.0	10.2
农产品*	155.6	1.0	9.3	29.8
铁矿砂及其精矿	119.6	-4.3	7.2	23.9
集成电路	107.0	14.4	6.4	8.9
初级形状的塑料	104.7	34.9	6.3	30.1
废金属	78.7	37.7	4.7	56.3
未锻造的铜及铜材	54.4	141.8	3.3	24.1
煤	45.9	137.1	2.7	43.4
粮食	45.0	14.6	2.7	21.7
成品油	32.1	-11.6	1.9	18.9
自动数据处理设备及其部件	30.6	8.2	1.8	12.9
计量检测分析自控仪器及器具	27.7	8.0	1.7	18.2
废塑料	27.2	-16.8	1.6	76.6
液晶显示板	26.9	21.8	1.6	7.7
原木	26.0	-26.0	1.6	63.5
纺织纱线、织物及制品	23.9	3.3	1.4	16.0
对苯二甲酸	20.5	0.2	1.2	41.0
钢材	19.5	5.5	1.2	10.0
汽车(包括整套散件)	18.3	-20.0	1.1	11.9

说明：*包括本表中已列明的有关商品。

（三）民营企业从事加工贸易活动较少，主要依靠一般贸易开拓国际市场

民营企业孕育成长于国内，依托国内成熟的产业链，其原料、生产、加工等要素均发生在本土，这些性质决定了其进出口的主要方式是一般贸易、加工贸易所占比重较小。这与外资企业两头在外、加工贸易为主（加工贸易占外资企业进出口的比重达到62.8%）的特征形成明显反差。

2009年，民营企业以一般贸易方式出口2692.9亿美元，与上年相比下降12.1%，占民营企业总出口的80%，比上年略有下降，占我国一般贸易出口的比重首次超过一半以上，达到50.8%；进口1208.4亿美元，与上年相比增长14.3%，占民营企业总进口的72%，比上年提高3.2个百分点，占我国一般贸易进口的22.6%，比上年提高4.1个百分点（见表7、表8）。

表7　2009年各主要企业类型出口分贸易方式情况

单位：亿美元，%

贸易方式	民营企业		国有企业		外资企业	
	金额	同比	金额	同比	金额	同比
一般贸易	2692.9	-12.1	1049.4	-35.9	1556.0	-19.3
加工贸易	394.1	-7.2	538.0	-10.9	4937.0	-13.7
其他贸易	295.6	-11.9	322.6	-2.9	229.3	-10.2

表8　2009年各主要企业类型进口分贸易方式情况

单位：亿美元，%

贸易方式	民营企业		国有企业		外资企业	
	金额	同比	金额	同比	金额	同比
一般贸易	1208.4	14.3	2280.6	-18.5	1833.1	-0.4
加工贸易	197.1	-8.8	300.9	-17.5	2708.0	-15.0
其他贸易	265.6	0.8	303.2	-19.4	911.0	-22.2

2009年，民营企业以加工贸易方式出口394.1亿美元，与上年相比下降7.2%，占我国民营企业总出口的12%，比重较上年略有提高，在我国加工贸易出口中的比重仅有6.7%；进口197.1亿美元，与上年相比下降了8.8%。民营企业与外资企业进出口贸易方式形成明显反差（见图6、图7）。

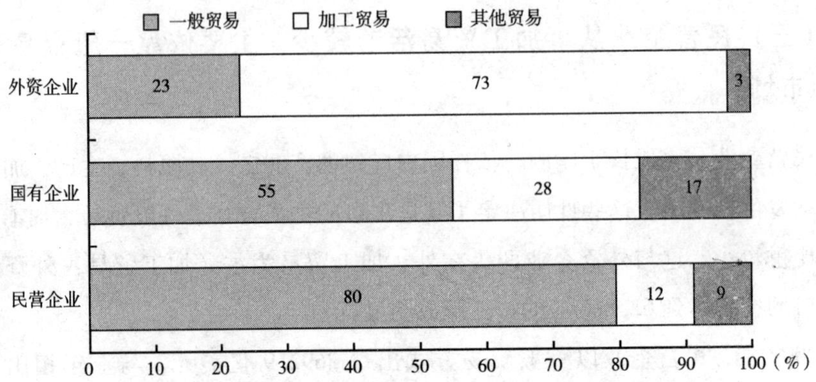

图6　2009 年各主要企业类型出口分贸易方式对比图

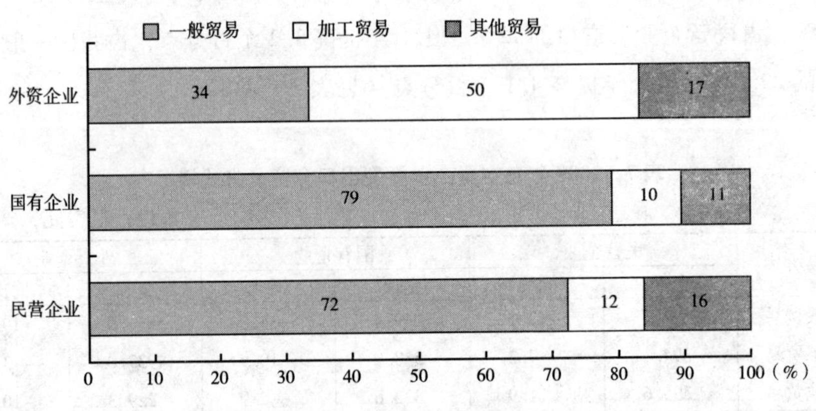

图7　2009 年各主要企业类型进口分贸易方式对比图

（四）沿海地区民营企业抵御外部风险的能力更强

相对于我国其他地区来说，东部沿海地区民营经济活跃，经济实力较强，在我国民营企业对外贸易中占有绝对优势。2009 年东部地区民营企业出口 2736 亿美元，占全国民营企业出口的比重达到 80.9%，出口金额与上年相比下降 8.9%，远低于中部地区、西部地区和东北地区民营企业出口下降幅度。其中，广东、浙江、江苏三省民营企业的出口占全国民营企业出口的比重高达 57.7%，比上年提高 2.4 个百分点，显示出我国外向型民营企业分布的极不平衡性，而且呈加剧趋势。广东依旧是我国民营企业出口额最多的省份，2009 年出口额达到 867.6 亿美元，与上年相比下降幅度仅有 2.5%，是民营企业出口萎缩的省份中下降幅度最小的，显示出较强的抗风险能力。福建民营企业出口203.9亿美元，与上年相比增长16.5%，是东部地区民营企业出口额唯一增长的省份（见表9）。

2009年中部地区民营企业出口167.9亿美元，同比下降23.3%，进口58亿美元，同比增长3.4%；西部地区民营企业出口298.5亿美元，同比下降16.3%，进口99.7亿美元，同比增长15.1%；东北地区民营企业出口180.3亿美元，同比下降26.9%，进口73.9亿美元，同比下降6.7%（见表9）。

表9　2009年民营企业进出口分省（区、市）情况

单位：亿美元，%

省(区、市)	出口				进口	
	金额	与上年相比	占全国民营企业出口比重	占本地区出口总额比重	金额	与上年相比
东部地区	2736.0	-8.9	80.9	25.8	1439.5	9.5
北京	34.7	-26.6	1.0	7.2	59.1	4.9
天津	40.8	-29.3	1.2	13.7	39.4	-5.0
河北	64.1	-26.6	1.9	40.9	32.0	9.8
上海	183.5	-16.7	5.4	12.9	154.4	0.4
江苏	351.9	-16.8	10.4	17.7	181.8	5.1
浙江	732.3	-8.6	21.6	55.1	212.3	11.6
福建	203.9	16.5	6.0	38.2	47.7	30.8
山东	251.9	-14.2	7.4	31.7	194.1	4.1
广东	867.6	-2.5	25.6	24.2	507.8	16.3
海南	5.3	-28.2	0.2	40.5	10.9	-2.3
中部地区	167.9	-23.3	5.0	40.1	58.0	3.4
山西	9.8	-70.6	0.3	34.5	8.7	4.3
安徽	37.4	-13.6	1.1	42.1	6.9	17.7
江西	31.0	33.1	0.9	42.2	4.2	98.0
河南	31.8	-27.9	0.9	43.3	17.7	0.0
湖北	29.3	-12.5	0.9	29.4	6.7	-19.4
湖南	28.5	-30.9	0.8	52.0	13.8	0.4

续表 9

省(区、市)	出口				进口	
	金　额	与上年相比	占全国民营企业出口比重	占本地区出口总额比重	金　额	与上年相比
西部地区	298.5	-16.3	8.8	57.5	99.7	15.1
内蒙古	12.5	8.7	0.4	54.1	28.7	-14.4
广　西	60.9	57.5	1.8	72.6	19.2	20.8
重　庆	25.6	-23.1	0.8	59.9	4.2	44.7
四　川	60.5	16.0	1.8	42.8	13.1	65.3
贵　州	1.7	-51.8	0.1	12.4	1.0	200.5
云　南	25.1	27.3	0.7	55.7	12.1	7.5
西　藏	2.1	-54.9	0.1	55.1	0.1	451.6
陕　西	10.3	-32.8	0.3	25.8	12.5	82.3
甘　肃	3.6	-40.0	0.1	48.0	1.5	31.8
青　海	2.4	-27.7	0.1	96.3	0.3	-24.2
宁　夏	2.8	-47.0	0.1	37.6	0.9	154.9
新　疆	90.9	-44.3	2.7	84.1	6.2	2.2
东北地区	180.3	-26.9	5.3	38.6	73.9	-6.7
辽　宁	87.7	-6.0	2.6	26.2	36.9	6.0
吉　林	13.7	-25.8	0.4	43.7	4.9	2.6
黑龙江	78.9	-41.5	2.3	78.3	32.2	-19.0

我国民营企业进出口存在的地区性发展不平衡是与全国整体外贸发展不平衡相一致的。尽管中部、西部、东北地区民营企业出口占全国的比重有限，但在本地区中却是出口的主力军，西部地区更是有 57.5% 的出口是由民营企业贡献的。其中，青海、新疆、黑龙江、广西等地民营企业出口占当地出口的比重更是高达 96.3%、84.1%、78.3%、72.6%。

（五）对欧美市场出口下滑，从能源资源富集地进口大幅攀升

民营企业与国有企业和外资企业相比，市场多元化特征比较明显，是开拓新兴市场的主要力量。2009 年民营企业对欧盟、美国、东盟、中国香港四大传统市场出口金额分别为 668.8 亿美元、468.1 亿美元、357.6 亿美元和 233.7 亿美元，与上年相比对欧盟和美国分别出现 12.8% 和 6.7% 的萎缩，对东盟实现 2.6% 的增长，对中国香港基本持平。四大市场在民营企业出口中的比重为

51.1%，比在全国出口中的比重低9.6个百分点。2009年，民营企业对俄罗斯、韩国、阿拉伯联合酋长国出口遇到较大挫折，出口萎缩幅度分别达到44.3%、34.5%和20.5%。

相对于出口来说，民营企业进口的来源地更加多元，从能源资源富集国的进口增长较快，利用“两种资源”的特征更加明显。2009年，民营企业进口来源地主要集中在欧盟、东盟、日本和美国，进口金额分别为229亿美元、221.6亿美元、158.6亿美元和153.8亿美元。从能源资源富集地进口的大幅增加，成为2009年民营企业进口的一大亮点。其中，从巴西、澳大利亚、智利、非洲进口的增幅分别达到58.5%、32.6%、135.9%、42.6%。另外，民营企业也是国货复进口的主体之一，占全国国货复进口的比重为11.9%，达到102.7亿美元（见表10、图8、图9、表11）。

表10　2009年民营企业前20位贸易伙伴

单位：亿美元，%

国家或地区	进出口		出口		进口	
	金额	同比	金额	同比	金额	同比
欧盟	897.8	-8.9	668.8	-12.8	229.0	4.8
美国	621.9	-3.3	468.1	-6.7	153.8	9.1
东盟	579.2	5.4	357.6	2.6	221.6	10.2
日本	353.9	-1.0	195.3	-5.6	158.6	5.4
中国香港	252.3	-4.4	233.7	0.0	18.6	-38.3
韩国	236.8	-13.9	105.0	-34.5	131.9	14.9
俄罗斯	179.2	-32.3	102.7	-44.3	76.5	-4.9
澳大利亚	172.0	17.4	60.1	-3.4	111.9	32.6
中国台湾	149.5	-3.6	34.6	-14.8	114.9	0.4
印度	139.9	-13.3	101.6	-2.9	38.4	-32.6
巴西	103.7	10.0	50.0	-17.2	53.7	58.5
阿拉伯联合酋长国	91.0	-21.1	89.4	-20.5	1.6	-42.9
加拿大	81.7	-4.9	53.2	-15.0	28.5	22.1
沙特阿拉伯	63.2	-13.2	43.4	-12.0	19.8	-15.6
智利	60.9	41.3	23.2	-14.4	37.7	135.9
哈萨克斯坦	60.0	-20.9	55.8	-21.3	4.2	-14.5
伊朗	54.8	14.4	41.1	16.2	13.7	9.4
南非	53.4	3.6	35.2	-6.2	18.2	29.8
吉尔吉斯斯坦	48.3	-41.0	47.8	-40.9	0.5	-51.0
墨西哥	38.6	-10.3	30.4	-17.3	8.2	30.9

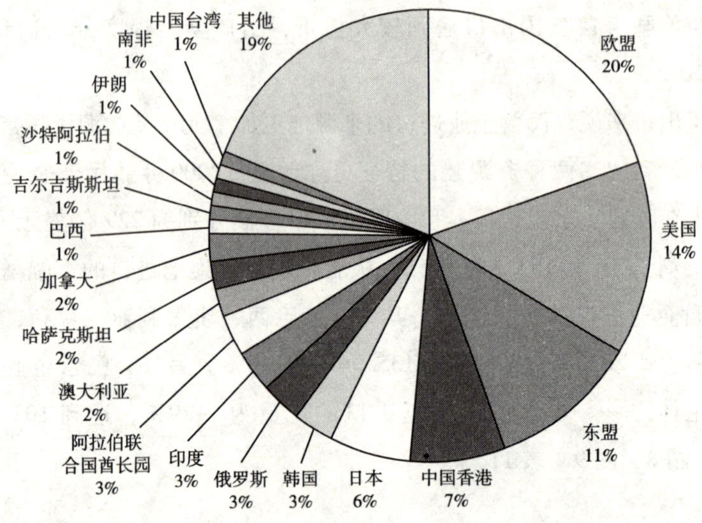

图8　2009年民营企业出口主要市场分布图

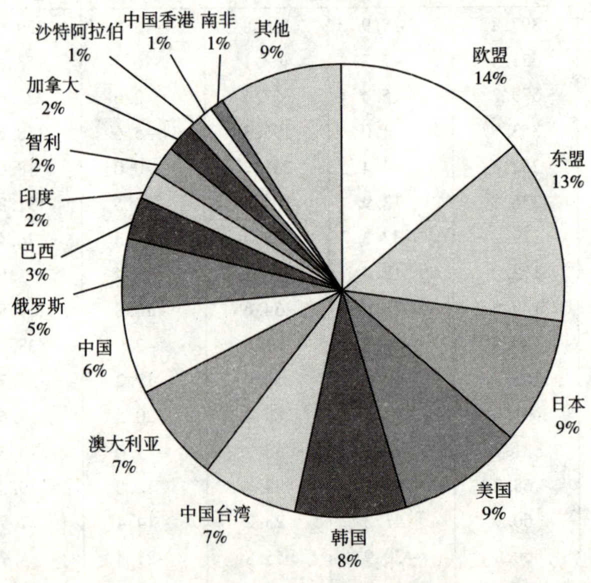

图9　2009年民营企业进口主要来源地分布图

表 11　2009 年三种企业类型出口市场集中度对比

单位：%

比较项目 / 企业类型	出口前 5 大目的地所占比重	出口前 10 大目的地所占比重	出口前 20 大目的地所占比重	出口前 30 大目的地所占比重
民营企业	33.8	47.5	65.8	77.6
国有企业	38.8	53.2	68.6	78.5
外资企业	59.8	72.7	85.3	91.7

说明：目的地指单个国家或地区，不包括经济体。

（六）外贸经营主体增长迅速，平均规模不断提升

从事进出口活动的民营企业主体近年来发展迅速。在加入 WTO 初期，从事进出口业务的民营企业只有 1 万多家（指有实际进出口业绩的企业，下同），2002 年接近 2 万家，已超过国有企业，到 2006 年达到 10 万家，超过了外资企业的数量。2009 年，从事进出口活动的民营企业数量已经达到 15.4 万家，成为我国从事对外贸易数量最多的一支队伍（见图 10、表 12）。

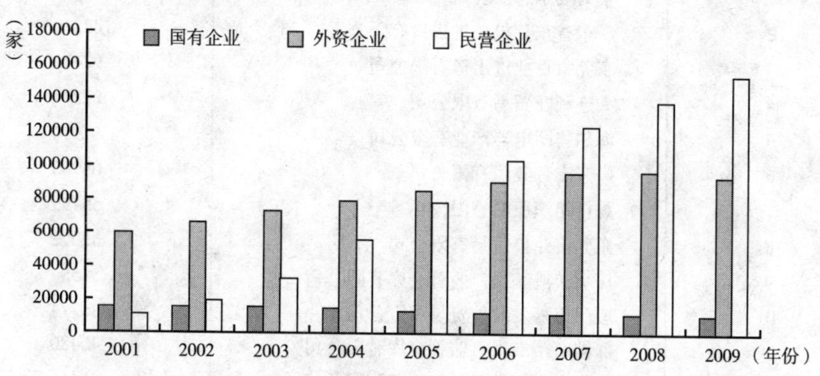

图 10　三种企业类型外贸经营主体数量对比变化图

从民营企业内部看，从事对外贸易活动的私营企业数量增长最快，2009 年超过 14 万家。从事进出口业务的集体企业数量在逐步缩减，个体工商户受到规模小、起步晚等因素影响，进出口主体数量波动较大。在民营企业数量扩张的同时，企业的规模也在不断扩大。2009 年出口最大的 100 家私营企业平均出口额

每家25934万美元，是2005年的1.8倍；最低入围标准也由2005年的6303万美元提高到14370万美元（见表12、表13）。

表12 加入WTO以来开展对外贸易的民营企业数量变化

单位：家

年份	集体企业	私营企业	个体工商户
2001	5651	5183	—
2002	6250	13031	—
2003	6693	25817	—
2004	6793	49457	68
2005	6445	71592	385
2006	5989	94565	2595
2007	5572	115884	2256
2008	5221	131405	1795
2009	4580	147872	1741

表13 2009年民营企业出口额前20位

单位：万美元

排名	企业名称	出口金额
1	华为技术有限公司	698985
2	广东省东莞机械进出口有限公司	143212
3	东莞市百业进出口有限公司	97472
4	大连利旺贸易有限公司	82241
5	海尔集团电器产业有限公司	67930
6	广东宏远集团有限公司	65985
7	魏桥纺织股份有限公司	55499
8	东莞市鼎鑫贸易有限公司	52922
9	深圳市鸿基出口监管仓库有限公司	51554
10	厦门市嘉晟对外贸易有限公司	46574
11	深圳市裕泰出口监管仓库有限公司	46480
12	中山市中山港对外加工装配服务公司	46414
13	深圳市光明新区经济发展有限公司	46091
14	宁波海田国际贸易有限公司	45253
15	新疆野马经贸有限公司	44646
16	昌吉德鲁克经贸有限责任公司	43520
17	青岛即发进出口有限公司	42922
18	黑龙江华宇工贸（集团）有限责任公司	40191
19	深圳市朗华供应链服务有限公司	39235
20	江苏沙钢国际贸易有限公司	37674

二 民营企业敏锐捕捉金融危机中孕育的新机遇，加快“走出去”步伐

受世界经济衰退和金融危机的持续影响，2009 年全球外国直接投资较 2008 年下降 38.7%。在挑战和机遇并存的背景下，中国企业适时出击，2009 年非金融类对外直接投资再创新高，其中民营企业成为对外投资主体数量最多的队伍。国家继续出台和完善鼓励企业“走出去”的有关政策，鼓励和支持包括民营企业在内的各种企业开展对外投资合作。2009 年 3 月，商务部颁布了《境外投资管理办法》，简化了境外投资核准程序，下放了境外投资核准权限，提高了工作效率。

（一）我国对外投资整体情况

2009 年，我国境内投资者共对全球 122 个国家和地区的 2283 家境外企业进行了直接投资，累计实现非金融类对外直接投资（下同）433 亿美元，同比增长 6.5%。其中第四季度对外直接投资 104.3 亿美元，同比增长 31.4%。从投资构成情况看，股本投资 175 亿美元，占对外直接投资额的 40.4%；利润再投资 80 亿美元，占 18.5%；其他投资 178 亿美元，占 41.1%。截至 2009 年底，我国累计全行业对外直接投资已超过 2200 亿美元（见图 11）。

从地区分布看，80% 的对外直接投资集中在亚洲、拉丁美洲等发展中国家。具体分布是：亚洲 207.2 亿美元，占 58.7%；拉丁美洲 89.4 亿美元，占 25.3%；大洋洲 20.3 亿美元，占 5.8%；非洲 13.6 亿美元，占 3.9%；北美洲 13.3 亿美元，占 3.8%；欧洲 9.2 亿美元，占 2.5%。从行业构成看，投资领域多元化，商务服务业、采矿业所占比重较大。具体分布是：商务服务业（即以投资控股为主要目的的投资）192.2 亿美元，占 54.5%；采矿业 87.7 亿美元，占 24.9%；批发和零售业 23.1 亿美元，占 6.6%；制造业 18.3 亿美元，占 5.2%；交通运输业占 2.2%（见图 12）。从地区分布看，相比中央管理的企业，地方企业对外投资表现得更为活跃，当年投资额达到历史最高的 94.5 亿美元，同比增长 54%，占同期投资总额的 26.8%，比上年提高了近 8 个百分点。湖南省以 10 亿美元居首位，其次为上海市 9.9 亿美元，山东省 9.1 亿美元位于第三位，以后依

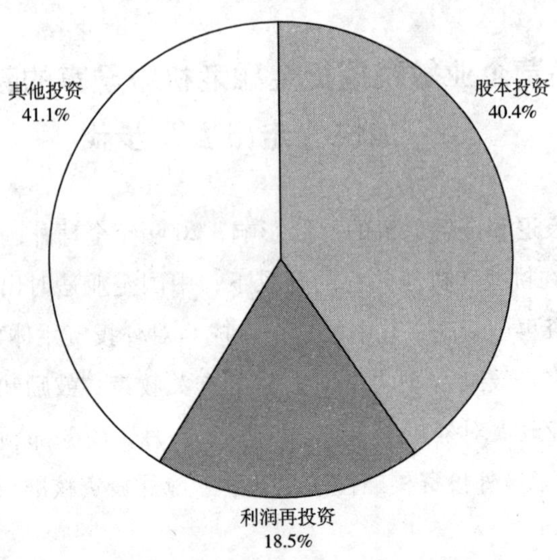

图 11　2009 年我国对外投资构成图

次为辽宁省、浙江省、广东省、江苏省、吉林省、山西省、福建省等。2009 年，中央企业和单位对外直接投资 258.5 亿美元，占 73.2%，仍是对外投资的主体。

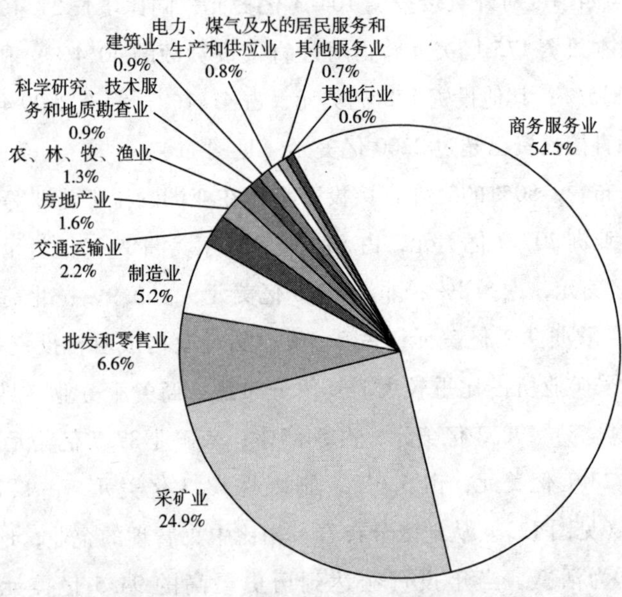

图 12　2009 年我国对外投资行业分布图

（二）民营企业对外投资取得新进展

近年来，我国对外投资主体多元化趋势明显，民营企业所占比重不断提高。据商务部公布的《2008 年度中国对外直接投资统计公报》，在中国对外直接投资者构成中，国有企业占整个境内投资者数量的比重继续下降，由 2007 年底的 19.7%下降至 2008 年底的 16.1%。不包括国有企业和外资企业在内的其他企业所占的比重提升至 79%，其中私营企业占到 9%（见图 13）。2009 年，民营企业充分抓住金融危机带来的难得历史机遇，审时度势、冷静观察、迅速出击，在获取先进技术、海外市场、营销网络、能源资源等领域取得新突破。

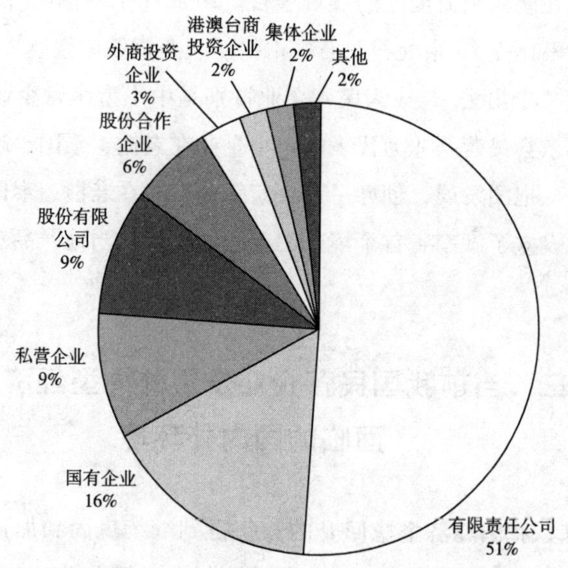

图 13　2008 年底境内投资者按登记注册类型分布图

海外并购成为我国民营企业提高技术创新能力、获得先进技术和营销网络的重要渠道。2009 年 4 月，吉利汽车收购了全球第二大自动变速器制造企业澳大利亚 DSI 公司，2010 年 3 月底，吉利汽车又以 18 亿美元获得沃尔沃公司 100%的股权以及相关资产。吉利收购沃尔沃是国内汽车企业首次完全收购一家具有近百年历史的全球性著名汽车品牌，并首次实现了一家中国企业对一家外国企业的全股权收购、全品牌收购和全体系收购，这对中国制造业利用国内外两个市场、两种资源加快转型升级，将起到示范带动作用。2009 年 12 月，北汽集团以 2 亿美元成功收购瑞典萨博汽车公司相关知识产权，获得了先进的核心技术和完整的质量与制造工艺体系。2009 年 6 月，苏宁电器以 8 亿日元认购日本 LAOX 公司 27.36% 的股权，成为 LAOX 第一大股东，这是中国企业首次收购日本上市企业。

民营企业以其灵活的经营方式、敏锐审视市场和捕捉机会的能力，在海外资源开发合作领域稳步发展，显示了产权清晰的民营企业独具的灵活性和创新精神在对外经营中的优势。2009 年 12 月底，顺德日新收购了智利一座储量高达 30 亿吨的铁矿，在矿山项目中持股超过七成。同时，与中国五矿集团公司签订战略合作协议，以国企为跳板，将产品打入国内市场。2009 年 11 月，四川汉龙集团所属企业汉龙矿业以 5 亿美元资金收购澳大利亚钼矿公司 51% 的股权，是迄今为止中国民营企业在澳大利亚最大的投资项目。2009 年 12 月底，济南域潇集团先后斥巨资买下莫桑比克 20 余处石灰石、锆钛矿及金铜铁矿权。

企业集群式“走出去”，成为民营企业特别是中小型民营企业对外投资的新形式。以湖南邵东县民营企业为代表的中小企业在老挝、泰国、越南、缅甸等东盟国家投资兴业，抱团发展，创办了几百家企业，并在老挝、泰国先后成立了湖南商会，在泰国设立了湖南省首个境外工业园区，带动当地产品和大批劳动力走出国门。

三　当前我国民营企业发展外向型经济面临的国内外环境

2010 年以来，我国经济企稳回升的势头得到继续巩固和加强，成为率先成功应对国际金融危机冲击的国家之一。随着国际市场逐步回暖，我国外向型经济发展也出现明显回升，上半年进出口总值达到 13548.8 亿美元，同比增长 43.1%，其中出口 7050.9 亿美元，同比增长 35.2%，进口 6497.9 亿美元，同比增长 52.7%。2010 年一季度，我国境内投资者共对全球 102 个国家和地区的 957 家境外企业进行了直接投资，累计实现非金融类对外直接投资 75.2 亿美元，同比增长 103.3%。2010 年以来，我国外向型经济的快速发展，显示出世界经济环境逐步回暖的趋势，为我国民营企业开展对外经济贸易提供了良好的外部环境。但同时也要看到，世界经济复苏的基础尚不稳固，金融危机的阴霾尚未退去，主权债务危机的扩散与蔓延又为世界经济蒙上新的阴影。另外，我国加快转变经济发展方式的要求越来越迫切，内外部压力也在逐渐增加，这成为民营企业不得不面对和解决的问题。在机遇与挑战并存、收益与风险交织的时期，民营企业更要树立全球视野，着眼长远，加快技术、产品、管理的创新，为参与国际分工与竞争铺垫更好的基础。

（一）国际经济复苏道路坎坷为民营企业发展外向型经济带来新的不稳定因素

为应对国际金融危机造成的严重经济衰退，世界各国采取了规模和力度空前的金融救援和经济刺激措施。在这些措施作用下，国际金融市场信心有所提升，发达国家金融体系功能逐渐恢复，股市出现反弹，房地产市场开始企稳，工业生产出现积极迹象。美联储最新公布的预测数据显示，2010 年美国经济增长率将达到 3.2% ~3.7%，高于原先预期的增幅。日本内阁公布数据显示，2010 年一季度日本 GDP 折成年率增长了 4.9%，连续四个季度实现正增长，也是自 2009 年二季度以来最快增幅。在新兴市场方面，新加坡、马来西亚、印度尼西亚、巴西、印度等国家 2010 年一季度经济复苏强劲。

同时，影响世界经济全面复苏的不稳定、不确定因素依然较多。多数国家经济出现回升是强力政策刺激的结果，居民消费意愿依然疲弱，企业投资意愿不强，产能利用率仍处低位，经济内生增长动力明显不足。2010 年 4 月份欧元区的失业率达到 10.1%，5 月份美国的失业率攀升至 9.7% 左右，就业严重滞后于经济复苏，势必进一步影响居民收入和消费，延缓复苏进程。同时，欧洲主权债务危机对世界经济影响的风险也在扩大，成为世界经济“二次探底”的最大威胁。2010 年一季度，欧元区国家经济增速折成年率仅增长了 0.5%。

（二）日趋激烈的国际竞争环境给民营企业发展外向型经济带来新的压力

企业面临的贸易摩擦形势严峻。在金融危机的冲击下，许多国家就业形势严峻，国内政治压力上升，各种隐性或变相保护主义层出不穷，欧美针对我国的保护主义将持续升温。2009 年，我国出口产品遭受国外发起的贸易救济调查案件超过 100 起，涉案金额突破 100 亿美元。2010 年前 5 个月，欧盟对华发起贸易救济调查 4 起，立案数量与 2009 年同期相比增长 100%，涉案金额共计 1.67 亿美元，同比增长307%。我国已经成为世界上遭遇反倾销最多的国家。据WTO统计，1995~2008年，我国共遭遇反倾销调查677起，位居世界首位，是位居第二位的韩国的2.7倍，在全球反倾销案件总量中的比重呈上升趋势。反倾销案件涉及的产品，很多是民营企业的主要出口产品，这无疑增加了我国民营企业开拓国际市场的困难（见表14、图14）。

表14　近年来世界主要国家遭遇反倾销情况

单位：件

国家或地区＼年份	2001	2002	2003	2004	2005	2006	2007	2008
中　国	54	51	52	49	55	72	61	73
韩　国	23	23	17	24	12	11	13	9
美　国	15	12	21	14	12	11	7	8
中国台湾	19	16	13	21	13	12	6	10
印度尼西亚	18	12	8	8	14	9	5	10
日　本	14	13	16	9	7	11	4	3
泰　国	16	12	7	9	13	8	9	13
印　度	12	16	14	8	14	6	4	6
俄罗斯	9	18	2	8	3	4	6	2
巴　西	13	4	3	10	4	7	2	3
全球总计	366	312	232	214	200	202	163	208

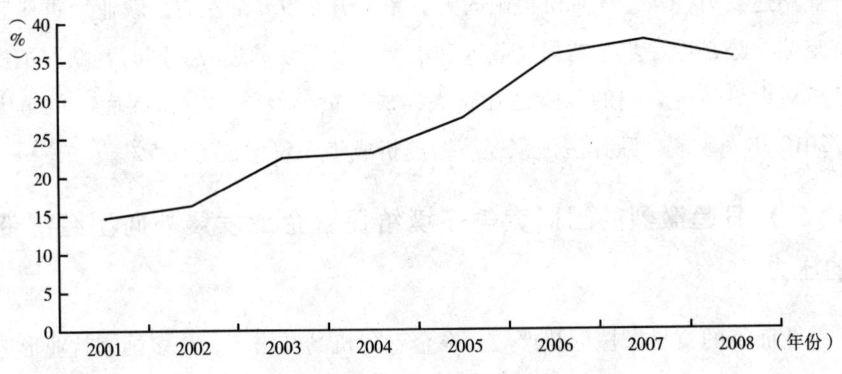

图14　我国遭遇反倾销数量比重变化图

此外，金融危机也让发达国家暴露出了虚拟经济比重过大、产业空心化严重的经济发展模式缺陷。许多国家纷纷出台新政，鼓励产业回归，发展实体经济。

2010 年初，美国政府提出的 5 年出口倍增计划，这无疑给本已萎缩的全球市场带来更大的竞争压力。根据倍增计划安排，美国政府将采取多项政策支持企业扩大出口规模，包括成立总统直接管理的出口内阁、扩大海外派驻贸易促进人员规模、加强出口的金融支持等一揽子方案，力争 5 年内将出口提高 1 倍。

（三）国内经济转型升级对民营企业发展对外贸易提出新要求

近年来，在我国经济总量迅速扩大的同时，经济结构不断得到调整和优化，但经济结构中不合理的深层次矛盾和问题始终存在。这次国际金融危机使我国发展的外部环境发生了重大变化，使得加快调整经济结构成为当前我国经济发展的紧迫任务。从要素投入方面看，我国主要资源性产品消费占全球消费的比重明显大于国际单位国内生产总值消费量，这其中不少是用于出口产品。同时，水、土地、环境等资源的承载能力也受到较大制约，难以承受粗放型经济发展模式。同时，我国铁矿砂、铜、石油等重要资源的人均占有量水平较低，对外依存度不断提高，有的已经超过一半以上。粗放型的“大进大出”外贸发展模式缺乏进一步的发展潜力。而民营企业又是我国资源型和劳动密集型产品贸易的主要力量，经济结构的战略性调整势必对民营企业带来影响，也对民营企业转变发展模式和路径提出新的要求。从发展环境看，随着国内资源、土地、劳动力成本的上升，传统低端的劳动密集型出口产品面临的压力不断增大。此外，2010 年 6 月中国人民银行决定进一步推进人民币汇率形成机制改革，增强人民币汇率的弹性，这对民营企业有效规避金融外汇风险也提出了新的要求。

（四）外部环境的变化也为民营企业带来新机遇

民营企业“走出去”面临难得的历史机遇。国际金融危机给世界各国的经济发展都带来了不同程度的冲击，国际资本市场出现大幅萎缩。一方面，一些国家、企业迫切需要资本刺激经济发展、创造新的就业、扭转企业亏损局面；另一方面，一向由发达国家主导的国际资本市场出现大幅萎缩，国际投资大幅减少，加剧了资本需求与供给之间的矛盾。与国有企业相比，民营企业具有产权优势、机制优势和成本优势，在海外投资中受政治因素的干扰相对较少。这给我国民营企业“走出去”提供了难得的历史机遇。

开拓国际市场需求面临新的机遇。尽管国际市场需求大幅萎缩对包括民营企业在内的我国各类企业的对外贸易都造成较大冲击，但是这也打破了原有的贸易伙伴关系格局，使得民营企业在蛋糕重新分配以及国际需求增量扩张过程中有机会争得一席之地。2010 年上半年，民营企业进出口增长速度远远超过国有企业和外商投资企业，其中出口增长达到 44.5%，增速分别超过国有企业和外资企业 19.8 个和 11 个百分点，对出口增量贡献度达到 35.4%，占全部出口的比重由 2009 年底的 28.1% 上升到 30%。进口增长 67.8%，比全国进口增速快 15.1 个百分点。

（五）国内政策的不断完善为民营企业发展外向型经济提供了强大支撑

改革开放 30 多年来，民营经济在国家政策的鼓励和支持下，从无到有，从小到大，不断发展壮大，已经成长为促进经济发展、调整产业结构、繁荣城乡市场、扩大社会就业的重要力量。国家对民营经济在经济社会发展中作用和地位的认识也在不断深化和提高，出台了一系列鼓励民营经济发展的政策措施。自 2005 年国家出台《国务院关于鼓励支持和引导个体私营等非公有制经济发展的若干意见》（国发［2005］3 号）后，2009 年出台了《国务院关于进一步促进中小企业发展的若干意见》（国发［2009］36 号），2010 年初国家又出台了《国务院关于鼓励和引导民间投资健康发展的若干意见》（国发［2010］13 号），进一步放宽了民间投资进入的行业和领域，鼓励和引导民营企业积极参与国际竞争，完善境外投资和保障体系。随着扶持民营经济发展政策的陆续出台和落实，加快了民营经济成长和发展的步伐，为民营企业开展对外经济贸易提供了强大的支撑。

四　抓住后危机时代的新机遇，推动民营企业对外经济贸易转型升级

鼓励和支持民营企业发展外向型经济，充分利用国内国际两个市场、两种资源，提高参与国际经济合作的能力，不仅是企业适应经济全球化挑战的需要，也是在当前形势下保增长、调结构、促就业、惠民生的有效途径。

（一）转变民营企业发展方式，提高核心竞争力

当前，民营企业外向型经济遭遇的困难，除了外部金融危机的影响外，也有

深层次的内因，也就是长期以来依靠拼资源消耗，低成本、低价格、轻创新、轻管理的经营模式。这种经营模式缺乏核心竞争力，在外部环境发生变化的情况下，容易受到较大冲击。严峻的国际市场环境和国内转变经济发展方式的紧迫性，要求民营企业更新经营理念，使企业发展由主要依靠自然资源和低成本劳动力转移到依靠知识、技术、营销创新等要素上来。我国民营企业的发展已经到了一个历史拐点，需要从创业型、粗放型的模式向具有持续竞争力的模式迈进，把自主创新纳入企业长远发展的核心战略，建立和完善创新激励机制，培育崇尚自主创新的企业文化，充分调动各方面的积极因素，营造良好的创新氛围。要加大创新投入力度，逐步提高科技创新投入在销售收入中的比重，使民营企业真正成为我国研发投入的主体。要加快培育自主品牌，拓展企业产品的市场深度，逐步走出以往主要依靠短平快产品和低价格产品优势打开国际市场的老路子。

（二）以集群模式参与国际竞争，发挥参与国际化经营的规模竞争优势

我国民营企业规模普遍较小，无法在企业内部实现规模经济。在国际需求不旺、竞争加剧的情况下，民营企业以单个企业或者产品的形式进入海外市场可能会存在较大困难。企业可以尝试通过联合起来，形成规模竞争优势，共同开拓国际市场。以温州为例，温州商人以其特有的市场敏感性，采取“抱团”作战的方式，在开拓海外市场方面走出了集聚优势、形成竞争规模的新道路。温州的爱尔达制衣、威尔豪派服饰、迷西仕服饰、之达服饰等18家外贸型服装企业，抱团组建了温州雪之梦集团。通过集聚资源优势，在创立自主品牌、市场拓展、产品研发、进军国际市场等方面形成了1+1>2的竞争优势。在国际化过程中，企业集群可以通过统一对外促销、规范品质标准、推广品牌、共享集群信誉等“集群效应”谋取单个中小企业很难具有的差异化优势，同时有助于破解民营企业融资难的问题。

（三）引导民营企业与外资开展合作

经过30多年的发展，我国民营经济已经形成一定的规模，但与外资开展合作的活动较少。鼓励民营企业引入国外合作伙伴，可以在提高经营管理的现代化与科学化、优化公司治理结构、提升产品技术含量和竞争力、深入参与国际分工

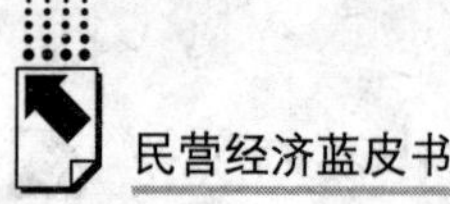

等方面，推动民营企业在开展外向型经营活动中实现新的跨越。民营企业与外资的合作，更重要的是引进先进的国际经营理念，为熟悉、掌握国际经营规则和适应激烈的国际市场竞争打好基础。

（四）加强政府对民营企业“走出去”的指导和服务

受自身条件限制，民营企业在开拓国际市场方面往往面临更多的信息成本、经营风险和资本不足等弱势因素，需要政府加强对民营企业开拓国际市场的指导和服务。政府要根据境外投资发展的需要，进一步推进境外投资的便利化，逐步推进境外投资核准制度改革，加强境外投资法规体系建设，进一步完善境外投资政策支持体系。充分发挥政策性保险机构的作用，支持商业性保险加强对民营企业“走出去”的服务。完善出口信用保险制度，增加中长期出口信用保险承保规模，提高国别覆盖率。有针对性地指导民营企业积极开展对外投资合作，有效规避投资风险。完善对外投资合作信息共享、载体平台和多双边投资合作促进机制建设。同时，应加强人才培训，为企业培养跨国经营所需人才。充分发挥我国驻外经商机构在促进民营企业开拓国际市场中的作用。目前，我国在世界200多个国家和地区设有驻外经商机构，要充分利用这些机构帮助民营企业尤其是中小企业开拓国际市场，及时搜集和发布当地的商情和需求，为民营企业把握国际市场商机提供服务。

课题组成员：陈旭光　陈桂林

2009年民营经济融资报告

摘　要： 总体看，在中国经济整体回升和一系列政策支持的带动下，民营经济融资规模显著回升。但与此同时，从民营经济贷款增速、占全部贷款比重等相对指标看，近几年民营经济贷款增长快于全部贷款增长的趋势有所改变。这一状况既与当年应对危机大规模增加政府投资的特殊背景有关，也反映了民营经济融资可得性及融资环境仍有待进一步改善。除信贷融资外，以中小企业集合票据为代表的直接融资创新有所突破。展望2010年及更长时间，随着经济企稳复苏态势进一步明朗以及鼓励民间投资政策的全面落实，民间经济投资增长有望加快，为此需要在差异化监管制度、金融机构体系和融资渠道创新等方面，为改善民营经济融资环境作出持续努力。

关键词： 民营经济　融资

2009年是中国经济企稳回升的关键之年。总体看，在一系列经济刺激政策推动下，民营经济逐渐走出低谷，投资增长明显回升，融资状况总体改善。与此同时，我们清醒地看到，在2009年这样一个主要依靠政府政策和投资刺激经济的特殊年份，具有政府背景的项目、机构和企业在融资方面的优势仍较为明显，在全年近10万亿元人民币新增信贷中，各类政府融资平台、大企业、垄断行业的贷款集中度明显上升，中小民营经济融资状况的改善仍需在差异化监管制度、金融组织和融资渠道的创新上继续作出努力。

一　民营经济信贷融资基本情况

（一）民营经济贷款增长总体偏弱，但个体私营经济贷款增速回升较快

2009年底，金融机构投向广义民营经济的贷款余额①为22.3万亿元，比上

① 贷款为本外币贷款。广义内资、狭义民营经济口径与以往历年报告相同。

年底增加2.73万亿元，同比增长14%，比上年回落近5个百分点，比金融机构各项贷款增速低17.7个百分点，这一状况表明广义民营经济贷款增长总体偏弱。自2009年一季度经济开始企稳回升后，个体私营经济先于整体民营经济恢复，狭义民营经济（个体私营经济）贷款增长回升加快。2009年底，个体私营经济贷款增速为22.3%，比上年同期大幅提高11个百分点，分别高于广义民营经济和内资民营经济的贷款增速8.3个和5.4个百分点（见表1、图1）。

表1　2002~2009年各层次民营经济贷款余额情况表

单位：亿元

时　间	广义民营经济贷款	内资民营经济贷款	狭义民营经济贷款
2002年	75601	66095	10333
2003年	98702	87873	15147
2004年	111414	99379	14560
2005年	126710	112970	16985
2006年	145681	129448	21221
2007年	164517	138212	37525
2008年9月	186449	158720	42243
2008年	195654	169517	41739
2009年	222974	198222	51046

资料来源：中国人民银行。

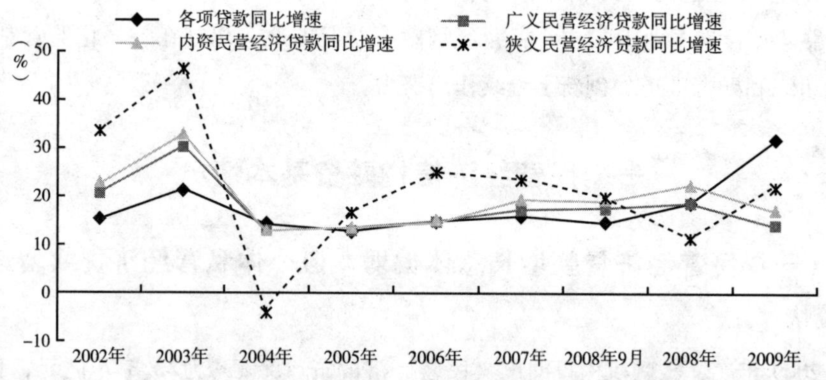

图1　2002~2009年民营经济贷款与各项贷款同比增速图

资料来源：中国人民银行。

（二）民营经济贷款所占比重略有下降

截至 2009 年底，广义民营经济贷款余额占全部贷款余额的比重为 59.7%，比上年底下降 1.4 个百分点；内资民营经济和狭义民营经济贷款占比分别为 53.1% 和 13.7%，比上年分别提高 0.1 个和 0.7 个百分点（见图 2）。这一状况原因可能有二：一是广义民营经济中的“三资”企业受出口放缓冲击更大，二是广义民营经济中个体私营经济与出口波动的关联性相对较小。

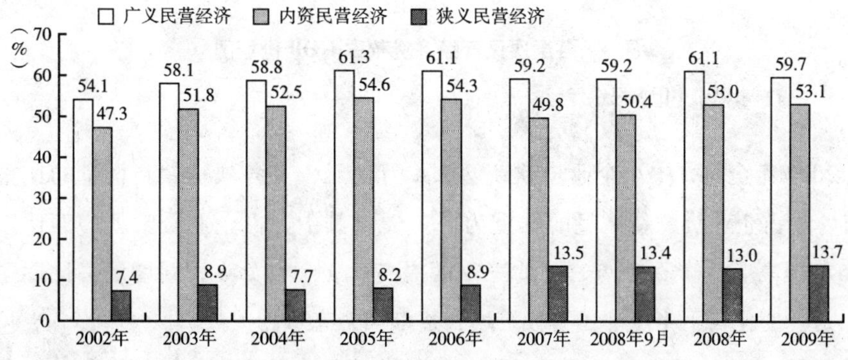

图 2　各层次民营经济贷款占各项贷款份额图

资料来源：中国人民银行。

（三）民营经济贷款占 GDP 份额略有提高

2009 年，广义民营经济贷款占 GDP 份额为 66.5%，比上年提高 1.4 个百分点。同期，内资民营经济贷款占 GDP 份额为 59.11%，比上年提高 2.73 个百分点；狭义民营贷款占 GDP 份额为 15.22%，比上年提高 1.34 个百分点。各层次民营经济贷款占 GDP 份额的上升主要由于 2009 年经济增长相对于上年放缓，2009 年的 GDP 增长率为 8.7%，比上年下降 0.9 个百分点（见图 3）。

（四）新增中小企业贷款量占比逐季回升

截至 2009 年 12 月底，金融机构中小企业贷款余额 14.4 万亿元，同比增长 30.1%，比同期各项贷款增速低 1.6 个百分点。其中，小型企业贷款余额 5.8 万亿元，同比增长 41.4%。

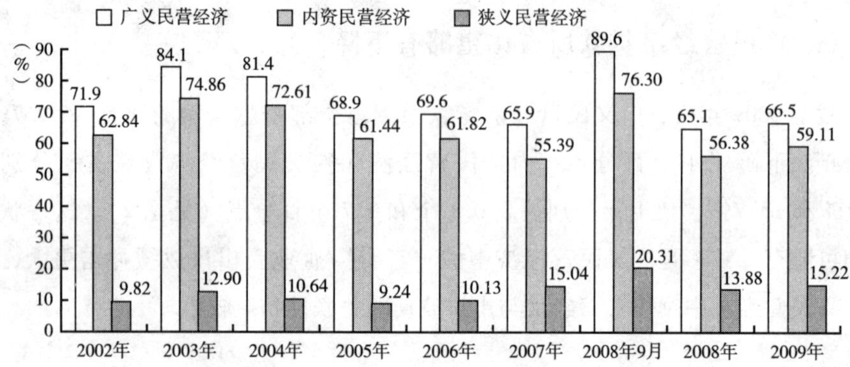

图 3　各层次民营经济贷款占 GDP 份额图

资料来源：中国人民银行。

2009 年全年，中小企业贷款新增 3.4 万亿元，占各项贷款新增量的比重为 35.1%，占企业贷款新增量的比重为 59.1%。其中，占企业贷款新增额比重比上半年提高 1.7 个百分点，比前三季度提高 0.9 个百分点，新增量占比逐季回升。这一变化与下半年非国有投资增长逐渐回升态势相一致。

同期，小企业贷款全年新增 1.4 万亿元，占各项贷款新增量的比重为 14.7%，占企业贷款新增量的比重为 24.8%。其中，占企业贷款新增量比重较上半年提高 3.2 个百分点，比前三季度提高 2.5 个百分点。考虑到小企业主要是个体私营企业，这一特点与前述个体私营企业贷款增速回升较快的特点相一致。

（五）中小金融机构对民营经济信贷支持力度较大

2008 年底以来，国家逐步实施了一揽子经济刺激计划。2009 年金融机构贷款主要投向了一些地方政府主导的投资项目，各类政府融资平台贷款增长迅猛，产业贷款增长相对缓慢。由于地方政府主导的投资项目贷款主要为各类基础设施，这类项目资金需求金额大、期限长，而大型金融机构[①]实力雄厚，与地方政府有历史渊源，银政关系比较紧密，导致地方政府主导的投资项目贷款迅速集中到大型金融机构，这一状况同时也增大了中小金融机构的

① 大型金融机构包括国有商业银行、股份制商业银行和政策性银行。

资金运用压力，客观上导致中小金融机构加大了对中小企业的信贷支持力度。虽然中小金融机构对中小民营经济的信贷支持有被动投放因素，但客观上支持了民营经济发展，对经济企稳回升，特别是增强经济自主增长能力发挥了重要作用。

2009 年底，中小金融机构①广义民营经济贷款余额为 6. 87 万亿元，占全部贷款的 30. 8%，比上年提高 4. 4 个百分点；中小金融机构内资民营经济贷款余额为 6. 47 万亿元，占全部贷款的 32. 6%，比上年提高 4. 5 个百分点；中小金融机构狭义民营经济贷款余额为 2. 65 万亿元，占全部贷款的 51. 8%，比上年底提高 1. 5 个百分点（见图 4）。

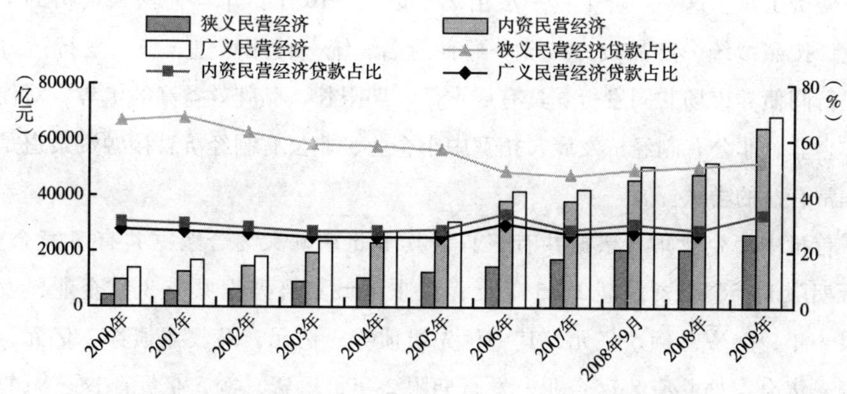

图 4　中小金融机构民营经济贷款余额及占比图

资料来源：中国人民银行。

（六）2009 年民营经济信贷融资状况简要评述

总体上，2009 年信贷投放集中度有所上升。其原因，客观上与当年经济刺激政策的针对性有关，即投资增长主要与政府主导的基础设施项目有关；主观上，仍暴露出金融机构贷大、贷长、贷垄断的偏好；进而言之，金融机构的主观偏好既与其天然寻求“收益大于风险”的内在动机有关，也反映出现行体制特别是对中小企业融资的差异化监管仍待落实。

① 中小金融机构指除政策性银行、国有商业银行和股份制银行以外的金融机构。

二 中小企业直接融资创新有所发展

在大力发展直接融资的推动下，中小企业集合票据等直接融资创新有所发展。2009年11月，中国银行间市场交易商协会发布《银行间债券市场中小非金融企业集合票据业务指引》（以下简称《指引》），标志着中小企业集合票据发行工作进入实质性操作阶段。

中小非金融企业集合票据是指由中国人民银行主导、银行间市场交易商协会组织、银行间债券市场成员共同参与，在全国银行间债券市场上推出的一种新的债务融资工具。这一融资工具一般由2个以上、10个以下具有法人资格的中小企业，按照“统一产品设计、统一券种冠名、统一信用增进、统一发行”方式在银行间债券市场共同发行。具有成本低、期限长、品牌效益高的优势。对促进中小企业、非公有制经济发展，拓宽中小企业、非公有制经济直接融资渠道是一次非常有益的尝试。

首批中小企业集合票据共有三只，其中北京顺义集合票据共有7家企业，发行期限1年，融资总额2.65亿元；山东诸城集合票据共有8家企业，发行期限3年，融资总额5亿元，其中优先级债券3亿元，高收益债券2亿元；山东寿光集合票据共有8家企业，发行期限2年，融资总额5亿元。这三只集合票据全部都有担保，单个中小企业的信用评级最低为BB+级，最高为A级，经担保后集合票据最高评级为AAA级，最低评级为A-级，信用评级大幅提高。

尽管中小企业集合票据与以往的中小企业集合债券均采用统一组织协调、集合发行的方式，但并不完全相同。一是集合票据发行实行注册制而非中小企业债券的审批制，这一变化在监管性质上带有根本性，无疑有利于推动债券发行。事实上，从之前与实行审批制发行的企业债券相比，实行注册制发行的短期融资券、中期票据之所以发展迅速，与发行制度的改革不无关系。二是中小企业集合票据的承销商多为中小企业客户资源庞大的商业银行，这在客观上利用了银行（承销商）与中小企业（发行人）之间的信息对称优势，有利于承销人及投资者甄别风险并降低了评估成本。三是产品结构上也有较多创新。如山东省诸城市中小企业集合票据就采用了分层处理的方式，具体分层包括优先级集合票据 3 亿元和高收益级集合票据 2 亿元。其中，优先级集合票据投资者始终优先于高收益票据投资者获得本息偿付，承担了更高风险的高收益级则获得相对更高的回报。这种方式通过将收益和风险再分配，即分为优先级和高收益级两种产品，有效弥补了中小企业债基础信用不足的缺陷，同时在一定程度上降低了总体融资成本。

除中小企业集合票据外，中小企业债权信托基金、信托公司集合理财计划等也相继推出。这些创新产品尽管形式不尽相同，但在原理上均体现了风险分层设计并与不同层次投资者风险承担能力相对应的原则，为促进包括民营企业在内的中小企业融资起到了积极作用。

三 政府对中小民营企业融资支持力度明显增强

继 2009 年初国务院下发关于促进国民经济持续稳定健康发展的若干意见以来，政府对中小企业融资的支持力度明显增大。一是在资金上，财政等政府资金通过对融资性担保机构增资、贴息、提供担保以及直接出资等多种形式，有效支持了中小企业融资。二是在政策上，对服务于中小企业融资的担保机构和小型金融机构给予实质性的税收优惠等政策，其中对有关担保机构风险准备金税前扣除的政策，更是直接降低了担保机构的经营成本，放大了担保机构的担保能力。三是在市场准入方面，小额贷款公司、村镇银行、消费信贷公司等新型小型金融机构试点范围和数量明显增加，大中型金融机构中小企业信贷专营部门在机构数量、规模、监管标准方面继续改善。四是在推动改善金融服务方面，应收账款质押登记系统对中小企业的覆盖面进一步扩大，中小企业信用征集、评估、运用等信用管理体系建设得到加快推进。

2010 年 6 月 21 日，《中国人民银行、银监会、证监会、保监会关于进一步做好中小企业金融服务工作的若干意见》发布。该意见综合了近年来国家有关支持中小企业融资的一系列政策。在信贷管理制度改革创新、多层次金融组织体系、多元化融资渠道、信用增强体系建设、支持中小企业“走出去”等多个方面，全面、具体地提出了改善中小企业特别是小企业金融服务的若干目标和措施。该意见在改善中小企业金融服务的目标上明确提出，银行业金融机构要把改善中小企业金融服务、扩大中小企业信贷投放作为开展信贷经营业务的重要战略，确保中小企业信贷投放增量要高于上年，增速高于全部贷款增速。在监管措施上，“一行三会”等监管机构要建立健全中小企业信贷政策导向效果评估制度，将中小企业贷款纳入信贷政策导向效果评估内容，对中小企业信贷业务设立单独考核指标实施差异化监管，并定期公布考核结果上报中国人民银行等监管机构。该意见的公布表明，监管部门对中小企业融资的政策支持，已从以往侧重鼓励引导的“窗口指导”方式，逐步转向约束性较强的明确监管规定，这一变化将对改善包括民营经济在内的中小企业融资产生积极的深远影响。

四　进一步改善民营经济融资的对策建议

（一）近期民营经济融资环境展望

总体看，随着国内外经济逐步企稳回升，宏观政策的灵活性和针对性有所增强。在这一背景下，流动性总量宽松程度可能有所下降。从当前流动性环境看，国内信贷增长逐步趋于正常，尽管基准利率尚未调整，但各类金融市场利率已逐步上升，执行在基准利率基础上上浮利率的贷款比重明显增加。在流动性总量宽松程度有所下降的格局下，中小企业融资的“被挤出效应”可能有所加剧。但同时，2010 年以来宏观调控的针对性和灵活性也在显著增强，无论是近期发布的“一行三会”改善对中小企业金融服务的意见，还是对各类融资平台的规范以及对房地产市场实施的差别化信贷政策，均有助于从“保”和“压”两方面改善中小民营企业融资环境。从经济复苏的动力看，当前也逐渐呈现由政府主导的基础设施投资向制造业自主增长的转变，中小民营企业的融资能力也在逐渐恢复。

（二）中期进一步改善民营经济融资环境的对策建议

从中期看，随着《国务院关于鼓励和引导民间投资健康发展的若干意见》的实施，民营经济的投资潜力和相应的融资需求将加快释放，要实现“一行三会”意见中提出的确保中小企业贷款增幅不低于全部贷款增幅、贷款总量不低于上年水平的目标，关键是要落实好“一行三会”意见中的有关政策，为此需在以下方面继续作出努力。

一是要进一步细化有关监管政策，为金融机构有效执行政策创造条件。对中小企业融资实施差异化监管政策的核心，不仅是在形式上对中小企业融资实施单独考核，更要在信贷规模、资本充足率、风险拨备要求、坏账核销等方面，制定相关差异化监管标准。在差异化监管标准的制定上，既要针对特定中小金融机构，更要针对大中型金融机构的类似业务，后者占金融机构对中小企业融资的比重仍占大头，可考虑对大中型金融机构的中小企业信贷业务建立单列信贷计划、单独配置人力资源和财务资源、单独客户认定和信贷评审、单独会计核算的专业化经营和监管体系。同时应将差异化监管的实施重点放在小企业上，应在明确划分小企业标准的基础上，制定出针对小企业融资的业务监管标准并单独加以考核。

二是在市场准入等关键环节上体现服务中小企业优先的激励政策。随着金融业竞争日益激烈，市场准入越来越成为金融机构创新和开拓业务的重要外部条件。从以往监管实践看，对金融机构创设新业务和新机构的考核，主要看其综合实力和资产质量。建议在市场准入环节上，至少对金融机构开展针对中小企业的新业务、新机构时，应给予相应的激励，鼓励金融机构特别是银行业金融机构创设针对中小企业服务的机构、产品和服务。

三是修订出台《贷款通则》，积极发挥民间融资的积极作用。国内外多年实践证明，将放贷等金融活动全部纳入金融机构业务进行监管，既无可能，更无必要。《贷款通则》修订要充分体现鼓励非注册金融机构放贷的原则，主要打击高利贷、变相吸收公众存款等社会危害大、严重扰乱金融秩序的违法行为，对一般民间借贷活动只要符合民商法律的基本规定，即应给予保护。对民间借贷是否转为小额贷款公司、消费信贷公司以及村镇银行等注册金融机构，可本着自愿申请的原则处理。同时扩大民间资本设立金融机构的市场准入范围，并从税收优惠、风险拨备、风险补偿、资本监管等方面，鼓励社区银行等小型金融机构发展。

四是加快中小企业信用体系建设，营造良好的金融生态环境。加强中小企业信用宣传，多渠道采集中小企业信息，建立多层次中小企业信用评估体系，发挥信用担保、评级和调查等信用中介的作用，增进中小企业信用。开展信用培植，延伸金融服务，提高中小企业融资机会。在有条件的地区开展中小企业信用体系试验区建设，探索建立中小企业征信系统。鼓励开展多种形式的银企对接活动，发挥行业协会、民间商会、工商联等在银企对接中的桥梁作用。加强对中小企业融资性担保机构的扶持和监管，将担保机构经营情况纳入中国人民银行企业征信系统实施统一管理，推动地方政府建立各类小企业贷款风险补偿基金、融资担保基金、非营利性小企业再担保公司、贷款奖励基金，合理分担小企业贷款风险。

课题组成员：纪　敏* 　王新华**

---

* 作者单位：中国人民银行研究局。

** 作者单位：中国人民银行调统司。

2009年中国民营经济税收报告

摘　要：本文描述了2009年中国民营经济税收运行情况，总结了民营经济税收运行的主要特征，同时对2010年中国民营经济发展进行了展望。通过对民营经济的定性和定量分析全方位描绘了中国民营经济税收全貌，在作出上述分析的基础上，有针对性地提出了促进民营经济发展的税收政策建议。

关键词：民营经济　私营企业　个体经济　税收收入

自2004年7月1日起，经国务院批准，东北、中部等部分地区已先后进行增值税改革试点，取得了成功经验。为了进一步消除重复征税因素，降低企业设备投资税收负担，鼓励企业技术进步和促进产业结构调整，尤其为应对目前国际金融危机对中国经济发展带来的不利影响，努力扩大需求，作为一项促进企业设备投资和扩大生产，保持中国经济平稳较快增长的重要举措，全面推行增值税转型改革的紧迫性更加突出。因此，国务院决定自2009年1月1日起，在全国推行增值税转型改革。

增值税转型改革的核心是在企业计算应缴增值税时，允许扣除购入机器设备所含的增值税，实现增值税由生产型向消费型的转换。考虑到增值税转型改革后，一般纳税人的增值税负担水平总体降低，为了平衡小规模纳税人与一般纳税人之间的税负水平，促进中小型企业（绝大多数是私营企业）的发展和扩大就业，应当降低小规模纳税人的征收率。同时考虑到现实经济活动中，小规模纳税人混业经营十分普遍，实际征管中难以明确划分工业和商业小规模纳税人，因此新增值税条例对小规模纳税人不再设置工业和商业两档征收率，将征收率统一降至3%①。

① 工业小规模纳税人原征收率为6%，商业小规模纳税人原征收率为4%，此次统一降为3%。

一 2009年中国民营经济税收特点分析

2009年是不平凡的一年，面对国际金融危机对中国经济的冲击，中国政府采取了一系列的宏观经济调控措施，其中也包括税收政策措施，这些措施在2009年已开始发挥作用，表现在税收运行中税收收入虽然出现季节性波动，但总体上呈现上升态势，并基本保持了与经济的同步增长。2009年全年税收收入完成63103.74亿元，比2008年增加5241.35亿元，同比增长9.1%①。

（一）2009年民营经济税收整体运行分析

2009年，中国民营经济税收收入8586.02亿元②，比上年增加723.66亿元，同比增长9.2%，基本与税收收入增长同步，占全国税收收入的13.6%，与上年持平③。其中，私营企业税收收入为6378.16亿元，比上年增加504.48亿元，同比增长8.6%，占民营经济税收收入的74.3%，占全国税收收入的10.1%；个体经济税收收入2207.86亿元，比上年增加219.18亿元，同比增长11%，占民营经济税收收入的25.7%，占全国税收收入的3.5%（见表1、图1）。

表1 2009年中国民营经济税收收入状况表

单位：亿元，%

经济类型	税收收入	占民营经济税收收入	2008年	比上年增加	同比增长	占全国税收收入
私营企业	6378.16	74.3	5873.68	504.48	8.6	10.1
个体经济	2207.86	25.7	1988.68	219.18	11.0	3.5
民营经济	8586.02	100.0	7862.36	723.66	9.2	13.6

资料来源：国家税务总局计划统计司《税收月度快报》（2009年1~12月）。

① 国家税务总局计划统计司：《税收月度快报》（2009年12月）。

② 民营经济税收收入为私营企业和个体经济合计数。

③ 2008年民营经济税收收入占全国税收收入的13.6%。

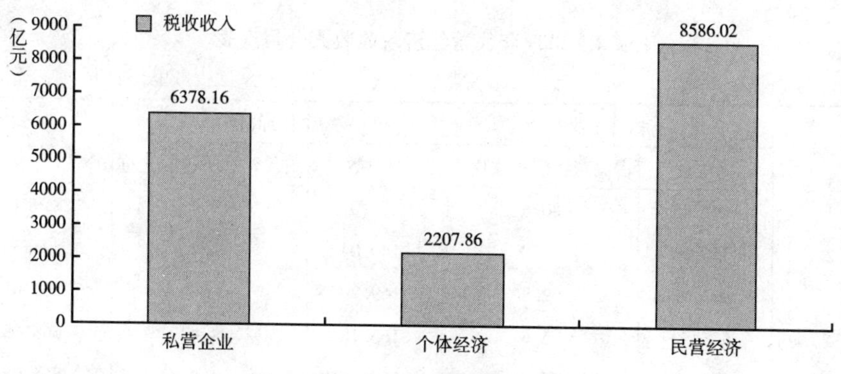

图 1　2009 年民营经济税收收入图

（二）2009 年民营经济税收收入分月度分析

2009 年，私营企业税收收入存在明显的季节性，1 月份最高达到 692.45 亿元，2 月份最低仅为 356.26 亿元，1 月份是 2 月份的 1.94 倍，其余各月收入相对比较稳定，基本在月平均收入 531.51 亿元上下波动，高于平均数的有 5 个月，低于平均数的有 7 个月。

个体经济税收收入同样存在明显的季节性。最高月份是 12 月，为 288.65 亿元，最低月份是 2 月，为 140.04 亿元，最高月份收入是最低月份收入的 2.06 倍，月平均收入为 183.98 亿元，高于平均数的有 4 个月，低于平均数的有 8 个月。

民营经济税收收入走势受私营企业税收收入和个体经济税收收入走势的双重影响，表现为 12 月最高为 876.56 亿元，2 月份最低为 496.30 亿元，最高月份收入是最低月份收入的 1.77 倍。民营经济税收运行走势受私营企业影响较大，主要原因是其绝大部分来自私营企业。

私营企业税收收入占民营经济税收收入的比重一般在 70% 以上，分月度看最高的 1 月达到 80.6%，最低的 12 月也为 67.1%；个体经济税收收入占民营经济税收收入比重一般在 30% 以下，仅 3 月和 12 月超过此数，分别为 30.2% 和 32.9%（见表 2、图 2）。

（三）2009 年中国私营企业税收分析

2009 年，中国私营企业税收收入①，主要来自国内增值税、企业所得税和营

① 因缺少个体经济分税种统计资料，本文仅就私营企业部分进行分析。

表2　2009年民营经济税收收入分月度表

单位：亿元，%

月份	私营企业		个体经济		民营经济
	绝对数	占民营经济税收比重	绝对数	占民营经济税收比重	
1	692.45	80.6	167.01	19.4	859.46
2	356.26	71.8	140.04	28.2	496.30
3	393.06	69.8	169.99	30.2	563.05
4	505.50	75.6	163.18	24.4	668.68
5	494.13	75.2	162.85	24.8	656.98
6	581.82	74.7	197.29	25.3	779.11
7	594.42	77.7	170.52	22.3	764.94
8	464.86	72.2	178.71	27.8	643.57
9	514.78	71.5	205.02	28.5	719.80
10	683.34	79.8	172.60	20.2	855.94
11	509.57	72.6	191.90	27.4	701.47
12	587.91	67.1	288.65	32.9	876.56
合计	6378.10	74.3	2207.76	25.7	8585.86
平均	531.51	74.3	183.98	25.7	715.49

资料来源：国家税务总局计划统计司《税收月度快报》（2009年1～12月）。

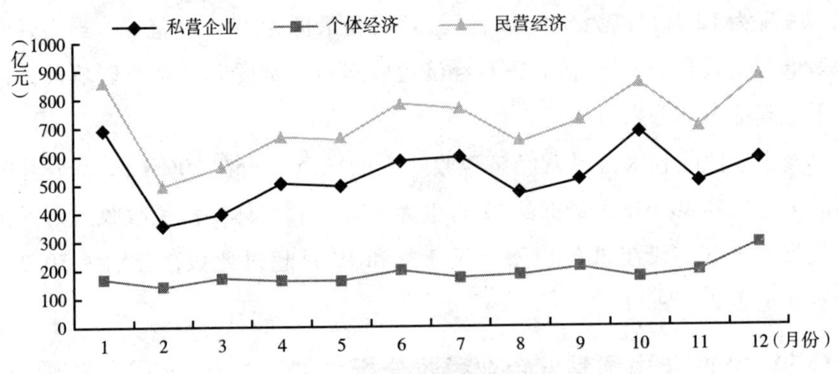

图2　2009年民营经济税收收入分月度状况图

业税这三个主要税种收入。其中，来自国内增值税的收入为3066.51亿元，占全部私营企业税收收入的近一半（48.1%）；来自营业税的收入为1173.44亿元，

占全部私营企业税收收入的 18.4%；来自企业所得税的收入为 1014.5 亿元，占全部私营企业税收收入的 15.9%。来自这三大税种的收入占全部私营企业税收收入的 82.4%，其余税种收入仅占 17.6%（见表 3）。

表 3　2009 年中国私营企业主要税种收入状况表

单位：亿元，%

税　种	税收收入	国内增值税	国内消费税	营业税	企业所得税
绝对数	6378.16	3066.51	33.05	1173.44	1014.50
增长率	8.6	3.5	33.8	24.1	-1.0
占　比	100	48.1	0.5	18.4	15.9

资料来源：国家税务总局计划统计司《税收月度快报》（2009 年 12 月）。

2009 年，私营企业税收收入增长 8.6%，在私营企业税收收入中，国内消费税增长 33.8%，是增长最快的税种；营业税增长 24.1%；国内增值税仅增长 3.5%；企业所得税则下降 1.0%。

总之，2009 年以来，虽然受到国际金融危机的影响，中国经济增长速度放缓，税收收入增长速度也较上年减缓，受其影响，民营经济税收收入绝对数量虽然增加，但是，增长速度已从高于税收收入增长速度，到基本与其同步。民营经济税收收入在全部税收收入中的地位保持稳定态势，已经成为税收收入中不可或缺的重要组成部分。

二　中国民营经济税收的主要特征分析[①]

（一）2008 年民营经济税收区域特征分析

从民营经济税收收入的区域分布看，其特点十分明显。

按东、中、西部地区划分，目前，民营经济税收收入中来自东部地区的占 3/4 左右，来自中西部地区的仅占 1/4 左右。

① 由于 2010 年《中国税务年鉴》要 2010 年年底才能出版，2009 年快报中数据暂缺。此部分仅就 2008 年数据进行分析。

从私营企业税收收入地区分布特征看，2008年，私营企业税收收入为5899.7亿元，比上年增加1109.8亿元，同比增长23.2%。其中，东部地区为4586.7亿元，比上年增加740.0亿元，同比增长19.2%，占全国私营企业税收收入的77.7%；中部地区为787.0亿元，比上年增加219.5亿元，同比增长38.7%，占全国私营企业税收收入的13.3%；西部地区为526.0亿元，比上年增加150.3亿元，同比增长40.0%，占全国私营企业税收收入的8.9%。

从个体经济税收收入地区分布特征看，2008年，个体经济税收收入为2790.6亿元，比上年增加840.0亿元，同比增长43.1%。其中，东部地区为1689.5亿元，比上年增加494.3亿元，同比增长41.4%，占全国个体经济税收收入的60.5%；中部地区为686.1亿元，比上年增加211.6亿元，同比增长44.6%，占全国个体经济税收收入的24.6%；西部地区为415.0亿元，比上年增加134.1亿元，同比增长47.7%，占全国个体经济税收收入的14.9%。

2008年，民营经济税收收入8690.3亿元，比上年增加1949.8亿元，同比增长28.9%。其中，东部地区民营经济税收收入为6276.2亿元，比上年增加1234.3亿元，同比增长24.5%，占全部民营经济税收收入的比重为72.2%；中部地区民营经济税收收入为1473.1亿元，比上年增加431.1亿元，同比增长41.4%，占全部民营经济税收收入的比重为17.0%。西部地区民营经济税收收入为941.0亿元，比上年增加284.5亿元，同比增长43.3%，占全部民营经济税收收入的比重为10.8%。可以看出，西部和中部地区民营经济税收收入增长要快于东部，但是，东部地区民营经济税收收入仍然占大部分的比重，与区域经济发展状况完全吻合（见表4、图3、图4、图5）。

表4 2008年中国民营经济税收收入地区分布表

单位：亿元，%

经济类型	地区	税收收入	比上年增加	同比增长	占比
私营企业	东部	4586.7	740.0	19.2	77.7
	中部	787.0	219.5	38.7	13.3
	西部	526.0	150.3	40.0	8.9
	小计	5899.7	1109.8	23.2	100.0

续表 4

经济类型	地区	税收收入	比上年增加	同比增长	占比
个体经济	东部	1689.5	494.3	41.4	60.5
	中部	686.1	211.6	44.6	24.6
	西部	415.0	134.1	47.7	14.9
	小计	2790.6	840.0	43.1	100.0
民营经济	东部	6276.2	1234.3	24.5	72.2
	中部	1473.1	431.1	41.4	17.0
	西部	941.0	284.5	43.3	10.8
	合计	8690.3	1949.8	28.9	100.0

资料来源：《中国税务年鉴 2009》。

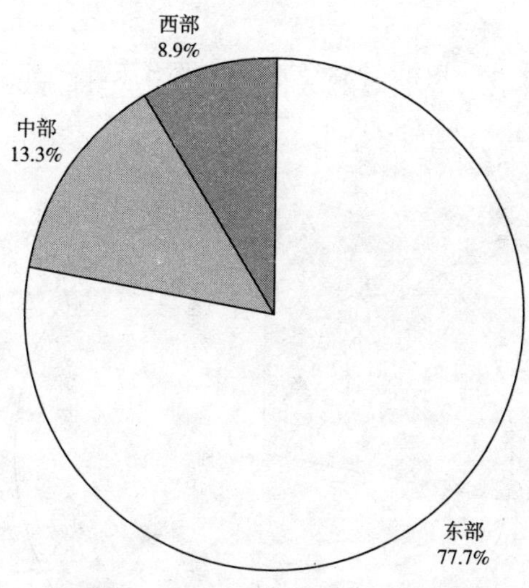

图 3　私营企业税收地区分布图

（三）2008 年民营经济税收税种分布分析

按照现行税制，私营企业和个体经济与其他所有制经济类型一样，缴纳的税收涉及现行税制中的大部分税种。

2008 年，全国私营企业税收收入为 5899.7 亿元，其中，排名第一的是增值税收入 3007.8 亿元，占全国私营企业税收收入的 51%；第二名是企业所得税收入 1026.5 亿元，占全国私营企业税收收入的 17.4%；第三名是营业税收入

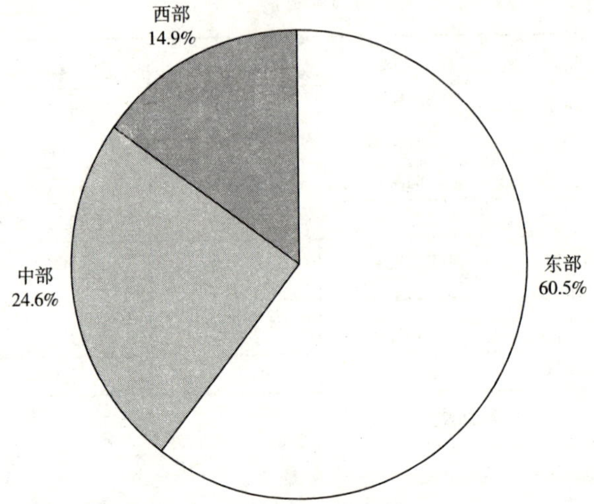

图 4　个体经济税收地区分布图

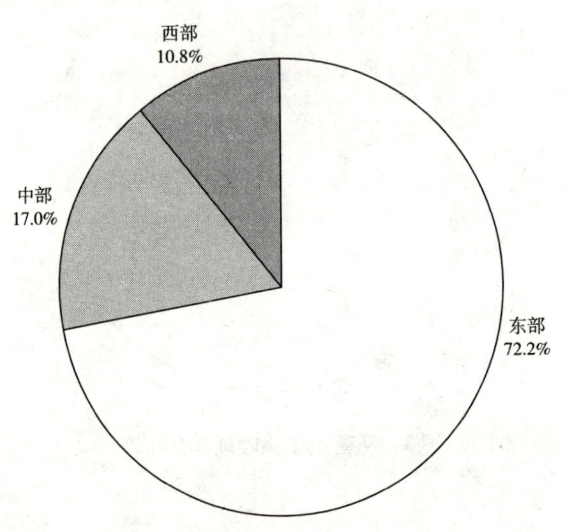

图 5　民营经济税收地区分布图

947.8 亿元，占全国私营企业税收收入的 16.1%。这三种税收入合计为 4982.1 亿元，占全国私营企业税收收入的 84.4%。其余税种收入合计，占全国私营企业税收收入的 15.6%。

2008 年，全国个体经济税收收入为 2790.6 亿元，其中，车辆购置税收入 838.4 亿元，占全国个体经济税收收入的 30.04%；个人所得税收入 709.5 亿元，占全国个体经济税收收入的25.4%；增值税收入556.8亿元，占全国个体经济税收收入的20%；营业税收入479.9亿元，占全国个体经济税收收入的17.2%。这四种税收入合计为2584.6亿元，占全国个体经济税收收入的92.6%。其余税种收入合计，占全国个体经济税收收入的7.4%（见表5）。

表5　2008年民营经济税收收入分税种情况表

单位：亿元，%

税种类别	私营企业		个体经济	
	绝对额	占　比	绝对额	占　比
1. 增值税	3007.8	51.0	556.8	20.0
2. 消费税	24.9	0.4	1.6	0.1
3. 营业税	947.8	16.1	479.9	17.2
4. 企业所得税	1026.5	17.4		
5. 个人所得税	350.8	5.9	709.5	25.4
6. 资源税	33.5	0.6	24.4	0.9
7. 城市维护建设税	182.7	3.1	51.2	1.8
8. 房产和城市房地产税	63.4	1.1	43.9	1.6
9. 印花税	40.9	0.7	12.3	0.4
10. 城镇土地使用税	115.1	2.0	18.9	0.7
11. 土地增值税	84.4	1.4	15.8	0.6
12. 车船税	4.4	0.07	37.8	1.35
13. 车辆购置税	17.4	0.29	838.4	30.04
合　计	5899.7	100.00	2790.6	100.00

资料来源：《中国税务年鉴2009》。

（三）2008年民营经济税收的行业分布

按照中国现行税制，各个行业所征收的税种是不同的。特别是在货物和劳务税方面，有的行业以征收增值税为主，有的行业以征收营业税为主。因此，在分析民营经济税收行业分布特征时，需按税种归类分析。

1. 民营经济增值税行业特点

2008年私营企业国内增值税2964.9亿元，主要来自制造业、批发和零售业等行业。其中，制造业1805.7亿元，占全国私营企业国内增值税的60.9%，批发和零售业822.0亿元，占全国私营企业国内增值税的27.7%，二者合计为2627.7亿元，占全国民营经济国内增值税的88.6%，其他行业仅占11.4%。

2008年个体经济国内增值税为551.1亿元，主要来自批发和零售业、制造业等行业。其中，批发和零售业329.8亿元，占全国个体经济国内增值税的59.8%，制造业144.9亿元，占全国个体经济国内增值税的26.3%，二者合计为474.7亿元，占全国个体经济国内增值税的86.1%，其他行业占13.9%。

2008年民营经济国内增值税为3516.0亿元，主要来自制造业、批发和零售业等行业。其中，制造业1950.6亿元，占全国民营经济国内增值税的55.5%，批发和零售业1151.8亿元，占全国民营经济国内增值税的32.8%；二者合计为3102.4亿元，占全国个体经济国内增值税的88.2%，其他行业占不到11.8%（见表6）。

表6　2008年中国民营经济国内增值税行业分布表

单位：亿元，%

经济类型 行业	私营企业		个体经济		民营经济	
	绝对额	占比	绝对额	占比	绝对额	占比
制造业	1805.7	60.9	144.9	26.3	1950.6	55.5
采矿业	271.0	9.1	40.8	7.4	311.8	8.9
电力、燃气及水的生产和供应业	14.6	0.5	1.6	0.3	16.2	0.5
批发和零售业	822.0	27.7	329.8	59.8	1151.8	32.8
其他行业	51.6	1.7	34.0	6.2	85.6	2.4
合计	2964.9	100.0	551.1	100.0	3516.0	100.0

资料来源：《中国税务年鉴2009》。

2. 民营经济营业税行业特点

2008年私营企业营业税947.7亿元，主要来自房地产业、建筑业、租赁和商务服务业等行业。其中，房地产业286.1亿元，占全国私营企业营业税的30.2%；建筑业223.1亿元，占全国私营企业营业税的23.5%；租赁和商务服务业120.2亿元，占全国私营企业营业税的12.7%。三者合计为629.4亿元，占全国私营企业营业税的66.4%。

2008 年个体经济营业税 479.9 亿元，主要来自建筑业，住宿和餐饮业，房地产业，交通运输、仓储及邮政业，租赁和商务服务业这五大行业。其中，建筑业 131.4 亿元，占全国个体经济营业税的 27.4%；住宿和餐饮业 84.8 亿元，占全国个体经济营业税的 17.7%；房地产业 77.8 亿元，占全国个体经济营业税的 16.2%；交通运输、仓储及邮政业 57.0 亿元，占全国个体经济营业税的 11.9%；租赁和商务服务业 32.6 亿元，占全国个体经济营业税的 6.8%。这五大行业合计为 383.6 亿元，占全国个体经济营业税的 79.9%。

2008 年民营经济营业税 1427.7 亿元，主要来自房地产业，建筑业，租赁和商务服务业，住宿和餐饮业，交通运输、仓储及邮政业这五大行业。其中，房地产业 363.9 亿元，占全国民营经济营业税的 25.5%；建筑业 354.5 亿元，占全国民营经济营业税的 24.8%；租赁和商务服务业 152.8 亿元，占全国民营经济营业税的 10.7%；住宿和餐饮业 147.7 亿元，占全国民营经济营业税的 10.3%；交通运输、仓储及邮政业 139.4 亿元，占全国民营经济营业税的 9.8%。这五大行业合计为 1158.3 亿元，占全国个体经济营业税的 81.1%（见表 7）。

表 7　2008 年中国民营经济营业税行业分布表

单位：亿元，%

行业 \ 经济类型	私营企业		个体经济		民营经济	
	绝对额	占　比	绝对额	占　比	绝对额	占　比
交通运输、仓储及邮政业	82.4	8.7	57.0	11.9	139.4	9.8
建筑业	223.1	23.5	131.4	27.4	354.5	24.8
金融业	1.3	0.1	0.5	0.1	1.8	0.1
信息传输、计算机服务和软件业	15.8	1.7	1.1	0.2	16.9	1.2
住宿和餐饮业	62.9	6.6	84.8	17.7	147.7	10.3
文化、体育和娱乐业	12.3	1.3	8.1	1.7	20.4	1.4
租赁和商务服务业	120.2	12.7	32.6	6.8	152.8	10.7
房地产业	286.1	30.2	77.8	16.2	363.9	25.5
教育和卫生	2.7	0.3	0.9	0.2	3.6	0.3
居民服务和其他服务业	59.8	6.3	59.4	12.4	119.2	8.3
其他行业	81.1	8.6	26.1	5.4	107.2	7.5
合　计	947.7	100.0	479.9	100.0	1427.7	100.0

资料来源：《中国税务年鉴 2009》。

3. 私营企业所得税行业特点

2008 年私营企业企业所得税 1026.5 亿元，主要来自制造业、房地产业、批发和零售业三大行业。其中，制造业 293.0 亿元，占全国私营企业企业所得税的 28.5%；房地产业 230.7 亿元，占全国私营企业企业所得税的 22.5%；批发和零售业 214.2 亿元，占全国私营企业企业所得税的 20.9%。三大行业合计为 737.9 亿元，占私营企业企业所得税的 71.9%，其他行业仅占 28.1%（见表 8）。

表 8　2008 年中国私营企业企业所得税行业分布表

单位：亿元，%

行业＼经济类型	私营企业		行业＼经济类型	私营企业	
	绝对额	占　比		绝对额	占　比
制造业	293.0	28.5	文化、体育和娱乐业	2.1	0.2
采矿业	46.2	4.5	租赁和商务服务业	54.3	5.3
电力、燃气及水的生产和供应业	3.1	0.3	房地产业	230.7	22.5
建筑业	76.2	7.4	居民服务和其他服务业	24.4	2.4
交通运输、仓储及邮政业	26.3	2.6	教育	0.5	0.0
批发和零售业	214.2	20.9	卫生、社会保险和社会福利业	0.3	0.0
金融业	1.6	0.2	其他行业	16.9	1.6
信息传输、计算机服务和软件业	27.1	2.6	合　计	1026.5	100.0
住宿和餐饮业	9.7	0.9			

资料来源：《中国税务年鉴 2009》。

三　2010 年民营经济税收收入总量预测

（一）2010 年 1～5 月民营经济税收收入运行情况分析

2010 年 1～5 月，私营企业税收收入累计实现 3403.83 亿元，比 2009 年同期增加 962.38 亿元，同比增长 39.4%。个体经济税收收入累计实现 1093.51 亿元，比 2009 年同期增加 290.34 亿元，同比增长 36.1%。

2010 年 1～5 月，民营经济税收收入累计实现 4497.34 亿元，比 2009 年同期增加 1252.72 亿元，同比增长 38.6%。从民营经济税收收入分月度运行看，1 月

份1210.34亿元，2月份704.92亿元，3月份739.82亿元，4月份920.38亿元，5月份921.87亿元（见表9）。

表9　2010年1~5月份民营经济税收收入状况表

单位：亿元，%

月份 / 经济类型	1月	2月	3月	4月	5月	1~5月累计	比同期增长	同比增长
私营企业	981.81	503.91	517.89	704.36	695.86	3403.83	962.38	39.4
个体经营	228.53	201.01	221.93	216.02	226.01	1093.51	290.34	36.1
民营经济	1210.34	704.92	739.82	920.38	921.87	4497.34	1252.72	38.6

资料来源：国家税务总局计划统计司《税收月度快报》(2009年1~5月)。

（二）2010年民营经济税收收入预测

由于对2010年的民营经济税收收入预测属于短期预测，可以简单地按照近年来的民营经济税收收入发展情况进行短期外推预测。

表10　2005~2009年中国民营经济税收状况表

单位：亿元，%

年份	税收收入	增加额	增长率	年份	税收收入	增加额	增长率
2005	4101.63	895.16	27.9	2008	7862.36	1606.59	25.7
2006	5168.73	1067.10	26.0	2009	8586.02	723.66	9.2
2007	6255.77	1087.04	21.0	平均数	—	1075.91	22.0

根据表10的数据，我们可以采用平均增加额法和平均增长率法来预测2010年民营经济税收收入。

1. 平均增加额法预测

按2005~2009年平均增加额1075.91亿元计算，预计2010年民营经济税收收入为9661.93亿元，比2009年增长12.5%。

2. 平均增长率法预测

按2005~2009年平均增长率22.0%计算，预计2010年民营经济税收收入为10474.94亿元，比2009年增加1888.92亿元。按2009年增长率9.2%计算，预计2010年民营经济税收收入为9358.76亿元，比2009年增加772.74亿元。

综上分析预测结果：2010 年民营经济税收收入预测值在 9309.68 亿～10474.94 亿元的可能性较大，结论预测值为 9701.33 亿元，比 2009 年增加 1115.31 亿元，增长 13%（见表 11）。

表 11　2010 年中国民营经济税收收入预测值

单位：亿元，%

指标方法	税收收入增长率	税收收入增加额	税收收入预测值
增加额法	12.5	1075.91（前 5 年平均）	9661.93
	8.4	723.66（上年数）	9309.68
增长率法	22.0（前 5 年平均）	1888.92	10474.94
	9.2（上年数）	772.74	9358.76
平　　均	12.9	1115.31	9701.33

四　促进中国民营经济发展的政策建议

（一）促进民营经济融资的税收政策

第一，对个人投资者对民营中小企业投资收入的个人所得税实行减免政策，使其有利于吸引更多的民间投资者对民营中小企业进行投资。

第二，对银行放贷于民营经济中小企业的利息收入，实行营业税免税政策。目前，中国税法还没有对金融机构从民营中小企业取得的贷款利息收入制定出相关的税收优惠政策，使得民营中小企业在争取银行贷款的融资渠道上，其优势远远落后于大型国有企业。此项优惠政策对民营中小企业在争取银行贷款上具有优势。

第三，提高民营中小企业自身的融资能力。民营中小企业融资难是不争的事实，但民营中小企业的自身条件是能否取得贷款的决定性因素。银行并不是惜贷，风险投资企业也不是不想投资于有发展潜力的民营中小企业，只是民营中小企业自身条件没有达到投资者的要求。政府可以制定一套专门针对民营中小企业发展能力的评级指标，将民营中小企业实行分类管理，并对具有发展潜力的民营中小企业给予一定的税收优惠。这样既可以达到扶持有潜力的民营中小企业的目的，也可以给予投资者一定的投资参考。

（二）进一步降低民营经济税收负担

1. 增值税方面

首先，进一步降低小规模纳税人征收率。现行增值税对小规模纳税人征收率统一采用3%。建议采用区分商业企业小规模纳税人和工业企业小规模纳税人，对其分别规定征收率。由于工业企业利润率较商业高，对其现行征收率维持3%不变，对商业企业小规模纳税人实行2%，甚至更低的征收率。其次，提高小规模纳税人的增值税起征点。我国现行增值税起征点明显偏低，虽然新增值税法提高了小规模纳税人起征点，但相对于我国经济发展水平、通货膨胀指数、居民消费水平等因素，还起不到扶持小规模纳税人的作用。鉴于中国幅员辽阔，区域经济发展水平差异悬殊，建议根据不同区域的具体情况制定相应的起征点。

2. 所得税方面

首先，制定企业所得税起征点。我国对于利润较低的企业没有规定企业所得税起征点，大部分利润较小的企业一般都是小型企业，处在企业的初创和发展期，此时更需要国家给予税收政策上的大力扶持。制定相关的企业所得税起征点，对起征点以下的企业给予免征，无疑是对处于初创和发展期的中小企业雪中送炭。其次，对于新成立的民营中小企业，应给予相应的所得税优惠。再次，延长民营中小企业的纳税期限。延长民营中小企业纳税期限就相当于给予其一笔短期的无息贷款。

（三）促进民营经济技术创新的税收优惠方式

第一，进一步提高民营中小企业研发费用的加计扣除比例，减少民营中小企业的研发成本，降低创新风险。

第二，强化对民营中小企业引进科技型人才的税收优惠，在个人所得税方面提高民营中小企业科技人才的个人所得税免征额，以吸引更多的科技型人才到民营中小企业进行自主创新活动。

第三，为鼓励创新人才的培养，允许民营中小企业按高于一般企业的比例提取职工教育培训经费，从而增强民营中小企业对人才的吸引力和提高职工素质，有利于民营中小企业创新活动的进行。

第四，对民营中小企业在研发过程中用于研发试验的投资，应允许从应税所得额中作为费用扣除。对研发后的成果收益，应给予税收减免，从而达到鼓

励民营中小企业进行科技转化、使用科技成果，提升民营中小企业产品的科技含量。

参考文献

1. 张培森、付广军：《中国民营经济税收报告》，载《中国民营经济发展报告（2007～2008）》，社会科学文献出版社，2008。
2. 付广军：《促进民营企业发展的税收政策研究》，《山东经济》2004 年第 4 期。
3. 付广军、孟丽：《非公有制经济发展的财政支持政策研究》，《华东经济管理》2005 年第 10 期。
4. 成思危主编《中国非公有制经济年鉴 2010》，民主与建设出版社，2010。

课题组组长：付广军*

课题组成员：李国锋　史书新　张玉春　张　辉　陈淑贞**

* 付广军：经济学博士，国家税务总局税科所研究员。

** 李国锋：经济学博士，山东经济学院教授。
史书新：经济学博士，中国华融资产管理公司高级会计师。
张玉春：经济学博士，首都经济贸易大学副教授。
张　辉：经济学博士，中国传媒大学副教授。
陈淑贞：经济学硕士，青岛科技大学讲师。

2009 年民营上市公司研究

摘　要：2009 年中国经济强劲复苏，创业板市场的推出，使民营上市公司的扩张步伐进一步加快。2009 年共有新增民营上市公司 77 家，2010 年前四个月新增 95 家，截止到 2010 年 4 月 30 日，民营上市公司数量已经达到 735 家。这 735 家民营上市公司 2009 年实现营业收入 10076 亿元，利润总额为 1057.9 亿元，比 2008 年增长了 42.9%。随着经济恢复势头的进一步稳固，“新 36 条”对民营企业的进一步支持，未来民营上市公司的表现有望再上一个台阶。

关键词：新 36 条　民营上市公司　盈利能力　偿债能力

在政府强大经济刺激带动下，2009 年中国经济顺利复苏，全年 GDP 增长达到 8.7%，成功完成了“保八”的目标。如果说 2009 年是中国经济最为困难的一年，那么 2010 年则是最为复杂的一年。虽然全球经济已经步入复苏轨道，但欧美经济面临着高额财政赤字和高失业率等诸多不确定性。各国的经济刺激政策如何退出？经济增长能否平稳持续？将成为 2010 年全球经济和中国经济面临的主要背景，也成为 2009 ~ 2010 年度民营上市公司能否持续健康发展的一个重要背景。

如果说 2009 年经济的 V 形反转是政府刺激的结果，那么经济恢复的果实能否保持，关键就看今后民营经济能否撑起另一边天。“4 万亿”刺激政策之后，民间投资被视为政府投资的接力棒，将成为未来经济增长点的内生动力。2010 年 5 月 13 日，国务院发布了《关于鼓励和引导民间投资健康发展的若干意见》，被称为“新 36 条”，民间投资和民营经济有望迎来又一个春天。

一　整体规模与成长性

近几年，随着我国股票市场的繁荣，民营上市公司数量也迅猛增长，截止到

2010 年 4 月 30 日，民营上市公司数量已经达到了 735 家，2010 年民营企业的上市势头尤其迅猛。2009 年民营上市公司利润在营业成本和投资收益的影响下出现反弹，但营业收入增长呈现出持续下降的趋势。

（一）民营上市公司强势扩张

Wind 资讯数据显示，截至 2009 年 12 月底，民营上市公司①达到 640 家，比 2008 年的 563 家增加了 77 家。2010 年民营公司上市的强劲步伐仍在延续，截至 2010 年 4 月 30 日，民营上市公司达到 735 家，在短短 4 个月里，就上市了 95 家（见图 1）。

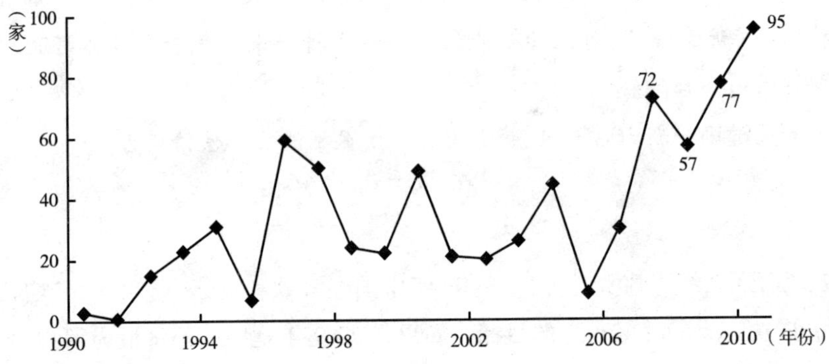

图 1　历年民营企业上市情况图

资料来源：Wind、SEEC。

说明：每年民营企业上市的数量在 Wind 资讯上都会有些微小的调整。2010 年的民营上市公司数量，时间截止到 4 月 30 日，本文以下分析均基于这 735 家民营企业。

2008 年经济快速下滑，股市大跌了近 2/3，致使民营企业上市步伐有所放慢。伴随 2009 年中国经济走出强势反弹，创业板市场的成功推出，民营企业上市再次迎来了井喷格局。整体而言，2007 年之后，民营企业上市节奏都维持在一个较高的水平，处在急速扩张的阶段。

---

① 在 Wind 资讯上，根据主要控股人的类型大致把所有上市公司分为个人、境外、大学、地方国有企业、地方国资委、地方政府、国资委、集体企业、职工持股、中央国家机关、中央国有企业和其他，共 12 种类型。本报告中的民营企业指的是主要控股人为个人的上市公司。

（二）营业收入增长下降，成本增长下降更快

民营上市公司 2009 年营业收入和总资产都实现了正增长。735 家民营上市公司 2009 年共实现营业收入 10076 亿元，比 2008 年增长了 5%，低于 2008 年的增长率 15.9%。总资产为 15520 亿元，比 2008 年增长了 27.6%。

2009 年，民营上市公司营业收入占所有上市公司的 8.18%，比重仍然很小。但相对于 2007 年 6.65% 的占比，还是有较大增加。如果按照 2009 年中国企业 500 强 105.4 亿元的入围标准，民营上市公司中仅有 8 家够资格入围，民营企业做大做强之路依然任重而道远。

2009 年中国经济在金融危机的影响下艰难复苏，这在很大程度上会影响民营企业的经营扩张步伐。而政府的强烈刺激政策，可能并未真正惠及民营企业，所以即使整体经济在 2009 年实现了 8.7% 的增长，民营上市公司营业收入增长仍然很弱。

从近几年民营上市公司营业收入增长看，增长率下降仿佛已经成为趋势，营业收入增长率从 2006 年的 33.1%，逐步下降到 2009 年的 5%。但值得注意的是，在 2009 年民营上市公司营业收入仅增长 5% 的情况下，其利润增长却达到了 42.9%。这一方面反映出民营上市公司的经营效率在提高，转化为利润的能力在不断增强，另一方面也表明 2009 年民营企业的利润增长很可能来自于成本的下降或非主营业务的收入，这一点值得进一步思考（见图 2）。

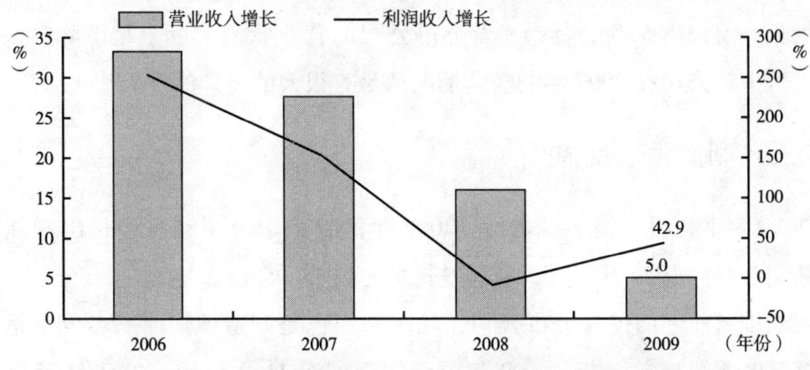

图 2　2006 ~ 2009 年民营上市公司营业收入和利润增长趋势图

资料来源：Wind、SEEC。

而从实际的民营上市公司的成本变动情况看，2006～2009 年，民营上市公司的营业成本的增幅却是在显著下降。特别是 2009 年民营上市公司的收入增长上升 5%，而其成本仅上升 2.4%，这很可能就是当年利润大幅增加的原因（见图 3）。

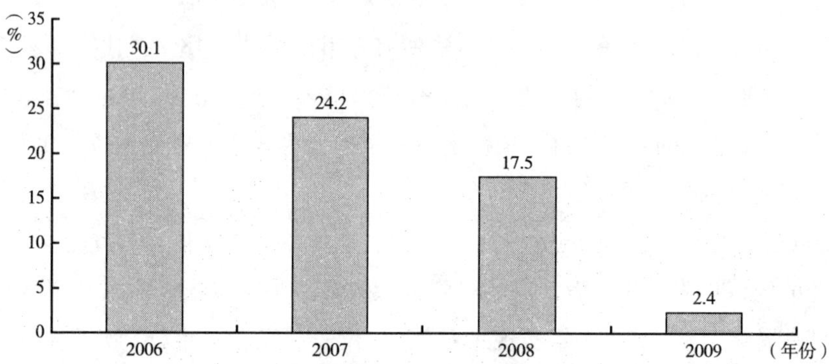

图 3　2006～2009 年民营上市公司营业成本增长情况图

资料来源：Wind、SEEC。

从图 3 可以看出，这几年民营上市公司的营业成本增长率呈一个持续下降的趋势，从 2006 年的增长 30.1% 下降到了 2009 年的 2.4%。

近几年，营业收入排名前十的民营上市公司非常稳定，绝大多数都属于制造业。排名前三位的仍然是苏宁电器、美的电器和南钢股份，营业收入分别为 583 亿元、472.8 亿元和 233 亿元。2009 年，共有 438 家民营上市公司实现了营业收入正增长，但仅占 60%，其余民营上市公司的营业收入实际上是下降的，这反映了民营上市公司在 2009 年的经营情况还是有很大的差异的（见表 1）。

（三）利润强劲反弹

在 2008 年利润大幅下跌之后，2009 年民营上市公司利润增长出现强势反弹，共实现利润 1057.9 亿元，利润增长率达到 42.9%。

利润排名前十的民营上市公司，几乎清一色是制造业。前三名分别是雅戈尔、苏宁电器和复星医药，2009 年分别实现利润 41.0 亿元、39.3 亿元和 32.6 亿元。在 735 家民营上市公司中，共有 477 家实现了利润正增长，占比为 64.9%（见表 2）。

表 1　2009 年营业收入排名前十的民营上市公司

单位：亿元

排名	公司名称	行　业	营业收入	利　润	资　产
1	苏宁电器	批发和零售贸易	583.0	39.3	358.4
2	美的电器	制造业	472.8	27.5	316.6
3	南钢股份	制造业	233.0	1.5	126.4
4	三一重工	制造业	165.0	26.3	158.4
5	特变电工	制造业	147.5	18.3	188.7
6	雅 戈 尔	制造业	122.8	41.0	419.3
7	方大特钢	制造业	109.6	0.6	64.7
8	宏图高科	信息技术业	107.5	2.7	64.5
9	通威股份	农、林、牧、渔业	103.8	2.1	56.1
10	宇通客车	制造业	87.8	6.5	55.1

资料来源：Wind、SEEC。

表 2　2009 年利润排名前十的民营上市公司

单位：亿元，%

排名	公司名称	行　业	利　润	利润增长率
1	雅 戈 尔	制造业	41.0	72.5
2	苏宁电器	批发和零售贸易	39.3	33.1
3	复星医药	制造业	32.6	290.7
4	美的电器	制造业	27.5	56.8
5	三一重工	制造业	26.3	70.6
6	特变电工	制造业	18.3	50.4
7	新湖中宝	制造业	16.0	55.9
8	浙江医药	制造业	14.2	26.8
9	福耀玻璃	制造业	12.8	307.2
10	新 和 成	制造业	12.2	-26.0

资料来源：Wind、SEEC。

营业成本的下降和投资收益的上涨是 2009 年利润率大幅反弹的主要原因。2009 年，民营上市公司营业成本为 7720 亿元，仅比 2008 年上涨了 2.4%，由于成本增幅下降得更快，使得民营上市公司的利润大幅上涨。

但是应该考虑到，营业成本的下降，一方面可能得益于全球经济下滑所导致的大宗商品价格下跌，另一方面也可能来自于工人工资的缓慢增长。原油价格自 2008 年年中达到 147 美元的高点之后，迅速下跌至 2009 年 2 月份的 46 美元。之后虽然有所上升，但基本维持在 60～80 美元之间。

我们知道，民营企业中制造业占据半壁江山，2009~2010年利润的反弹，很显然与压低成本密切相关。2010年5月份以来，富士康员工连续跳楼、本田员工罢工引起了社会各界的广泛关注。这些事件的背后是否说明，中国的制造业面对全球经济疲软，必须大幅度的压低员工成本才能增加利润？随着我国人口红利的逐渐消失，低劳动成本的优势可能会发生变化，一味的压低成本恐怕难以持续，这将成为未来民营企业亟须解决的最为关键的问题。

另外，我们分析2009年民营上市公司的利润大增可能跟营业外收入，特别是投资收益有关。从数据上看，投资环境的改善和股票市场的触底反弹使得民营企业的投资收益大幅上升。2009年民营上市公司共实现投资净收益169.8亿元，比2008年增长了近31%。但2009年民营上市公司投资产生的净收益占利润的比重为20.5%，比2008年的19.26%仅提高了1.24个百分点。实际上变化不大，且近几年比重一直维持在20%左右。

二　行业分布特征

本文的行业分类参照证监会对于上市公司的分类标准，分为采掘业、传播与文化产业、房地产业、建筑业、金融保险业、交通运输仓储业、农林牧渔业、批发零售业、社会服务业、信息技术业、电力煤气及水的生产与供应业、制造业和综合类，共13个大类。

民营企业的传统优势行业——制造业扩张最为迅猛，垄断性行业仍然停滞不前，“新36条”的出台可能会使民营企业迎来新的契机。2010年上半年房地产调控政策尤为迅猛，民营房地产和建筑行业需要早作打算，未雨绸缪。

（一）优势行业扩张步伐迅速，两级分化严重

民营企业的传统优势行业扩张步伐迅速，地位进一步巩固。相比2008年，制造业、信息技术业和房地产业的民营上市公司数量几乎成倍增加。2009年民营上市公司中，制造业就有477家，占了64.8%，比2008年增加了187家；信息技术业84家，比2008年增加了45家；房地产业52家，比2008年增加了29家。

2008年，我国经济受次贷危机的冲击，民营上市公司表现不尽如人意，近半数行业利润负增长。随着2009年经济走出V形反弹，民营上市公司也重新迎

来了春天。

虽然2009年制造业的营业收入只增长了0.8%，低于2008年17.1%的增速，但利润增长却由负转正，从2008年利润增长-9.0%到2009年47.4%。我们前面已经分析过，这很可能与营业成本的大幅下降有关，其中包括原材料成本和人员工资。另外，房地产业的利润增长也由2008年的-6.1%提高到2009年的29.2%。

需要注意的是，农林牧渔业在2008年营业收入和利润增长都大大领先于其他行业，但2009年表现不佳，营业收入仅增长4.8%，利润增长为-11.7%。可见该行业受周期性波动影响很大。这很可能是由2009年CPI基本都处在负增长的水平，国际农产品价格也是大幅回落所致。

2010年虽然经济大环境有所改善，但上半年西南旱灾、北方粮食主产区出现倒春寒、猪肉价格连续几个月下跌，这些都可能给2010年的农林牧渔业带来不利影响。未来在农业政策上如何消除农林牧渔业的这种较大波动性是关键性问题。

另外，垄断性较强的行业，诸如金融业、电力煤气及水电生产和供应业，民营企业所占比重仍显弱小，都只有1家民营上市公司。金融业的国金证券营业收入连续两年负增长，2009年利润甚至下滑了31.5%（见图4、表3）。

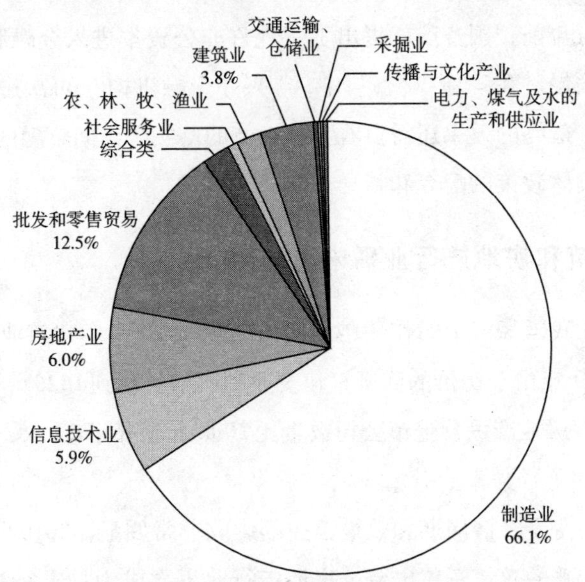

图4　2009年民营上市公司营业收入行业分布图

资料来源：Wind、SEEC。

表3　2009年民营上市公司各行业营业收入和利润

单位：亿元，%

	家数	营业收入	增长率	利润	增长率	营业成本	增长率
制造业	477	6658.6	0.8	694.2	47.4	6169.8	-1.5
信息技术业	84	592.5	12.0	68.9	2.8	544.4	9.6
房地产业	52	608.2	25.8	139.4	29.2	489.7	23.6
批发和零售贸易	33	1259.6	14.0	75.5	26.6	1193.8	13.7
综合类	27	200.0	3.0	13.4	-199.1	199.4	-12.0
社会服务业	16	75.0	9.6	9.3	37.0	67.5	8.5
农、林、牧、渔业	14	182.8	4.8	7.7	-11.7	176.0	5.0
建筑业	12	387.7	13.7	23.1	152.0	366.1	9.9
交通运输、仓储业	8	31.4	-26.5	4.7	28.5	30.4	-28.5
采掘业	5	22.2	27.0	6.0	77.0	17.2	17.8
传播与文化产业	5	14.6	27.7	1.6	-29.1	14.1	31.5
电力、煤气及水的生产和供应业	1	29.4	104.8	7.1	69.3	23.0	66.7
金融、保险业	1	14.1	-5.9	6.9	-31.5	NA	NA

资料来源：Wind、SEEC。

虽然早在五年前，国务院就提出了“允许非公资本进入金融服务业”，但这几年进展非常缓慢。在“新36条”中，“兴办金融机构”再次进入扩宽民间投资领域的名单，最终的效果还需要看具体细节的落实。民间金融的发展，还需要各种市场化的具体政策的配套和指导。

（二）建筑和房地产行业需未雨绸缪

房地产业在我国经济中的作用越来越大，虽然2008年建筑业和房地产业大幅下滑，但2009年由于房价的回升，建筑业利润增长达到152%，房地产业利润增长为29.2%。房地产民营上市公司数量比2008年增长了22家，实现营业收入608.2亿元。

由于房地产业受经济周期和政策调控的影响非常明显。2010年4月份以来，遏制房价过快上涨的政策密集出台，房地产行业再次成为打击经济过热的重点。如果房地产的紧缩政策持续一年以上，中小型的房地产公司将极为困难，受打击最大的可能正是民营的房地产公司。

三　偿债和盈利能力

2006～2009 年，民营上市公司的资产负债率逐步减小，从 2006 年的 59.03% 下降到 2009 年的 53.41%。其中，2009 年资产负债率比 2008 年下降了 0.3 个百分点。与此相反，所有上市公司的资产负债率从 2008 年的 84.48% 上升至 2009 年的 84.96%。这说明民营上市公司的债务风险在逐步降低，整体偿债能力在不断提高，且远远高于整个 A 股的偿债水平。由于民营企业的核心产业是制造业，而按照国际标准，第二产业的资产负债率一般在 50% 左右，第三产业的资产负债率为 70% 左右。所以，考虑到存在很多服务业的民营企业，民营上市公司的资产负债率总体来说是很安全的。

另外，民营上市公司的短期偿债能力提升更为明显，流动比率从 2006 年的 1.11 提高到了 2009 年的 1.47，好于整体上市公司 1.09 的水平。

民营上市公司在经历了 2008 年盈利能力的短暂下降之后，2009 年出现回升。2009 年，资产净利率为 6.26%，高出所有上市公司资产净利率 4.2 个百分点；净资产收益率 2009 年为 13.94%，比 2008 年提高了 2.3 个百分点，与所有上市公司水平相当（见表 4）。

表 4　2006～2009 年民营上市公司盈利和偿债指标

单位：%

	资产负债率	流动比率	资产净利率	净资产收益率
2009 年民营上市公司	53.41	1.47	6.26	13.94
2008 年民营上市公司	53.70	1.34	5.29	11.65
2007 年民营上市公司	56.25	1.19	5.77	15.09
2006 年民营上市公司	59.03	1.11	2.61	8.58
2009 年所有上市公司	84.96	1.09	2.07	13.72

资料来源：Wind、SEEC。

四　民营上市公司的地区分布特征

在本轮民营上市公司的大扩张中，东部地区成为主要力量，北京、上海借助

独特的资源优势扩张步伐非常快，显示了其深厚的经济实力和企业基础。相对而言，西部地区几乎是原地踏步，企业上市的步伐较为缓慢。

（一）扩张主要集中在东部地区，北京发挥首都优势

在2009年和2010年民营上市公司大势扩张的趋势中，东部地区是扩张的重点。总共735家民营上市公司中，广东、浙江、江苏和上海分布有135家、110家、72家和51家，共实现营业收入5908.1亿元，占总体营业收入的58.6%，实现利润总额为616.9亿元，占民营上市公司总利润的58.3%。

北京借助首都优势，扩张步伐尤其迅速。目前北京民营上市公司数量已经达到41家，比2008年翻了一番。北京地区民营企业2009年实现营业收入338.7亿元，比2008年增长了5.3%，共实现利润47.1亿元，比2008年增长4.4%，而2008年北京的民营上市公司有42.9%的利润增长率。这里，不能确定是否有2008年奥运会所带来的对产业升级、结构调整等方面的特殊拉动作用。

上海的民营上市公司由2008年的38家，增加到2009年的51家，共实现营业收入448亿元，实现利润87亿元。上海地区民营上市公司的营业收入出现负增长，但利润增长率却高达133.9%，这种利润与营业收入严重背离的现象还出现在黑龙江、江西等省，而且和北京等地区利润与收入同步增长的情况形成鲜明对比，需要引起注意（见表5）。

（二）西部地区民营企业扩张步伐较慢

与东部地区民营上市公司迅速扩张形成鲜明对比，西部地区民营上市公司的扩张步伐较为缓慢。四川地区民营上市公司仅增加了3家，重庆也只增加了2家。我们一直以来重点关注的四川、重庆、内蒙古和新疆四个西部省区在2007年有不错的表现后，在2009年几乎停滞不前，四省区的利润总额占整体民营上市公司的利润比重为7.8%，仅比2008年稍稍提高了0.8个百分点，但远低于2007年11%的比重。

对比自身而言，西部地区民营企业的发展一直较为平稳，该地区的总体市场经济环境和产业基础还相对落后，在2009年民营企业的大好扩张环境下，其发展步伐反而显得过于缓慢。

表5　2009 年民营上市公司省区市分布状况

省区市	数量(家)	营业收入(亿元)	增长率(%)	利润(亿元)	增长率(%)
广　东	135	1796.4	8.5	162.0	40.6
浙　江	110	1712.7	1.8	237.9	28.3
江　苏	72	1951.1	6.1	130.1	60.6
上　海	51	448.0	-4.4	87.0	133.9
山　东	45	588.1	4.4	71.2	41.2
北　京	41	338.7	5.3	47.1	4.4
四　川	31	350.0	0.7	26.1	17.6
福　建	30	360.3	10.2	43.8	58.6
湖　北	28	163.3	7.2	21.8	96.9
安　徽	21	238.7	2.9	15.7	50.8
辽　宁	18	164.1	19.3	17.4	107.2
湖　南	16	332.0	14.1	39.8	60.0
河　南	13	239.3	8.2	25.0	37.6
广　西	11	46.0	-13.6	14.6	-240.0
河　北	11	106.8	-2.0	9.3	617.8
重　庆	11	74.2	-12.0	5.1	-67.2
吉　林	10	77.1	33.0	17.2	34.4
甘　肃	9	53.0	-19.8	1.9	-81.6
海　南	9	92.4	6.3	0.2	-91.6
黑龙江	8	65.8	-1.5	6.6	26.8
江　西	7	191.5	-0.5	5.0	168.1
新　疆	7	218.4	16.5	29.5	37.5
天　津	6	62.8	20.4	6.8	-19.2
西　藏	6	35.2	13.5	3.4	50.8
山　西	5	53.8	-40.2	-3.3	-198.1
陕　西	5	34.3	0.9	0.5	-33.5
云　南	5	41.5	6.6	3.6	-37.4
贵　州	4	36.8	31.6	8.9	87.1
内蒙古	4	157.7	12.5	21.6	139.2
宁　夏	3	40.9	10.7	2.8	51.3
青　海	3	5.2	-6.0	-0.7	-110.9

资料来源：Wind、SEEC。

五　不同控制类型上市公司比较

2008 年各种控制类型上市公司利润几乎都出现负增长，但 2009 年全面转正。民营上市公司利润增长 42.9%，高出全部 A 股上市公司 10.4 个百分点，但低于集体企业、大学和工会控股企业的利润增长。地方政府控股企业和中央国有企业的利润增长相对较低，分别为 18% 和 19.2%（见表 6）。考虑到集体企业、工会控股企业和大学所属企业的经营者权益更高或更普遍，而国有企业的经营者权益相对偏低，可以说，2009 年的上市公司利润增长几乎是与经营者持股性质呈正相关关系。这到底是巧合还是有其制度根源，可能还需要进一步的观察、跟踪。

表 6　2009 年不同控制类型上市公司财务指标比较

单位：%

控股类型	营业收入增长	利润增长	流动比率	资产负债率	总资产收益率	净资产收益率
民营企业	5.0	42.9	1.47	53.41	6.26	13.94
中央国有企业	-5.8	19.2	0.78	84.56	2.34	14.67
中央国家机关	2.0	28.0	1.33	92.7	1.37	18.29
工会控股	-13.6	75.0	0.69	51.92	4.6	9.93
其他	-1.6	79.5	1.22	58.24	3.28	8.27
境外	4.7	33.4	1.30	52.5	5.77	12.27
集体企业	2.4	95.9	1.45	44.11	7.05	12.16
国资委	7.5	28.3	1.02	87.97	1.61	13.69
地方政府	13.4	18.0	1.12	86.04	1.68	11.47
地方国资委	7.2	28.5	1.14	70.04	3.51	11.27
地方国有企业	4.6	29.7	1.18	46.65	7.19	13.21
大学	5.0	104.5	1.34	48.53	2.74	5.31
全部 A 股	3.8	32.5	1.09	84.96	2.07	13.72

资料来源：Wind、SEEC。

在考察企业的经营效率方面，一般地说，净资产收益率反映的是企业综合利用多方面资源来获取利润的能力；而总资产收益率则是反映企业主营业务的经营能力和控制成本能力。2009 年民营上市公司的净资产收益率在各类企业中排名第三，仅低于中央国家机关控股企业和中央国有企业；而民营上市公司的总资产收益率也位居第三，仅略低于集体企业和地方国有企业。这说明民营上市公司的综合盈利能力和主营业务效率比较均衡，且都处于各类上市公司前列。

与此同时也反映出，其他类上市公司的综合盈利能力和主营业务效率则差异较大。比较突出的是，中央国家机关控股企业的净资产收益率为 18.29%，总资产收益率只有 1.37%，显示出这类企业主要是通过其所占有的资产或各类资源来提高盈利的（特别是银行贷款），其自身经营乏善可陈。而集体企业这两项指标的差距最小，显示出该类企业更加专注于主业、更注重修练内功和提高自身经营效率。

从偿债能力方面看，民营上市公司的短期偿债能力也最高，资产负债率相比其他控股类型的上市公司更低。

附表　1990～2010 年历年民营上市公司数量

年份	上市增量	累计数量	年份	上市增量	累计数量
1990	3	3	2001	21	305
1991	1	4	2002	20	325
1992	15	19	2003	26	351
1993	23	42	2004	44	395
1994	31	73	2005	9	404
1995	7	80	2006	30	434
1996	59	139	2007	72	506
1997	50	189	2008	57	563
1998	24	213	2009	77	640
1999	22	235	2010	95	735
2000	49	284			

资料来源：Wind、SEEC。

说明：2010 年民营上市公司数量截至 2010 年 4 月 30 日。

课题组成员：孙卜雷　廖宗魁

2008年度全国工商联上规模民营企业调研报告

全国工商联经济部

摘　要：本次调研报告是“2008年度全国工商联上规模民营企业调研”成果。“全国工商联上规模民营企业调研”作为全国工商联的一项品牌工作已连续开展了11年，2008年度的调研将企业年营业收入总额3亿元人民币作为上规模民营企业入围标准，所有调研数据截止到2008年12月31日，参与调研的企业是3217家。报告从国家政策环境、企业经营情况、地区和行业分布、对经济社会发展贡献等方面对上规模民营企业整体情况、营业收入前500家的企业进行了分析；通过与前几年上规模民营企业调研的数据对比，分析了2008年度民营企业发展的特征、趋势和规律；通过与中国企业500强的对比，分析了民营企业的优势和不足。报告还分析了上规模民营企业的经营管理情况，对它们的特点、面临的问题和产生问题的原因进行了探讨。

关键词：上规模　民营企业　调研

第一篇　上规模民营企业调研分析

第一章　2008年上规模民营企业发展概况

第一节　2008年宏观经济环境概况

一　2008年中国宏观经济及政策环境

2008年是极不平凡的一年。我国经济社会发展经受住了历史罕见的重大挑战和考验。国际环境持续恶化，导致国内经济也出现“拐点性变化”，2008 年中国经济增长表现出前高后低的鲜明特点。

2007 年 12 月召开的中央经济工作会议，鉴于经济增长过快和物价不断走高，确定了 2008 年的宏观调控任务：防止经济增长由偏快转为过热、防止价格由结构性上涨演变为明显通货膨胀的“双防”目标。随后，2008 年上半年发生了冰雪灾害和 5·12 汶川大地震，对我国经济产生了一定的负面影响。年中，在国际能源和粮食价格处于高位、世界经济增长放缓的情况下，针对沿海地区出现出口和经济增速下滑的苗头，中央把宏观调控调整为“保持经济平稳较快发展，控制物价过快上涨”的“一保一控”。8 月北京举办奥运会，对国内经济增长有一定推动作用。9 月美国雷曼兄弟公司破产标志着国际金融危机全面爆发，经济形势变得十分严峻。10 月下旬国务院将宏观调控的着力点转到防止经济增速过快下滑上来，实施积极的财政政策和适度宽松的货币政策，推出进一步扩大内需、促进经济增长的十项措施，此后，国家相继采取了降低出口关税、调低存款准备金率、调低贷款利率、4 万亿元投资的财政刺激计划出台等一揽子保持经济稳定增长的措施。这些措施对缓解经济运行中的突出矛盾、增强信心、稳定预期、保持经济平稳较快发展，发挥了至关重要的作用。

二 2008 年宏观环境对我国民营企业的影响

2008 年受国际金融危机冲击和国内经济运行拐点效应双重影响，我国经济运行十分困难。复杂多变的国际国内经济形势，也使民营企业特别是广大中小型民营企业处境十分艰难。

2008 年上半年，受国际能源价格上涨和国内从紧的宏观调控政策等因素的影响，企业遭遇了生产资料价格上涨、劳动力成本增加、汇率上升、出口退税下降、资金紧张等一系列困难，一些中小企业和出口导向型企业生产经营出现严重困难。下半年特别是进入九十月份后，在世界金融危机的冲击下，外部经济金融环境恶化，外需增长大幅回落；国内房地产市场萎缩以及其上下游相关的工业加速回落；物价增长由猛升转为猛降，特别是钢材、石油、运输等价格大幅下降。在这种形势下，国际国内订单急剧萎缩，工业增加值大幅回落，大批企业盈利下降或出现亏损，就业形势严峻；大量企业产品积压、资金链断裂、利润下滑甚至亏损，不少中小企业停产半停产甚至破产倒闭，一些大型企业的生产经营也陷入困境，企业裁员明显增加。

面对严峻的经济形势，我国采取了一系列积极“救市”措施。2008 年下半年，随着货币政策的放松及连续5 次的降息，融资成本大大降低，民营企业的资金压力得到了缓解。同时，国家先后四次调高部分商品出口退税率，对出口企业缓解压力也发挥了积极作用。民营企业正是在这样的宏观环境中顽强发展，并逐步提高自身的综合实力和抗风险能力，在国际金融危机面前，积极应对、攻坚克难、团结协作、共渡难关，对我国经济发展、维护社会稳定大局发挥了重要作用。

第二节 2008 年上规模民营企业整体规模分析

一 上规模民营企业经济总量保持增长

2008 年上规模民营企业调研的对象为年营业收入总额在3 亿元人民币（含）以上的民营企业，共入围3217 家，比2007 年增加了9%。

2008 年宏观环境的恶化使全球经济受到巨大影响，但我国的民营企业依然呈现出良好的增长态势。从整体上来看，2008 年上规模民营企业营业收入总额63707.25 亿元，较2007 年增长16.91%；资产总额46860.45 亿元，较2007 年增长12.34%。从户均情况来看，2008 年上规模民营企业户均营业收入19.80 亿元，较2007 年增长7.2%；户均资产总额14.57 亿元，较2007 年增长3.04%（见表1－1）。

表1－1 2005～2008 年上规模民营企业主要规模经济指标表

项 目	2005 年		2006 年		2007 年		2008 年	
	总量	户均	总量	户均	总量	户均	总量	户均
企业数(家)	2688		3191		2950		3217	
营业收入(亿元)	31360.48	11.67	42110.61	13.20	54493.85	18.47	63707.25	19.80
纳税总额(亿元)	1184.03	0.44	1599.91	0.50	2181.78	0.74	2472.56	0.77
资产总额(亿元)	24797.20	9.23	32054.49	10.05	41714.83	14.14	46860.45	14.57
固定资产(亿元)	7818.73	2.29	10216.96	3.20	12047.64	4.08	13837.56	4.30
净资产(亿元)	8962.53	3.37	11721.34	3.67	16009.64	5.43	17673.18	5.49
税后净利润(亿元)	1324.03	0.50	1872.89	0.59	2753.57	0.93	2727.66	0.85
利润占收入比重(%)	4.20	—	4.45	—	5.05	—	4.28	—
员工人数(万人)	582.29	0.22	691.22	0.22	670.92	0.23	794.52	0.25

说明：2005 年和2006 年上规模民营企业的入围标准是年营业收入在2 亿元人民币（含）以上，2006 年以后的入围标准为年营业收入在3 亿元人民币（含）以上。

二 上规模民营企业盈利能力有所下降

2008 年国内经济形势严峻，原材料和劳动力价格大幅上涨，企业利润空间受挤压，上规模民营企业在保持营业收入增长的同时，实现税后净利润 2727.66 亿元，户均税后净利润由上年的 0.93 亿元下降到 0.85 亿元，同比下降 8.6%，盈利水平小幅下滑。但从 2005 ~ 2008 年 4 年间的整体变动趋势来看，民营企业盈利能力总体保持上升态势。调研数据显示，2005 ~ 2008 年，上规模民营企业税后净利润平均增长 27.24%，户均税后净利润平均增长 19.25%（见图 1 – 1）。

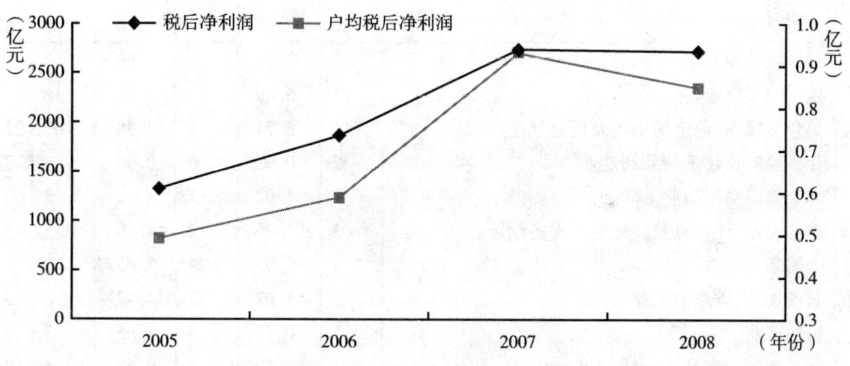

图 1 – 1 2005 ~ 2008 年上规模民营企业盈利能力变动情况

2008 年民营企业亏损面有所扩大、亏损程度进一步加深。从亏损面来看，2008 年上规模民营企业中亏损企业 191 家，占全部企业的 5.94%，亏损面较 2007 年增加 3.84 个百分点。从亏损程度来看，2008 年上规模民营企业中亏损企业户均亏损额达到 4657.53 万元，亏损程度为 5 年来最高，足见此次国际金融危机和经济周期调整对我国民营企业的冲击（见表 1 – 2）。

从行业亏损情况来看，2008 年上规模民营企业亏损面扩大的行业有 20 个，亏损减少的行业有 7 个。其中，黑色金属、有色金属冶炼及压延加工业，批发和零售业，化学原料及化学制品制造业，纺织业、化学纤维制造业，金属制品业的亏损企业增加较多（见表 1 – 3），这与 2008 年全球需求疲软、能源价格上扬有较大的关系。

表1-2　2004~2008年上规模民营企业亏损情况表

项　　目	2004年	2005年	2006年	2007年	2008年
企业数(家)	2119	2688	3191	2950	3217
亏损企业数(家)	43	63	66	62	191
占上规模企业比重(%)	2.00	2.30	2.07	2.10	5.94
亏损总额(万元)	66312	220726	137853	196637	889589
户均亏损额(万元)	1542.14	3503.59	2088.68	3171.56	4657.53

表1-3　2006~2008年上规模民营企业主要行业亏损情况表

单位：家，%

序号	行业名称	2006年		2007年		2008年	
		总数	亏损面	总数	亏损面	总数	亏损面
	企业数	3191		2950		3217	
	亏损企业数	66	2.07	62	2.10	191	5.94
1	通用设备和专用设备制造业	2	1.14	1	0.60	3	1.70
2	批发和零售业	13	5.08	15	5.02	36	11.65
3	黑色金属、有色金属冶炼及压延加工业	11	3.74	12	4.30	67	21.34
4	化学原料及化学制品制造业	2	0.90	0	0.00	14	7.14
5	非金属矿物制品业	1	1.02	1	1.72	3	3.09
6	通信设备、计算机及其他电子设备制造业	3	5.26	2	4.00	2	3.33
7	金属制品业	3	2.05	4	3.03	10	6.21
8	石油加工、炼焦加工业	1	1.67	2	4.17	6	9.09
9	房地产业	1	0.79	3	1.95	3	2.48
10	食品加工与食品、饮料制造业	4	2.70	1	0.68	5	2.89
11	纺织业、化学纤维制造业	8	2.36	7	2.57	19	6.48
12	租赁和商务服务业	1	10.00	1	7.69	0	0.00
13	医药制造业	4	4.82	1	1.41	0	0.00
14	交通运输、仓储业和邮政业	1	4.35	1	4.55	1	3.85
15	仪器仪表制造业	1	5.88	0	0.00	0	0.00
16	电力、热力、燃气及水的生产和供应业	1	5.56	0	0.00	1	5.26
17	电气机械及器材、线缆制造业	4	1.63	1	0.45	6	2.53
18	农、林、牧、渔业	1	2.94	0	0.00	0	0.00
19	木材加工及木、竹、藤、棕、草制品、家具制造业	1	2.44	0	0.00	1	2.38
20	交通运输设备制造业	0	0.00	4	4.82	4	3.42
21	采矿业	0	0.00	1	1.28	2	3.85
22	造纸及纸制品、印刷业、文教体育、办公用品制造业	0	0.00	2	4.17	1	1.96
23	住宿、餐饮业	0	0.00	1	6.25	1	7.69
24	服装、鞋帽、皮革制造业	0	0.00	0	0.00	1	0.96
25	建筑业	0	0	0	0	2	0.77
26	橡胶制品、塑料制品业	0	0	0	0	1	1.43

三 上规模民营企业社会贡献进一步加大

从纳税方面来看，上规模民营企业在 2008 年贡献的税收无论从总额还是户均额都有大幅提高，纳税能力显著增强，为中央和各级地方财政收入作出了重大贡献。数据显示，2008 年上规模民营企业纳税总额为 2472.56 亿元，比 2007 年增长 13.33%。户均纳税额 7685.92 万元，比 2007 年增长 3.92%。近 4 年的纳税总额年均增长率达到 27.81%（见表 1－4）。

从就业方面来看，随着民营企业的不断发展，上规模民营企业继续成为扩大就业的生力军。2008 年上规模民营企业员工人数为 794.52 万人，比 2007 年增长 18.68%。户均员工人数也由 2300 人提高至 2500 人（见表 1－4）。

表 1－4 2005～2008 年上规模民营企业社会贡献情况表

单位：亿元，万人

项 目	2005 年		2006 年		2007 年		2008 年	
	总额	户均	总额	户均	总额	户均	总额	户均
纳税总额	1184.03	0.44	1599.91	0.50	2181.78	0.74	2472.56	0.77
员工人数	582.29	0.22	691.22	0.22	669.49	0.23	794.52	0.25

四 前 20 名入围企业规模及创收能力稳步提高

随着社会主义市场经济的不断完善，经过多年积累和锤炼，我国民营企业在竞争性领域中，逐渐出现了一批具备参与国际竞争的行业领先企业（见表 1－5）。

（一）营收总额持续扩大，盈利能力小幅增长

2008 年上规模民营企业营业收入前 20 名的门槛为 255 亿元，较 2007 年的 211.84 亿元上涨了 43.16 亿元，同比增长 20.37%；其营业收入总额达 9270.05 亿元，较 2007 年增长 13.90%，但增幅下降 12.03%。税后净利润总额为 345.61 亿元，同比增长 3.96%，有小幅提高。其中，比亚迪股份有限公司、天津荣程联

表 1-5　2008 年营业收入前 20 名对比表

单位：亿元，%

排名		企业名称	营业收入总额	
2008 年	2007 年		2008 年	增长率
1	2	江苏沙钢集团有限公司	1452.32	25.74
2	1	联想控股有限公司	1145.59	-21.86
3	3	苏宁电器集团	1023.42	18.73
4	5	上海复星高科技(集团)有限公司	488.10	28.46
5	10	天津荣程联合钢铁集团有限公司	460.65	61.63
6	11	新希望集团有限公司	446.97	58.89
7	4	广厦控股创业投资有限公司	442.05	8.10
8	6	江苏雨润食品产业集团有限公司	370.03	19.36
9	14	江苏永钢集团有限公司	329.10	33.47
10	13	杭州娃哈哈集团有限公司	328.32	27.20
11	8	东方希望集团有限公司	323.50	9.66
12	15	物美控股集团有限公司	306.48	28.32
13	12	海亮集团有限公司	303.27	17.23
14	31	江苏新长江实业集团有限公司	277.06	58.50
15	146	比亚迪股份有限公司	267.88	336.55
16	16	天津天狮集团有限公司	265.43	15.00
17	—	唐山国丰钢铁有限公司	265.18	—
18	17	三胞集团有限公司	261.84	16.57
19	28	中天钢铁集团有限公司	257.87	44.52
20	7	宁波金田投资控股有限公司	255.00	-16.34

合钢铁集团有限公司、新希望集团有限公司、江苏新长江实业集团有限公司营业收入增长显著，增速均超过了 50%，比亚迪股份有限公司营业收入增长率更高达 336.55%。另外，值得一提的是，江苏沙钢集团有限公司、联想控股有限公司和苏宁电器集团连续四年占据前三名。其中，2008 年沙钢集团以 1452.32 亿元排名第一，而且首次入围世界 500 强企业（见表 1-6）。

（二）资产规模继续扩大

2008 年上规模民营企业营业收入前 20 名的企业资产总额达 5191.42 亿元，较 2007 年增加 464.82 亿元，增幅达 9.83%。其中，江苏沙钢集团有限公司资产总额超过 1 千亿元，达 1023.33 亿元，占上规模民营企业营业收入总额前 20 名

表1-6　2008年上规模民营企业营业收入前20名企业主要经济指标表

单位：亿元

序号	企业名称	所属行业	营业收入	地区	资产总额	税后净利润
1	江苏沙钢集团有限公司	黑色金属、有色金属冶炼及压延加工业	1452.32	东部	1023.33	85.21
2	联想控股有限公司	信息传输、计算机服务和软件业	1145.59	东部	652.93	3.07
3	苏宁电器集团	批发和零售业	1023.42	东部	216.19	22.60
4	上海复星高科技(集团)有限公司	综合(含投资类、主业不明显)	488.10	东部	634.11	29.18
5	天津荣程联合钢铁集团有限公司	黑色金属、有色金属冶炼及压延加工业	460.65	东部	97.29	6.39
6	新希望集团有限公司	农、林、牧、渔业	446.97	西部	230.41	12.87
7	广厦控股创业投资有限公司	建筑业	442.05	东部	206.32	4.52
8	江苏雨润食品产业集团有限公司	食品加工与食品、饮料制造业	370.03	东部	249.60	17.60
9	江苏永钢集团有限公司	黑色金属、有色金属冶炼及压延加工业	329.10	东部	155.49	8.02
10	杭州娃哈哈集团有限公司	食品加工与食品、饮料制造业	328.32	东部	222.22	46.33
11	东方希望集团有限公司	黑色金属、有色金属冶炼及压延加工业	323.50	东部	208.31	18.35
12	物美控股集团有限公司	批发和零售业	306.48	东部	95.79	7.98
13	海亮集团有限公司	黑色金属、有色金属冶炼及压延加工业	303.27	东部	91.01	7.67
14	江苏新长江实业集团有限公司	黑色金属、有色金属冶炼及压延加工业	277.06	东部	143.57	13.46
15	比亚迪股份有限公司	交通运输及设备制造业	267.88	东部	328.91	12.76
16	天津天狮集团有限公司	医药制造业	265.43	东部	104.97	27.15
17	唐山国丰钢铁有限公司	黑色金属、有色金属冶炼及压延加工业	265.18	东部	185.28	8.79
18	三胞集团有限公司	通信设备、计算机及其他电子设备制造业	261.84	东部	178.42	5.50
19	中天钢铁集团有限公司	黑色金属、有色金属冶炼及压延加工业	257.87	东部	135.97	7.21
20	宁波金田投资控股有限公司	黑色金属、有色金属冶炼及压延加工业	255.00	东部	31.30	0.96

企业资产总额的19.71%；资产总额在500亿~1000亿元的企业有两家，为联想控股有限公司和上海复星高科技（集团）有限公司，这两家资产总额占前20名

企业资产总额的24.79%；资产总额在100亿~500亿元的企业有比亚迪股份有限公司、天津天狮集团有限公司等13家企业，资产总额共计2565.66亿元，共占比49.42%。与之相比较，2007年上规模民营企业中，有5家企业资产总额在500亿~1000亿元之间，占比55.12%；9家企业资产总额在100亿~500亿元之间，占比33.09%。可见，2008年核心民营企业在应对金融危机，提高企业盈利水平的同时，企业的规模扩张并未受到较大影响，个别单体企业的资产规模依然增速较快（见表1-6）。

（三）钢铁行业地位突出

2008年上规模民营企业营收规模前20名的企业涉及10个行业。其中，黑色金属、有色金属冶炼及压延加工业极为凸显，有9家企业入围，入围企业较2007年继续增加，且营业收入排名均有不同程度上升，江苏沙钢集团有限公司首次超过联想控股有限公司，排名第一。除钢铁行业外，企业行业的分布较为零散，其中除批发和零售业、食品加工与食品、饮料制造业分别有两家企业入围外，其他行业均只有1家企业入围（见表1-6）。

（四）地区分布集中在东部地区

同往年类似，东部地区依然是大中型民营企业的主要聚集地。2008年上规模民营企业营收规模前20名企业中，有19家企业分布在东部地区，涉及北京、上海、江苏、浙江等7个省市，只有1家企业来自西部四川省，这与东部地区发达的市场经济基础直接相关（见表1-6）。

第三节　2008年上规模民营企业经营状况分析

一　上规模民营企业业务发展状况

近些年，上规模民营企业主营业务结构基本稳定，主营业务集中化程度进一步提高。调研数据显示，2008年上规模民营企业拥有1个主营业务的企业为1248家，占入围企业总量的38.79%，较2007年增长2.7个百分点；拥有2~3个主营业务的企业共1969家，占入围企业总量的61.21%，较2007年减少2.5个百分点。

在出口方面，虽然受到全球需求减少及金融危机的影响，但民营企业出口规模仍保持增长态势。2008年上规模民营企业中有1551家企业拥有出口业务，占全部上规模企业数量的48.21%，全年实现出口总额953.62亿美元，户均出口额6148.42万美元。另外，从近几年的发展趋势看，上规模民营出口企业比重基本保持稳定，但出口规模呈现大幅增长态势，调研数据显示，2005～2008年上规模民营企业出口总额年均增长27.5%，户均出口额年均增长22.61%。民营企业的海外市场拓展能力正在进一步提高，国际化竞争力逐步增强（见表1－7）。

表1－7　2005～2008年上规模民营企业出口情况表

项　目	2005年	2006年	2007年	2008年	年均增长率(%)
全部企业数(家)	2688	3191	2950	3217	6.17
有出口的企业数(家)	1379	1643	1432	1551	3.99
占全部企业比重(%)	51.30	51.49	48.54	48.21	—
出口总额(亿美元)	460.04	657.59	924.85	953.62	27.50
户均出口额(万美元)	3336	4002.37	6458.45	6148.42	22.61

二　上规模民营企业经营能力分析

2008年受国际金融危机、原材料价格上涨、国内外需求减弱等因素影响，企业经营效益、效率普遍降低，我国民营企业也毋庸置疑地受到影响，企业运营能力有所下降。调研数据显示，2006～2008年上规模民营企业总资产周转率整体保持在140%以上，但2008年企业平均资产周转率降幅较大，总资产周转率较2007年下降近4个百分点（见表1－8）。

表1－8　2006～2008年资产使用效率情况表

单位：%

指标名称	2006年	2007年	2008年
总资产周转率	148.14	147.75	143.85

同时，2008年民营企业劳动生产率也略有下降。调研数据显示，2008年上规模民营企业平均劳动生产率为80.18万元/人，较2007年小幅下降1.28%；人

均净利润为3.43万元，较2007年下降16.34%。但是，从2005~2008年的整体变动趋势来看，上规模民营企业劳动效率总体保持增长态势。2005~2008年上规模民营企业平均劳动生产率年均增速达14.18%，人均净利润年均增速达14.75%（见表1-9）。

表1-9 2005~2008年上规模民营企业劳动效率情况表

项　目	2005年	2006年	2007年	2008年	年均增速(%)
劳动生产率(万元/人)	53.86	60.92	81.22	80.18	14.18
人均净利润(万元)	2.27	2.71	4.10	3.43	14.75

在盈利能力方面，2008年上规模民营企业销售利润率、资产净利率、净资产收益率比2007年都有不同程度的下降。其中，销售利润率同比下降0.77个百分点，资产净利率同比下降0.78个百分点，净资产收益率同比下降了1.77个百分点（见表1-10）。但从历年数据来看，上规模民营企业三个盈利能力指标在2005~2008年间总体呈现上升趋势，民营企业总体盈利能力不断加强（见图1-2）。

表1-10 2005~2008年上规模民营企业经营效率指标表

单位：%

指标名称	2005年	2006年	2007年	2008年
销售利润率	4.22	4.45	5.05	4.28
资产净利率	5.34	5.84	6.60	5.82
净资产收益率	14.77	15.98	17.20	15.43

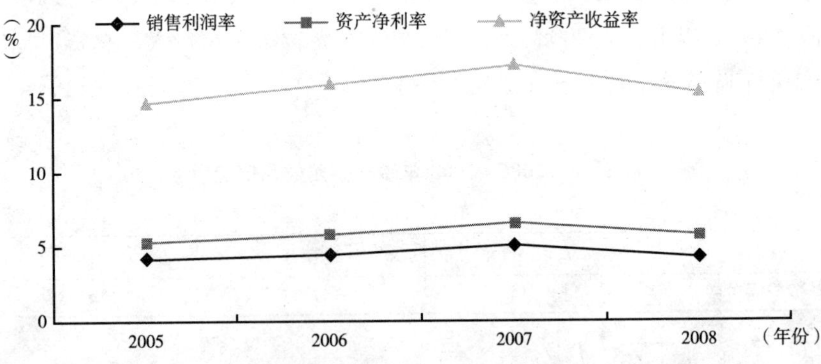

图1-2 2005~2008年上规模民营企业经营效率变动情况

在偿还能力方面，民营企业总体保持稳定，资金来源结构变化不大。其中，2008 年上规模民营企业资产负债率为 62.29%，较 2007 年小幅上涨 0.67 个百分点（见图 1 - 3）。

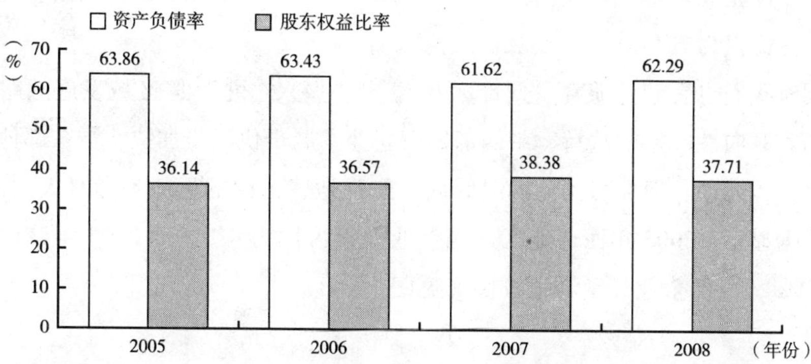

图 1 - 3　2005 ~ 2008 年上规模民营企业资产负债率和股东权益率图

在发展能力方面，上规模民营企业整体规模保持增长态势，但 2008 年受宏观环境影响，增幅下降。其中，2008 年上规模民营企业总资产增长率降幅最大，而员工人数增长率增幅同比提高，可见，2008 年民营企业在利润空间受挤压、规模扩张受阻的背景下，仍主动肩负起保障就业这一社会责任，成为吸纳社会就业的主要力量（见表 1 - 11）。

表 1 - 11　2006 ~ 2008 年上规模民营企业发展能力情况表

单位：%

指标名称	2006 年	2007 年	2008 年
营业收入增长率	34.28	29.42	16.91
总资产增长率	29.27	30.14	12.34
员工人数增长率	18.71	-3.14	18.68

第四节　2008 年上规模民营企业地区分析

一　上规模民营企业地区分布特征

根据国家统计局及相关政府工作报告对我国地区板块的划分标准，我们把全

国各省区市分为东部、中部、西部和东北部四大板块。由于地理、资源、环境、历史等原因，一直以来我国区域经济发展不均衡，最早进行改革开放的东部地区是我国市场经济最为发达的区域，调研数据显示，2008 年上规模民营企业中东部地区入围企业2379 家，占全部入围企业的73.95%，东北部地区入围企业数量最少，占比仅为3.51%。

同时我们也看到，随着“西部大开发”、“振兴东北”等区域发展战略的实施和国家倾向性政策的扶持，中西部民营企业发展步伐逐步加快，与东部地区的差距进一步缩小，但在可预见的时间内，东部地区占优的局势不会有太大改观。调研数据显示，2005 年西部地区入围企业数量占比为 8%，而 2008 年该比率提高至 11%，入围企业数量增幅较快（见图 1 –4）。

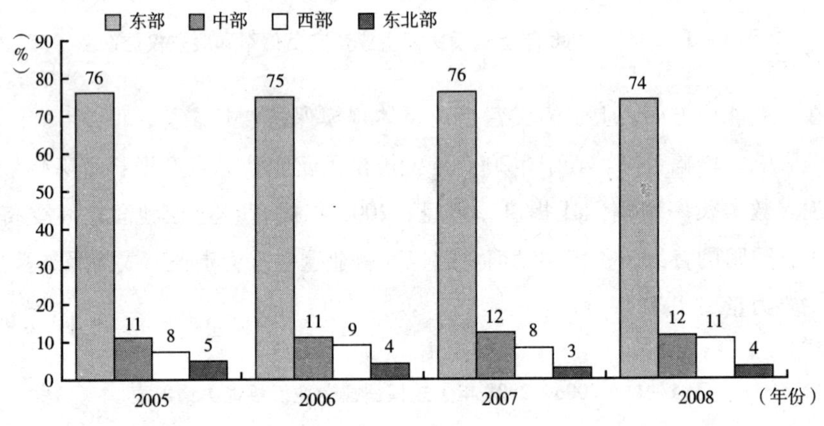

图 1 –4　2005 ~2008 年上规模民营企业地区分布情况

从行政省份来看，江苏、浙江两省优势明显。调研数据显示，2008 年上规模民营企业浙江省入围企业 935 家，江苏省入围企业 860 家，两省入围企业数量占全部入围企业数量的 55.79%，这两省无疑是中国民营经济发展最为繁荣的区域，也代表了民营经济发展最重要的力量。其次是山东省入围 213 家，上海市入围 190 家，这四个省市的入围企业数量占比达到全部入围企业数量的近 70%。另外，中部地区的河南省和山西省民营企业入围数量也比较集中，分别为 107 家和 78 家；而西部地区的民营企业主要分布在西南地区，其中四川省入围 105 家，重庆市入围 86 家（见表 1 –12）。

表1-12 2008年上规模民营企业主要入围省市及其经营情况表

序号	省市	企业数量（家）	占企业总数比重（%）	营业收入总额（亿元）	资产总额（亿元）	税后净利润（亿元）
1	浙江省	935	29.06	18641.08	13150.21	758.18
2	江苏省	860	26.73	18032.75	11636.60	734.07
3	山东省	213	6.62	4021.97	2792.87	200.57
4	上海市	190	5.91	3693.34	2785.79	175.99
5	河南省	107	3.33	1297.59	968.68	55.27
6	四川省	105	3.26	2089.12	1500.81	87.09
7	重庆市	86	2.67	980.68	1060.52	55.63
8	山西省	78	2.42	1349.58	1248.67	81.99
9	辽宁省	71	2.21	1256.91	1294.68	97.43
10	湖南省	66	2.05	904.83	630.56	39.84

二 上规模民营企业地区发展特征

（一）地区经济总量对比悬殊，东部地区依然占绝对优势

东部地区在数量上的优势奠定了其在营业收入、资产、利润总额等指标上的比重优势，在数量上民营经济呈现“东高西低”的态势，在经济总量指标上也延续了这样的一种态势。2008年，东部地区共实现营业收入总额达50632亿元，占入围企业营收总额的79.48%；实现税后净利润2068亿元，占入围企业净利润总额的75.84%。

从不同营收规模企业集中程度看，东部地区仍是大中型民营企业的主要集中地区，且集中程度有进一步提高的趋势。调研数据显示，2008年营业收入总额超过100亿元的企业中，东部地区有83家，较2007年增加12家，占营收超过100亿元以上民营企业的83%；营业收入总额在30亿~100亿元的企业中，东部地区有312家，较2007年增加49家，占营业收入为30亿~100亿元民营企业入围总数的78.2%。

但值得我们注意的是，西部地区民营企业发展速度逐渐加快，大中型民营企

业成长迅速，市场竞争力加强，与东部差距进一步缩小。调研数据显示，2008年上规模民营企业西部地区入围企业数量占比、营业收入总额占比、净利润总额占比、资产总额占比等均较2007年有所提高，其中，营收总额在30亿元以上的民营企业有37家，较2007年增加12家，增长速度居四个地区首位（见表1－13、表1－14）。

表1－13　2007～2008年不同地区上规模民营企业主要效益指标表

指　标		东部		中部		西部		东北部	
年　份		2007年	2008年	2007年	2008年	2007年	2008年	2007年	2008年
营业收入	总数(亿元)	43590	50632	5167	5653	3848	5392	1889	2029
	较全国比重(%)	79.99	79.48	9.48	8.87	7.06	8.46	3.47	3.19
	户均(亿元)	19.34	21.28	14.12	14.92	15.97	15.58	21.23	17.96
资产规模	总数(亿元)	31731	35244	4238	4270	3646	5140	2098	2206
	较全国比重(%)	76.07	75.21	10.16	9.11	8.74	10.97	5.03	4.71
	户均(亿元)	14.08	14.81	11.58	11.27	15.13	14.86	23.57	19.52
税后净利润	总数(亿元)	2034	2069	334	244	270	275	115	140
	较全国比重(%)	73.87	75.84	12.14	8.96	9.82	10.07	4.17	5.13
	户均(亿元)	0.90	0.87	0.91	0.64	1.12	0.79	1.29	1.24
缴税情况	总数(亿元)	1660	1818	246	285	192	269	83	101
	较全国比重(%)	76.10	73.52	11.29	11.53	8.80	10.87	3.81	4.08
	户均(亿元)	0.74	0.76	0.67	0.75	0.80	0.78	0.93	0.89

表1－14　2007～2008年不同规模标准上规模民营企业地区分布表

营业收入总额标准		东部		中部		西部		东北部	
		2007年	2008年	2007年	2008年	2007年	2008年	2007年	2008年
≥100亿元	数量(家)	71	83	4	6	9	8	2	3
	比重(%)	82.56	83.00	4.65	6.00	10.47	8.00	2.33	3.00
30亿～100亿元	数量(家)	263	312	42	41	16	29	18	17
	比重(%)	77.58	78.20	12.39	10.28	4.72	7.27	5.31	4.26
5亿～30亿元	数量(家)	1157	1223	193	259	117	121	47	60
	比重(%)	76.42	73.54	12.75	15.57	7.73	7.28	3.10	3.61
5亿元以下	数量(家)	763	761	127	115	99	146	22	33
	比重(%)	75.47	72.13	12.56	10.90	9.79	13.84	2.18	3.13
总　计	数量(家)	2254	2379	366	380	241	346	89	112
	比重(%)	76.41	73.95	12.41	11.81	8.17	10.76	3.02	3.48

（二）东部地区企业单体规模较大，实力较为雄厚

我国民营企业东部地区起步较早，是中国改革开放的前沿地带，历史的积累使东部地区单体企业规模较大，市场影响力较强。

从营收能力看，2008年东部地区上规模民营企业户均营业收入21.28亿元，高于其他三个地区的水平，且较2007年保持较大增长。各地区企业单体营收规模差距较大（见表1－13），其中，2008年东部地区上规模民营企业营业收入总额最大值为1452.32亿元（江苏沙钢集团有限公司），中部地区上规模民营企业营业收入总额最大值为209.36亿元（三一集团有限公司），西部地区上规模民营企业营业收入总额最大值为446.97亿元（新希望集团有限公司），东北部地区上规模民营企业营业收入总额最大值为122.38亿元（东方集团实业股份有限公司）。

从资产规模看，东部地区户均资产总额小于东北部地区，并与西部地区基本持平，这与我国东北部民营企业多为资源性重工业企业直接相关。同时我们也看到，2008年受国际经济环境恶化的影响，我国中部、西部、东北部地区民营企业户均资产规模均有不同程度下降，但东部地区户均资产总额依然保持增长（见表1－13）。2008年东部地区上规模民营企业资产总额最大值1023.33亿元（江苏沙钢集团有限公司），中部地区最大值为246.57亿元（三一集团有限公司），西部地区最大值为325.13亿元（重庆龙湖企业拓展有限公司），东北地区最大值为295.56亿元（东方集团实业股份有限公司）。

（三）不同地区经营效益、效率体现差异

由于不同地区民营企业原始积累不同，发展模式的差异使其在各自的发展过程中表现出不同特点。从资产效率来看，我国东部地区民营企业多处于竞争性领域，企业机器设备较为先进，规模集约化的管理模式使得东部地区资产使用效率高于其他地区，资产周转率较快，净资产收益率高于其他地区（见表1－15）。

从盈利能力看，我国东北部与西部能源丰富，劳动力低廉，其入围企业多属于资源性等利润率较高的领域；而东部地区竞争激烈，同时受制于原材料价格上涨和劳动力成本上升等因素影响，利润空间被挤压。因此我国东部上规模民营企

业在人均营收占绝对优势的前提下，人均利润水平仍低于东北部地区，且与中部和西部地区差距较小，导致东部地区销售净利率不仅远低于东北部地区，而且与中部和西部地区相比也不具优势（见表1－15）。

从出口能力看，我国东部民营企业在国际中竞争力高于其他地区，人均出口额总体高于其他地区。但随着国家“西部大开发”、“东北部振兴规划”、“中部跟进”等政策的引导，我国中、西、东北部地区企业综合实力逐步加强，国际化竞争力稳步提升，人均出口总额呈现上升态势，与东部地区的差距进一步缩小（见表1－15）。

表1－15　2007～2008年不同地区上规模民营企业主要经济效率指标表

指　标	东部		中部		西部		东北部	
	2007年	2008年	2007年	2008年	2007年	2008年	2007年	2008年
销售净利率(%)	4.7	4.1	6.5	4.3	7.0	5.1	6.1	6.9
净资产收益率(%)	17.2	15.8	18.7	14.4	16.5	13.7	15.0	15.4
人均营业收入(万元/人)	88.21	85.03	61.20	69.76	56.93	61.25	76.37	67.63
人均税后净利润(万元/人)	4.12	3.47	3.96	3.02	4.00	3.12	4.65	4.66
资产负债率(%)	62.8	62.9	57.8	60.3	55.1	61.1	63.5	58.9
总资产周转率(%)	156.8	151.2	141.5	132.9	115.7	122.8	89.9	94.3
人均资产总额(万元/人)	64.21	59.19	50.20	52.70	53.94	58.39	84.78	73.52
人均出口额(万美元/人)	1.63	1.42	0.49	0.54	0.91	0.48	0.72	0.83

第二章　上规模民营企业行业分析

2008年的上规模民营企业共涉及37个行业。由于烟草制品业，金融保险业，租赁和商务服务业，科学研究、技术服务和地质勘查业，居民服务和其他服务业，教育业，卫生社会保障和社会服务业，文化、体育、娱乐业的入围企业数量较少（均少于10家），其经济指标不足以代表整个行业的发展状况，因此，以上行业将不被纳入行业经济效益、效率指标分析部分当中。另外，由于综合行业和其他行业的业务类型不明确，所以也不作为我们分析的重点。因此，本章被纳入分析的行业共计27个。

第一节　上规模民营企业行业分布与变动分析

一　2008 年民营企业产业格局分析

根据国家统计局产业分类标准，将参加调研的企业分为三大产业板块。第一产业是指农、林、牧、渔业；第二产业是指采矿业，制造业，电力、燃气及水的生产和供应业，建筑业；第三产业是指除第一、二产业以外的其他行业，包括交通运输、仓储和邮政业，信息传输、计算机服务和软件业，批发和零售业，住宿和餐饮业，金融业，房地产业，租赁和商务服务业，科学研究、技术服务和地质勘查业，水利、环境和公共设施管理业，居民服务和其他服务业，教育，卫生、社会保障和社会福利业，文化、体育和娱乐业，公共管理和社会组织，国际组织。

近些年，上规模民营企业产业格局保持稳定，第二产业优势明显，产业间不均衡程度较高。调研数据显示，2008 年上规模民营企业中，第二产业入围企业 2204 家，占比 68.51%；第三产业入围企业 975 家，占比 30.31%；第一产业比重最小，入围企业仅 38 家，占比 1.18%。同时我们也看到，2008 年我国民营企业第三产业发展迅速，与第二产业的差距逐渐缩小，这也与国家对民营企业行业准入政策的放开有很大关系，在可预见的未来，民营企业第三产业的发展仍然蕴藏着巨大空间（见表 2－1）。

表 2－1　2005～2008 年上规模民营企业数量产业分布表

单位：家，%

产业名称	2005 年		2006 年		2007 年		2008 年	
	企业数量	比重	企业数量	比重	企业数量	比重	企业数量	比重
第一产业	27	1.00	34	1.07	47	1.59	38	1.18
第二产业	1930	71.80	2203	69.04	2051	69.53	2204	68.51
第三产业	731	27.19	954	29.90	852	28.88	975	30.31

受入围企业数量的影响，我国第二产业民营企业在创收、盈利、缴税、解决就业等方面一直处于绝对优势的位置。调研数据显示，2008 年上规模民营企业

第二产业营收总额占比 56.55%，税后净利润占比 69.57%，资产总额占比 56.54%，缴税总额占比 68.99%，解决就业人数占比 75.38%。但同时我们也看到，近几年第二产业民营企业经营规模、效益占比总体呈现下降趋势，第一产业和第三产业保持增长，尤其是第三产业增速较快，在创收和资产规模方面与第二产业的差距逐渐缩小（见表 2-2）。

表 2-2　2005～2008 年上规模民营企业三产业经济规模、效益比重表

单位：%

产业名称	2005 年	2006 年	2007 年	2008 年
营业收入比重				
第一产业	1.74	1.31	2.39	1.89
第二产业	62.49	60.47	60.47	56.55
第三产业	35.77	38.22	37.14	41.57
税后净利润比重				
第一产业	1.91	1.10	2.26	1.52
第二产业	71.77	70.87	73.11	69.57
第三产业	26.32	28.03	24.63	28.91
资产比重				
第一产业	1.49	1.02	2.36	1.26
第二产业	61.23	58.57	59.41	56.54
第三产业	37.28	40.41	38.22	42.20
缴税比重				
第一产业	0.84	0.89	1.68	0.72
第二产业	71.44	71.58	73.94	68.99
第三产业	27.73	27.52	24.39	30.29
从业人员比重				
第一产业	1.58	1.48	2.94	1.86
第二产业	75.96	73.43	76.53	75.38
第三产业	22.46	25.09	20.53	22.76

二　2008 年民营企业行业格局分析

2008 年上规模民营企业行业分布基本延续了近几年的态势，其中，黑色金属、有色金属冶炼及压延加工业，批发和零售业及纺织业、化学纤维制造业三大行业是民营企业主要集中的行业，2008 年入围企业分别为 314 家、309 家、293 家，分别占入围企业总数的 9.76%、9.61% 和 9.11%。

从民营企业入围数量来看，2008 年入围上规模民营企业数超过 100 家的行业有 12 个，除上述 3 个行业外，其他 9 个行业分别是建筑业 260 家，电气机械及器材、线缆制造业 237 家，化学原料及化学制品制造业 196 家，通用设备和专用设备制造业 176 家，食品加工与食品、饮料制造业 173 家，金属制品业 161 家，房地产业 121 家，交通运输设备制造业 117 家，服装、鞋帽、皮革制造业 104 家。

从行业创收能力看，2008 年上规模民营企业中，黑色金属、有色金属冶炼及压延加工业，批发和零售业，建筑业，纺织业、化学纤维制造业和电气机械及器材、线缆制造业五个行业创收能力居于前列，其营业收入总额达 32643.22 亿元，占上规模民营企业全部营业收入的 51.24%。

从行业盈利能力看，2008 年上规模民营企业中，黑色金属、有色金属冶炼及压延加工业，电气机械及器材、线缆制造业，房地产业，建筑业，纺织业、化学纤维制造业，化学原料及化学制品制造业，食品加工与食品、饮料制造业，通用设备和专用设备制造业八个行业盈利水平较高，其税后净利润总计达 1469.24 亿元，占上规模民营企业全部税后净利润的 53.86%。

从行业资产规模看，2008 年上规模民营企业中，黑色金属、有色金属冶炼及压延加工业，房地产业，纺织业、化学纤维制造业，建筑业，电气机械及器材、线缆制造业，批发和零售业，交通运输设备制造业七个行业资产规模较大，其资产总计达 24175.21 亿元，占上规模民营企业全部资产总量的 51.59%（见表2－3，表 2－4）。

表 2－3　2008 年上规模民营企业主要行业经济指标表

序号	行业名称	企业数（家）	营业收入（亿元）	税后净利润（亿元）	资产总额（亿元）	纳税总额（亿元）	从业人员（万人）
1	农、林、牧、渔业	38	1201.55	41.59	589.18	17.91	14.79
2	采矿业	52	674.32	100.71	740.86	81.57	10.45
3	食品加工与食品、饮料制造业	173	3035.77	132.27	1927.98	116.31	44.08
4	纺织业、化学纤维制造业	293	5025.79	148.76	3542.98	123.38	64.68

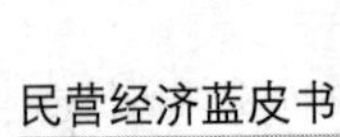

续表 2－3

序号	行业名称	企业数（家）	营业收入（亿元）	税后净利润（亿元）	资产总额（亿元）	纳税总额（亿元）	从业人员（万人）
5	服装、鞋帽、皮革制造业	104	1789.77	113.46	1312.25	75.06	35.38
6	木材加工及木、竹、藤、棕、草制品、家具制造业	42	490.36	21.55	447.90	21.70	9.15
7	造纸及纸制品、印刷业、文教体育、办公用品制造业	51	785.01	52.75	774.18	38.66	10.78
8	非金属矿物制品业（含水泥、玻璃、陶瓷、耐火材料等）	97	973.42	65.52	1090.96	55.46	20.47
9	黑色金属、有色金属冶炼及压延加工业	314	10312.85	336.11	5868.56	367.23	50.90
10	金属制品业	161	2166.98	75.20	1363.13	67.31	19.78
11	石油加工、炼焦加工业	66	1241.95	72.31	1058.08	84.55	10.01
12	化学原料及化学制品制造业	196	2843.99	141.31	2085.92	117.80	23.08
13	医药制造业	71	1228.28	104.12	1095.65	71.46	19.99
14	橡胶制品、塑料制品业	70	1059.38	61.24	808.53	29.46	9.78
15	通用设备和专用设备制造业	176	2219.08	130.37	1987.91	97.57	29.40
16	交通运输设备制造业	117	2423.07	120.91	2381.54	99.85	37.45
17	电气机械及器材、线缆制造业	237	4831.40	229.24	2809.80	195.81	44.11
18	通信设备、计算机及其他电子设备制造业	60	1108.43	58.98	880.21	34.82	11.33
19	仪器仪表制造业	12	91.58	6.50	75.30	4.78	2.00
20	工艺品及其他制造业	26	276.72	16.33	191.60	11.41	6.08
21	电力、热力、燃气及水的生产和供应业	19	454.77	22.00	505.34	24.96	6.12
22	建筑业	260	5606.39	161.58	3283.66	223.17	193.82
23	交通运输、仓储业和邮政业	26	668.65	9.61	1111.74	29.21	9.16
24	信息传输、计算机服务和软件业	18	1425.29	38.32	1013.78	34.98	6.75
25	批发和零售业	309	6866.79	125.07	2702.43	154.25	50.31
26	住宿、餐饮业	13	149.98	13.89	145.48	8.34	11.84
27	房地产业	121	1890.59	189.60	3586.23	147.85	15.38
合计		3217	63707.25	2727.66	46860.45	2472.56	794.52

表 2－4　2008 年上规模民营企业主要行业结构表

单位：%

序号	行业名称	企业比重	营业收入占比	税后净利润占比	资产总额占比	纳税总额占比	从业人员占比
1	农、林、牧、渔业	1.18	1.89	1.52	1.26	0.72	1.86
2	采矿业	1.62	1.06	3.69	1.58	3.30	1.32
3	食品加工与食品、饮料制造业	5.38	4.77	4.85	4.11	4.70	5.55
4	纺织业、化学纤维制造业	9.11	7.89	5.45	7.56	4.99	8.14
5	服装、鞋帽、皮革制造业	3.23	2.81	4.16	2.80	3.04	4.45
6	木材加工及木、竹、藤、棕、草制品、家具制造业	1.31	0.77	0.79	0.96	0.88	1.15
7	造纸及纸制品、印刷业、文教体育、办公用品制造业	1.59	1.23	1.93	1.65	1.56	1.36
8	非金属矿物制品业（含水泥、玻璃、陶瓷、耐火材料等）	3.02	1.53	2.40	2.33	2.24	2.58
9	黑色金属、有色金属冶炼及压延加工业	9.76	16.19	12.32	12.52	14.85	6.41
10	金属制品业	5.00	3.40	2.76	2.91	2.72	2.49
11	石油加工、炼焦加工业	2.05	1.95	2.65	2.26	3.42	1.26
12	化学原料及化学制品制造业	6.09	4.46	5.18	4.45	4.76	2.90
13	医药制造业	2.21	1.93	3.82	2.34	2.89	2.52
14	橡胶制品、塑料制品业	2.18	1.66	2.25	1.73	1.19	1.23
15	通用设备和专用设备制造业	5.47	3.48	4.78	4.24	3.95	3.70
16	交通运输设备制造业	3.64	3.80	4.43	5.08	4.04	4.71
17	电气机械及器材、线缆制造业	7.37	7.58	8.40	6.00	7.92	5.55
18	通信设备、计算机及其他电子设备制造业	1.87	1.74	2.16	1.88	1.41	1.43
19	仪器仪表制造业	0.37	0.14	0.24	0.16	0.19	0.25
20	工艺品及其他制造业	0.81	0.43	0.60	0.41	0.46	0.77
21	电力、热力、燃气及水的生产和供应业	0.59	0.71	0.81	1.08	1.01	0.77
22	建筑业	8.08	8.80	5.92	7.01	9.03	24.39
23	交通运输、仓储业和邮政业	0.81	1.05	0.35	2.37	1.18	1.15
24	信息传输、计算机服务和软件业	0.56	2.24	1.40	2.16	1.41	0.85
25	批发和零售业	9.61	10.78	4.59	5.77	6.24	6.33
26	住宿、餐饮业	0.40	0.24	0.51	0.31	0.34	1.49
27	房地产业	3.76	2.97	6.95	7.65	5.98	1.94

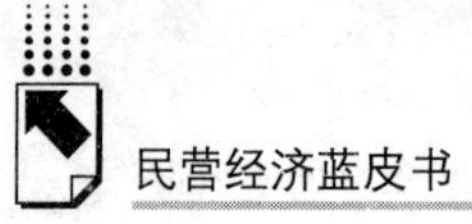

第二节　上规模民营企业行业规模分析

一　上规模民营企业营业收入变动情况

2008年上规模民营企业共实现营业收入63707.25亿元，较2007年增长16.91%，但增幅下降12.5个百分点。其中，有14个行业增速高于平均增长速度，有13个行业增速低于平均增长速度。

在营业收入增幅高于平均增幅的行业中，新兴的信息传输、计算机服务和软件业增速较快，营业收入增幅达162.39%；非金属矿物制品业（含水泥、玻璃、陶瓷、耐火材料等），交通运输、仓储业和邮政业，电力、热力、燃气及水的生产和供应业，橡胶制品、塑料制品业，石油加工、炼焦加工业五个行业营业收入增长速度也超过了50%，分别为81.04%、67.88%、64.29%、62.09%、52.21%。

调研数据显示，信息传输、计算机服务和软件业的户均营业收入增长率最高，达206.12%，这也与该行业近些年的高速发展相一致。另外，我们也看到，诸如交通运输、仓储业和邮政业、电力、热力、燃气及水的生产和供应业等具有一定垄断属性和进入壁垒的行业，2008年民营企业的数量进一步增加，户均营业收入也保持了大幅增长（见表2-5）。

在营业收入增幅低于平均增幅的行业中，有11个行业出现了营业收入负增长。通信设备、计算机及其他电子设备制造业，采矿业，住宿、餐饮业，工艺品及其他制造业四个行业增长小于-30%。其中，行业入围企业数量减少是租赁服务业营收总额减少的主要原因；企业数量和企业户均营收总额减少是住宿餐饮业、采矿业行业规模降低的重要原因；企业户均营收总额减少是通信设备、计算机及其他电子设备制造业，工艺品及其他制造业行业规模缩小的原因。

值得注意的是，占上规模企业数量70%的制造业，户均营业收入仅比2007年增长1.37%，远低于2008年全部企业户均营业收入增长7.2%的平均水平（见表2-6）。

表 2－5　2008 年上规模民营企业营业收入增速高于平均增速的主要行业

序号	行业名称	企业数（家）	增长率（%）	营业收入总额（亿元）	增长率（%）	户均营业收入（亿元）	增长率（%）
1	信息传输、计算机服务和软件业	18	－14.29	1425.29	162.39	79.18	206.12
2	非金属矿物制品业（含水泥、玻璃、陶瓷、耐火材料等）	97	67.24	973.42	81.04	10.04	8.25
3	交通运输、仓储业和邮政业	26	18.18	668.65	67.88	25.72	42.05
4	电力、热力、燃气及水的生产和供应业	19	11.76	454.77	64.29	23.94	46.99
5	橡胶制品、塑料制品业	70	29.63	1059.38	62.09	15.13	25.04
6	石油加工、炼焦加工业	66	37.50	1241.95	52.21	18.82	10.69
7	交通运输设备制造业	117	39.29	2423.07	45.51	20.71	4.47
8	金属制品业	161	21.97	2166.98	27.34	13.46	4.40
9	黑色金属、有色金属冶炼及压延加工业	314	12.54	10312.85	23.94	32.84	10.13
10	电气机械及器材、线缆制造业	237	6.76	4831.40	22.97	20.39	15.19
11	木材加工及木、竹、藤、棕、草制品、家具制造业	42	5.00	490.36	22.70	11.68	16.86
12	食品加工与食品、饮料制造业	173	18.49	3035.77	22.46	17.55	3.35
13	纺织业、化学纤维制造业	293	7.72	5025.79	21.99	17.15	13.24
14	建筑业	260	7.88	5606.39	21.42	21.56	12.55

表 2－6　2008 年上规模民营企业营业收入增速低于平均增速的主要行业

序号	行业名称	企业数（家）	增长率（%）	营业收入总额（亿元）	增长率（%）	户均营业收入（亿元）	增长率（%）
1	造纸及纸制品、印刷业、文教体育、办公用品制造业	51	6.25	785.01	15.77	15.39	8.96
2	批发和零售业	309	3.34	6866.79	13.60	22.22	9.93
3	化学原料及化学制品制造业	196	8.29	2843.99	－0.61	14.51	－8.22
4	农、林、牧、渔业	38	－19.15	1201.55	－7.02	31.62	15.00
5	通用设备和专用设备制造业	176	6.02	2219.08	－7.14	12.61	－12.42
6	服装、鞋帽、皮革制造业	104	－14.75	1789.77	－7.24	17.21	8.82
7	医药制造业	71	0.00	1228.28	－11.55	17.30	－11.55
8	房地产业	121	－21.43	1890.59	－15.81	15.62	7.15
9	仪器仪表制造业	12	0.00	91.58	－19.60	7.63	－19.60
10	工艺品及其他制造业	26	23.81	276.72	－30.50	10.64	－43.86
11	住宿、餐饮业	13	－18.75	149.98	－30.95	11.54	－15.01
12	采矿业	52	－33.33	674.32	－46.05	12.97	－19.07
13	通信设备、计算机及其他电子设备制造业	60	20.00	1108.43	－49.97	18.47	－58.31

二　上规模民营企业人均利润变动情况

2008年上规模民营企业行业平均人均税后净利润为3.43万元/人，低于2007年4.1万元/人的水平。房地产业、采矿业等14个行业的人均利润高于全行业的平均水平；人均利润最高的是房地产业，达12.33万元/人；采矿业第二，为9.64万元/人；石油加工、炼焦加工业第三，为7.22万元/人；住宿、餐饮业，交通运输、仓储业和邮政业，建筑业的人均利润最低，分别1.17万元/人、1.05万元/人和0.83万元/人。

2005～2008年间，除仪器仪表制造业外，其他行业普遍呈现上升趋势；但在2008年，有超过2/3行业的人均利润出现不同程度的下降（见表2－7）。

表2－7　2005～2008年主要行业人均利润表

单位：万元/人

序号	行业名称	2005年	2006年	2007年	2008年
1	房地产业	7.31	8.53	15.09	12.33
2	采矿业	3.90	4.31	6.86	9.64
3	石油加工、炼焦加工业	2.61	3.44	5.23	7.22
4	黑色金属、有色金属冶炼及压延加工业	4.59	6.12	8.77	6.60
5	橡胶制品、塑料制品业	3.80	4.85	6.09	6.26
6	化学原料及化学制品制造业	3.96	4.33	6.76	6.12
7	信息传输、计算机服务和软件业	5.59	5.45	7.96	5.67
8	医药制造业	3.54	3.79	5.15	5.21
9	通信设备、计算机及其他电子设备制造业	1.90	2.00	2.25	5.20
10	电气机械及器材、线缆制造业	2.81	3.85	5.53	5.20
11	造纸及纸制品、印刷业、文教体育、办公用品制造业	2.82	2.67	6.04	4.90
12	通用设备和专用设备制造业	2.73	3.61	5.29	4.43
13	金属制品业	1.88	3.09	4.12	3.80
14	电力、热力、燃气及水的生产和供应业	—	—	—	3.59
15	仪器仪表制造业	3.86	2.83	3.39	3.25
16	交通运输设备制造业	1.91	2.35	3.79	3.23
17	服装、鞋帽、皮革制造业	2.04	2.29	3.19	3.21
18	非金属矿物制品业（含水泥、玻璃、陶瓷、耐火材料等）	1.76	2.97	3.94	3.20
19	食品加工与食品、饮料制造业	2.54	3.37	3.90	3.00

续表 2－7

序号	行业名称	2005 年	2006 年	2007 年	2008 年
20	农、林、牧、渔业	2.75	2.02	3.15	2.81
21	工艺品及其他制造业	1.63	1.15	1.69	2.69
22	批发和零售业	1.50	1.56	2.57	2.49
23	木材加工及木、竹、藤、棕、草制品、家具制造业	2.12	2.17	2.38	2.36
24	纺织业、化学纤维制造业	1.80	2.16	2.97	2.30
25	住宿、餐饮业	1.36	1.34	2.50	1.17
26	交通运输、仓储业和邮政业	1.05	1.23	3.12	1.05
27	建筑业	0.65	0.69	1.26	0.83

三　上规模民营企业人均资产变动情况

2008 年上规模民营企业行业平均人均资产为 58.98 万元/人，低于上年 62.17 万元/人的水平。其中，房地产业，信息传输、计算机服务和软件业等 15 个行业高于行业平均水平；医药制造业，纺织业、化学纤维制造业等 12 个行业低于行业平均水平。房地产业的人均资产水平远高于其他行业，位居首位，达 233.21 万元/人；其次依次是信息传输、计算机服务和软件业，交通运输、仓储业和邮政业等四个行业人均资产水平也较高，超过了 100 万元/人；而建筑业，住宿、餐饮业的人均资产水平最低，分别为 16.94 万元/人、12.28 万元/人。

2005～2008 年期间，绝大多数行业人均资产呈现明显的上涨趋势，电力、热力、燃气及水的生产和供应业，通信设备、计算机及其他电子设备制造业，仪器仪表制造业三个行业呈现波动或下降特征（见表 2－8）。

表 2－8　2005～2008 年主要行业人均资产表

单位：万元/人

序号	行业名称	2005 年	2006 年	2007 年	2008 年
1	房地产业	141.07	192.82	269.70	233.21
2	信息传输、计算机服务和软件业	74.75	93.11	91.74	150.13
3	交通运输、仓储业和邮政业	38.24	92.92	111.04	121.34
4	黑色金属、有色金属冶炼及压延加工业	72.52	85.34	113.90	115.31

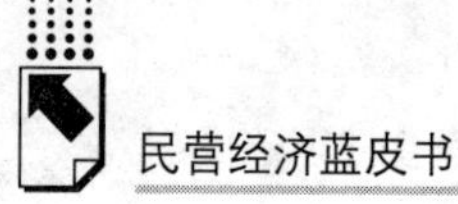

续表 2-8

序号	行业名称	2005 年	2006 年	2007 年	2008 年
5	石油加工、炼焦加工业	67.96	66.00	87.14	105.66
6	化学原料及化学制品制造业	54.52	63.61	92.84	90.39
7	橡胶制品、塑料制品业	62.82	69.42	71.49	82.65
8	电力、热力、燃气及水的生产和供应业	108.90	83.24	127.51	82.52
9	通信设备、计算机及其他电子设备制造业	106.05	86.81	59.27	77.66
10	造纸及纸制品、印刷业、文教体育、办公用品制造业	40.44	60.95	77.29	71.85
11	采矿业	36.08	39.87	66.68	70.90
12	金属制品业	35.47	51.54	66.83	68.93
13	通用设备和专用设备制造业	45.62	49.67	65.66	67.61
14	电气机械及器材、线缆制造业	46.40	45.36	62.60	63.70
15	交通运输设备制造业	41.16	42.85	61.46	63.58
16	医药制造业	52.29	64.82	57.71	54.81
17	纺织业、化学纤维制造业	38.91	42.72	54.18	54.78
18	批发和零售业	40.88	41.62	60.02	53.72
19	非金属矿物制品业(含水泥、玻璃、陶瓷、耐火材料等)	50.16	56.54	61.94	53.30
20	木材加工及木、竹、藤、棕、草制品、家具制造业	41.96	36.66	47.11	48.97
21	食品加工与食品、饮料制造业	35.13	35.69	48.40	43.73
22	农、林、牧、渔业	40.20	32.05	49.24	39.84
23	仪器仪表制造业	39.32	31.15	35.11	37.67
24	服装、鞋帽、皮革制造业	21.00	27.53	41.53	37.09
25	工艺品及其他制造业	26.81	19.43	27.47	31.52
26	建筑业	14.39	15.44	22.36	16.94
27	住宿、餐饮业	8.63	5.55	11.21	12.28

第三节 上规模民营企业行业经济效益效率分析

一 上规模民营企业销售净利率变动情况

2008 年金融危机使民营企业面临前所未有的压力，并直接表现为企业盈利能力下降。调研数据显示，2008 年上规模民营企业平均销售利润率为 4.28%，低于 2007 年 5.05% 的水平。其中有 19 个行业的销售利润率高于 4.28% 的平均水平，有 8 个行业的销售利润率低于平均水平。采矿业以 14.94% 的销售利润率位于各行业之首，其次是房地产业，这两个行业的销售利润率均维持在 10% 以上。而民营交通运输、仓储业和邮政业由于其起步晚、规模小且竞争激烈，2008 年销售利润率仅为 1.44%（见表 2－9）。

表 2－9　2005～2008 年上规模民营企业主要行业销售利润率表

单位：%

序号	行业名称	2005 年	2006 年	2007 年	2008 年
1	采矿业	15.72	10.96	9.50	14.94
2	房地产业	8.82	8.18	10.36	10.03
3	住宿、餐饮业	13.28	12.78	15.03	9.26
4	医药制造业	7.58	5.92	7.72	8.48
5	仪器仪表制造业	4.43	4.42	9.26	7.10
6	非金属矿物制品业（含水泥、玻璃、陶瓷等）	4.64	5.88	7.84	6.73
7	造纸及纸制品、印刷业、文教办公用品制造业	6.45	4.44	7.13	6.72
8	服装、鞋帽、皮革制造业	5.81	5.39	6.62	6.34
9	工艺品及其他制造业	4.90	3.96	4.26	5.90
10	通用设备和专用设备制造业	5.05	6.37	6.92	5.87
11	石油加工、炼焦加工业	3.89	6.19	5.65	5.82
12	橡胶制品、塑料制品业	5.26	6.80	6.97	5.78
13	通信设备、计算机及其他电子设备制造业	1.36	1.44	2.33	5.32
14	交通运输设备制造业	3.67	4.54	5.15	4.99
15	化学原料及化学制品制造业	5.99	5.45	5.77	4.97
16	电力、热力、燃气及水的生产和供应业	8.60	6.92	9.62	4.84
17	电气机械及器材、线缆制造业	4.55	5.15	5.21	4.74
18	木材加工及木、竹、藤、棕、家具制造业	5.12	5.25	5.04	4.39
19	食品加工与食品、饮料制造业	4.79	6.52	5.59	4.36
20	金属制品业	3.51	4.36	4.14	3.47
21	农、林、牧、渔业	4.63	3.73	4.82	3.46
22	黑色金属、有色金属冶炼及压延加工业	4.01	4.52	4.80	3.26
23	纺织业、化学纤维制造业	3.66	3.77	4.02	2.96
24	建筑业	2.79	2.73	3.46	2.88
25	信息传输、计算机服务和软件业	7.15	6.27	8.08	2.69
26	批发和零售业	1.47	1.58	1.70	1.82
27	交通运输、仓储业和邮政业	2.84	1.99	6.15	1.44

从2008年企业销售利润率来看，主要表现为以下特点：一是大部分行业销售利润率出现下滑。与2007年、2005~2007年的平均值相比，分别有65%和52%的行业出现销售利润率下滑；二是住宿、餐饮业，纺织业、化学纤维制造业，食品加工与食品、饮料制造业等劳动密集型行业与黑色金属、有色金属冶炼及延压加工行业均有超过20%的下降幅度；化学原料及化学制品制造业，金属制品业，橡胶制品、塑料制品业，电气机械及器材、线缆制造业，通用设备和专用设备制造业，建筑业等民营企业分布比较集中、具有传统竞争优势的行业也有不同程度的下降；三是石油加工、炼焦加工业，采矿业，医药制造业，通信设备、计算机及其他电子设备制造业，批发和零售业，资源类、新兴制造业类以及第三产业类的行业基本保持了较大幅度的增长（表2-10）。

表2-10　2008年上规模民营企业主要行业销售利润率变动情况表

单位：%

序号	行业名称	2008年销售利润率与2007年水平比较	2008年销售利润率与2005~2007年均值水平比较
1	交通运输、仓储业和邮政业	-76.59	-60.66
2	信息传输、计算机服务和软件业	-66.71	-62.47
3	电力、热力、燃气及水的生产和供应业	-49.69	-42.24
4	住宿、餐饮业	-38.39	-32.39
5	黑色金属、有色金属冶炼及压延加工业	-32.08	-26.63
6	农、林、牧、渔业	-28.22	-21.24
7	纺织业、化学纤维制造业	-26.37	-22.45
8	仪器仪表制造业	-23.33	17.61
9	食品加工与食品、饮料制造业	-22.00	-22.60
10	橡胶制品、塑料制品业	-17.07	-8.88
11	建筑业	-16.76	-3.79
12	金属制品业	-16.18	-13.32
13	通用设备和专用设备制造业	-15.17	-3.98
14	非金属矿物制品业(含水泥、玻璃、陶瓷等)	-14.16	9.97
15	化学原料及化学制品制造业	-13.86	-13.36
16	木材加工及木、竹、藤、棕、家具制造业	-12.90	-14.54
17	电气机械及器材、线缆制造业	-9.02	-4.63
18	造纸及纸制品、印刷业、文教办公用品制造业	-5.75	11.88
19	服装、鞋帽、皮革制造业	-4.23	6.73

续表 2－10

序号	行业名称	2008 年销售利润率与 2007 年水平比较	2008 年销售利润率与 2005～2007 年均值水平比较
20	房地产业	－3.19	9.98
21	交通运输设备制造业	－3.11	12.05
22	石油加工、炼焦加工业	3.01	11.00
23	批发和零售业	7.06	14.95
24	医药制造业	9.84	19.89
25	工艺品及其他制造业	38.50	34.91
26	采矿业	57.26	23.88
27	通信设备、计算机及其他电子设备制造业	128.33	211.11

二　上规模民营企业资产周转率变动情况分析

行业资产周转率与行业性质关系极大，行业不同，资产周转速度会有很大差异。2008 年上规模民营企业的行业平均资产周转率为 143.85%，低于 2007 年 147.75% 的水平。其中，批发和零售业资产周转速度较快，超过了 200% 的速度，其次依次是电气机械及器材、线缆制造业，信息传输、计算机服务和软件业，这些行业均属于技术或劳动密集型行业，固定资产比重较小，较高的资产利用效率保证了行业的经济效率。而房地产业等固定资产比重较大的企业资产周转速度相对较慢，尤其是房地产业，资产周转率仅为 48.83%（见表 2－11）。

表 2－11　2006～2008 年上规模民营企业主要行业资产周转率表

单位：%

序号	行业名称	2006 年	2007 年	2008 年
1	批发和零售业	283.29	295.77	268.84
2	电气机械及器材、线缆制造业	182.64	181.03	188.53
3	信息传输、计算机服务和软件业	131.12	142.05	187.63
4	黑色金属、有色金属冶炼及压延加工业	191.78	186.22	186.42
5	建筑业	182.33	187.78	183.52
6	金属制品业	180.66	164.37	173.10
7	食品加工与食品、饮料制造业	158.17	178.48	166.44
8	橡胶制品、塑料制品业	116.11	120.19	157.72
9	农、林、牧、渔业	158.70	198.94	153.94

续表 2-11

序号	行业名称	2006 年	2007 年	2008 年
10	纺织业、化学纤维制造业	134:68	135.44	153.15
11	石油加工、炼焦加工业	120.82	116.21	135.98
12	化学原料及化学制品制造业	144.21	150.35	130.62
13	交通运输设备制造业	132.58	146.21	128.47
14	服装、鞋帽、皮革制造业	201.86	133.49	120.21
15	工艺品及其他制造业	123.54	200.95	118.27
16	木材加工及木、竹、藤、棕、家具制造业	109.53	116.62	115.92
17	造纸及纸制品、印刷业、文教办公用品制造业	115.37	124.71	112.73
18	非金属矿物制品业(含水泥、玻璃、陶瓷等)	110.16	73.99	111.00
19	通用设备和专用设备制造业	114.82	151.12	109.88
20	医药制造业	125.53	115.06	106.98
21	住宿、餐饮业	182.68	191.57	102.78
22	仪器仪表制造业	181.83	92.22	99.30
23	通信设备、计算机及其他电子设备制造业	162.87	170.47	98.99
24	电力、热力、燃气及水的生产和供应业	60.18	70.51	88.66
25	采矿业	112.60	169.60	71.21
26	交通运输、仓储业和邮政业	99.99	50.86	67.43
27	房地产业	61.45	71.17	48.83

从历史变动特点与趋势来看，上规模民营企业各行业资产周转率与行业经营特点直接相关，近几年来总体保持稳定。其中，信息传输、计算机服务和软件业，建筑业，食品加工与食品、饮料制造业等 11 个行业呈现小幅上升趋势；而批发和零售业，黑色金属、有色金属冶炼及压延加工业等 16 个行业呈现小幅下降趋势。

三　上规模民营企业劳动生产效率变动情况

近几年来，上规模民营企业劳动生产率总体在提高，但 2008 年受国际金融危机的影响，企业业务发展受阻，劳动生产率总体呈现小幅下降。调研数据显示，2008 年上规模民营企业行业平均劳动生产率为 80.18 万元/人，略低于 2007 年 81.22 万元/人的水平。其中，信息传输、计算机服务和软件业，黑色金属、有色金属冶炼及压延加工业，批发和零售业等 11 个行业高于全行业平均水平；纺织业、化学纤维制造业，通用设备和专用设备制造业等 16 个行业低于全行业平均水平（见表 2-12）。

表 2－12　2005～2008 年上规模民营企业主要行业劳动生产率表

单位：万元/人

序号	行业名称	2005 年	2006 年	2007 年	2008 年
1	信息传输、计算机服务和软件业	78.18	86.95	98.59	211.07
2	黑色金属、有色金属冶炼及压延加工业	114.52	135.38	182.42	202.63
3	批发和零售业	102.38	98.94	150.77	136.50
4	石油加工、炼焦加工业	67.12	55.53	92.51	124.02
5	化学原料及化学制品制造业	66.04	79.53	117.10	123.25
6	房地产业	82.79	104.28	145.67	122.94
7	金属制品业	53.55	70.90	99.72	109.57
8	电气机械及器材、线缆制造业	61.79	74.74	106.23	109.53
9	橡胶制品、塑料制品业	72.25	71.28	87.36	108.30
10	通信设备、计算机及电子设备制造业	140.07	138.87	96.60	97.80
11	农、林、牧、渔业	59.39	54.14	65.48	81.25
12	纺织业、化学纤维制造业	49.25	57.40	73.90	77.70
13	通用设备和专用设备制造业	54.13	56.64	76.50	75.47
14	电力、热力、燃气及水的生产和供应业	53.99	49.12	67.81	74.26
15	交通运输、仓储业和邮政业	36.97	61.80	50.75	72.98
16	造纸及纸制品、印刷业、文教体育、办公用品制造业	43.67	59.99	84.73	72.85
17	食品加工与食品、饮料制造业	52.98	51.65	69.76	68.86
18	交通运输设备制造业	51.93	51.80	73.59	64.69
19	采矿业	24.83	39.29	72.28	64.53
20	医药制造业	46.67	64.03	66.75	61.45
21	木材加工及木、竹、藤、棕、草制品、家具制造业	41.33	41.37	47.28	53.61
22	服装、鞋帽、皮革制造业	35.15	42.41	48.12	50.59
23	非金属矿物制品业(含水泥、玻璃、陶瓷、耐火材料等)	37.95	50.50	50.24	47.56
24	仪器仪表制造业	87.07	64.15	36.64	45.82
25	工艺品及其他制造业	33.22	29.12	39.58	45.53
26	建筑业	23.27	25.41	36.54	28.93
27	住宿、餐饮业	10.26	10.52	16.63	12.66

从 2005～2008 年历史数据平均值看，住宿、餐饮业，建筑业，工艺品及其他制造业，服装、鞋帽、皮革制造业，木材加工及木、竹、藤、棕、草制品、家具制造业等行业的劳动生产率较低，均值小于 50 万元/人；纺织业、化学纤维制造业，化学原料及化学制品制造业，电气机械及器材、线缆制造业，通用设备和专用设备制造业，食品加工与食品、饮料制造业等上规模民营企业具有传统优势且相对集中的行业，平均劳动生产率在 50 万～100 万元/人之间；黑色金属、有色金属冶炼及压延加工业，通信设备、计算机及电子设备制造业，房地产业，批发和零售业，信息传输、计算机服务和软件业等资源类、技术密集型和现代服务

业类的行业，劳动生产率较高。

2008年，信息传输、计算机服务和软件业劳动生产率达211.07万元/人，相比2007年增长114%。同时，黑色金属、有色金属冶炼及压延加工业，石油加工、炼焦加工业等行业的劳动生产率也呈现了不同程度的增长。而劳动密集型行业，诸如建筑业，住宿、餐饮业等，劳动生产率一直位于较低水平，其2008年受市场需求减小、盈利下降的影响，劳动生产率比2007年下降20%，分别为28.93万元/人、28.67万元/人。此外与2007年相比，降幅较大的行业还有房地产业、交通运输设备制造业、采矿业、批发和零售业，降幅接近或超过10%（见表2－13）。

表2－13 2008年上规模民营企业主要行业劳动生产率比较分析表

序号	行业名称	2005～2008年平均值	2008年与平均值的比值	2008年与2007年的比值
1	住宿、餐饮业	12.52	1.01	0.76
2	建筑业	28.54	1.01	0.79
3	房地产业	113.92	1.08	0.84
4	造纸及纸制品、印刷业、文教体育、办公用品制造业	65.31	1.12	0.86
5	交通运输设备制造业	60.5	1.07	0.88
6	采矿业	50.23	1.28	0.89
7	批发和零售业	122.15	1.12	0.91
8	医药制造业	59.73	1.03	0.92
9	非金属矿物制品业（含水泥、玻璃、陶瓷、耐火材料等）	46.56	1.02	0.95
10	通用设备和专用设备制造业	65.69	1.15	0.99
11	食品加工与食品、饮料制造业	60.81	1.13	0.99
12	通信设备、计算机及电子设备制造业	118.34	0.83	1.01
13	电气机械及器材、线缆制造业	88.07	1.24	1.03
14	服装、鞋帽、皮革制造业	44.07	1.15	1.05
15	纺织业、化学纤维制造业	64.56	1.2	1.05
16	化学原料及化学制品制造业	96.48	1.28	1.05
17	电力、热力、燃气及水的生产和供应业	61.3	1.21	1.1
18	金属制品业	83.44	1.31	1.1
19	黑色金属、有色金属冶炼及压延加工业	158.74	1.28	1.11
20	木材加工及木、竹、藤、棕、草制品、家具制造业	45.9	1.17	1.13
21	工艺品及其他制造业	36.86	1.24	1.15
22	橡胶制品、塑料制品业	84.8	1.28	1.24
23	农、林、牧、渔业	65.07	1.25	1.24
24	仪器仪表制造业	58.42	0.78	1.25
25	石油加工、炼焦加工业	84.8	1.46	1.34
26	交通运输、仓储业和邮政业	55.63	1.31	1.44
27	信息传输、计算机服务和软件业	118.7	1.78	2.14

第四节　上规模民营企业典型行业分析

2008 年，金融危机影响了国际国内的消费需求，各个行业也相继受到了不同程度的影响，本部分将对民营企业中受影响较大的重点行业：钢铁、纺织、房地产行业进行分析。

一　钢铁行业企业规模保持扩张态势，收入上升，但利润下降

钢铁业作为上规模民营企业的龙头行业，2008 年在保持收入上升的同时，利润有小幅降低，但企业规模持续扩张。

（一）2008 年钢铁行业经营特点分析

1. 2008 年我国钢铁行业整体运行特点

2008 年我国钢铁行业运行的基本特点是：生产大起大落，价格暴涨暴跌。2008 年上半年，钢铁行业产销两旺，价格上涨，钢铁生产和利润水平创历史最高。2008 年下半年受国际金融危机冲击和各种内外因素的影响，从 8 月初开始，市场价格出现快速下滑，特别是从 9 月份起，钢铁行业运行发生急剧变化，钢材价格暴跌，钢铁产量大幅回落，钢材出口减少，全行业出现亏损。一年之中行业形势发生如此剧烈变化，在中国钢铁工业史上是从未有过的，具体表现为：

——钢铁生产上半年快速增长，下半年增速大幅回落，出现负增长。2008 年上半年全国粗钢产量 26319. 48 万吨，与上年同期相比增长 9. 61%。其中一季度受冰雪灾害影响，二季度产量逐月上升达到年产 5. 5 亿吨水平，6 月份平均日产粗钢 156. 48 万吨，相当于年产粗钢 5. 71 亿吨的水平。从 7 月份开始钢铁生产增速大幅回落，8 月份开始粗钢消费量进入负增长，9 月份开始粗钢月产量进入负增长，9 ~ 12 月份同比分别为 −9. 08%、−16. 97%、−12. 38% 和 −10. 52%，降幅最大的 10 月份，粗钢产量仅相当于年产粗钢 4. 23 亿吨的水平，与 6 月份相比，日产水平减产幅度达 25. 9%。

——钢材价格由暴涨转为暴跌，全行业出现亏损。2008 年上半年国内钢材

价格逐月上升，6月末达到最高点，钢材综合价格指数上涨到161.47点，比年初的125.12点，上涨36.35点，涨幅29.05%。但随后钢材价格逐步全面下跌，特别是10月份降价势头更猛，跌幅大、范围广，11月末国内市场钢材综合价格指数跌至102.3点，比最高点的6月末下跌59.17点，跌幅36.64%，比上年同期的118.99点下跌14.03%。钢材价格暴跌使钢铁企业由盈利转为当月亏损，6月份实现利润178.30亿元，到9月份仅实现利润32.21亿元，10月份亏损58.35亿元，11月份亏损127.80亿元，12月份价格尽管略有回升，但仍然没能扭转企业亏损的态势，当月亏损291.22亿元，共有亏损企业44户，亏损面61.97%。①

2. 2008年上规模民营企业钢铁行业运行情况

在此经济形势下，民营钢铁企业虽然保持了一定的增长态势，但也出现了较大亏损，金融危机之后，民营钢铁企业也面临着重新“洗牌”的可能。

首先，民营钢铁企业呈现收入保持增长，但利润下滑的特点。调研数据显示，2008年上规模民营企业中黑色金属、有色金属冶炼及压延加工业营业收入总额为10312.85亿元，比2007年增长23.94%，但增幅降低16.25个百分点。户均营业收入为32.84亿元，比2007年增长10.13%，但增幅降低37.60个百分点。从企业盈利水平看，2008年上规模民营企业黑色金属、有色金属冶炼及压延加工业税后净利润为336.11亿元，比2007年降低15.93%。企业户均利润为1.07亿元，降低25.30%。行业销售净利率为3.26%，下降1.55%。

其次，行业规模保持增长，但增长速度低于历史同期。2008年上规模民营企业黑色金属、有色金属冶炼及压延加工业资产总额共计5868.56亿元，较2007年增长12.96%；户均总资产为18.69亿，较2007年增长0.37%（增幅下降45.97个百分点）；固定资产为2279.76亿元，较2007年增长18.92%；户均固定资产为7.26亿元，较2007年增长5.66%（增幅下降20.53个百分点）。

再次，在全球金融危机的冲击下，民营钢铁企业的出口总额依然保持增长态势，但户均出口量有所下降。2008年上规模民营企业黑色金属、有色金属冶炼及压延加工业出口总额为127.69亿元，较2007年增长3.88%，户均出口额为0.41亿元，较2007年下降7.70%。

在此背景下，民营钢铁企业缴税和解决就业的总量继续提高，但户均水平有

① 资料来源：中国钢铁工业协会。

小幅降低。调研数据显示，2008 年上规模民营企业黑色金属、有色金属冶炼及压延加工业缴税总额为367.23 亿元，较2007 年增长8.58%；户均缴税额为1.17 亿元，较2007 年降低3.53%。2008 年全行业吸纳员工共计50.90 万人，较2007 年增长11.58%；户均吸纳人数1621 人，较2007 年下降0.86%。

（二）2008 年钢铁行业波动原因分析

1. 从成本角度来看

（1）铁矿石（原材料）价格的上升导致生产成本增加。

铁矿石成本约占炼钢成本的60%～70%，其波动直接影响钢材的生产成本。调研数据显示，自2007 年以来，进口铁矿石价格指数一路攀升。2008 年 3 月达到历史最高点246 点。2008 年下半年以来，受钢铁限产等因素影响，进口铁矿石指数迅速下降（2008 年 11 月进口铁矿石价格指数为96.7 点，较最高值下降了149.3 点）。中国国内铁精粉价格指数与中国进口铁矿石价格指数变化趋势基本一致，于2008 年7 月达到历史最高246 点，其后指数下行，在2008 年12 月初为138.4 点（较最高值下降了107.6 点）。①

由于2008 年上半年铁矿石价格的高企，许多企业大量囤积铁矿石。虽然2008 年第四季度，国内钢铁原材料现货市场价格明显下降，但部分企业由于在铁矿石价格上升期间盲目囤积，所以 2008 年底的生产仅仅是消化了高价库存，未能享受到现货价格降低带来的好处。同时，部分钢铁企业入炉原料等级要求比较高、主要靠长期协议矿和长期海运协议锁定原材料，国内现货市场价格的下降对上述企业影响有限。

铁矿石价格的上升提升了存货成本和生产成本，压缩了企业的利润空间。

（2）煤炭、工业用水、用电价格的上涨加大了行业成本。

煤炭作为支撑钢铁生产的重要燃料动力资源，其价格的变动与钢铁行业的运行有着直接的关联。调研数据显示，自 2007 年 1 月起，煤炭价格一路攀升，2008 年 7 月煤炭价格达到高点 980 元/吨，之后虽有所下降，但其平均价格仍远高于 2007 年的同期水平（见图 2－1）。②

---

① 资料来源：http：//www. mysteel. com。

② 资料来源：巨灵金融服务平台，中国煤炭市场网。

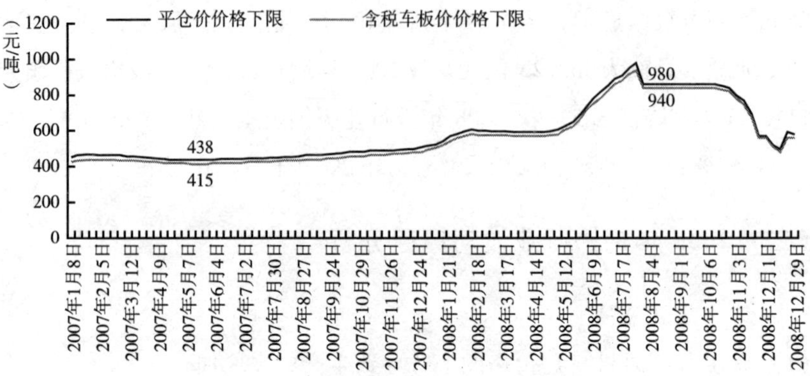

图 2－1　2007～2008 年煤炭价格趋势图

调研数据显示，2007～2008 年的工业用电价格总体呈现上涨趋势，2007 年前五个月份价格均在 0.67 元/千瓦时，之后又降低至 2007 年 6 月的 0.65 元/千瓦时。从 2007 年 11 月起，工业用电价格持续上涨，截止到 2008 年底已涨到 0.71 元/千瓦时（见图 2－2）。①

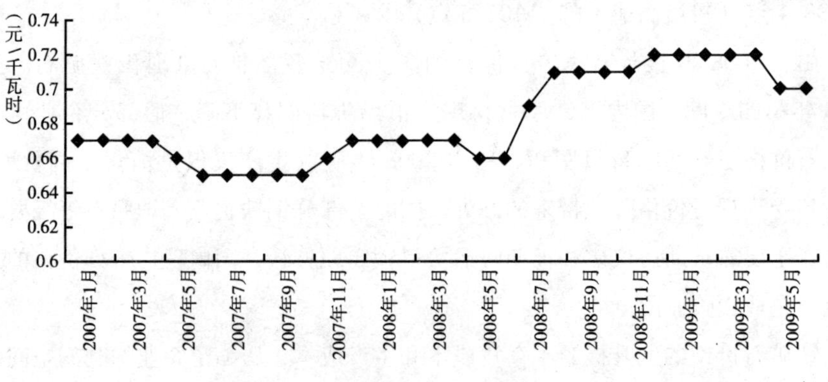

图 2－2　工业用电价格趋势图

2007～2008 年工业用水价格总体呈现上涨趋势，特别是 2008 年 1 月份，工业用水价格从 2.83 元/吨涨到 2008 年 3 月份的 3.02 元/吨，涨幅达 6.7%，此后，虽涨幅相对回落，但总体仍然呈上升趋势（见图 2－3）。②

① 资料来源：http://www.romaway.com/ware/ware－2.asp?id＝54。

② 资料来源：国家物价局。

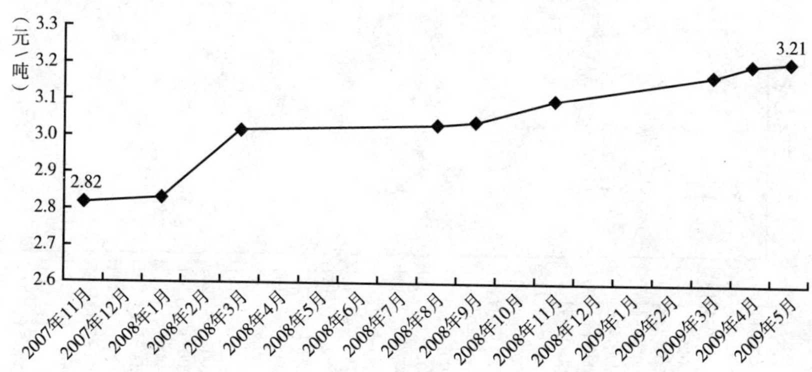

图 2－3　2007～2009 年工业用水价格趋势图

煤炭、工业用电、工业用水价格的上升进一步增加了企业的生产成本。

2. 从市场供需角度分析

（1）国际、国内钢材供需失衡。

近年来，在国际和国内两个市场的拉动下，中国的钢铁工业快速发展，产能急剧扩张，产量已从 2003 年的 2.2 亿吨上升到 2007 年的 4.9 亿吨。在钢材品种方面，近几年形成炼钢产能的 90% 用于板材建设，钢铁板材严重供大于求。2007 年净出口钢材 4578 万吨，钢坯 619 万吨，折合粗钢只占国内产量的 11.2%，说明国内炼钢产能的相当一部分需要国内市场消化。

2008 年以来我国经济增长率、固定资产投资等指标处于下滑状态，钢铁下游行业增长呈下降态势（特别是 2008 年四季度，房地产市场低迷，汽车家电和集装箱行业均呈同比负增长态势，国内钢材市场需求萎缩）。

此外，受国际金融危机影响，国际钢材需求量迅速降低，我国钢材出口大幅下降。统计数据显示，2008 年四季度，我国钢材出口量较三季度下降 50.2%。

（2）钢材的供需失衡，导致钢铁价格直线下降。

自 2007 年 1 月份以来，钢材综合指数持续上涨，直至 2008 年 6 月到达顶峰 1455 点，但随后受国际金融危机影响，房地产、汽车行业遭遇“寒冬”。钢铁下游行业需求减弱导致钢材综合指数由 1455 点下降到 2008 年 11 月份的 774 点最低点（见图 2－4）。①

① 资料来源：巨灵金融服务平台，上海宝山钢铁交易市场。

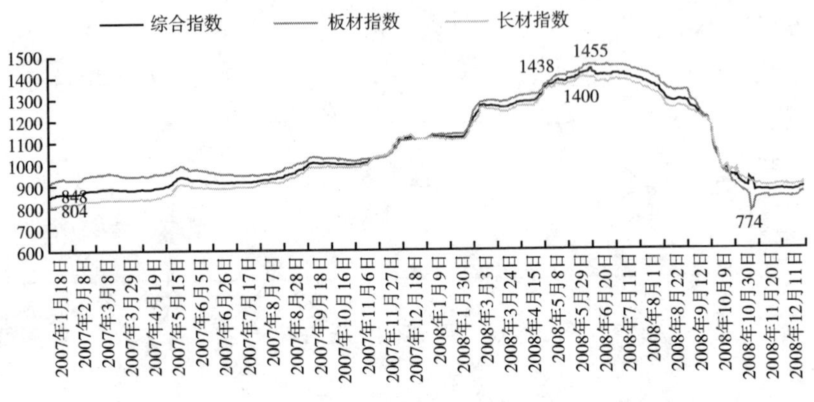

图 2-4　2007～2008 年钢材综合价格指数趋势图

3. 大型企业市场竞争力影响不够，存在恶性竞争现象

据统计，截至 2008 年底，中国拥有大小钢铁企业 1200 家左右，大型企业集团市场影响力不够。在市场低迷，需求下降的情况下，企业之间竞相杀价，少数企业甚至采取不理性的销售行为。企业之间的竞争也成为钢铁价格下滑的主要原因之一，导致企业的收入和利润下降。

二　纺织行业出口量大幅上升，创收保持增长，但盈利能力下降

2008 年民营纺织行业在出口量大幅上升的带动下，营业收入和出口总额保持增长，但增幅降低，企业扩张速度放缓。

（一）2008 年纺织行业经营特点分析

1. 2008 年我国纺织行业整体运行特点

2008 年，纺织行业外部经济与政策环境发生了一系列变化：人民币升值、出口退税率下调、银根紧缩、生产要素价格上涨，特别是美国次贷危机升级引发全球金融危机，造成国际市场需求大幅下降，使外贸依存度较高的纺织行业在经过连续多年的稳定较快增长后，首次出现回落之势。

首先，生产步伐放缓，整体效益下滑明显。受国际市场需求疲软、国内市场竞争激烈等因素影响，2008 年我国纺织服装企业纷纷调整了生产节奏，以减产、

削减存货等方式，来应对市场变化、缓解经营压力。据统计，2008 年我国规模以上纺织企业累计完成工业总产值 34780.61 亿元，同比增长 13.73%，增速较上年下滑了 8.84 个百分点。与此同时，由于行业外部环境压力明显增大，远远超过了行业的承受能力，致使行业经济效益下滑明显，甚至出现了 2003 年以来首现的利润萎缩局面。2008 年 1～11 月，规模以上纺织企业累计实现利润总额 1042.25 亿元，同比下降 1.77%，增速较上年同期下滑了 38.76 个百分点；利润率为 3.45%，较上年同期下降了近 14%。

其次，中西部投资有所提高。自 2007 年 11 月起，纺织行业固定资产投资增速就呈现了逐渐下降的态势，除了行业结构性调整已显成效之外，也反映出市场形势发生了景气度的转变，企业主动收缩了投资战线，以应对需求下滑的挑战。从不同地区来看，尽管东、中、西部的纺织行业投资增速均较上年有不同程度的减缓，但我国纺织行业投资向中、西部地区调整的步伐仍在不断加快。据统计，2008 年，东部地区纺织企业的固定资产投资额同比下降了 3.62%，而中、西部地区的投资增速分别达 27.05% 和 28.43%。东部地区占全行业的固定资产投资比重明显降低，从上年的 66.56% 下降到了 60.10%，而中西部地区所占的投资比重相应提高了 6.46 个百分点。

同时，对欧出口保持高增长。受到外部经济不景气、前期从紧出口政策、人民币升值、国际市场竞争以及国内企业成本上升、资金环境趋紧等诸多因素的影响，2008 年以来，我国纺织品服装出口增速持续放缓，但我国纺织品服装对几大重点市场的出口表现不尽相同。对美纺织品服装出口受其经济走软、居民消费习惯调整等因素影响而增速大幅下滑，2008 年，我国对美纺织品服装出口额达 269.12 亿美元，同比仅增长 1.04%，增速较上年大幅下滑 13.38 个百分点。而由于中欧纺织品配额取消，欧元在 2008 年上半年对人民币处于升值区间，使得 2008 年我国对欧盟的纺织品服装持续保持了高增长，2008 年，我国对欧盟出口纺织品服装 399.26 亿美元，同比增长 36.66%，增速较上年提高 37.33 个百分点。

另外，行业结构调整、产业升级成绩显现，运行质量继续稳步提高。尽管 2008 年纺织行业面临的发展环境异常严峻，遇到的困难前所未有，全行业仍然坚持推进产业调整升级进程，取得了一定的发展成绩。2008 年 1～11 月，全行业全员劳动生产率达 31.90 万元/人，较上年同期提高 15.79%。其中，优势企业发挥了巨大的支撑作用。2008 年 1～11 月，约占行业规模以上企业 30% 的 1.4 万家优势企业实现利润总额 1027.02 亿元，较上年同期增长了 31.94%，占全行业利润的 98.54%；平均利润率达 8.37%，较上年同期提高了 0.53 个百分点；其中 3251 家骨干企业平均利润率达到 15.4%。这部分优势企业为行业发展发挥了重要的支撑作用。①

2. 2008 年我国民营纺织行业运行特点分析

纺织行业是受国际金融危机影响最严重的行业之一，2008 年国内纺织行业面临着前所未有的困难。由于国内纺织品服装出口额的 80% 由非国有企业来完成，所以其中的民营企业最先遭遇生存考验。但我们很高兴地看到，我国民营纺织行业经过近些年的发展，企业综合实力逐步加强，抗风险能力逐步提高，在国际金融危机的冲击下，依然保持了较好的增长态势，具体表现在以下几个方面。

纺织行业收入保持增长，但利润下降，行业平均销售利润率降低。调研数据显示，2008 年上规模民营企业中纺织和化学纤维行业营业收入总额为 5025.79 亿元，较 2007 年增长 21.99%；户均营业收入 17.15 亿元，较 2007 年增长 13.24%，但增幅降低 11.51 个百分点。2008 年行业税后净利润为 148.76 亿元，较 2007 年降低 10.28%；户均利润 0.51 亿元，较 2007 年降低了 16.71%。2008 年行业销售净利率 2.96%，较 2007 年下降 1.06 个百分点。

纺织行业资产规模及出口总额保持增长，但增幅有所降低。2008 年上规模民营企业中纺织和化学纤维行业资产总额 3542.98 亿元，较 2007 年增长 17.30%，户均总资产 12.09 亿元，较 2007 年增长 8.90%，但增幅下降 13.98 个百分点；固定资产总计 1437.41 亿元，较 2007 年增长 12.08%，户均固定资产 4.91 亿元，较 2007 年增长 4.05%，但增幅降低 11.21 个百分点。同时，2008 年上规模民营企业纺织和化学纤维行业实现出口总额 104.65 亿元，较 2007 年增长 6.62%，户均出口额为 0.36 亿元，较 2007 年下降 1.02%。

另外，民营纺织行业在受到国际金融危机的冲击下，缴税总额有所降低，但依然承担了解决就业的社会责任，对社会的贡献度继续提高。调研数据显示，2008 年上规模民营企业中纺织和化学纤维行业缴税总额 123.38 亿元，较 2007 年下降 1.27%，户均缴税总额 0.42 亿元，较 2007 年下降 8.35%。在解决就业方

① 资料来源：中国纺织工业协会统计中心。

面，2008 年民营企业中纺织和化学纤维行业员工人数共计 64. 68 万人，较 2007 年增长 16. 01%，户均人数 2207 人，较 2007 年增长 7. 70%。

（二）2008 年纺织行业波动原因分析

1. 从市场角度分析

受国际金融危机影响，全球需求增幅减缓。美国作为中国的出口大国，其需求的减少直接影响中国的对外出口额。纺织品企业对美国的出口订单持续减少，导致部分企业存货积压。但是，受中欧纺织品配额取消和 2008 年上半年欧元（对人民币、对美元）处于升值区间两大因素的影响，中国对欧盟的纺织品出口有较高增长。总体而言，由于中国对美国纺织品出口的下降幅度小于对欧盟国家的出口增长速度，纺织行业总体出口总额仍保持上升状态。

2. 从成本角度分析

（1）原材料（棉花）价格上涨加大了纺织业的成本支出。

2008 年上半年，棉花价格保持较高水平，虽然年底棉花价格曾大幅下滑，但年初棉花的高价位促使企业大量囤积原料，下半年受到产品价格下跌和消耗高价库存的双重挤压，纺织行业原材料成本依然较 2007 年大大增加（见图 2－5）。①

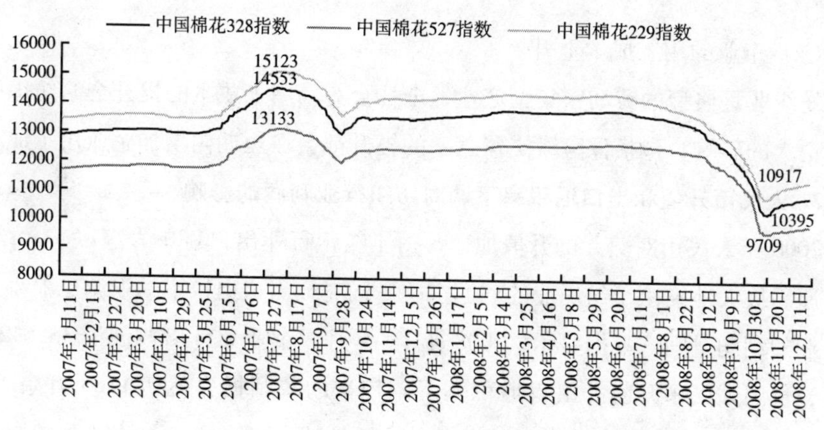

图 2－5　2007～2008 年棉花价格趋势图

① 资料来源：中国棉花信息网。

（2）国际油价和煤炭价格上涨，导致纺织业生产成本提高。

2007 年以来，原油价格不断升高，从 2007 年 1 月的 54.54 美元/桶升至 2008 年 7 月的 147.62 美元/桶，虽然 2008 年下半年油价大幅回落，但一直居高不下的油价促使很多企业大量囤积原料，下半年受到产品价格下跌和消耗高价库存的双重挤压，并未享受到油价下跌带来的效益。随着国际油价的上涨和煤炭价格的上涨，国内的汽油和用电价格也随着提高，这无疑使纺织业的生产和运输成本上升，进一步削弱了产品价格竞争力（见图 2－6）。①

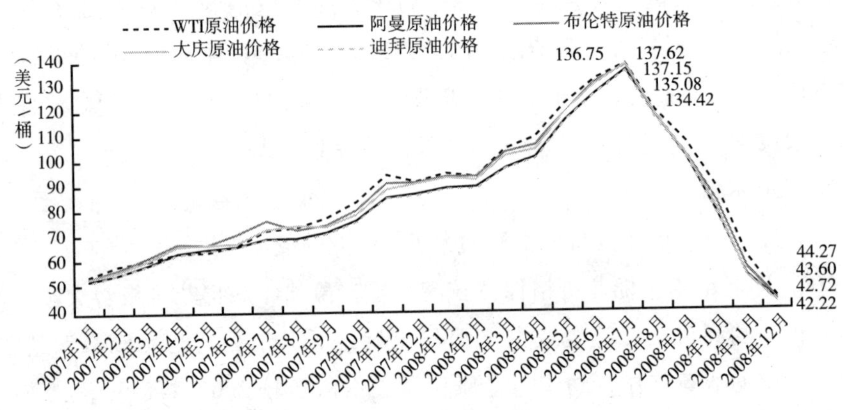

图 2－6　2007～2008 年原油价格趋势图

（3）企业的用工成本上升。

纺织业是典型的劳动密集型产业，全社会劳动用工成本的提升会给纺织行业带来更大的影响，包括保险缴交覆盖率的提升都会在短期内增加企业用工成本。

3. 人民币升值和出口退税率下调对纺织行业利润的影响

2008 年人民币对美元的升值加速，由于纺织行业出口订单大多以美元结算，汇率原因极大地缩小了纺织业的利润空间。同时，出口退税率的下调也缩小了纺织企业的利润空间。数据显示，2008 年 1～5 月，企业累计出口创汇 3656.28 万美元，仅因人民币升值和出口退税率下调带来的减利损失就达 1163 万余美元。2008 年 8 月和 11 月国家又先后两次提高纺织品的出口退税率，该政策的影响可能要到 2009 年后才能显现。

---

① 资料来源：中国石油化工网。

三　房地产行业的整体规模和盈利水平均有下降

2008 年受国家宏观调控政策的影响，房地产行业中的上规模民营企业大多呈现规模、盈利水平双降趋势，但不同地区、不同公司受影响程度各不相同。

（一）2008 年房地产行业经营特点分析

1. 受国家宏观调控政策影响，全国房地产行业均受冲击

国家统计局公布的数据显示，2008 年 1～11 月，全国商品房销售面积 4.9 亿平方米，比 2007 年下降 18.3%。其中，商品住宅销售面积下降 18.8%；商品房销售额 19261 亿元，下降 19.8%（其中商品住宅销售额下降 20.6%），各项数据表明，房地产市场出现明显的下行特征（见图 2－7）。

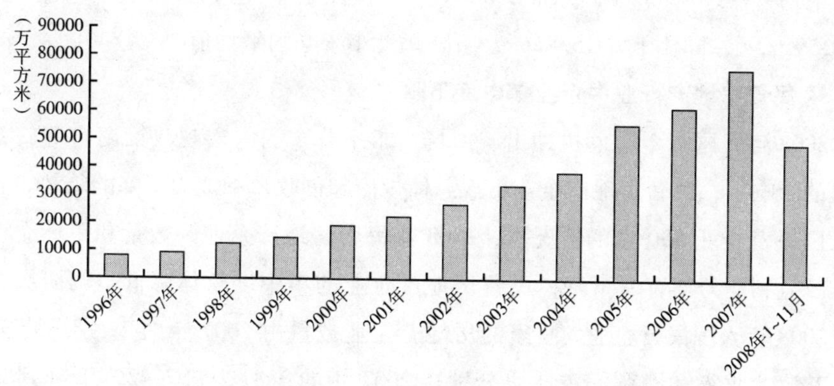

图 2－7　1996～2008 年房地产开发企业房屋销售面积趋势图

同时，全国各地楼市发展不均衡，表现为东部地区房屋销售量下降幅度大于中西地区，一二线城市下降幅度大于三四线城市的特征。其中上海、北京、武汉、福州等重点城市的成交量下降幅度较大，有的城市下降到原来的 50%。

2008 年 11 月，政府出台了一系列放松信贷、降低房贷利率、减免相关税收等救楼市组合政策，希望支持房地产市场稳步发展，如：财政部和中国人民银行出台措施，从 2008 年 11 月 1 日起下调住房交易契税、印花税和土地增值税三项税率，并降低首次购买普通自住房和改善型普通自住房的贷款利率下限及首付比

例；2008年10月30日中国人民银行宣布下调金融机构人民币存贷款基准利率。政府的支持政策使重点城市年底的成交量出现一定的回升，但从总体而言，成交低迷成为2008年全国楼市最鲜明的特点之一。

2. 民营房地产行业相关指标下滑但收入下滑幅度低于全国平均水平

2008年，受全球金融危机及我国宏观调控政策的影响，民营房地产企业在规模、创收、创利方面均呈现下降趋势。调研数据显示，2008年上规模民营企业中，房地产企业入围121家，入围企业家数较2007年下降21.43%；共实现营业收入总额1890.59亿元，较2007年降低15.81%；净利润总额189.60亿元，较2007年降低18.51%；资产总额3586.23亿元，较2007年降低13.74%；销售净利率为10.03%，较2007年降低0.33个百分点。

但与全国房地产行业整体情况相比，民营房地产企业又体现了较高的抵御风险的能力。2008年全国商品房销售额24071亿元，同比下降19.5%。其中，商品住宅销售额下降20.1%；而2008年上规模民营企业房地产行业销售总额为1890.59亿元，同比下降15.81%，下降幅度小于全国平均值。

3. 民营房地产行业中企业集中度下降

2008年在国际金融危机冲击、市场需求下降、国内宏观政策调整等一系列因素的影响下，民营房地产企业出现总体规模和创收盈利能力下降的趋势，且从其入围民营企业500家的情况看，2008年民营房地产企业的数量和单体企业的创收、盈利能力均有所下降，民营房地产企业的集中度整体降低。调研数据显示，2008年入围民营企业500家的房地产企业数量由2007年的22家下降至16家，其营业收入和净利润占比也分别从2007年的3.81%和7.42%下降到2008年的2.67%和6.17%。

（二）2008年房地产行业波动原因分析

1. 房价大幅下滑，降低了民营房地产企业的收入水平

房价在2007年9月环比增幅达到最高点，之后下滑，直到2008年8月，全国70个大中城市房屋价格指数环比增幅为-0.1%，为近几年首次出现的负增长，表明全国房价真正出现“拐点”。9月、10月、11月房价环比增幅依次为-0.1%、-0.3%、-0.5%，房价下跌呈加速趋势。房价的下跌降低了民营房地产企业的收入水平（见图2-8）。

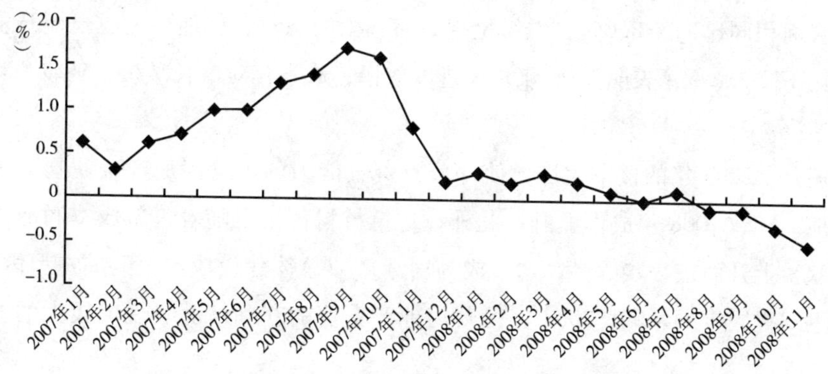

图 2－8　2007～2008 年全国房价增幅变动情况图

2. 上半年紧缩的货币政策增加了房地产企业的资金占用成本

房地产行业是资金密集型产业，受紧缩货币政策的影响其资产负债率普遍较高。数据显示，从公布的 20 余家房地产上市公司 2008 年年报上看，其中有 12 家企业资产负债水平高于 50%，而民营房地产企业资金实力普遍低于国有大中型房地产企业，2008 年民营房地产企业平均资产负债率高达 81.9%。2008 年上半年，国家实行紧缩的货币政策，使民营房地产企业的资金成本大幅上升，为保持现金流运转缓解企业的正常经营活动，民营房地产企业不得不降价销售，从而进一步导致其营业收入降低。

3. 下半年适度宽松的货币政策和其他政策支持，使民营企业的成本支出压力得到一定缓解

下半年由于央行开始下调人民币贷款基准利率，尽管货币政策的调整是针对整个经济而采取的措施，但此次政策调整对资金密集型的民营房地产行业来说属于实质性利好。同时，2008 年 11 月，国家对房地产企业的政策扶持力度进一步加强，先是多部门联合在贷款利率、首付比例、交易税费等多环节出台措施，后又有国务院在促进经济增长的十项措施中单独阐述房地产市场的重要性，在一定程度上缓解了民营房地产企业生存和发展的压力。

4. 2008 年土地购置成本的降低对不同企业影响不一

目前，商品住房的成本主要包括土地购置成本、建造成本、融资成本，在这其中，土地购置成本（包括拆迁补偿费用）占商品房成本的大部分，土地购置成本的波动直接影响了房地产企业的盈利情况。2008 年 1～12 月全国房地产土地购置面积同比下降8.6%，继续呈现萎缩减少的态势，房地产完成土地开发面积同比下降5.6%，表明2008年建设进度放慢，成本相对增长减缓，延缓了利润下降速度。

但是，2007年的楼市大涨，使部分有资金能力的民营房地产企业吃下了高价土地，导致2008年成本上升；此外，建筑材料价格也随着人工成本和能源价格的双重上升而进一步提高，这些成为房地产业总体建设成本上升的重要因素。受以上双重因素的影响，2008年民营房地产企业的获利情况表现出较大的差异性。

第二篇　2008年民营企业500家调研分析

第三章　2008年民营企业500家发展概况

截至2008年，全国工商联已连续第十一次向社会公布“民营企业500家”排行榜。

2008年是国内外经济环境变化较大的一年，在国际金融危机和国内经济周期双重压力下，民营企业发展遇到了巨大挑战，民营企业的发展态势受到社会的广泛关注。民营企业500家是指在上规模民营企业调研中按照年度营业收入总额排序的前500位的企业和集团。通过对民营企业500家在经营状况、行业特征、企业管理等情况进行历时性连续分析，可以了解民营经济的发展趋势、研究民营企业的发展规律，了解民营企业发展中存在的问题。

第一节　2008年民营企业500家发展规模分析

一　规模指标保持增长，盈利能力小幅下降

2008年民营企业500家的入围门槛进一步提高，由2007年的25.83亿元提升至29.70亿元，增幅为14.98%。这一水平是2005年的2.2倍，2006年的

1.63 倍。

在资产规模方面，民营企业 500 家总体呈逐步上升趋势，但增幅有所下降。数据统计显示，2008 年民营企业 500 家的资产总额达到 28250.07 亿元，与 2005 年相比增长了 1.86 倍，年均增长 23.06%；较 2007 年增长 12.42%，但增幅较上年降低 23.05 个百分点（见表 3－1）。

表 3－1　2005～2008 年民营企业 500 家主要规模经济指标表

项　　目	2005 年		2006 年		2007 年		2008 年	
	总额	户均	总额	户均	总额	户均	总额	户均
企业数(家)	500		500		500		500	
营业收入(亿元)	20806.61	41.61	26997.01	53.99	35523.34	71.05	41099.01	82.20
纳税总额(亿元)	726.89	1.45	934.76	1.87	1316.45	2.63	1484.46	2.97
资产总额(亿元)	15156.93	30.31	18550.40	37.10	25129.84	50.26	28250.07	56.50
固定资产(亿元)	4781.27	9.56	6184.78	12.37	7281.87	14.56	8303.63	16.61
净资产(亿元)	5386.19	10.77	6659.81	13.32	9542.96	19.09	10607.32	21.21
税后净利润(亿元)	795.38	1.59	1089.00	2.18	1641.98	3.28	1640.72	3.28
利润占收入比重(%)	3.82		4.03		4.62		3.99	
员工人数(万人)	304.32	0.61	352.56	0.71	344.77	0.69	413.27	0.83

从资产结构看，上规模民营企业主要集中在资产总额10 亿～50 亿元的范围内，2008 年该范围内入围民营企业 298 家，占全部入围企业的 59.6%。同时，我们也看到，民营企业 500 家资产规模逐步扩大，资产总额在 100 亿元以上的民营企业比重逐年增加。调研数据显示，民营企业 500 家中资产总额在 100 亿元以上的企业所占比重从 2005 年的 3.6% 逐步增加到 2008 年的 13%（见表 3－2）。

表 3－2　2005～2008 年不同资产规模标准民营企业 500 家所占比重表

资产总额标准	2005 年		2006 年		2007 年		2008 年	
	企业数（家）	比重（%）	企业数（家）	比重（%）	企业数（家）	比重（%）	企业数（家）	比重（%）
1 亿～10 亿元	135	27.0	88	17.6	45	9.0	34	6.8
10 亿～50 亿元	293	58.6	319	63.8	313	62.6	298	59.6
50 亿～100 亿元	54	10.8	65	13.0	91	18.2	103	20.6
100 亿元以上	18	3.6	28	5.6	51	10.2	65	13.0

从创收能力看，民营企业500家的营业收入总额持续增长。营业收入总额从2005年的20806.61亿元上升至2008年的41099.01亿元，年平均增长率为25.47%。2008年民营企业500家营业收入总额占上规模民营企业收入总额的64.51%，户均营业收入82.20亿元，较2007年增长15.69%。营业收入超过100亿元的有100家，其中超过200亿元的企业有35家，分别比2007年增加14家和12家。

从盈利能力看，2008年民营企业500家税后净利润总额为1640.72亿元，占全部上规模民营企业的60.15%，与2007年相比，下降了0.08%，是自2004年以来的首次降低，增幅也比2007年和2006年降低了50个和37个百分点，这与国际金融危机引起的原材料价格上升、国内外需求减弱、全球经济放缓直接相关。

二 税收及就业贡献进一步加大

2008年民营企业500家的税收贡献不断增强，缴税总额为1484.46亿元，占上规模民营企业的60.04%，户均纳税总额为2.97亿元，较2007年增长12.93%，但增幅降低了27.71个百分点。纳税总额超过1亿元的企业有341家，占500家企业的68.2%，其中共有22家企业的纳税总额超过10亿元。江苏沙钢集团有限公司、上海复星高科技（集团）有限公司、苏宁电器集团分别以64.54亿元、51.17亿元、28.30亿元名列前三位（见表3－3）。

表3－3 2008年民营企业500家纳税总额排名前10位的企业

单位：万元

排名	企业名称	缴税总额	排名	企业名称	缴税总额
1	江苏沙钢集团有限公司	645370	6	广厦控股创业投资有限公司	159220
2	上海复星高科技(集团)有限公司	511658	7	唐山国丰钢铁有限公司	155368
3	苏宁电器集团	283021	8	重庆龙湖企业拓展有限公司	150695
4	比亚迪股份有限公司	249378	9	雅戈尔集团股份有限公司	150285
5	杭州娃哈哈集团有限公司	232031	10	联想控股有限公司	150215

2008年民营企业500家在吸纳就业方面表现尤为突出，总就业人数为413.27万人，较2007增加了68.5万人，户均就业人数为0.83万人，同比增长了20.29%。员工人数在1万人及以上的企业有109家，比2007年增加23家。

比亚迪股份有限公司以 124527 人位居榜首，苏宁电器集团及广厦控股创业投资有限公司分别以 110433 人和 73171 人名列第二位、第三位（见表 3－4）。

表 3－4　2008 年民营企业 500 家员工人数排名前 10 位的企业

单位：万人

排名	企业名称	员工人数	排名	企业名称	员工人数
1	比亚迪股份有限公司	124527	6	雅戈尔集团股份有限公司	57318
2	苏宁电器集团	110433	7	江苏南通二建集团有限公司	56289
3	广厦控股创业投资有限公司	73171	8	浙江中成控股集团有限公司	50436
4	龙元建设集团股份有限公司	59000	9	江苏中兴建设有限公司	50389
5	新希望集团有限公司	58000	10	江苏雨润食品产业集团有限公司	50000

三　综合竞争力（成长性）保持增长

本部分将参考中国社会科学院民营企业综合竞争力评价方法，分析现阶段民营企业 500 家竞争力发展情况。本文的民营企业竞争力，主要是通过总资产利润率、营业收入增长率和净利润增长率三个指标综合评价，来反映企业的生存、成长与发展能力，综合企业产出和利润增长能力，资产规模和营业收入扩大能力，市场占有和技术创新能力。由于这些指标均侧重于对企业增长率的考量，因此我们认为此综合竞争力指标更多地体现了对企业成长性的衡量。

由于企业竞争力的计算公式需三年的数据，因此本次统计分析样本是摘取民营企业 500 家中连续三年入围的民营企业。通过对样本企业的统计分析发现，民营企业 500 家的竞争力指数表现出以下几个特点。

（一）民营企业 500 家的竞争力较 2007 年小幅增长

经过改革开放 30 多年的发展，民营企业不断发展壮大，不仅在竞争性领域占据主导地位，而且也开始进入像石油加工、邮政、电力、热力、燃气、供水等原垄断性较高的行业。民营企业的规模在不断扩大，实力在迅速增强，社会影响力越来越大，对行业和市场有影响的大型民营企业不断涌现，已经成为很多地区经济和行业发展的龙头和引擎。调研数据显示，虽然受到国内外严峻经济形势的影响，民营企业 500 家的户均竞争力指数仍呈现小幅增长的态势，由 2007 年的

37.02 点上升到2008 年的37.45 点，同比增长1.16%（见表3 -5）。说明民营企业500 家的抗风险能力和发展能力逐步增强。

表3 -5　2007 ~2008 年民营企业500 家户均竞争力指数表

单位：家，点

项　　目	2008 年	2007 年
企业数量	303	249
户均竞争力指数	37.45	37.02

（二）宏观环境变动对不同企业发展速度影响不一

2008 年民营企业竞争力指数排名前十的门槛进一步提高，由2007 年的68.43 点上升至70.13 点。三一集团有限公司、上海人民企业（集团）有限公司和通鼎集团有限公司的竞争力指数分别以86.25、79.27 和76.80 名列前三位（见表3 -6）。竞争力指数排名前十的企业当中，除三一集团有限公司外，其他9 家企业均为首次入围竞争力前十强。此外，民营企业500 家的成长性差距在不断缩小，调研数据显示，2007 年竞争力指数最高与最低的企业间差距为90.43 点，而2008 年缩小到83.03 点。

同时结合企业规模分析可以看出，随着企业规模的扩大和宏观环境变动的影响，不同规模企业的发展扩张速度不同。调研数据显示，2008 年民营企业营业收入在300 亿元以上的企业中，杭州娃哈哈集团有限公司以60.38 的竞争力指数排名第一；营业收入在100 亿~300 亿元的企业中，三一集团有限公司以86.25 的竞争力指数居首位；营业收入在100 亿元以下的企业中，通鼎集团有限公司以76.80 的竞争力指数居第一位（见表3 -6）。

（三）中等竞争力企业仍占多数，分布有待进一步优化

我国民营企业整体发展起步较晚、企业规模和盈利水平较国有大中型企业较差，虽然近几年国家逐步加大对民营企业的支持力度，部分民营企业表现出较高的成长性，但我国民营企业整体竞争力依然不高，要想在激烈的市场竞争中立足，依然需要加快企业的发展速度。调研数据显示，2008 年民营企业303 家样本企业当中，竞争力指数在60 以上的企业有40 家，占13.20%，较2007 年的20 家

表 3－6　2008 年民营企业 500 家不同营业收入总额标准竞争力指数排名

营业收入总额标准	2008 年竞争力排名	企业名称	竞争力指数
300 亿元以上	1	杭州娃哈哈集团有限公司	60.38
	2	海亮集团有限公司	56.20
	3	苏宁电器集团	55.18
100 亿～300 亿元	1	三一集团有限公司	86.25
	2	上海人民企业(集团)有限公司	79.27
	3	嘉晨集团有限公司	69.67
100 亿元以下	1	通鼎集团有限公司	76.80
	2	辽宁禾丰牧业股份有限公司	76.43
	3	上海龙宇控股有限公司	75.81

翻了一番；竞争力指数在 30～60 之间的企业占多数，共 143 家，占样本企业的 47.19%；竞争力指数在 30 以下的企业共有 120 家，占 39.60%，较 2007 年比重增加了 0.64 个百分点。

第二节　2008 年民营企业 500 家经营效率分析

一　2008 年民营企业 500 家营运能力分析

2008 年受宏观经济环境的影响，民营企业 500 家整体营运能力略有下降。从劳动生产率看，2008 年民营企业 500 家平均劳动生产率为 99.45 万元/人，较 2007 年降低 3.58 万元/人。其中，有 34 家企业劳动生产率超过 1000 万元/人，较上年减少了 3 家。从资产使用效率看，2008 年民营企业 500 家总资产周转率改变历年来稳中提高的趋势，同比下降了 8.66 个百分点（见表 3－7）。

表 3－7　2006～2008 年民营企业 500 家营运能力指标情况

指　　标	2008 年	2007 年	2006 年
总资产周转率(%)	153.99	162.65	160.18
劳动生产率(万元/人)	99.45	103.03	76.58

二　民营企业500家盈利能力分析

2008年原材料、能源价格上涨、人工成本的上升、紧缩的货币政策以及出口退税率降低和人民币升值压力等诸多不利因素的叠加，使民营企业的生产成本急速增加、资金链空前紧张，利润空间更加狭小，从而使企业风险增大，整体盈利能力有所下降。调研数据显示，2008年民营企业500家共实现税后净利润1640.72亿元，资产净利率同比下降了0.08个百分点；平均销售净利率为3.99%，较2007年降低了0.63个百分点（见表3-8）。

表3-8　2005~2008年民营企业500家主要经济效益指标表

单位：%

指　标	2008年	2007年	2006年	2005年
平均销售净利率	3.99	4.62	4.03	3.82
资产净利率	5.81	6.53	5.87	5.25

但值得注意的是，民营企业500家在国际金融危机中表现出较强的抗逆性和抵御风险的能力，有195家企业高于平均销售净利率，较上年增加了7家。阿里巴巴（中国）网络技术有限公司以42.26%的销售净利率占据榜首，青海庆华矿冶煤化集团有限公司和杭州华三通信技术有限公司分别以33.83%和31.49%名列第二位和第三位。

三　民营企业500家偿债能力分析

2008年受国际金融危机和国内经济周期调整的影响，国际需求衰退、国内需求不足成为2008年的市场特征。产品供大于求、存货大大增加、资金回笼放缓成为2008年民营企业面临的突出问题，企业外部融资需求也相应增加。调研数据显示，2005~2007年，民营企业500家的平均资产负债率逐年下降（见图3-1），从2005年的64.46%降低到2007年的62.03%。但2008年又再次反弹至62.45%，高于2007年0.42个百分点。2007年和2008年连续两年入围民营企业

500 家的 372 家企业中，有 191 家企业的资产负债率有不同程度的上升，比重为 51.34%。民营企业 500 家偿债能力面临挑战。

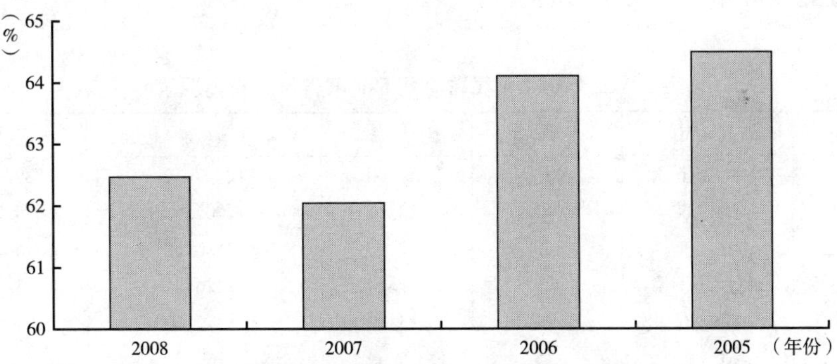

图 3－1　2005～2008 年民营企业 500 家资产负债率情况图

第三节　2008 年民营企业 500 家地区分析

一　民营企业 500 家地区分布特征

从企业数量的分布情况来看，民营企业 500 家主要集中在政治经济都较为发达的东部地区，但西部地区发展较快，东西部差距逐步缩小。调研数据显示，2008 年民营企业 500 家中东部地区入围企业 396 家，占比 79.2%，入围企业数连续三年保持不变；其次是中部地区入围 47 家，占比 9.4%，较 2007 年减少了 7 家；西部地区入围 37 家，占比 7.4%，较 2007 年增加了 8 家；东北地区入围 20 家，占比 4%，较 2007 年减少了 1 家，并连续 4 年下降（见表 3－9）。

表 3－9　2006～2008 年民营企业 500 家地区分布特征表

单位：家，%

地　区	2008 年		2007 年		2006 年	
	企业数量	比重	企业数量	比重	企业数量	比重
东　部	396	79.20	396	79.20	396	79.20
中　部	47	9.40	54	10.80	51	10.20
西　部	37	7.40	29	5.80	27	5.40
东北部	20	4.00	21	4.20	26	5.20

从民营企业的省市分布情况看，民营企业500家覆盖了我国内地除贵州、西藏和甘肃外的28个省、自治区、直辖市。入围企业主要集中在浙江、江苏、山东、上海等省市（见表3-10）。

表3-10　2008年民营企业500家省份分布情况表

序号	省(区、市)	企业数(家)	比重(%)	营业收入总额(亿元)	比重(%)
1	浙　江	185	37.00	12107.13	29.46
2	江　苏	111	22.20	12002.56	29.20
3	山　东	40	8.00	2580.62	6.28
4	上　海	26	5.20	2426.38	5.90
5	四　川	16	3.20	1479.69	3.60
6	湖　北	15	3.00	769.02	1.87
7	辽　宁	13	2.60	748.28	1.82
8	山　西	12	2.40	694.65	1.69
9	天　津	12	2.40	1309.52	3.19
10	河　南	10	2.00	481.50	1.17
11	广　东	9	1.80	848.84	2.07
12	河　北	6	1.20	691.30	1.68
13	重　庆	6	1.20	467.44	1.14
14	黑龙江	5	1.00	375.54	0.91
15	内蒙古	5	1.00	409.71	1.00
16	湖　南	4	0.80	370.43	0.90
17	安　徽	4	0.80	152.68	0.37
18	北　京	3	0.60	1601.24	3.90
19	福　建	3	0.60	180.83	0.44
20	云　南	3	0.60	149.89	0.36
21	陕　西	2	0.40	226.26	0.55
22	新　疆	2	0.40	257.04	0.63
23	吉　林	2	0.40	133.43	0.32
24	江　西	2	0.40	244.63	0.60
25	海　南	1	0.20	253.70	0.62
26	宁　夏	1	0.20	42.42	0.10
27	青　海	1	0.20	32.04	0.08
28	广　西	1	0.20	62.24	0.15
总　计		500	100.00	41099.01	100.00

同时，东部地区入围民营企业500家的整体创收能力较强，单体企业营收规模较大，且呈增长态势。调研数据显示，2008年民营企业500家中营业收入超

过500亿元以上的企业有4家，全部集中在东部地区；营业收入在200亿~500亿元之间的企业共有32家，其中78%的企业集中在东部地区；营业收入在100亿~200亿元的企业共有65家，其中85%的企业集中在东部地区。与此同时，东部地区民营企业500家中营收总额在50亿元以下规模的企业逐步减少，50亿~100亿元规模之间企业数量增加尤为明显（见表3-11）。

表3-11 2007~2008年不同规模标准民营企业500家地区分布表

营业收入总额标准		东部		中部		西部		东北部	
		2008年	2007年	2008年	2007年	2008年	2007年	2008年	2007年
≥500亿元	数量(家)	4	3	0	0	0	0	0	0
	比重(%)	100	100	0	0.00	0.00	0	0.00	0
200亿~500亿元	数量(家)	25	16	2	0	5	3	0	1
	数量(%)	78	80	6	0.00	15.63	15.00	0.00	5.00
100亿~200亿元	比重(家)	55	52	4	4	3	6	3	1
	比重(%)	85	82.54	6	6.35	4.62	9.52	4.62	1.59
50亿~100亿元	数量(家)	122	93	13	13	10	6	7	10
	比重(%)	80	76.23	9	10.66	6.58	4.92	4.61	8.20
50亿元以下	数量(家)	190	232	28	37	19	14	10	9
	比重(%)	77	79.45	11	12.67	7.69	4.79	4.05	3.08
总　计	数量(家)	396	396	47	54	37	29	20	21
	比重(%)	79.20	79.20	9.40	10.80	7.40	5.80	4.00	4.20

二　民营企业500家地区规模发展状况

由于东部地区在企业数量上占有优势，因此其在营业收入、资产总额、税后净利润、缴税总额和员工人数上的比重较大，在规模发展上民营企业500家依然保持了“东高西低”的态势。从营业收入看，2008年民营企业500家东部地区营业收入总额为34002亿元，占比82.73%，户均营业收入为85.86亿元，比2007年增长16.34%，但增幅下降14.79个百分点（见表3-12）。

从资产规模来看，民营企业500家中东部地区入围企业资产总额占全部500家的80%左右，东部地区企业单体规模低于西部和东北部地区入围企业，调研数据显示，2008年民营企业500家中东部地区户均资产总额56.54亿元，低于西部地区70.86亿元和东北部地区65.1亿元的户均资产总额水平，这与西部和东北部地区多为资源性企业直接相关（见表3－12）。

从盈利水平看，东部地区户均盈利水平不占优势，但总体保持增长态势。2008年民营企业500家中东部地区共实现税后净利润1318.23亿元，占比80.34%。但是东部地区户均净利润仅为3.33亿元，均低于西部和东北部地区3.43亿元、4.45亿元的水平，这主要由于东北部地区入围企业多为获利水平较高的资源性企业导致。但我们也看到，2008年在国内外经济环境恶化，企业间市场竞争加剧的背景下，民营企业500家中东部地区户均盈利水平保持提高，东部地区盈利水平增长迅速，市场竞争力逐渐增强（见表3－12）。

表3－12　2007～2008年不同地区民营企业500家主要效益指标表

指　标		东部		中部		西部		东北部	
		2008年	2007年	2008年	2007年	2008年	2007年	2008年	2007年
企业数量	总数(家)	396	396	47	54	37	29	20	21
	增长率(%)	0.00	0.00	－12.96	5.88	27.59	7.41	－4.76	－19.2
营业收入总额	总额(亿元)	34002	29226	2713	2634	3127	2292	1257	1371
	较民营企业500家比重(%)	82.73	82.3	6.60	7.41	7.61	6.45	3.06	3.86
	户均(亿元)	85.86	73.8	57.72	48.78	84.51	79.03	62.86	65.29
资产总额	总额(亿元)	22388.1	19885.98	1938.1	1922.87	2621.79	1811.76	1302.07	1509.24
	较民营企业500家比重(%)	79.25	79.1	6.86	7.65	9.28	7.21	4.61	6.01
	户均(亿元)	56.54	50.22	41.24	35.61	70.86	62.47	65.1	71.87
税后净利润	总额(亿元)	1318.23	1249.7	106.62	163.94	126.88	144.74	88.99	83.64
	较民营企业500家比重(%)	80.34	76.1	6.50	9.98	7.73	8.82	5.42	5.09
	户均(亿元)	3.33	3.16	2.27	3.04	3.43	4.99	4.45	3.98

三　民营企业500家地区经营效率分析

从经营效益方面来看，民营企业500家东北部地区入围企业经营效率较高，2008年销售净利率达到7.08%，净资产收益率为17.10%。而东、中、西部地区的销售净利率和净资产收益率相对较低，但总体差异不大。资产负债率指标各地区的差异不明显，但中、西部地区呈现上升态势，东部及东北部地区则略有下降（见表 3-13）。

表 3-13　2007~2008 年不同地区民营企业 500 家主要经济效益指标表

单位：%

指　　标	东部		中部		西部		东北部	
	2008 年	2007 年	2008 年	2007 年	2008 年	2007 年	2008 年	2007 年
总资产周转率	160.87	130.17	166.27	113.55	122.38	168.83	89.44	88.65
销售净利率	3.88	4.28	3.93	6.22	4.06	6.32	7.08	6.10
净资产收益率	15.81	17.05	14.81	20.52	12.31	16.22	17.10	15.99
资产负债率	62.76	63.15	62.86	58.44	60.70	50.75	60.02	65.35

剔除各地区企业数量多少的因素，民营企业地区间经济指标的差异也较为明显。调研数据显示，2008 年民营企业 500 家的平均人均营业收入为 99.45 万元/人，其中东部地区和中部地区人均营业收入均超过了这个平均值，中部地区最高，为 109.74 万元/人，其次是东部、东北部和西部地区。从人均税后净利润来看，东北部地区远高于其他地区，以 6.61 万元/人居首位，中、东、西部地区位居第二、三、四位（见表 3-14）。

表 3-14　2007~2008 年不同地区民营企业 500 家主要人均经济指标表

人均指标	东部		中部		西部		东北部	
	2008 年	2007 年	2008 年	2007 年	2008 年	2007 年	2008 年	2007 年
人均营业收入(万元)	99.99	105.99	109.74	99.28	89.27	82.78	93.38	92.56
人均税后净利润(万元)	3.88	4.53	4.31	6.18	3.62	5.23	6.61	5.65
人均资产总额(万元)	65.84	72.12	78.4	72.47	74.85	65.44	96.71	101.88
人均缴税总额(万元)	3.47	3.85	4.74	3.75	3.92	3.69	3.67	3.66
人均出口额(万美元)	1.3	1.62	0.69	0.59	0.76	1.47	0.45	0.75

四　民营企业 500 家地区竞争力（成长性）分析

2008 年受国际金融危机及国家宏观调控政策的影响，我国不同地区民营企业的发展速度呈现与往年不同的特点，地区间企业成长性差异有所增大。调研数据显示，与2007年相比，2008年民营企业500家东北部地区以43.79点的户均竞争力指数超过了2007年排名第一的中部地区，位列第一名，2007年位列第一名的中部地区2008年则下降为第二名，东、西部地区分别位列第三、四位（见表3－15）。

表3－15　2007～2008年不同地区民营企业500家户均竞争力指数表

地　区	2008年户均竞争力指数	2007年户均竞争力指数	地　区	2008年户均竞争力指数	2007年户均竞争力指数
东　部	37.15	35.99	西　部	35.72	40.23
中　部	40.73	47.68	东北部	43.79	43.7

结合不同地区企业规模分析可以看出，我国中部、西部与东北部地区企业数量与平均规模较小，近些年在国家政策支持和企业的共同努力下，呈现出快速发展的趋势，竞争力指数总体高于东部地区；而与此相比，我国东部地区民营企业规模较大、数量较多，发展速度正常放缓，导致竞争力指数低于其他地区。但是，我们也很高兴地看到，我国民营企业东部地区在总体规模大，且受国际金融危机的影响下，2008年户均竞争力指数依然保持了增长，可见我国东部民营企业的抗风险能力和持续发展能力逐步提高。

第四节　2008年民营企业500家行业分析

一　民营企业500家产业格局分析

民营企业500家中产业格局基本稳定，第二产业企业数量占较大比重，产业间不均衡态势明显。调研数据显示，2008年民营企业500家中，第二产业入围企业390家，占500家的78%。

从各产业整体规模来看，受入围企业数量的影响，民营企业500家中第二产业整体规模依然保持绝对优势。2008年民营企业500家中第二产业入围企业营业收入总额占比73.93%、税后净利润占比79.10%、资产总额占比70.73%、从业人数占比80.91%、缴税总额占比75.56%（见表3－16、表3－17）。

表 3－16　2008 年民营企业 500 家各产业主要经济指标表

项　　目	企业数（家）	营业收入（亿元）	税后净利润（亿元）	资产总额（亿元）	从业人数（万人）	缴税总额（亿元）
第一产业	6	952.66	30.32	435.53	11.5	12.23
第二产业	390	30384.01	1297.76	19982.57	334.38	1121.73
第三产业	104	9762.33	312.64	7831.97	67.4	350.5
全　　国	500	41099.01	1640.72	28250.07	413.27	1484.46

表 3－17　2008 年民营企业 500 家各产业经济指标结构分布表

单位：%

项　　目	企业数	营业收入	税后净利润	资产总额	从业人数	缴税总额
第一产业	1.20	2.32	1.85	1.54	2.78	0.82
第二产业	78	73.93	79.10	70.73	80.91	75.56
第三产业	20.80	23.75	19.06	27.72	16.31	23.61

剔除企业数量的影响，民营企业 500 家中第二产业户均规模相对偏小。调研数据显示，2008 年民营企业 500 家中，第二产业户均营业收入 77.91 亿元，户均资产总额 51.24 亿元，相对第一产业营业收入户均 158.78 亿元、资产总额户均 72.56 亿元，以及第三产业营业收入户均 93.87 亿元、资产总额户均 75.31 亿元有不小的差距。

二　民营企业 500 家行业分布情况

2008 年民营企业 500 家的行业分布在数量上仍延续着往年的特征，黑色金属、有色金属冶炼及压延加工业，建筑业及批发和零售业三大行业企业数量分别为 66 家、60 家和 48 家，较 2007 年分别减少了 2 家、5 家和 5 家，数量虽较往年有所减少，但仍占据入围行业前三名。

另外，2008 年民营企业 500 家中入围企业数超过 20 家的行业共有 10 个，除上述三个行业外，化学原料及化学制品制造业较 2007 年企业数量也有所下降，其余 6 个行业的企业数量均有不同程度的增长（见表 3－18）。

表3－18　2007～2008年民营企业500家主要行业企业数量分布表

单位：家

2008年排序	行业名称	2008年	2007年
1	黑色金属、有色金属冶炼及压延加工业	66	68
2	建筑业	60	65
3	批发和零售业	48	53
4	电气机械及器材、线缆制造业	47	38
5	纺织业、化学纤维制造业	42	36
6	交通运输设备制造业	23	19
7	化学原料及化学制品制造业	20	24
8	金属制品业	20	17
9	食品加工与食品、饮料制造业	20	17
10	综合	20	1
11	房地产业	16	22
12	服装、鞋帽、皮革制造业	14	18
13	通用设备和专用设备制造业	13	20
14	石油加工、炼焦加工业	11	7
15	通信设备、计算机及其他电子设备制造业	11	12
16	橡胶制品、塑料制品业	10	7
17	医药制造业	8	12
18	非金属矿物制品业	7	4
19	采矿业	7	15
20	农、林、牧、渔业	6	13
21	造纸及纸制品、印刷业、文教体育、办公用品制造业	5	6
22	其他	5	1
23	交通运输、仓储业和邮政业	4	2
24	信息传输、计算机服务和软件业	4	4
25	居民服务和其他服务业	3	3
26	木材加工及木、竹、藤、棕、草制品、家具制造业	3	3
27	电力、热力、燃气及水的生产和供应业	2	2
28	租赁和商务服务业	2	3
29	工艺品及其他制造业	1	2
30	住宿、餐饮业	1	2
31	金融、保险业	1	4
32	仪器仪表制造业	0	0
33	教育	0	0

三 民营企业500家行业经营发展状况分析

（一）民营企业500家行业创收能力分析

2008 年民营企业500家中，营业收入排名前5位的行业依次为黑色金属、有色金属冶炼及压延加工业，批发和零售业，建筑业，电气机械及器材、线缆制造业和纺织业、化学纤维制造业，其营业收入总额占全部500家企业的54.93%，比2007年增加2.8%，比2006年增加1.43%（见表3－19）。

表3－19 2008年民营企业500家主要行业营业收入总额排序表

单位：亿元

2008年排序	行业名称	2008年营业收入总额	2007年营业收入总额	2006年营业收入总额
1	黑色金属、有色金属冶炼及压延加工业	7942.63	6585.14	4502.73
2	批发和零售业	4538.16	4014.11	2684.25
3	建筑业	3796.40	3266.24	2536.16
4	电气机械及器材、线缆制造业	3312.31	2503.10	2268.81
5	纺织业、化学纤维制造业	2986.26	2151.49	2452.24
6	食品加工与食品、饮料制造业	1857.41	1528.96	912.94
7	综合	1777.58	29.50	1965.37
8	交通运输设备制造业	1643.02	1137.26	663.58
9	化学原料及化学制品制造业	1520.53	1685.29	900.72
10	信息传输、计算机服务和软件业	1287.00	389.73	157.87
11	房地产业	1097.27	1353.36	552.59
12	金属制品业	1087.41	881.23	606.98
13	服装、鞋帽、皮革制造业	1025.07	1096.08	1227.25
14	农、林、牧、渔业	952.66	1009.65	382.95
15	通用设备和专用设备制造业	941.03	1332.12	458.32
16	通信设备、计算机及其他电子设备制造业	749.30	1949.64	1704.43
17	医药制造业	718.60	897.88	764.10
18	石油加工、炼焦加工业	628.35	447.02	153.45
19	橡胶制品、塑料制品业	540.78	326.37	314.77
20	交通运输、仓储业和邮政业	495.46	238.65	353.48

续表 3-19

2008 年排序	行业名称	2008 年营业收入总额	2007 年营业收入总额	2006 年营业收入总额
21	造纸及纸制品、印刷业、文教体育、办公用品制造业	423.31	365.18	283.97
22	非金属矿物制品业	358.93	204.08	290.66
23	电力、热力、燃气及水的生产和供应业	318.48	155.74	86.86
24	采矿业	280.63	770.01	111.05
25	木材加工及木、竹、藤、棕、草制品、家具制造业	211.96	158.28	137.83
26	居民服务和其他服务业	189.38	109.25	0.00
27	其他	181.73	35.24	80.66
28	租赁和商务服务业	88.68	135.43	33.45
29	金融、保险业	56.28	419.52	0.00
30	住宿、餐饮业	50.78	93.57	100.57
31	工艺品及其他制造业	41.60	254.27	71.86
32	仪器仪表制造业	0.00	0.00	205.19
33	教育	0.00	0.00	31.90
总　计		41099.01	35523.34	26997.01

说明：表中数据为“0”的行业当年无企业入围。

从营业收入年均增长率看，行业之间的差异明显。2008 年民营企业 500 家中营业收入年均增长率最高的为信息传输、计算机服务和软件业，年均增长率为 185.52%，高出 500 家平均年均增长率 162.14 个百分点。石油加工、炼焦加工业与电力、热力、燃气及水的生产和供应业也表现突出，分别以 102.36% 和 91.48% 排名第二、三位。

（二）民营企业 500 家行业盈利能力分析

2008 年民营企业 500 家中行业间税后净利润差异较大，黑色金属、有色金属冶炼及压延加工业以 280.86 亿元排名第一，高出 500 家行业平均净利润 227.93 亿元，占 500 家税后净利润总额的 17.12%。交通运输、仓储业和邮政业及金融、保险业分别有 6.81 亿元和 8.14 亿元的亏损。行业税后净利润在 100 亿元以上的共 4 个行业；10 亿～50 亿元之间的行业数量最多，共 11 个；50 亿～100 亿元的有 8 个；1 亿～10 亿元间的共 5 个（见表 3-20）。

表 3 - 20　2008 年民营企业 500 家行业税后净利润排名情况表

单位：亿元

排名	所属行业	税后净利润
1	黑色金属、有色金属冶炼及压延加工业	280.86
2	电气机械及器材、线缆制造业	152.36
3	建筑业	103.81
4	房地产业	101.27
5	批发和零售业	89.99
6	食品加工与食品、饮料制造业	85.33
7	综合	84.60
8	纺织业、化学纤维制造业	81.58
9	交通运输设备制造业	78.48
10	化学原料及化学制品制造业	69.37
11	服装、鞋帽、皮革制造业	68.87
12	通用设备和专用设备制造业	50.04
13	石油加工、炼焦加工业	48.42
14	医药制造业	46.15
15	采矿业	45.76
16	金属制品业	40.93
17	橡胶制品、塑料制品业	38.88
18	通信设备、计算机及其他电子设备制造业	36.69
19	农、林、牧、渔业	30.32
20	造纸及纸制品、印刷业、文教体育、办公用品制造业	27.15
21	信息传输、计算机服务和软件业	23.27
22	非金属矿物制品业	20.44
23	电力、热力、燃气及水的生产和供应业	12.38
24	木材加工及木、竹、藤、棕、草制品、家具制造业	8.62
25	居民服务和其他服务业	8.13
26	住宿、餐饮业	4.91
27	租赁和商务服务业	4.87
28	工艺品及其他制造业	1.62
30	交通运输、仓储业和邮政业	-6.81
31	金融、保险业	-8.14

（三）民营企业500家行业出口能力分析

调研数据显示，2008年民营企业500家出口额排名前三位的行业分别是黑色金属、有色金属冶炼及压延加工业88.27亿元、交通运输设备制造业59.53亿元和电气机械及器材、线缆制造业53.21亿元，三个行业的出口额总和为201.01亿元，占民营企业500家出口总额的40.76%（见表3－21）。

表3－21　2006～2008年民营企业500家行业出口额排名表

单位：万元

2008年排序	行业名称	2008年出口额	2007年出口额	2006年出口额
1	黑色金属、有色金属冶炼及压延加工业	882670	989002	283592
2	交通运输设备制造业	595308	431539	82468
3	电气机械及器材、线缆制造业	532134	449835	186163
4	信息传输、计算机服务和软件业	485846	72624	4844
5	纺织业、化学纤维制造业	395425	211203	329470
6	服装、鞋帽、皮革制造业	337173	415617	466501
7	化学原料及化学制品制造业	213555	331108	147266
8	综合	213447	800	217628
9	批发和零售业	208217	280986	74046
10	金属制品业	187515	102278	127695
11	通用设备和专用设备制造业	186364	506791	93043
12	通信设备、计算机及其他电子设备制造业	130401	560203	119746
13	橡胶制品、塑料制品业	85265	40849	43727
14	交通运输、仓储业和邮政业	73169	352	708
15	木材加工及木、竹、藤、棕、草制品、家具制造业	60920	67022	42294
16	非金属矿物制品业	56667	16658	14664
17	电力、热力、燃气及水的生产和供应业	44396	5369	4168
18	造纸及纸制品、印刷业、文教体育、办公用品制造业	42533	84809	21487
19	农、林、牧、渔业	32345	56302	27688
20	医药制造业	31830	36158	41733
21	食品加工与食品、饮料制造业	31098	104839	62131
22	房地产业	28700	34661	3658
23	工艺品及其他制造业	28634	122830	28942
24	建筑业	27194	126202	32319
25	石油加工、炼焦加工业	14432	46376	26759

续表 3-21

2008 年排序	行业名称	2008 年出口额	2007 年出口额	2006 年出口额
26	其他	3271	0	9814
27	租赁和商务服务业	3000	0	0
28	住宿、餐饮业	80	0	20
29	采矿业	0	34813	1667
30	金融、保险业	0	0	—
31	居民服务和其他服务业	0	0	—
32	仪器仪表制造业	—	—	16760
33	教育	—	—	12045
总　计		4931589	5129226	2523046

说明：表中标“—”的行业当年无企业入围。

出口总额前三位行业排名略有变动，黑色金属、有色金属冶炼及延压加工行业的出口额虽然较2007 年相比有所下降，但仍然排名第一；交通运输设备制造业和电气机械及器材、线缆制造业排名分别由 2007 年的第五、第四位上升到2008 年的第二、第三位。出口额最多与最少的行业之间的出口额差距由上年的98.56 亿元缩小到2008 年的 88.26 亿元。拥有出口业务的行业从 2007 年的 26 个增加到 2008 年的 28 个。另外，行业平均出口额较 2007 年相比有所下降，2007年民营企业 500 家行业平均出口额为 19.73 亿元，2008 年则为 17.61 亿元，同比下降了 10.75%。

四　民营企业 500 家行业效益效率分析

由于行业特性不同、企业经营管理水平不同，加之宏观经济形势等因素的影响，2008 年民营企业 500 家行业间的效益差别较大。从销售净利率方面来看，平均销售净利率为 3.99%，同比降低了 0.63 个百分点。其中，采矿业的销售净利率最高，为 16.30%，其次为住宿、餐饮业和房地产业，分别以 9.68% 和 9.23% 排名第二、三位。共有 20 个行业高于 500 家行业平均销售净利率，剩余的 11 个行业当中，有 5 个行业的销售净利率在 3% 以上，4 个行业在 1% ~3% 之间，亏损行业共有两个，分别为交通运输、仓储业和邮政业，金融、保险业（见表 3-22）。

表3－22 2008年民营企业500家行业销售净利润排名情况表

单位：%

排名	所属行业	销售净利率
1	采矿业	16.30
2	住宿、餐饮业	9.68
3	房地产业	9.23
4	石油加工、炼焦加工业	7.71
5	橡胶制品、塑料制品业	7.19
6	服装、鞋帽、皮革制造业	6.72
7	医药制造业	6.42
8	造纸及纸制品、印刷业、文教体育、办公用品制造业	6.41
9	其他	5.80
10	非金属矿物制品业	5.70
11	租赁和商务服务业	5.49
12	通用设备和专用设备制造业	5.32
13	通信设备、计算机及其他电子设备制造业	4.90
14	交通运输设备制造业	4.78
15	综合	4.76
16	电气机械及器材、线缆制造业	4.60
17	食品加工与食品、饮料制造业	4.59
18	化学原料及化学制品制造业	4.56
19	居民服务和其他服务业	4.29
20	木材加工及木、竹、藤、棕、草制品、家具制造业	4.07
21	工艺品及其他制造业	3.89
22	电力、热力、燃气及水的生产和供应业	3.89
23	金属制品业	3.76
24	黑色金属、有色金属冶炼及压延加工业	3.54
25	农、林、牧、渔业	3.18
26	建筑业	2.73
27	纺织业、化学纤维制造业	2.73
28	批发和零售业	1.98
29	信息传输、计算机服务和软件业	1.81
30	交通运输、仓储业和邮政业	－1.37
31	金融、保险业	－14.46

从资产净利率方面来看，2008 年民营企业 500 家的行业平均资产净利率为 5.81%，较 2007 年和 2006 年分别下降了 0.72 个和 0.06 个百分点。其中，住宿、餐饮业的资产净利率连续三年排名第一，但其下降幅度也最大，从 2007 年的 58.85% 下降到 2008 年的 20.55%，降幅超过 30 个百分点。值得注意的是，2008 年有两个行业的资产净利率为负数，分别是金融、保险业的 -7.53% 和交通运输、仓储业和邮政业的 -0.77%。高于行业平均资产利润率的行业共 17 个，较 2007 年增加了 4 个（见表 3-23）。

表 3-23 2006~2008 年民营企业 500 家各行业资产净利率排序表

单位：%

2008 年排序	行业名称	2008 年资产净利率	2007 年资产净利率	2006 年资产净利率
1	住宿、餐饮业	20.55	58.85	49.52
2	采矿业	14.97	10.68	13.38
3	租赁和商务服务业	12.27	4.75	-0.14
4	橡胶制品、塑料制品业	8.81	9.48	7.38
5	服装、鞋帽、皮革制造业	8.77	7.72	8.42
6	医药制造业	8.67	8.89	6.48
7	石油加工、炼焦加工业	8.67	7.85	4.38
8	电气机械及器材、线缆制造业	8.53	9.27	9.89
9	食品加工与食品、饮料制造业	8.00	9.29	11.46
10	工艺品及其他制造业	7.90	3.95	6.53
11	其他	7.21	10.45	6.11
12	造纸及纸制品、印刷业、文教体育、办公用品制造业	7.07	5.76	4.20
13	农、林、牧、渔业	6.96	6.33	7.14
14	化学原料及化学制品制造业	6.71	6.55	6.38
15	黑色金属、有色金属冶炼及压延加工业	6.30	8.07	7.19
16	通信设备、计算机及其他电子设备制造业	6.24	3.28	1.06
17	金属制品业	6.23	6.23	5.81
18	居民服务和其他服务业	5.80	5.47	0.00
19	房地产业	5.63	5.62	3.78
20	通用设备和专用设备制造业	5.55	7.99	5.23
21	批发和零售业	5.42	4.84	4.63
22	木材加工及木、竹、藤、棕、草制品、家具制造业	5.30	3.93	4.84
23	交通运输设备制造业	5.10	6.19	5.46
24	建筑业	4.78	5.63	4.53

续表 3－23

2008 年排序	行业名称	2008 年资产净利率	2007 年资产净利率	2006 年资产净利率
25	非金属矿物制品业	4.56	5.32	3.53
26	纺织业、化学纤维制造业	4.53	5.52	5.31
27	综合	3.79	2.74	5.29
28	电力、热力、燃气及水的生产和供应业	3.67	3.79	3.95
29	信息传输、计算机服务和软件业	2.94	8.64	2.33
30	交通运输、仓储业和邮政业	－0.77	0.71	0.75
31	金融、保险业	－7.53	0.26	0.00
32	仪器仪表制造业	0.00	0.00	10.23
33	教育	0.00	0.00	7.27

说明：表中数据为“0”的行业当年无企业入围。

从劳动生产率方面来看，2008 年民营企业 500 家的平均劳动生产率为 99.45 万元/人，比上年 103.03 万元/人的水平有所降低。租赁和商务服务业，信息传输、计算机服务和软件业，黑色金属、有色金属冶炼及压延加工业的劳动生产率明显高于其他行业，分别以 326.05 万元/人、312.75 万元/人和 266.64 万元/人名列第一、二、三位。住宿、餐饮业的劳动生产率连续三年排名最后，仅为 11.28 万元/人，较 2007 年下降了 5.73 万元/人。2008 年 500 家中劳动生产率超过 100 万元/人的行业有 17 个，较 2007 和 2006 年分别增加了 1 个和 4 个，表明高劳动生产率的行业分布范围在逐年扩大（见表 3－24）。

表 3－24　2006～2008 年民营企业 500 家主要行业劳动生产率表

单位：万元/人

2008 年排序	行业名称	2008 年劳动生产率	2007 年劳动生产率	2006 年劳动生产率
1	租赁和商务服务业	326.05	213.17	761.93
2	信息传输、计算机服务和软件业	312.75	131.35	140.28
3	黑色金属、有色金属冶炼及压延加工业	266.64	226.37	171.40
4	化学原料及化学制品制造业	186.13	179.63	118.29
5	房地产业	159.95	221.51	123.30
6	金属制品业	159.41	250.35	87.06
7	批发和零售业	154.93	176.70	100.39
8	橡胶制品、塑料制品业	139.84	127.70	97.16

续表 3－24

2008 年排序	行业名称	2008 年劳动生产率	2007 年劳动生产率	2006 年劳动生产率
9	石油加工、炼焦加工业	137.52	115.89	75.71
10	电气机械及器材、线缆制造业	132.08	135.31	98.27
11	综合	130.09	34.71	79.25
12	通信设备、计算机及其他电子设备制造业	127.60	107.77	269.74
13	纺织业、化学纤维制造业	121.03	121.47	93.87
14	木材加工及木、竹、藤、棕、草制品、家具制造业	118.00	70.03	86.57
15	交通运输、仓储业和邮政业	113.49	65.79	104.50
16	通用设备和专用设备制造业	102.20	93.47	92.67
17	居民服务和其他服务业	102.02	59.58	0.00
18	其他	97.15	77.71	46.21
19	采矿业	94.92	124.08	262.04
20	金融、保险业	93.80	118.98	0.00
21	造纸及纸制品、印刷业、文教体育、办公用品制造业	84.49	145.13	103.69
22	农、林、牧、渔业	82.83	66.31	57.02
23	食品加工与食品、饮料制造业	81.50	102.73	58.21
24	服装、鞋帽、皮革制造业	73.77	61.12	52.78
25	医药制造业	73.48	79.26	100.84
26	电力、热力、燃气及水的生产和供应业	70.13	70.05	42.67
27	非金属矿物制品业	69.79	56.18	78.85
28	交通运输设备制造业	64.93	89.68	70.27
29	建筑业	30.79	38.47	26.58
30	工艺品及其他制造业	23.11	43.84	31.78
31	住宿、餐饮业	11.28	17.01	9.79
32	仪器仪表制造业	0.00	0.00	120.00
33	教育	0.00	0.00	133.03

说明：表中数据为“0”的行业当年无企业入围。

从总资产周转率方面来看，2008 年 500 家的总资产周转率为 153.99%，低于上年 162.65% 的水平。批发和零售业的总资产周转率连续三年排名第一，达 284.18%，但较 2007 年和 2006 年有所下降。工艺品及其他制造业的总资产周转率最低，其变动也最大，从 2007 年的 251.49% 降低到 2008 年的 47.03%（见表 3－25）。

表3-25　2006~2008年民营企业500家各行业总资产周转率排名表

单位：%

08年排序	行业名称	2008年总资产周转率	2007年总资产周转率	2006年总资产周转率
1	批发和零售业	284.18	317.57	297.40
2	信息传输、计算机服务和软件业	242.66	174.28	144.65
3	电气机械及器材、线缆制造业	219.41	205.85	203.02
4	其他	193.04	56.91	70.01
5	建筑业	191.67	207.08	213.07
6	金属制品业	191.61	181.14	171.55
7	食品加工与食品、饮料制造业	186.37	204.65	188.01
8	纺织业、化学纤维制造业	185.67	144.14	144.42
9	黑色金属、有色金属冶炼及压延加工业	183.66	189.01	196.81
10	住宿、餐饮业	168.36	282.68	203.16
11	农、林、牧、渔业	161.98	217.51	164.17
12	综合	155.81	63.30	116.51
13	居民服务和其他服务业	154.74	208.95	
13	橡胶制品、塑料制品业	149.78	104.37	110.25
14	交通运输设备制造业	137.86	166.95	145.60
15	石油加工、炼焦加工业	135.44	164.00	126.18
16	化学原料及化学制品制造业	131.93	172.03	142.79
17	木材加工及木、竹、藤、棕、草制品、家具制造业	127.48	106.71	84.58
18	医药制造业	125.67	138.53	142.25
19	造纸及纸制品、印刷业、文教体育、办公用品制造业	121.23	124.99	141.56
20	服装、鞋帽、皮革制造业	115.19	122.37	210.27
21	租赁和商务服务业	103.52	175.57	94.50
22	非金属矿物制品业	98.42	69.74	118.28
23	电力、热力、燃气及水的生产和供应业	92.63	58.72	46.22
24	通用设备和专用设备制造业	89.48	164.80	87.57
25	通信设备、计算机及其他电子设备制造业	86.01	183.29	175.01
26	交通运输、仓储业和邮政业	62.36	37.28	95.86
27	采矿业	59.79	207.84	122.16
28	房地产业	55.28	88.86	70.87
29	工艺品及其他制造业	47.03	251.49	140.80

说明：由于部分行业的数据不完整，缺乏可比性，因此只对以上行业进行比较。

五 民营企业500家行业竞争力（成长性）分析

根据调研得到的数据，我们分别计算了各个行业的企业平均竞争力指数（见表3－26）。同时结合我国有关企业竞争力指数经验，把企业按竞争力指数大小分为三类，即竞争力指数大于60的企业为高竞争力型企业，30～60之间的为中等竞争力型企业，小于30的为低竞争力型企业。并对每个行业中这三类企业的分布情况进行了统计分析。

表3－26 2008年民营企业500家分行业户均竞争力排名表

排名	行业名称	企业数量	户均竞争力指数
1	居民服务和其他服务业	1	62.16
2	农、林、牧、渔业	4	57.33
3	住宿、餐饮业	1	57.17
4	橡胶制品、塑料制品业	4	51.37
5	采矿业	1	50.89
6	交通运输、仓储业和邮政业	3	50.28
7	房地产业	9	48.69
8	非金属矿物制品业	4	44.87
9	石油加工、炼焦加工业	3	44.73
10	服装、鞋帽、皮革制造业	10	42.47
11	批发和零售业	29	42.03
12	电气机械及器材、线缆制造业	33	40.58
13	租赁和商务服务业	1	39.36
14	金属制品业	8	38.96
15	黑色金属、有色金属冶炼及压延加工业	38	38.14
16	建筑业	45	37.44
17	食品加工与食品、饮料制造业	8	36.34
18	交通运输设备制造业	11	35.72
19	化学原料及化学制品制造业	13	35.56
20	通用设备和专用设备制造业	8	33.33
21	综合	17	32.06
22	通信设备、计算机及其他电子设备制造业	7	31.97
23	医药制造业	7	31.73
24	造纸及纸制品、印刷业、文教体育、办公用品制造业	3	30.33
25	信息传输、计算机服务和软件业	3	27.13
26	其他	1	26.54
27	工艺品及其他制造业	1	26.43
28	电力、热力、燃气及水的生产和供应业	2	26.07
29	纺织业、化学纤维制造业	26	25.05
30	木材加工及木、竹、藤、棕、草制品、家具制造业	2	20.42
	所有行业	303	38.84

说明：由于企业竞争力计算需年度连续数据，因此统计数据只包括连续3年入围民营企业500家的303家企业。

调研数据显示，2008年我国民营企业不同行业间企业平均发展速度呈现较大的差异性，一些面向日常生活最终消费的行业，如居民服务和其他服务业，农、林、牧、渔业，住宿、餐饮业的平均竞争力指数在统计数据中最为突出，分别为62.16、57.33和57.17，并且所属企业都处于高竞争力和中等竞争力的水平。纺织业、化学纤维制造业和木材加工及木、竹、藤、棕、草制品、家具制造业的户均竞争力较弱，分别为25.05和20.42，较行业平均竞争力的38.84有较大差距（见表3-26）。

另外，在民营企业比较集中的行业中，黑色金属、有色金属冶炼及压延加工行业，建筑业，批发和零售业，电气机械及器材、线缆制造业整体发展速度较好，属于中等竞争力型行业；而纺织业、化学纤维制造业，整体发展速度较慢，属于低竞争力型行业，需要适当探索多元化发展道路，逐步提高产品的科技含量，增强企业的成长力水平。

第四章　2008年民营企业500家管理状况分析

通过对上规模民营企业在投融资、经营管理、品牌创建、技术创新、国际化发展等方面的调查，我们对2008年民营企业500家的管理现状和面临的主要问题进行了综合判断，并结合上规模民营企业管理水平和宏观环境进行了相应分析。

第一节　民营企业500家的投融资情况

一　民营企业利用资本市场直接融资较少

目前大多数民营企业面临二次发展阶段，这是民营企业发展的攻坚阶段，进入这一阶段的民营企业需要大量的资金支持，但融资难问题尚未得到有效的解决。

受资产规模、盈利能力、资信积累等因素的制约，民营企业在资本市场融资一直比较困难。2008年下半年IPO暂停，民营企业的资本市场融资道路更加崎岖。以民营企业500家为例，2008年有99家企业已在国内上市或（相对）控股上市公司，占民营企业500家的19.80%，较2007年降低1.8个百分点；有35

家企业已在海外上市或（相对）控股上市公司，占民营企业 500 家的 7.00%，较 2007 年小幅增加 0.2 个百分点（见表 4-1）。

表 4-1　2006～2007 年民营企业 500 家上市情况表

单位：家，%

企业上市地点	2008 年		2007 年		2006 年	
	企业数	占全部企业比重	企业数	占全部企业比重	企业数	占全部企业比重
国　内	99	19.80	108	21.60	83	16.60
海　外	35	7.00	34	6.80	23	4.60
总　计	134	26.80	142	28.40	106	21.20

二　企业投资意向以围绕主业深化发展或相关多元化为主

近些年，随着市场竞争的加剧，民营企业的多元化扩展困难加大，同时 2008 年的国际金融危机也让民营企业意识到海外投资的机遇和风险，在这种背景下，民营企业开始审视自身的发展战略，更多的民营企业开始意识到，依靠自身优势做强做大才是企业未来跨行业投资的基础和前提。2008 年民营企业 500 家中，今后发展战略倾向于立足本行业及关联行业发展的企业有 352 家，占民营企业 500 家的 70.4%；发展战略倾向于海外投资的企业有 68 家，占民营企业 500 家的 13.6%；发展战略倾向于开展多元化经营的企业有 149 家，占民营企业 500 家的 29.8%（见表 4-2）。

表 4-2　2007～2008 年民营企业 500 家发展战略方向表

单位：家，%

发展战略	2008 年不同发展战略企业数	2008 年该发展战略的企业占 500 家比重	2007 年不同发展战略企业数	2007 年该发展战略的企业占 500 家比重
海外投资	68	13.6	86	17.2
开展多元化经营	149	29.8	173	34.6
立足本行业及相关行业发展	352	70.4	322	64.4
其他	13	2.6	7	1.4

在此发展战略的指引下，2008 年民营企业的投资意向以其主业范围内深化发展或产业链延伸发展为主，跨行业投资发展为辅。调研数据显示，2008 年民营企业500 家中，有230 家企业对未来3 年有比较明显的投资意向，占民营企业500 家的46%，其中，具有跨行业投资意向的企业仅有 52 家，占有投资意向企业总数的22.6%。跨行业投资领域相对集中在新能源、房地产、金融、矿业开发等投资回报率较高的行业，同时我们也看到，受国家扶持政策的引导，民营企业也开始关注高新技术、环保、城市供水等行业的投资。

三　投资资金来源仍以自有资金和银行借贷为主

数据调研显示，2008 年民营企业的投资活动资金来源仍然以自有资金和银行借贷为主，且有日趋明显的迹象。2008 年，民营企业 500 家中，投资资金来源包括自有资金的占 69.4%；资金来源包括银行借贷的占 64.6%；资金来源包括资本市场融资和民间借贷的比重均较 2007 年有所下降（见表4－3）。

表4－3　2006～2008 年民营企业500 家投资资金来源表

单位：家，%

企业投资来源	2008 年		2007 年		2006 年	
	企业数	占500 家企业比重	企业数	占500 家企业比重	企业数	占500 家企业比重
自有	347	69.4	327	65.4	367	73.4
银行借贷	323	64.6	315	63.0	330	66.0
资本市场融资	124	24.8	169	33.8	124	24.8
民间借贷	6	1.2	7	1.4	4	0.8
其他	6	1.2	5	1.0	32	6.4

四　专业人才短缺、土地使用限制、项目审查复杂、融资困难依然是民企投资的主要困难

2008 年，民营企业投资的主要困难依然集中在专业人才短缺和土地使用限制上。而随着国家在民营企业投资领域适度放宽政策的实施以及投资审批程序的精

简，民营企业对外投资在项目审批程序复杂和行业准入壁垒两方面的困难有一定程度缓解，但依然是民营企业对外投资的主要困难之一。同时，受 2008 年货币紧缩政策和 IPO 市场暂停的影响，民营企业融资难问题再次凸显，2008 年民营企业 500 家中有近 29.6% 的企业提出融资难的问题，较 2007 年增加 1.6%（见表 4-4）。

表 4-4　2008 年影响民营企业 500 家投资的主要困难表

单位：家，%

投资遇到的主要困难	企业数	占全部调研企业比重	投资遇到的主要困难	企业数	占全部调研企业比重
专业人才短缺	204	40.8	项目来源有限	63	12.6
土地使用限制	159	31.8	政策不透明	65	13.0
项目审批程序复杂	154	30.8	环保要求高	55	11.0
融资困难	148	29.6	缺乏市场前景论证	40	8.0
行业准入壁垒	76	15.2			

第二节　民营企业 500 家的管理情况

一　2008 年民营企业 500 家治理结构分析

（一）企业以自然人发起在民营企业中仍非常普遍

调研数据显示，2008 年民营企业 500 家中，企业以自然人为主发起的有 233 家，占民企 500 家的 46.6%，行业分布以批发和零售业，黑色金属、有色金属冶炼及压延加工业，纺织业、化学纤维制造业居多；其次是法人发起的有 103 家，占民企 500 家的 20.6%，行业分布以黑色金属、有色金属冶炼及压延加工业，电气机械及器材、线缆制造业，建筑业居多。

调研数据显示，2008 年民营企业 500 家中控制权在家族内的企业有 207 家，占民营企业 500 家的 41.4%，集中在电气机械及器材、线缆制造业，金属制品业，纺织业、化学纤维制造业，建筑业，黑色金属、有色金属冶炼及压延加工业，批发和零售业。

未来一段时期内，家族企业在民营企业中将继续存在，并赋予企业独特的经营优势。在这种模式下，企业可以凭借经营者的高度责任心，通过其灵活的机制，高度统一、高效快捷的决策，把握市场机遇，减少经营风险。但家族企业也存在一些问题。民营企业应当在现有条件下尽量减少家族企业所带来的负面影响，逐步建立现代民营企业管理模式。

（二）大型民营企业治理结构日趋规范

近些年，随着民营企业规模的逐步扩大，市场对其管理机制的要求日益提高，民营企业也正在积极改进和完善公司治理结构。调研数据显示，2008 年民营企业 500 家中，有 300 家企业重大决策权在董事会（占 500 家的 60%），有 218 家的民营企业重大决策权在股东大会（占 500 家的 43.6%），民营企业决策权在董事会或股东大会的比重较 2007 年有所提高（见表 4－5）。

表 4－5　2008 年民营企业 500 家决策机制表

单位：家，%

决策机制类型	企业数	占全部企业比重	决策机制类型	企业数	占全部企业比重
董事会	300	60.0	董事长	25	5.0
股东大会	218	43.6	总裁(CEO)	6	1.2

作为管理结构中的重要组成部分，党组织和工会建设在民营企业中持续地得到重视。调研数据显示，党委（支部）和工会组织在民营企业中设立的覆盖面越来越大，到 2008 年，民营企业 500 家中党委（支部）的覆盖面达到 91.4%，工会的覆盖面也达到 89.8%（见表 4－6）。

表 4－6　2005～2008 年民营企业 500 家党组织和工会设立情况表

单位：家，%

企业设置的机　构	2008 年		2007 年		2006 年		2005 年	
	企业数	占全部企业比重	企业数	占全部企业比重	企业数	占全部企业比重	企业数（家）	占全部企业比重
党委(支部)	457	91.4	427	85.4	444	88.8	417	83.4
工会	449	89.8	417	83.4	431	86.2	399	79.8

二 民营企业 500 家的管理情况分析

（一）民营企业质量管理水平进一步提高

随着近年来市场竞争的日趋激烈，民营企业日益意识到，要想在竞争中谋求发展必须用质量竞争来取得优势，如何利用企业的质量管理来提高生产效率在民营企业中的受关注度日益提高。调研数据显示，2008 年民营企业 500 家中，有近 90% 的企业通过了 ISO9000 认证，较 2007 年增加 0.4 个百分点；有 61.2% 的企业通过了 ISO14000 认证，较 2007 年增加 7.8 个百分点。同时，民营企业还结合自身业务发展的要求，积极通过多项相关管理认证，认证的覆盖面不断扩大，质量管理水平不断提高（见表 4 – 7）。

表 4 – 7　2008 年民营企业 500 家管理认证情况表

单位：家，%

企业管理认证	2008 年		2007 年	
	企业数	占全部企业比重	企业数	占全部企业比重
ISO9000	434	86.8	432	86.4
ISO14000	306	61.2	267	53.4
OHSAS18000	161	32.2	146	29.2
3C 质量认证	91	18.2	83	16.6
其他认证	101	20.2	69	13.8

（二）民营企业信息化建设逐步完善

信息化建设是提升企业竞争力的一个有效途径，但由于企业信息化建设的投入和风险都比较大，与国有企业相比，民营企业进程稍显滞后、态度也更为谨慎。多年来，民营企业对信息化建设工作也越来越重视。调研数据显示，2008 年民营企业 500 家中实施 OA（办公自动化系统）的企业占 77.8%，实施 ERP（企业资源规划系统）的企业占 56.4%，实施 HRM（人力资源管理系统）的企业占 52%，其他客户关系管理系统、供应链管理系统等建设工作也在进一步推进，且实施比例均较 2007 年有所提高（见表 4 – 8）。

表4-8 民营企业500家信息化建设情况比较表

单位：家，%

企业信息化类型	2008年		2007年	
	企业数	占全部企业比重	企业数	占全部企业比重
办公自动化系统(OA)	389	77.8	385	77.0
企业资源规划(ERP)	282	56.4	263	52.6
客户关系管理(CRM)	161	32.2	149	29.8
供应链管理(SCM)	150	30.0	127	25.4
人力资源管理(HRM)	260	52.0	232	46.4
其他	31	6.2	23	4.6

（三）人力资源结构进一步优化

民营企业的用人机制比较灵活，但专业人才的缺乏一直是困扰民营企业的一个难题。近些年，民营企业，尤其是大型民营企业越来越重视企业人力资源水平的提高。从调研数据来看，民营企业的人员素质得到很大改观，2008年民营企业500家企业中大专以上学历的人数占30%～50%的企业和技术人员人数占30%以上的企业均较2007年有超过10%的增长（见表4-9）。

表4-9 2008年民营企业500家人力资源结构表

单位：家，%

比 重	管理人员		技术人员		大专以上	
	企业数	占500家比重	企业数	占500家比重	企业数	占500家比重
≥50%	14	2.8	29	5.8	109	21.8
≤30% <50%	31	6.2	79	15.8	129	25.8
≤10% <30%	241	48.2	245	49.0	159	31.8
<10%	167	33.4	93	18.6	54	10.8
总 计	453	90.6	446	89.2	451	90.2

（四）民营企业薪酬激励水平继续提高

激励机制能够从根本上激发员工的工作热情和创造力，对企业吸引、保留优秀人才发挥着巨大的作用，已经被越来越多的优秀企业所采纳。目前，民营企业已基本形成了一种长短期激励手段相结合的激励机制，且各种激励手段的覆盖面均较2007年有所增加。调研数据显示，2008年民营企业500家中采用年薪制的企业有351家，占500家的70.2%，较2007年提高4.4%。同时，2008年在国际金融危机冲击、企业普遍降薪的浪潮中，民营企业500家中仍有149家采取加薪作为激励方式，占500家的29.8%，较2007年提高1.6%。

从激励机制产生与企业绩效的关系来看，股票期权长期激励机制所对应的企业绩效相对最高，其次是加薪激励机制对应的企业绩效较好，可预见，不同的激励机制对公司业绩的提高影响不同，民营企业还需要结合自身业务特点、积极借鉴行业内成果管理经验，逐步探索和优化公司的薪酬激励体系（见表4-10）。

表4-10　2008年民营企业500家激励机制与绩效

单位：家，%

企业激励机制类型	企业数	占500家比重	销售净利率	资产净利率
年薪制	351	70.2	3.93	5.59
加薪	149	29.8	4.12	5.71
经营者持股	128	25.6	4.26	5.81
激励基金	68	13.6	3.51	3.47
股票期权	66	13.2	4.73	7.28
其他	19	3.8	3.27	6.21

（五）新劳动法的出台促进了民营企业员工保障机制建设工作

2008年新《劳动合同法》的实施，为企业维护稳定和谐的劳动关系、民营企业规范劳动用工管理机制、提高劳动者保障机制起到了促进作用。调研数据显示，2008年民营企业500家中超过70%的企业为员工缴纳了养老保险、医疗保险和失业保险，在企业内覆盖面达到80%以上，较2007年提高了5个百分点，高于全国平均水平；劳动合同签约率在90%以上的企业有454家，占民营企业500家的90.8%，较2007年提高了2.8个百分点（见表4-11）。

表 4－11　2008 年民营企业 500 家员工保障情况表

单位：家，%

企业内覆盖面	养老保险		医疗保险		失业保险	
	企业数	占 500 家比重	企业数	占 500 家比重	企业数	占 500 家比重
<30%	10	2.0	27	5.4	30	6.0
30% ≤& <60%	29	5.8	33	6.6	26	5.2
60% ≤& <80%	49	9.8	51	10.2	47	9.4
≥80%	387	77.4	354	70.8	358	71.6
总　计	475	95.0	465	93.0	461	92.2

第三节　民营企业 500 家的品牌建设情况

品牌是一个产品或一个企业在视觉、理念和文化等方面的综合形象，是企业最重要的无形资产。民营企业如何进行品牌创建以提高企业的市场竞争力，正在成为企业经营发展中的重要问题。

近些年，民营企业的品牌建设意识越来越强，品牌建设发展加快，品牌作用日益凸显。调研数据显示，2008 年民营企业 500 家中，有 158 家企业拥有“中国驰名商标”，较 2007 年增加 18 家；有 150 家企业产品被评为“中国名牌产品”，较 2007 年增加 12 家。

随着市场竞争的加剧，品牌建设在民营企业经营效率提高方面的作用日益凸显。调研数据显示，2008 年民营企业 500 家中，被认定为“中国名牌产品”的企业共实现营业收入 14345.49 亿元，占民营企业 500 家的 34.9%，平均销售利润率为 4.83%，平均资产净利率为 6.63%，均高于民营企业 500 家 3.99% 和 5.81% 的平均水平；被认定为“中国驰名商标”的企业共实现营业收入 15864.76 亿元，占民营企业 500 家的 38.6%，平均销售利润率为 4.44%，也远高于民营企业 500 家的平均水平（见表 4－12）。

表 4－12　2008 年民营企业 500 家品牌建设与企业绩效相关性分析表

单位：%

	销售利润率	资产净利率
认定为“中国驰名商标”的企业	4.44	5.78
认定为“中国名牌产品”的企业	4.83	6.63
民营企业 500 家	3.99	5.81

同时，品牌产品已成为企业销售收入中的主要组成部分。调研数据显示，民营企业自有品牌产品基本占企业产品的主导地位。2008 年民营企业 500 家中，有 322 家拥有自有商标，占民营企业 500 家的 64.4%。同时，自有商标产品收入占总收入的比例为 100% 的企业有 217 家，占民营企业 500 家的 43.4%；自有商标产品占比不足 100% 但超过 60% 的企业有 78 家，占 500 家的 15.6%；而企业的贴牌商标收入也大多在 30% 以下。民营企业正在步入以创立自有品牌为主、经营贴牌产品为辅的发展阶段（见表 4 – 13）。

表 4 – 13　2008 年民营企业 500 家商标产品占总收入比例分析表

单位：家

商标产品占总收入的比例	自有产品商标的企业数	贴牌产品的企业数	商标产品占总收入的比例	自有产品商标的企业数	贴牌产品的企业数
100%	217	3	30% 以下	14	52
≥60%	78	7	总　计	322	76
≥30%	13	14			

第四节　民营企业 500 家的技术创新情况

一　民营企业科技创新能力分析

（一）民营高科技企业不断发展

近几年，在国家政策的支持下，我国民营高科技企业取得了长足的发展，它不仅带动了我国国民经济的增长，带动了民营经济的发展，也已成为提高我国科技与技术水平的重要力量。调研数据显示，2008 年民营企业 500 家中有 245 家被省级以上科技管理部门认定为高新技术企业，占民营企业 500 家的 49%，较 2007 年提高 1.6 个百分点。高新技术企业数量最多的前三位行业分别是：电气机械及器材、线缆制造业；黑色金属、有色金属冶炼及压延加工业；纺织业、化学纤维制造业（见表 4 – 14）。

表 4-14 2008 年民营企业 500 家高新技术企业行业分布表

单位：家

所属行业	高新企业数	所属行业	高新企业数
电气机械及器材、线缆制造业	42	化学原料及化学制品制造业	17
黑色金属、有色金属冶炼及压延加工业	28	建筑业	15
纺织业、化学纤维制造业	25	金属制品业	12
交通运输设备制造业	17	通信设备、计算机及其他电子设备制造业	11

随着国家创新战略的实施，技术创新在民营企业中得到进一步的重视和加强，成果不断涌现。2008 年民营企业 500 家中，获得过省级科学进步奖的企业有 177 家，占民营企业 500 家的 35.4%，较 2007 年增长 4.6 个百分点；获得过国家科技进步奖的企业有 69 家，占民营企业 500 家的 13.8%，较 2007 年增长 2.2 个百分点（见表 4-15）。

表 4-15 2008 年民营企业 500 家企业科技获奖情况表

单位：家，%

企业获得奖项	2008 年		2007 年	
	企业数	占民营企业 500 家比重	企业数	占民营企业 500 家比重
国家科技进步奖	69	13.80	58	11.60
省部级科技奖励	177	35.40	154	30.80

（二）民营企业专利及自主知识产权建设逐步完善

随着企业产品知识含量的提高和国际化竞争的加剧，专利和自主知识产权对于民营企业来说已经不仅仅意味着某项技术，更代表了企业的综合竞争力和发展潜力。近些年，民营企业专利申请稳步快速增长。调研数据显示，2008 年民营企业 500 家中，有 318 家企业拥有 28562 项专利，企业数和专利数较 2007 年分别增长了 19.55% 和 5.18%（下同）。其中，有 236 家企业拥有 4420 项发明专利，较 2007 年分别增长了 26.20% 和 66.79%；有 176 家企业拥有 13142 项外观设计专利，较 2007 年分别增长了 29.41% 和 60.60%；有 259 家企业拥有 9126 项实用新型专利，其中企业数较 2007 年增长了 24.52%，而实用新型专利数较 2007 年下降了 22.33%，体现了企业更加重视发明专利和外观设计专利的趋势；有 291 家拥有自主知识产权，占民营企业 500 家的 58.20%，较 2007 年提高了 6.8 个百分点。

从不同行业专利和知识产权建设情况来看，拥有专利最多的行业分别是交通运输设备制造业，工艺品及其他制造业，电气机械及器材、线缆制造业。拥有自主知识产权最多的行业分别是电气机械及器材、线缆制造业，黑色金属、有色金属冶炼及压延加工业和纺织业、化纤制造业（见表 4－16）。

表 4－16　2008 年民营企业 500 家专利、自主知识产权主要行业分布表

单位：项

所属行业	专利数	所属行业	自主知识产权
交通运输设备制造业	10117	电气机械及器材、线缆制造业	42
工艺品及其他制造业	3400	黑色金属、有色金属冶炼及压延加工业	29
电气机械及器材、线缆制造业	2675	纺织业、化学纤维制造业	26
通信设备、计算机及其他电子设备制造业	2018	建筑业	21
通用设备和专用设备制造业	1491	交通运输设备制造业	20
纺织业、化学纤维制造业	1233	化学原料及化学制品制造业	16
食品加工与食品、饮料制造业	1054	金属制品业	15
金属制品业	999	服装、鞋帽、皮革制造业	13
医药制造业	904	综合（含投资类、主业不明）	12
房地产业	739	食品加工与食品、饮料制造业	11

（三）民营企业核心技术竞争力继续提高

民营企业近些年的迅猛发展与其核心技术水平的逐步提高有着密切关系。在技术装备方面，大型民营企业的主要技术装备大多具有国内先进及以上水平。2008 年民营企业 500 家中，技术装备具有国内先进及以上水平的企业有 406 家，占民营企业 500 家的 81.2%，较 2007 年提高 5 个百分点。其中，技术装备水平具有国际领先技术的企业有 47 家，较 2007 年增加 5 家；具有国际先进水平的有 131 家，较 2007 年增加 15 家。

上规模民营企业的核心技术水平状况与技术装备水平状况基本相同。2008 年民营企业 500 家中，企业核心技术居国内先进水平的企业有 395 家，占民营企业 500 家的 79%，较 2007 年增长 2.8 个百分点。其中，核心技术居国际领先水平的有 34 家；核心技术居国际先进水平的企业有 119 家（见表 4－17）。

表 4-17 2008 年民营企业 500 家技术领先性分析表

单位：家，%

装备和技术领先度	企业数	占民营企业500家比重	装备和技术领先度	企业数	占民营企业500家比重
技术装备——国际领先	47	9.4	核心技术——国际领先	34	6.8
国际先进	131	26.2	国际先进	119	23.8
国内先进	228	45.6	国内先进	242	48.4
国内平均	32	6.4	国内平均	35	7.0

二 民营企业技术研发能力分析

（一）民营企业关键技术来源以自主研发为主

在技术研发的获取渠道方面，企业多以自主开发为主，以引进、联合开发为辅，引进方式包括引进技术和引进技术人才，合资、模仿、并购等方式也被部分企业采用。调研数据显示，2008 年民营企业 500 家中，关键技术来源为自主研发的企业有 320 家，占民营企业 500 家的 64%，较 2007 年增长 2 个百分点；关键技术为引进技术或引进技术人才的企业有 336 家，占民营企业 500 家的 67.2%，较 2007 年下降 4 个百分点（见表 4-18）。

表 4-18 2008 年民营企业 500 家企业关键技术来源表

单位：家，%

关键技术来源	企业数	占民营企业500家比重	关键技术来源	企业数	占民营企业500家比重
自主研发	320	64.0	并购企业	33	6.6
引进技术	179	35.8	企业合资	26	5.2
联合研发	173	34.6	模　仿	12	2.4
引进技术人才	157	31.4	其　他	3	0.6

（二）民营企业研发投入仍需加大

近些年民营企业不断加大研发投入，并更加重视研发机构的设置和扶持。2008 年民营企业 500 家中，有 412 家企业设立了研发部，占民营企业 500 家的 82.4%；

有 69 家企业设立了技术中心，占民营企业 500 家的 13.8%，较 2007 年增加 0.6 个百分点；有 117 家企业设立了博士后工作站，占民营企业 500 家的 23.4%。

但从研发投入来看，大部分企业的研发投入占销售收入的比重低于 10%，企业研发投入占销售收入比重在 3% ~5% 的企业居多（见表 4－19）。

表 4－19　2008 年民营企业 500 家研发投入比重情况表

单位：家，%

研发投入占销售收入比重	企业数	占全部企业比重	研发投入占销售收入比重	企业数	占全部企业比重
<1	57	11.4	≤5 <10	55	11.0
≤1 <2	53	10.6	≤10 <20	14	2.8
≤2 <3	63	12.6	≥20	4	0.8
≤3 <5	143	28.6			

（三）技术创新资金以自有资金为主，政府科技资金支持逐步加大

目前，我国民营企业技术创新资金来源基本依靠自有资金，银行借贷和政府资助比例虽然呈现上升趋势，但总体覆盖面依然有限。调研数据显示，2008 年民营企业技术创新资金来自自有资金的企业有 412 家，占民营企业 500 家的 82.4%，较 2007 年增长 2.2 个百分点；资金来源包括银行借贷的有 125 家；资金来源包括政府资助的有 89 家（见表 4－20）。

表 4－20　2008 年民营企业 500 家技术创新资金来源比较表

单位：家，%

技术创新资金来源	企业数	占全部企业比重	技术创新资金来源	企业数	占全部企业比重
自有资金	412	82.4	资本市场融资	44	8.8
银行借贷	125	25.0	风险投资	3	0.6
政府资助	89	17.8	其他	0	0.0

为进一步提高民营企业自主创新水平，推动民营经济规模不断扩大，近年来，国务院制定和实施了一系列政策和措施，也包括资金支持政策，这不仅缓解了许多民营企业创业初期的资金压力，而且大大激发了民营科技企业的技术创新

热情。2008 年民营企业 500 家中有 228 家企业先后获政府科技资金支持，占民营企业 500 家的 45.6%，支持范围较 2007 年增加 4.2 个百分点，共支持总额达 119818 万元。获得支持较多的行业主要是电气机械及器材线缆制造业，黑色金属、有色金属冶炼及压延加工业，交通运输设备制造业，建筑业，纺织业、化学纤维制造业，金属制品业，化学原料及化学制品制造业。其中，排前六位的行业所获资助额占全部企业已获资助额的 61.1%（见表 4－21）。

表 4－21　2008 年民营企业 500 家获得政府科技资金支持的主要行业分布表

单位：万元，家

所属行业	政府科技资金总额	政府科技资金支持企业数
电气机械及器材、线缆制造业	25866	36
黑色金属、有色金属冶炼及压延加工业	10892	27
交通运输设备制造业	4365	19
建筑业	10182	16
纺织业、化学纤维制造业	4712	16
金属制品业	6780	13
化学原料及化学制品制造业	11914	12
服装、鞋帽、皮革制造业	2373	10
通用设备和专用设备制造业	7318	9
综合（含投资类、主业不明显）	7044	9
食品加工与食品、饮料制造业	2583	9
批发和零售业	1231	9
医药制造业	4122	8
通信设备、计算机及其他电子设备制造业	1802	7
农、林、牧、渔业	4450	4
非金属矿物制品业（含水泥、玻璃、陶瓷、耐火材料等）	2860	4
房地产业	6260	3
信息传输、计算机服务和软件业	2300	2
其他	2764	15
总　　计	119818	228

三　民营企业技术创新所面临的主要问题

2008 年，人才缺乏、产学研合作难度较大、政策支持不够仍然是民营企业技术创新最为突出的三大困难，且程度有所加深。2008 年民营企业 500 家中，有 285 家企业认为人才缺乏是影响企业创新的最主要困难，占民营企业 500 家的 57%；有 173 家企业认为产学研合作难度较大，占民营企业 500 家的 34.6%；有 149 家企业认为是政策支持不够，占民营企业 500 家的 29.8%（见表 4－22）。

表 4－22　2008 年民营企业 500 家创新困难分析表

单位：家，%

企业主要创新困难类型	企业数	占民营企业500 家比重	企业主要创新困难类型	企业数	占民营企业500 家比重
人才缺乏	285	57.0	知识产权保护不够	68	13.6
产学研合作难度较大	173	34.6	激励机制不健全	32	6.4
政策支持不够	149	29.8	企业管理水平不够	17	3.4
技术市场不健全	93	18.6	其他	7	1.4
资金短缺	82	16.4			

第五节　民营企业 500 家国际化拓展情况

一　民营企业海外拓展经营情况分析

（一）民营企业海外扩张步伐加快

近些年，中国民营企业不断发展壮大，随着经济全球化的发展，有相当多大中型民营企业已经具备了进行对外直接投资、从事国际生产经营的实力。一批大型民营企业集团率先开展跨国经营，探索新的经营模式，成为“走出去”战略的积极实践者。调研数据显示，2008 年民营企业 500 家中，有 230 家已经走出国门，实现了不同类型的海外拓展经营，占民营企业 500 家的 46%，较 2007 年增加 2.4 个百分点。

由于各个企业自身的条件、所处的行业及实施的战略不同，民营企业海外拓展模式不尽相同、方式也比较多样化。其中以建立销售公司的居多，2008 年民营企业 500 家中，有 106 家企业在海外建立销售公司，占民营企业 500 家的 21.2%（见表 4－23）。

表 4－23　2008 年民营企业 500 家已在海外开展的经营类型表

单位：家，%

已在海外开展的经营类型	企业数	占民营企业500家比重	已在海外开展的经营类型	企业数	占民营企业500家比重
建立生产企业	41	8.2	设研究开发机构	29	5.8
建立销售公司	106	21.2	从事资源开发	25	5.0
开展工程承包	29	5.8			

从海外扩张的区域选择来看，民营企业“走出去”形式不断丰富，虽然不同的形式在区域分布特征上各有不同，但总体的趋势是从欧美等传统发达国家、东南亚等传统市场，逐渐向南美洲、非洲、中亚等新兴经济体扩张。从海外投资方式上看，上规模民营企业海外投资的主要方式是独资新建，其次是合资新建，少数是通过兼并企业实现的（见表 4－24）。

表 4－24　2008 年民营企业 500 家在海外投资的主要方式表

单位：家，%

海外投资的主要方式	企业数	占民营企业500家比重	海外投资的主要方式	企业数	占民营企业500家比重
独资新建	70	14.00	兼并企业	14	2.80
合资新建	57	11.40			

（二）民营企业海外投资数量降低，但海外营收大幅提高

2008 年受国际金融危机的影响，民营企业海外投资项目在数量和规模上均有所降低。调研数据显示，2008 年民营企业 500 家中，有 114 家企业共完成海外投资项目 306 个，累计海外投资额 152638 万美元，较 2007 年投资项目数量减少 24%，海外投资额减少 67%。

但与此同时，我们也欣慰地看到，在国际金融危机下，我国民营企业的海外单体投资项目创收能力在增强，民营企业海外投资的质量和综合竞争力在逐步提高。调研数据显示，2008 年民营企业 500 家中，306 个海外投资项目当年共实现营业收入 853532 万美元，海外雇员总规模 48061 人，平均每个项目创收 2789 万

美元，较2007年增加82%；平均每个项目海外雇员157人，较2007年增加261%（见表4-25）。

表4-25　2008年民营企业海外经营规模情况表

	2007年	2008年		2007年	2008年
海外投资项目(家/项)	404	306	当年海外企业营业收入(万美元)	617663	853532
累计海外投资额(万美元)	471329	152638	2008年底海外雇员(人)	17536	48061

（三）民营企业未来海外投资规划依然以设立办事处和销售渠道为主

2008年民营企业海外拓展的意向与2007年总体保持一致，其中以建设销售网络、设立办事处居多。建厂的开始增多，也有开展周边国家经贸合作、工程承包、设研发机构或进行资源开发等（见表4-26）。

表4-26　2008年民营企业500家拟向海外拓展类型表

单位：家，%

海外拓展类型	企业数	占民营企业500家比重	海外拓展类型	企业数	占民营企业500家比重
设立办事处	121	24.2	设研究开发机构	45	9.0
建厂(企业)	75	15.0	从事资源开发	46	9.2
建立销售网络	164	32.8	通过通商口岸与周边国家经贸合作	54	10.8
开展工程承包	52	10.4			

民营企业拟向海外拓展地区包括亚洲、欧洲、非洲、美洲、大洋洲等。其中，海外拓展投资方式意向以选择合资新建和独资新建的较多，选择实施兼并的相对较少（见表4-27）。

表4-27　2008年民营企业500家拟向海外拓展的方式表

单位：家，%

海外拓展方式	企业数	占民营企业500家比重	海外拓展方式	企业数	占民营企业500家比重
独资新建	111	22.2	兼并企业	45	9.0
合资新建	107	21.4			

二 我国民营企业海外拓展贸易摩擦情况分析

（一）民营企业海外拓展贸易摩擦有所增加

伴随着经济全球化与区域经济一体化的趋势不断加强，世界各经济体之间的经济交往愈加紧密。由于经济发展不平衡以及利益的不一致，国家、地区之间贸易摩擦日趋激烈。近几年来，伴随着中国民营经济的崛起，中国民营企业与其他国家贸易摩擦逐年增加，尤其是受国际金融危机影响，在很多国家和地区贸易壁垒增多，贸易保护主义有所抬头的情况下，民营企业走出去将面临更多的困难和风险。调研数据显示，2008 年民营企业 500 家中，有 101 家企业遇到过国际贸易摩擦，占民营企业 500 家的 20.2%，较 2007 年增加 1.6 个百分点。其中，贸易摩擦类型以反倾销为最多，其次是特别保障和知识产权纠纷，部分表现为反补贴，同时商标抢注、合同标准不统一、环保与动物保护、绿色壁垒等问题也是导致部分企业贸易摩擦的原因之一（见表 4－28）。

表 4－28 2008 年民营企业 500 家国际贸易摩擦主要类型表

单位：家，%

摩擦类型	企业数	占民营企业 500 家比重	摩擦类型	企业数	占民营企业 500 家比重
反倾销	64	12.8	特别保障	30	6.0
反补贴	9	1.8	知识产权纠纷	20	4.0

（二）民营企业应对国际贸易摩擦力量还较弱

与国际大型公司相比，目前我国民营经济整体规模较小，对市场的影响力较弱，在国际贸易摩擦中单体企业的力量非常薄弱。在这样的竞争格局中，我国民营企业应对国际贸易摩擦的主要对策是首选协商，其次是应诉，也有部分企业采取起诉和仲裁的方式（见表 4－29）。

在解决国际贸易摩擦中，民营企业更多地是依靠政府力量来进行，同时依靠商会力量以及联合同行共同应对也是民营企业贸易摩擦解决的主要手段（见表 4－30）。

表 4－29　2008 年民营企业 500 家国际贸易摩擦主要解决方式表

单位：家，%

对策	企业数	占民营企业 500 家比重	对策	企业数	占民营企业 500 家比重
协商	50	10.0	仲裁	14	2.8
应诉	49	9.8	起诉	27	5.4

表 4－30　2008 年民营企业 500 家国际贸易摩擦主要依靠力量表

单位：家，%

主要依靠力量	企业数	占民营企业 500 家比重	主要依靠力量	企业数	占民营企业 500 家比重
借助商会力量	46	9.2	联合同行共同应对	41	8.2
依靠政府	59	11.8	其他	11	2.2

三　我国民营企业海外市场开拓面临的困难

人才、竞争秩序和贸易壁垒是制约民营企业海外开拓的主要因素

民营企业海外开拓的困难，从内因方面讲，依然以缺乏海外经营人才为主，其次是经验不足、缺乏商务信息、不了解海外投资环境、缺乏国际竞争力、政策理解等。缺乏保护和缺乏资金问题相对并不突出（见表 4－31）。其他原因还包括：品牌国际影响力不够、地域消费习惯、效益不明显等。

表 4－31　2008 年民营企业 500 家海外开拓的主要困难——内因表

单位：家，%

内　　因	企业数	占民营企业 500 家比重	内　　因	企业数	占民营企业 500 家比重
缺乏海外经营人才	223	44.6	缺乏对政策的理解和有效使用	60	12.0
经验不足	117	23.4	缺乏资金	41	8.2
缺乏商务信息和市场分析	106	21.2	缺乏自我保护和维权能力	33	6.6
不了解海外投资环境	89	17.8	其他	3	0.6
缺乏国际竞争力	63	12.6			

从外因方面讲，集中体现在国内因素和国际因素两个方面。国内因素首要表现是缺少本国企业之间的有序协调导致恶性竞争；其次是审批程序复杂、外汇管制严格、缺少针对企业外贸的中介服务。国际因素主要是受东道国各类贸易壁垒和国际政治经济形势多变的影响，其次，国际贸易信息渠道不畅、东道国出入境管理、东道国贸易程序复杂、各类贸易摩擦等对民营企业海外市场的开拓影响也比较显著（见表4-32）。

表4-32　2008年民营企业500家海外开拓的主要困难——外因表

单位：家，%

外因	企业数	占民营企业500家比重
外因——国内	224	44.8
缺乏本国企业之间的有序协调导致自我竞争	105	21.0
审批程序复杂	99	19.8
外汇管制严格	62	12.4
缺少针对企业外贸的中介服务	60	12.0
其他	3	0.6
外因——国际	476	95.2
东道国各类贸易壁垒或政策多变	140	28.0
国际政治经济形势多变影响	116	23.2
国际贸易信息渠道不畅	48	9.6
东道国出入境管理	43	8.6
东道国贸易程序复杂	34	6.8
各类贸易摩擦	32	6.4
东道国市场秩序较差	30	6.0
东道国基础设施落后	29	5.8
其他	4	0.8

企业海外开拓方面的其他困难，本国方面主要有：政府培训较少、原材料价格上涨、外贸政策波动较大、人民币汇率问题、国家出口政策调整（出口退税率降低）、企业目前实力不足、出境难、产业链不完善等。国际方面的主要包括：小国家语言沟通问题、价格偏低、环境不熟悉等。

第六节　影响民营企业发展的主要问题

2008 年，我国民营企业受到了国际金融危机的很大冲击。作为主要结算货币的美元贬值、生产要素成本上升、劳动力成本提高、出口订单的减少、融资难等一系列问题集中出现，叠加作用，使民营企业生存和发展面临多年来前所未有的挑战。

调研数据显示，2008 年，国际金融危机超过原材料涨价问题，成为民营企业发展困难中的首要问题。同时，原材料涨价、税费负担、融资困难、能源紧张、市场开拓问题依然十分突出。另外，由于民营企业发展的政策不断完善，政府沟通、地方保护、权益保护、舆论环境方面不断改善。随着民营企业的发展壮大并不断走向成熟，治理结构方面的困难也相对开始弱化（见表 4－33）。

表 4－33　2008 年民营企业 500 家发展困难分析表

单位：家，%

企业发展困难	企业数	占民营企业 500 家比重	企业发展困难	企业数	占民营企业 500 家比重
国际金融危机	327	65.4	企业管理	43	8.6
原材料涨价	218	43.6	执法环境	40	8.0
税费负担	189	37.8	政府沟通	33	6.6
融资困难	183	36.6	社会服务不完善	32	6.4
人力资源	136	27.2	权益保护	24	4.8
市场开拓	114	22.8	舆论环境	20	4.0
能源紧张	105	21.0	治理结构	13	2.6
劳动关系	51	10.2	其他	16	3.2
地方保护	48	9.6			

第七节　对民营企业技术创新、品牌建设、解决贸易摩擦、走出去和应对金融危机等问题的建议

一　民营企业技术创新的政策支持建议

民营企业是我国自主创新体系中最具活力、最有潜力的组成部分，民营企业

已经成为我国专利来源的最大主体，也是专利申请数量增加最快的群体[①]。因此，国家在充分发挥大学、科研院所和国有企业在技术创新中的关键与骨干作用的同时，必须提高对民营企业在技术创新中重要地位与作用的认识，充分发挥民营企业这一基本力量在建设创新型国家中的重要作用。结合各机构已有的研究成果，对支持民营企业技术创新提出以下建议。[②]

一是提高国家科技资金的总体效率与社会效益。即在财政支出中要提高科技支出的比例，保证财政科技投入增幅明显高于财政经常性收入增幅；在财政科技投入中要提高生产与产业技术研发的投入比例，其中主要是提高对企业技术创新的投入比例；在财政科技资金对企业的投入中，要提高对民营企业、中小型企业的投入比例。后两项资金比例的提高，特别是后一项资金比例的提高，将产生巨大的杠杆效应，带动社会更多的资金投入技术创新，加快形成多元化、多渠道、高效率的科技投入体系，推动全社会 R&D 投入占 GDP 的比例真正实现逐年提高。

二是改革国家科技资金投入与项目管理方式：将科技项目管理由“事前拉动”为主改为“事前拉动”和“事后推动”并重，并采取“在赛马中相马”的方法选择项目支持对象。可以考虑除国家重大科研项目、基础性和公益性科研项目仍可采用这种国家事前支持的拉动办法外，其他方面的科研，特别是应用性科研开发，应采取事后承认和支持为主的办法，按照一定的规划、程序、标准和要求，在社会的各类科研机构、院校和各类企业中，找寻、发现并选择已经成形或半成形的科技成果作为对象，国家在资金上进行大力支持，加快其科研成果的形成、转化和生产应用。

三是探索建立科技银行，发展创业风险投资市场，拓宽民营企业自主创新间接和直接融资渠道。通过试点建立为科技型中小企业量身定做的、机制创新的、区域性商业化的科技银行，探索为创业后期、成长期的科技型企业提供“普惠性”信贷支持的有效途径。加快发展创业风险投资市场，尽快建立我国创业风险投资机制，着手制定促进创业风险投资发展的法规政策。特别是要进一步完善风险基金筹措、基金管理和运营、基金投入企业后的产权交易渠道等各个环节的

---

① 资料来源：《中国民营企业自主创新调查》（p. 16）（全国工商联，2007 年 1 月）。

② 资料来源：《中国民营企业自主创新调查》（全国工商联，2007 年 1 月）。

机制。国家财政科技投入资金中也可拿出一部分用于引导与支持创业风险投资，如向风险投资公司投资，设立保险赔偿基金，为投资于技术创新的风险资本进行担保，为更多的科技企业融资创造条件。

四是推进“官产学研资介商”结合，搭建高效、便利的公共服务平台。强化现有高新区的技术服务功能，更多地开展创新孵化、新产品试验等方面的服务以及建立科研中心、技术实验室和公共技术服务平台；发挥政府引导与协调作用，积极引导和大力支持企业与社会各类中介机构、金融保险及风险资本等建立各类行业性、区域性、特殊专业性的科技服务平台，真正建立起多类别多层次的有效的科技资源共享制度和机制。国家在政策上要支持建立科技服务平台，给予一定的税收、信贷优惠和财政引导资金的支持。

五是改进政府采购管理，提倡国产、民族品牌消费意识，为民营企业自主创新提供良好的市场环境。一要大幅度提高政府采购中自主创新产品的购买比例；二要将政府采购自主创新产品的主要政策制度应用于一般国有单位，应用于国家和地方重点工程建设，应用于使用财政经费和政策性贷款的基本建设和技术改造项目；三要在全社会广泛提倡创新产品消费文化，在全社会广泛宣传和提倡创新产品消费文化，推动社会逐步形成以使用和消费自主创新产品、民族品牌为荣的新消费观。

六是充分发挥行业商会、协会在推动企业自主创新中的作用。行业协会、商会作为沟通政府和企业的桥梁，作为企业与企业、企业与社会间的纽带，在增强民营企业自主创新能力方面有着其他部门、机构无可替代的优势。国家要结合政府机构改革和职能转变，加快推进行业协会、商会改革与发展，制定和完善行业协会、商会管理法律法规和政策，充分发挥其为企业提供广泛社会服务，包括各类技术服务方面的重要作用。

二　民营企业品牌建设的政策建议

进行品牌建设是民营企业长远发展的必由之路。品牌建设不是一朝一夕之事，需要企业投入大量人力、物力和财力，而且其产出又有相对滞后性，需要企业的努力和政府的支持才能有效推进。结合各机构已有的研究成果，对民营企业品牌建设提出以下建议。

1. 进一步加大宣传力度，营造品牌创建工作的良好氛围

政府及其职能部门要继续采取各种形式，加大对创牌企业的表彰和对创牌工作的宣传力度，通过各种媒体对已经创牌的企业和产品进行大力宣传，扩大这些名牌产品和著名（驰名）商标的影响，进一步提高它们在消费者心目中的知名度和美誉度。

2. 进一步加大品牌创建工作的引导与扶持力度

品牌建设需要政府有关部门在扶持、指导等各个环节密切配合，互相协作。政府及相关职能部门要进一步完善鼓励企业品牌建设的激励机制。例如，对企业申请驰名、著名商标给予支持；对获得驰名、著名商标的企业予以奖励；对拥有自主品牌的企业在相关的科研、技改等在财政税收优惠方面予以适当的制度安排；优先满足品牌企业在土地、电力、用水等方面的需求，对“走出去”的自主品牌产品，给予出口退税方面的优惠，对自主品牌境外宣传、参展服务和推销费用给予适当补助等；鼓励中介机构、银行开展以品牌为内容的无形资产评估、担保能融资服务创新工作。

3. 探索政府与企业之间的联合品牌创建机制

政府及其职能部门要充分利用现有行业科创中心平台，通过广泛的产学研合作，对一些难度大、风险大、技术含量高的研发项目，可以考虑由政府和创牌企业共同出资设立行业科技创业中心，建立成果共享、风险分散的机制，研发成功后，可通过授权、加盟等方式，优先满足创牌企业需求；从层次上看．以国家级、省级的名牌、著名（驰名）商标、生产基地建设为重点，进行不同层次、不同级别的多样化品牌培育。

4. 政府、中介组织要积极引导企业加强联合、整合资源、创建品牌

政府及其职能部门、商会、协会要充分发挥作用，鼓励企业组成联合体，通过合作，特别是强强联合创牌，引导企业通过契约、股权等方式，探索建立成本共担、风险分散的联合创牌机制；积极发挥政府、商会在产业集群品牌创建方面的作用，积极探索通过对产业集群整体品牌的打造，支持集群内中小企业的品牌建设的有效途径。

三　解决我国贸易摩擦的政策建议

目前，在我国对外贸易迅速发展的同时，中国也进入了国际贸易摩擦的高峰期。我国必须积极主动地处理好现有的贸易摩擦，有预见性地采取一系列的措施减少甚至避免潜在的贸易摩擦的发生，降低贸易摩擦对我国产生的影响及危害。结合各机构已有的研究成果，对协助民营企业解决国际贸易摩擦提出以下建议。

1. 加快制度的调整与创新

制度既是引发贸易摩擦的原因，也是解决贸易摩擦与纠纷的关键。首先，应按照外向型经济发展的规律和市场经济体制的要求，转变政府职能，为企业全方位进入国际市场创造良好的外部环境。一方面鼓励企业树立科学的发展观，自觉克服传统意义上的保护意识。在积极为企业创造外部良好环境的同时，放手让企业自觉地在国际市场上学会自主生存、自主发展。另一方面，为避免直接导致贸易摩擦，我国应尽量少使用补贴等扶助方式。其次，逐步放开国内市场，积极吸纳国外先进的技术、产品、管理和服务进入国内市场。

2. 建立我国的贸易保护体系

要制定适当的配套措施，与进口限制相协调，适当保护国内特定产业。世贸组织规则允许的多项补贴项目，比如地方预算可以向严重亏损的国有企业提供适当补贴，可以给予一定范围的税收减免，可以给予一定数额的国家政策性银行贷款用于科研开发、基础设施建设等等。要运用好这些规则，尽最大力量在允许的范围内对国内产业施加保护。

3. 熟练运用综合性的谈判策略和技巧

首先，建立定期双边协调机制。由政府出面，成立协商机构，通过谈判，签订协定。其次，寻求多边框架下的贸易摩擦解决机制。在双边谈判和协调无法解决的情况下，应将贸易摩擦和纠纷纳入多边框架下进行解决。再次，巧妙利用利益集团的作用。在贸易摩擦问题上，有的利益集团希望发生贸易摩擦，从而从中渔利；有的反对贸易摩擦，以免使他们的贸易利益遭受损失。因此，在中国贸易摩擦问题上，日益发展的对华利益集团将是中国应充分重视及利用的经济资源和政治资源。

4. 增加商会和行业协会组织的协调作用

由于行业协会是非政府组织，其职责就是为国内产业利益服务，因此其行为可以更大胆、对国内产业的保护意识更强、促进出口扩大市场的目的可以更明确。由于多边规则只约束政府，并不能约束非政府组织的行为，行业协会应当在帮助政府和企业推进自由贸易和公平贸易等方面发挥其独特的作用，包括收集市场信息特别是市场价格信息、议定市场价格、协调行业竞争、监督企业行为、提供各种咨询服务、推进行业技术进步、维护进出口企业和行业的整体利益的功能。

同时，应诉国外反倾销等贸易救济措施往往需较高的费用，而大多数国内企业对突如其来的反倾销诉讼缺乏雄厚的资金支持，行业协会或进口商会可以根据各企业出口额大小或按一定的原则设立反倾销应诉专项基金，以在财力上支持成员企业，尤其是实力较弱的中小型企业参与应诉。为此，要建立政府部门与行业协会、进出口商会的联系机制，加强沟通信息和指导协调。

强化行业协会、商会的作用，也有利于它们与海外同行业协会、商会建立更广泛的合作渠道，使贸易摩擦发生时，中外行会同时协助各自的政府化解矛盾。企业应该多借助商会的力量，让中国的行会和商会去和出口国当地的商会沟通，了解信息，了解什么产品已经冲击对方市场了。这种沟通应该是例行的，能够提前发现问题，不要等事情发生了才去解决。

5. 建立有效的贸易摩擦预警体系

政府部门和行业协会应当在协调应对策略、开通信息渠道、建立预警机制等方面增加工作力度，帮助企业提高应对贸易摩擦的整体能力。第一，建立科学的贸易摩擦预警指标体系。第二，拓宽预警信息的来源渠道。改变目前预警信息来源渠道狭窄的现象，实施多渠道收集预警信息。确保最终发布的预警信息真实有效。第三，提高预警信息发布的即时性。综合考虑进口国的经济景气指数和对我国发起摩擦的可能性及其方式、力度，以及该贸易壁垒对我国可能产生的影响后，确定是否发布以及怎样发布相关的预警信号，提高预警的有效性。

四　鼓励我国民营企业“走出去”的建议[①]

作为国民经济发展的重要力量，民营企业已经具备“走出去”的基本条件，并且逐步成为我国实施“走出去”战略的重要力量。贯彻落实十七大关于推动企业“走出去”开展国际化经营的政策精神，必须高度重视，充分发挥民营企业的重要作用。特别是面对国际金融危机的影响，采取切实措施支持有条件的民

① 资料来源：《中国民营企业“走出去”状况调查》（全国工商联，2008 年 12 月）。

营企业积极开展国际化经营显得尤为必要。

一是建立或明确企业“走出去”工作的统筹协调机构或建立高效的部际协调机制并明确牵头部门，制定中国企业海外投资总体规划，做好企业海外投资产业引导和国别指导，推动相关政策的尽快制定与早日落实。

二是制定中国企业海外投资促进法。“引进来”与“走出去”是我国对外开放战略的两个基本方面。引进外资我们是立法先行，20 世纪 80 年代就制定了专门法律，现已形成了一整套法律体系。关于“走出去”应启动相关立法程序，尽快制定中国企业海外投资促进法，为企业“走出去”提供法律支持与保障。

三是放宽审批限制，对民营企业实行备案制。加快推进境外直接投资行政审批制度改革。相对集中审批权限，将目前商务部门、发改委以及其他政府部门相互交叉的审批项目相对集中在一个工作部门。下放审批权限，对非国有的对外投资项目实行“属地化”审批管理。对符合境外投资鼓励条件的民营企业和项目实行事后备案制，推行民营企业的中长期境外投资规划实行一次性审批，简化申报材料，推进电子政务和一站式窗口建设。

四是完善企业海外投资的国内税收支持与财政援助政策。为企业“走出去”制定专项税收优惠政策，实行境外投资损失准备金制度和海外投资收入税收减免制度。加快与企业投资热点地区或国家签订避免双重征税协议的进程。加大对企业走出去前期准备工作的财政资助力度。设立政府鼓励中小企业“走出去”的专项扶持基金；扩大“对外经济技术合作专项资金”、“中小企业国际市场开拓资金”等财政资金规模。建立财政引导资金，支持社会资金设立专门的境外投资私募基金和风险投资基金等。

五是建立企业海外投资金融支持体系，完善外汇支持政策。鼓励国有商业银行和股份制银行创新金融工具与服务方式，允许更多的银行机构在境外设立分支机构或代表处，与境外银行建立代理行关系，积极开展海外投资融资业务；协调有关部门与金融机构加快推进有关企业“走出去”信用保险、信用担保和融资业务开展。允许成立商业性出口信用保险公司，形成政策性与商业性保险公司相互补充和适度竞争的关系。修订《境内机构对外担保管理办法》，简化程序、降低担保门槛、实行备案制度，放活企业、银行对外担保的自主决策；加快进出口银行股份制改革，进一步支持其开展我国企业海外投资的融资服务，使其成为我国企业海外投资的专业性银行机构；鼓励和引导建立对外产业投资基金、对外私募股权投资基金，进行专业化投资。进一步放松资本项下的外汇管制，允许母公司用自有资金和贷款资金向境外子公司发放贷款；改进外汇储备管理方式，创新外汇使用工具，设立支持企业“走出去”的外汇专项基金，引导民营企业海外投资，提高国家外汇储备的使用效益。

六是建立中国企业海外投资信息服务体系。由政府有关部门牵头或引导，推动贸促会、工商联、有关行业协会商会、科研机构和外事民间组织等，组建专门服务于中国企业海外投资的综合性服务平台和网络体系，为企业“走出去”提供以信息、咨询、技术为主的多功能服务。

七是加快海外经济贸易区建立步伐，加大使领馆支持企业“走出去”的工作力度。研究与借鉴国际经验，认真总结国内类似开发贸易区发展经验，加大政府政策支持力度，积极扶持，规范管理，加强引导，尽快建成几个境外经济贸易合作区，为企业“走出去”提供示范。建立境外经济贸易合作区；改进我国对外经济交往方式，改变对外关系上的重政轻商思维，加强经济商务外交，加大外事部门为中国海外企业服务的力度，积极为“走出去”的企业提供信息服务、法律咨询、权益保护等服务。

八是推动行业协会商会开展促进企业“走出去”的服务，逐步建立境外行业协会商会。由全国工商联和中国国际商会共同牵头组建中国境外投资企业服务商会，并与商务部、外管局、外交部以及金融管理部门建立工作联系制度，提出境外投资地域、行业的指导性意见，商讨境外投资重大案例解决办法，反映境外投资企业遇到的共性问题。在政府部门指导下，推动有影响的已“走出去”企业牵头组建中国海外投资企业协会商会，或组建不同区域、不同市场、不同产业的企业协会商会，以加强境外企业间的合作，协调境外投资行为，增强中国企业海外投资的整体实力与竞争力。

九是将培育一批民营跨国公司作为提高国家竞争力的重要举措。重点培育一批具有国际竞争力、有自主创新能力、行业领先的民营大型企业。将有条件的大型民营企业纳入国家整体规划，实行与同类大型国有企业的同等政策待遇。支持培育民营国际品牌，对“中国名牌”出口产品实行优惠政策。拓宽融资渠道，为重点企业发行企业债券、可转债和短期融资券提供条件，在外汇管理、对外担保、银行全球授信等方面提供便利化，在企业遭遇境外法律纠纷时给予政府援助等。

十是把香港作为推动国内民营企业“走出去”的重要平台。加强内地和香港两地金融机构的信息交流与沟通，建立两地金融信息共享机制。推动香港人民币离岸金融市场建设，支持更多内地企业到香港发行人民债券，支持在香港注册的内地企业可用人民币直接投资周边国家。利用香港保险业发达的优势，吸引更多内地企业到香港注册，享受香港保险机构分行业、分产品的更差异化的保险产品。

五　民营企业应对金融危机对策①

2008 年下半年开始的国际金融危机，对我国经济社会发展产生了重大影响，民营企业受到较大冲击。随着国家一系列保增长、扩内需、调结构的经济振兴政策的相继出台，企业经营环境得到相对改善。与此同时，民营企业在企业战略和发展策略上做了积极的调整，企业应对危机的措施主要有以下几个方面。

一是抓住国家投资和政策机遇，调整产业结构布局。2008 年下半年以来，党中央、国务院根据国内外经济环境的变化，及时调整了宏观经济政策，努力促进经济平稳较快增长。随着国家一系列保增长、扩内需、调结构的经济振兴政策的相继出台，民营企业充分抓住党和政府给予的有利政策和投资拉动效应，调整产业结构和布局。例如积极开拓与基础设施建设等国家重点投资领域相关联的产品配套市场；充分利用国家支持节能减排、中小企业发展的优惠政策；积极推进产业升级，通过新产品、自主知识产权产品来打开市场，提高销售收入，帮助企业度过金融危机。

二是加强资金管理，积极拓展融资渠道，保证企业资金安全。资金是企业的生命线，国际金融危机的到来使不少企业销售收入、利润、应收账款回收受到一定的影响，为降低风险，维持企业正常运营，保证融资渠道畅通尤为重要。民营企业一方面加强资金集中管理，通过严格控制预付资金、加快应收账款回收、收缩对外投资、控制资金借贷等一系列行之有效的方法，保证企业生产所需资金的正常运转；另一方面加大融资力度，积极与金融部门沟通协调，主动邀请金融机构走进企业、了解企业运营，从而维持或增加贷款授信规模，满足生产经营和项目管理建设的资金需要。

---

①　全国工商联 2009 年对民营企业应对国际金融危机调研的相关结论。

三是充分利用金融危机引起的资产价格较低机会，积极开展投资并购。一些受金融危机影响较小、资金较为充裕的企业，及时抓住原材料价格以及汇率和利率下降的有利时机，积极开展投资，降低公司的投资成本；抓住国外企业资产价格大幅下降，具有先进技术、成熟品牌或营销渠道的国外企业经营困难的有利时机，积极开展海外并购，提升企业技术水平和影响力。

四是实施品牌战略，重新定位市场、开拓新市场。针对金融危机引发国内市场销售收入下滑的情况，很多民营企业采取重新定位市场区域，扩大销售范围的措施，在国内重点开发以前不太重视的二三线市场和农村市场；在国外开始重点拓展欧美发达国家以外的海外新兴市场，取得了良好的效果。一些外向型企业改变单纯依赖外贸出口的经营模式，积极开拓国内市场，有步骤将销售重点逐步向国内转移，增强企业抗危机的能力。

五是加强和提升管理，内部挖潜，节约成本。在金融危机带来的压力下，民营企业通过改进企业内部管理提高工作效率；通过工艺改造、业务流程梳理等方式来降低企业成本；通过人力资源开发为企业的发展注入新的动力，保证企业利润，维护企业健康发展，为企业平稳度过金融危机奠定了基础。

六是抱团合作，共克时艰。面对国际金融危机，民营企业通过行业内上下游产业链的联合、关联行业间的联合、资本的联合抱团取暖共同发展；此外，民营企业还通过商会组织抱团“走出去”，在国外进行投资，拓展海外市场。

第五章　2008 年民营企业 500 家与中国企业 500 强比较分析

本章以 2008 年民营企业 500 家和中国企业联合会、中国企业家协会发布的中国企业 500 强数据进行了对比分析，试图反映两部分企业在规模、经营效益、地区分布和行业分布等多方面的特征，并进一步分析金融危机背景下，二者在成长性和抗风险能力方面的特点，以便我们能更好地把握民营企业的实际状况。

第一节　企业总体发展状况对比分析

从中国企业 500 强与民营企业 500 家的总体发展情况看，以国有企业为主的中国企业500强，无论在数量还是总体规模方面均占绝对优势，民营企业500家在经营效率效益方面保持优势，且在金融危机背景下呈现了较好的成长性和抗风险能力，成为我国国民经济发展的重要稳定力量。

一　国有及控股企业在中国企业500强中保持绝对主导地位

从2009年中国企业500强入围企业所有制分布来看，国有及国有控股企业的比重较大，保持了绝对主导地位。在2009年中国企业500强中，国有及国有控股企业共有331家，占总数的66.2%，实现营业收入22万亿元，占全部企业营业收入总额的84.6%，实现利润总额为1.0万亿元，占全部企业利润总额的86.9%。①

2008年中国企业500强入围门槛为营业收入总额105.4亿元，比上一年提高了12.3亿元；民营企业500家的入围门槛则由2007年的25.83亿元提高至29.70亿元。在2008年民营企业500家中，共有72家民营企业实际入围了中国企业500强，较2007年减少4家。但如果按照中国企业500强的入围门槛，应该有91家企业具有入围资格，较2007年增加一家。值得一提的是，民营企业在2008年又有14家新入榜中国企业500强。

二　民营企业500家总量规模相对较小

从各项总量指标来看，民营企业500家的总量规模相对于中国企业500强仍然很小，2008年该差距还有进一步扩大的趋势，但是利润占比较2007年有所增加。2008年民营企业500家营业收入总额为41099.01亿元，占中国企业500强营业收入总额的15.79%，较2007年降低0.21%；资产总额28250.07亿元，占中国企业500强资产总额的3.81%，较2007年降低0.39%。而从企业盈利角度看，2008年民营企业500家税后净利润1640.72亿元，占中国企业500强税后净利润的13.61%，较2007年增加1.71%（见图5-1）。

① 数据来源：中国企业联合会。

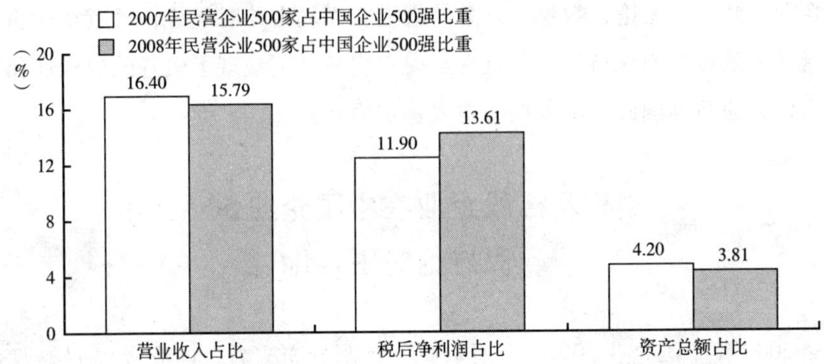

图 5－1　2007～2008 年民营企业 500 家占中国企业 500 强总体指标比重图

从指标排名前列企业对比看，2008 年中国企业 500 强排名前十位的营业收入总额为 65953 亿元，民营企业 500 家排名前十的企业营业收入总额是 6487 亿元。其中，中国企业 500 强营业收入排名第一的仍然是中国石油化工集团公司，实现营业收入 14624 亿元；中国石油天然气集团公司、国家电网公司名列第二名和第三名。而民营企业 500 家中，江苏沙钢集团有限公司首次超过联想控股有限公司，位居民营企业 500 家首位，实现营业收入总额 1452 亿元，排名中国企业 500 强的第 35 名；列第二、第三位的分别是联想控股有限公司和苏宁电器集团（见表 5－1）。

表 5－1　2008 年中国企业 500 强与民营企业 500 家营业收入总额前 10 名企业表

单位：亿元

排名	中国企业 500 强	营业收入	民营企业 500 家	营业收入
1	中国石油化工集团公司	14624. 39	江苏沙钢集团有限公司	1452. 32
2	中国石油天然气集团公司	12730. 03	联想控股有限公司	1145. 59
3	国家电网公司	11407. 37	苏宁电器集团	1023. 42
4	中国工商银行股份有限公司	4900. 04	上海复星高科技（集团）有限公司	488. 10
5	中国移动通信集团公司	4518. 52	天津荣程联合钢铁集团有限公司	460. 65
6	中国建设银行股份有限公司	4029. 37	新希望集团有限公司	446. 97
7	中国人寿保险（集团）公司	3790. 09	广厦控股创业投资有限公司	442. 05
8	中国银行股份有限公司	3522. 80	江苏雨润食品产业集团有限公司	370. 03
9	中国农业银行股份有限公司	3340. 37	江苏永钢集团有限公司	329. 10
10	中国中华集团公司	3089. 75	杭州娃哈哈集团有限公司	328. 32
	合　　计	65952. 74	合　　计	6486. 55

2008 年，中国企业 500 强入围世界 500 强的企业有 34 家，江苏沙钢集团有限公司也跻身于世界 500 强，成为唯一上榜的民营企业，可见中国民营钢铁企业正加快发展步伐，逐步跨入国际先进企业的行列。

三　民营企业 500 家经营效率保持优势

在销售盈利能力方面，民营企业 500 家平均销售净利率弱于中国企业 500 强，导致民营企业销售净利率较低的原因除了企业自身经营业绩水平的因素外，外部因素也起到很大的作用，如一般性行业市场竞争激烈，高利润行业的垄断，国有企业在规模、融资、市场渠道方面的优势等。但是，我们也看到，在 2008 年严峻的经济背景下，民营企业 500 家销售净利率的下降幅度小于中国企业 500 强，民企的创收能力正在进一步增强。数据显示，2008 年民营企业 500 家平均销售净利率为 3.99%，较 2007 年下降了 0.63 个百分点；而中国企业 500 强 2008 年平均销售净利率为 4.6%，较 2007 年下降了 1.7 个百分点（见图 5 - 2）。

而在资产效益、效率方面，民营企业凭借灵活的经营方式以及组织结构精简等优势，使得其资产创收能力及周转效率占据优势。2008 年，民营企业 500 家平均资产净利率为 5.81%，而中国企业 500 强为 1.67%；在平均净资产收益率及资产周转率方面，民营企业 500 家更是一直领先于中国企业 500 强。2008 年，民营企业 500 家平均净资产收益率为 15.47%，高于中国企业 500 强 6.59 个百分点；平均资产周转率为 153.99%，远高于中国企业 500 强 35% 的水平（见图 5 - 2）。

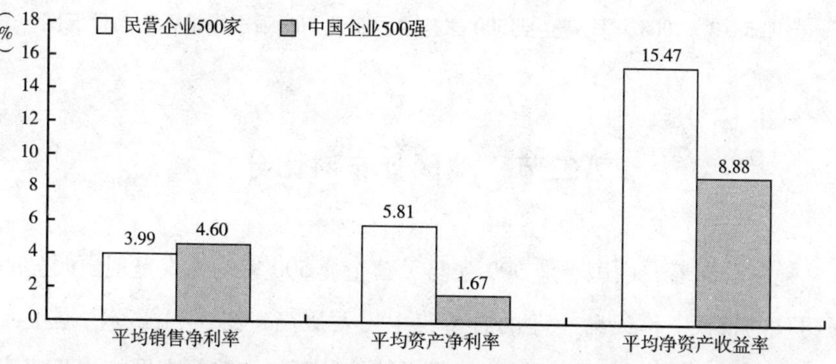

图 5 - 2　2008 年民营企业 500 家与中国企业 500 强盈利能力对比图

四　金融危机下民营企业体现出较好的成长性和抗风险能力

2008 年的金融危机波及全球，我国企业也受到了不同程度的冲击。但在此经济环境背景下，我国民营企业 500 家表现出较好的成长性和抗风险能力。2008 年民营企业 500 家营业收入增长率为 15.70%，总资产增长率 12.42%，净利润下降幅度 0.08%。2008 年中国企业 500 强营业收入增长率为 19.1%，总资产增长率 24.4%，净利润下滑幅度却高达 12.4%。由此可见，我国民营企业的市场竞争力正在逐步提高，在全球经济环境恶化的背景下，有效地抑制了企业利润的下滑，成为我国国民经济重要的稳定力量（见图 5－3）。

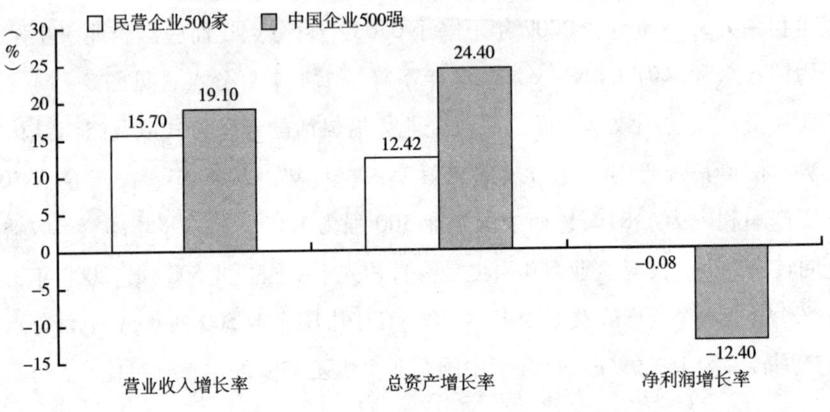

图 5－3　2008 年民营企业 500 家与中国企业 500 强规模指标变动情况图

第二节　地区分布对比分析

从地区分布看，中国企业 500 强与民营企业 500 家均一直呈现出明显的“东强西弱”的特征。但民营企业的省市集中度要更高，浙江、江苏占据了民营企业 500 家中近半数的企业；而北京依靠天然的地理、政治等方面的优势成为中国企业 500 强的聚集地。

一　东部地区是国有及民营企业的集中地区

从企业数量的分布情况来看，中国企业 500 强和民营企业 500 家均主要集中在政治经济都较为发达的东部地区。调研数据显示，2008 年中国企业 500 强中有 348 家企业位于东部地区，占比 69.6%；其次是中部地区的 65 家企业（占比 13%），西部地区的 61 家企业（占比 12.2%），东北部地区的 26 家企业（占比 5.2%）。而民营企业 500 家的数量分布情况与中国企业类似，2008 年东部地区入围企业数量 396 家，占比 79.2%，而中部、西部和东北部地区分别仅占比 9.4%、7.4% 和 4.0%。

从营业收入和资产规模来看，2008 年，中国企业 500 强东部地区营业收入占比 82.8%，资产总额占比 93.0%；同年民营企业 500 家中东部地区营业收入占比 82.7%，资产总额占比也高达 79.25%。东部地区成为我国企业的主要集中地和财富的主要来源（见图 5－4、图 5－5）。

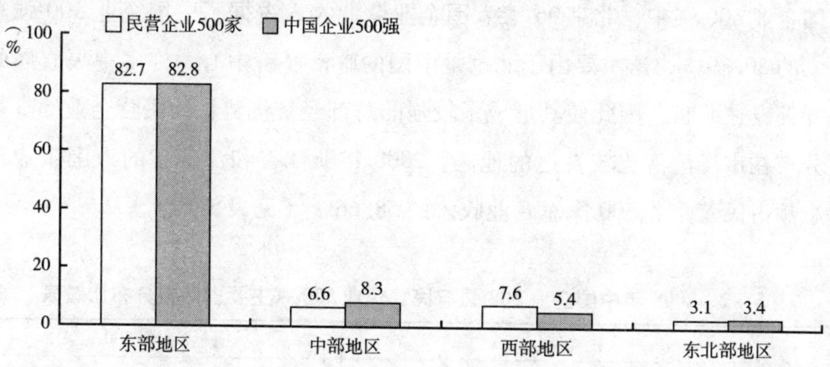

图 5－4　2008 年中国企业 500 强与民营企业 500 家各地区营业收入占比情况图

二　民营企业 500 家与中国企业 500 强的省区市分布情况体现差异

2008 年中国企业 500 强企业中，除西藏、宁夏外，其余 29 个省、自治区、直辖市均有企业入围，其中排名前两位的是北京和山东，入围企业数量分别为 96 家

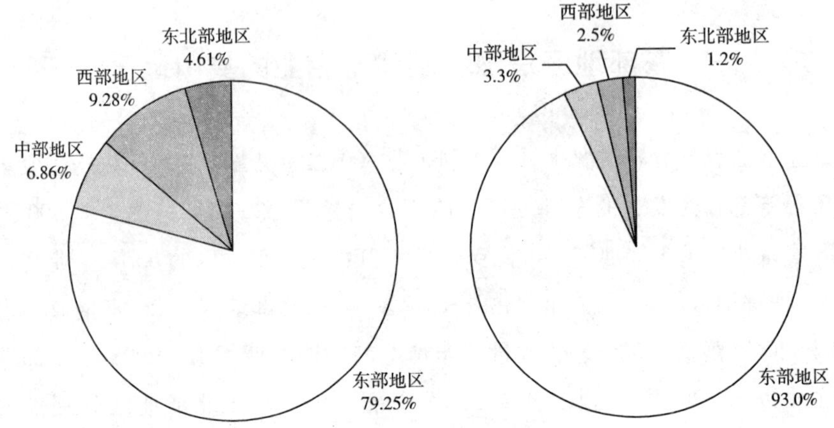

图5－5　2008年民营企业500家与中国企业500强各地区资产规模情况图

和51家，共占中国企业界500强的29.4%。民营企业500家的集中度更高，企业集中最多的是浙江和江苏，入围企业数量分别为185家和111家，共占总数的59.2%。

同时我们也看到，中国企业500强多集中在政策资源较为发达的地区。2008年中国企业500强中，北京96家入围企业营业收入占据了中国企业500强总营业收入的50.79%，这主要由于北京是中国的政治经济中心，许多中央直属的企业总部都设在北京，因此使其形成了较强的总部经济优势。而民营企业500家则主要分布在市场经济比较发达的地区，2008年浙江省和江苏省的入围企业营业收入总额占民营企业500家总营业收入的58.66%（见表5－2）。

表5－2　2008年中国企业500强与民营企业500家主要省区市分布比较表

序号	省份	中国企业500强			民营企业500家		
		企业数	家数比重(%)	营收比重(%)	企业数	家数比重(%)	营收比重(%)
1	北京	96	19.20	50.79	3	0.60	3.90
2	山东	51	10.20	5.09	40	8.00	6.28
3	江苏	50	10.00	4.69	111	22.20	29.20
4	广东	37	7.40	6.54	9	1.80	2.07
5	浙江	37	7.40	3.46	185	37.00	29.46
6	上海	28	5.60	6.47	26	5.20	5.90
7	天津	25	5.00	3.20	12	2.40	3.19
8	辽宁	17	3.40	2.03	13	2.60	1.82
9	河北	16	3.20	1.80	6	1.20	1.68
10	山西	12	2.40	2.05	12	2.40	1.69

第三节 产业及行业分布对比分析

一直以来，第二产业作为我国国民经济的支柱产业发挥着举足轻重的作用，在中国企业 500 强和民营企业 500 家中都占据较大的份额，在民营企业中的绝对优势更为突出。从行业分布来看，民营企业在垄断性较高和资金密集型行业中处于明显弱势地位，但在竞争程度较高的行业中经营效益、效率具备优势。

为了方便对比分析，我们将中国企业 500 强的行业进行了合并整理，整理后，中国企业 500 强共有 30 个行业被纳入我们的比较范围。

一 第二产业是我国国民经济的支柱产业

民营企业 500 家和中国企业 500 强在产业格局分布上基本保持一致，均主要集中在第二产业，民营企业第二产业集中度相对更高。调研数据显示，2008 年民营企业 500 家第二产业企业数量高达 390 家，占比 78%，共实现营业收入 30372 亿元，占民营企业 500 家营业收入总额的 73.9%；中国企业 500 强中第二产业企业数量为 358 家，占比 71.6%，实现营业收入占中国企业 500 强营业收入总额的 66.8%（见图 5－6、图 5－7）。

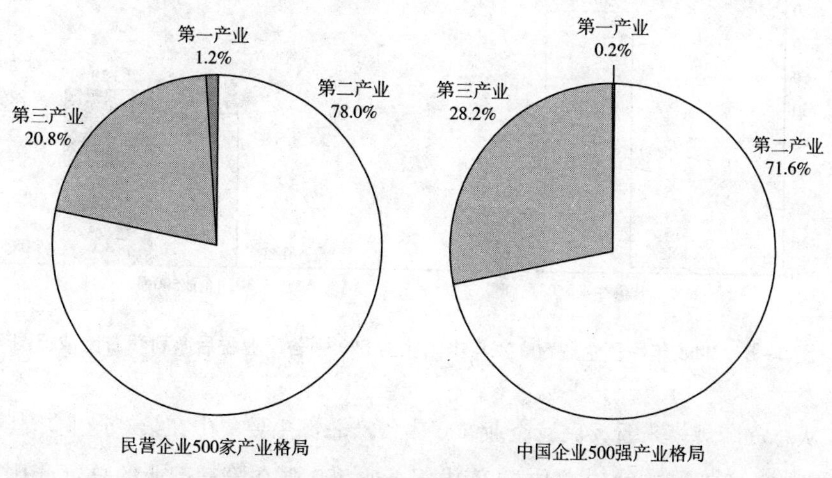

图 5－6 2008 年民营企业 500 家与中国企业各产业入围企业数量对比图

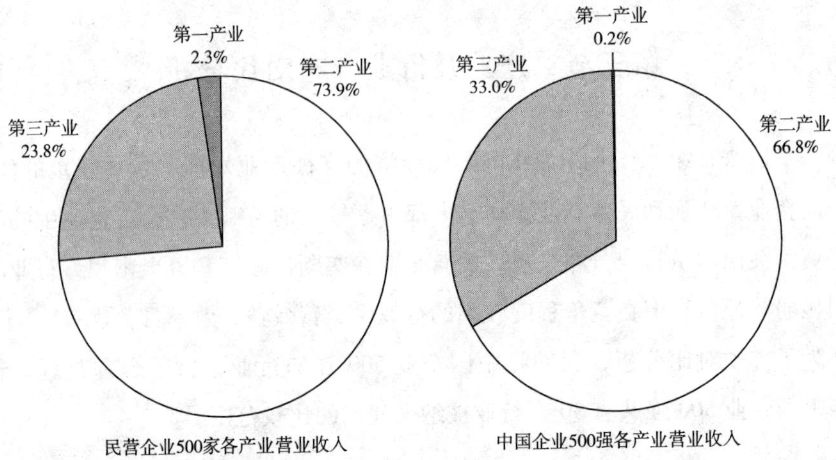

图5－7　2008年民营企业500家与中国企业500强各产业营业收入占比情况图

但从税后净利润和资产规模来看，民营企业500家在第二产业的集中度大于中国企业500强。调研数据显示，民营企业500家净利润主要来源于第二产业，其净利润占民营企业500家净利润总额的79.1%。相比之下，中国企业500家中第二、三产业净利润分布情况较为平均，且第三产业的净利润总额高于第二产业（见图5－8）。

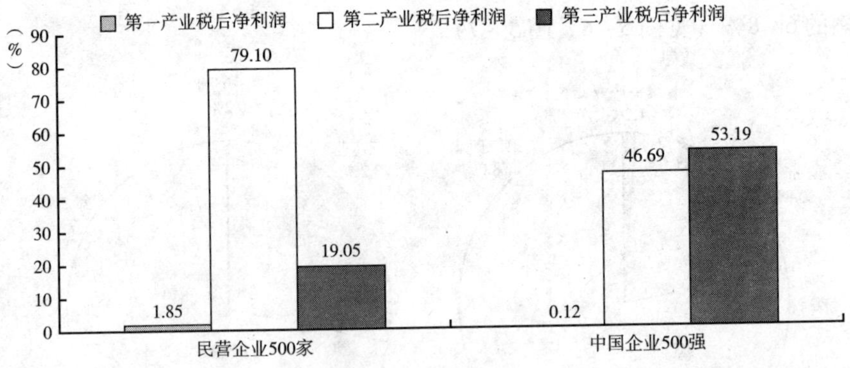

图5－8　2008年民营企业500家与中国企业500强各产业税后净利润占比情况图

从总资产规模来看，民营企业500家资产总额主要集中在第二产业，其资产总额占500家总资产的71.84%；而中国企业500强在第三产业的总资产比重最大，占资产总额的73.06%（见图5－9）。

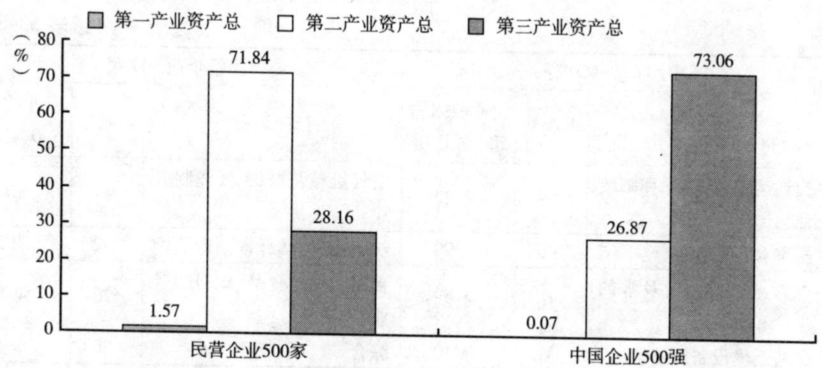

图 5 -9　2008 年民营企业 500 家与中国企业 500 强各产业资产总额占比情况图

二　民营企业在垄断性较高行业与资金密集型行业中处于弱势

中国企业 500 强主要分布在资金密集型和自然垄断、行政垄断性较高的行业，例如黑色、有色金属冶炼及压延加工业，石油加工业，电力、热力、燃气及水的生产和供应业，金融保险业，航空运输业等，其营业收入、盈利也都主要来自于这些领域。

相比之下，民营企业 500 家在行业分布上则主要集中于劳动密集型产业和竞争性行业，如批发和零售业，建筑业，纺织业、化学纤维制造业、食品加工与食品、饮料制造业等。除此之外，黑色金属、有色金属冶炼及压延加工业、交通运输设备制造业等以前民营企业涉足较少的重工行业，随着行业准入的开放与国有企业的转制，也逐渐成为近年来民营企业发展的热点行业（见表 5 -3）。

表 5 -3　2008 年民营企业 500 家和中国企业 500 强前 10 名行业分布情况表

单位：家，%

序号	中国企业 500 强			民营企业 500 家		
	行业名称	企业数	营业收入占 500 强比重	行业名称	企业数	营业收入占 500 家比重
1	黑色金属、有色金属冶炼及压延加工业	90	13.97	黑色金属、有色金属冶炼及压延加工业	66	19.33
2	金融保险业	20	10.02	批发和零售业	48	11.04
3	采矿业	29	9.69	建筑业	60	9.24

续表 5-3

序号	中国企业 500 强			民营企业 500 家		
	行业名称	企业数	营业收入占500强比重	行业名称	企业数	营业收入占500家比重
4	交通运输、仓储业和邮政业	39	9.22	电气机械及器材、线缆制造业	47	8.06
5	批发和零售业	46	8.99	纺织业、化学纤维制造业	42	7.27
6	电力、热力、燃气及水的生产和供应业	16	8.24	食品加工与食品、饮料制造业	20	4.52
7	交通运输设备制造业	31	7.10	综合	20	4.33
8	建筑业	33	6.15	交通运输设备制造业	23	4.00
9	石油加工、炼焦加工业	8	6.07	化学原料及化学制品制造业	20	3.70
10	通用设备和专用设备制造业	26	2.87	信息传输、计算机服务和软件业	4	3.13
合计		338	82.31		350	74.60

三　民营企业在竞争性行业中更有效率

通过对一些行业进行合并整理，共有26个行业被纳入我们的比较范围。从经营效率方面来看，在这26个行业当中，民营企业500家除在交通运输、仓储业和邮政业，金融保险业和纺织业、化学纤维制造业三个行业的销售净利率与资产净利率低于中国企业500强，其他行业民营企业500家的经营效率均高于中国企业500强。

同时可以看出，中国企业500强经营效益高的行业主要集中在一些如交通运输、仓储业和邮政业，金融保险业，电力、热力、燃气及水的生产和供应业，石油加工等高垄断性行业中，虽然国家正在逐步开放对民营企业进入特定行业的条件，但由于准入门槛仍然过高，导致民营企业很难介入。调研数据显示，2008年入围中国企业500强的金融保险业企业共有20家，实现人均营业收入122.79万元/人，人均净利润19.5万元/人；而该行业入围民营企业500家的只有1家，其人均营业收入和人均净利润水平也近为28.99万元/人和33.06万元/人。

但剔除这些高垄断性行业的影响，民营企业在劳动密集型、竞争性行业中具备优势。调研数据显示，2008年民营企业500家中农、林、牧、渔业业人均营业收入82.82万元/人，人均利润2.64万元/人，远高于中国企业500强8.67万元/人和0.22万元/人的水平（见表5-4）。

表5-4　2008年中国企业500强与民营企业500家主要行业效益指标对比分析表

单位：%，万元/人

序号	行业名称	民营企业500家				中国企业500强			
		销售净利率	资产净利率	人均营业收入	人均净利润	销售净利率	资产净利率	人均营业收入	人均净利润
1	黑色金属、有色金属冶炼及压延加工业	3.54	6.30	266.64	9.43	2.72	2.78	146.35	3.99
2	批发和零售业	1.98	5.42	154.93	3.07	1.34	3.61	234.41	3.14
3	建筑业	2.73	4.78	30.79	0.84	1.78	1.81	69.38	1.23
4	电气机械及器材、线缆制造业	4.60	8.53	132.08	6.08	4.15	4.77	126.47	5.25
5	纺织业、化学纤维制造业	2.73	4.53	121.03	3.31	3.50	5.38	91.29	3.20
6	食品加工与食品、饮料制造业	4.59	8.00	81.50	3.74	4.73	7.50	98.13	4.64
7	交通运输设备制造业	4.78	5.10	64.93	3.10	3.73	3.27	89.16	3.32
8	化学原料及化学制品制造业	4.56	6.71	186.13	8.49	2.03	1.85	101.86	2.06
9	房地产业	9.23	5.63	159.95	14.76	8.14	4.47	103.88	8.46
10	服装、鞋帽、皮革制造业	6.72	8.77	73.77	4.96	6.45	6.72	71.69	4.62
11	农、林、牧、渔业	3.18	6.96	82.83	2.64	2.53	2.77	8.67	0.22
12	通用设备和专用设备制造业	5.32	5.55	102.20	5.43	2.95	4.58	127.66	3.77
13	通信设备、计算机及其他电子设备制造业	4.90	6.24	127.60	6.25	2.01	3.22	185.46	3.73
14	医药制造业	6.42	8.67	73.48	4.72	2.90	4.07	99.34	2.88
15	石油加工、炼焦加工业	7.71	8.67	137.52	10.60	0.70	0.99	229.49	1.61
16	橡胶、塑料制品业	7.19	8.81	139.84	10.05	0.71	1.04	74.28	0.53
17	交通运输、仓储业和邮政业	-1.37	-0.77	113.49	-1.56	5.59	1.91	55.29	3.09
18	非金属矿物制品业	5.70	4.56	69.79	3.97	4.50	3.81	101.18	4.55
19	电力、热力、燃气及水的生产和供应业	3.89	3.67	70.13	2.73	-0.21	-0.10	118.50	-0.24
20	采矿业	16.30	14.97	94.92	15.48	7.76	5.09	64.59	5.01
21	金融、保险业	-14.46	-7.53	93.80	-13.56	15.88	0.98	122.79	19.50
22	住宿、餐饮业	9.68	20.55	11.28	1.09	3.10	2.96	107.70	3.34

通过上述的分析，我们认为虽然民营企业500家与中国企业500强的规模差距依然很大，但中国企业500强的竞争优势主要集中在政治资源较为充足的地区

和垄断性高、资金密集性的行业，而民营企业500家则在市场经济发达、竞争程度较高的行业具有优势。因此可以预见，随着国家对民营企业进入特定行业条件的逐步开放以及政策支持力度的加大，我国民营企业将保持更好的成长性和市场抗风险能力，民营企业将在促进经济发展、保持国民经济稳定中扮演着更加重要的角色。

附录：

第三篇 附录

2008年度全国工商联上规模民营企业前500家名单

排名	企业名称	省区市	主营业务	营业收入总额（万元）
1	江苏沙钢集团有限公司	江苏省	钢材、矿石、矿粉	14523215
2	联想控股有限公司	北京市	台式PC机、笔记本电脑、房地产	11455850
3	苏宁电器集团	江苏省	家用电器连锁销售和服务	10234242
4	上海复星高科技（集团）有限公司	上海市	钢铁产品、餐饮百货、生物医药	4881041
5	天津荣程联合钢铁集团有限公司	天津市	带钢、钢坯、高速线材	4606537
6	新希望集团有限公司	四川省	饲料、肉食品、乳制品、化工与资源	4469679
7	广厦控股创业投资有限公司	浙江省	建筑业、房地产业	4420488
8	江苏雨润食品产业集团有限公司	江苏省	食品、房地产	3700293
9	江苏永钢集团有限公司	江苏省	小方坯、线材（盘条）、钢筋	3290993
10	杭州娃哈哈集团有限公司	浙江省	饮料、食品等，租赁、材料调拨等	3283157
11	东方希望集团有限公司	上海市	有色金属、饲料	3234974
12	物美控股集团有限公司	北京市	零售商品	3064781
13	海亮集团有限公司	浙江省	有色金属贸易、铜加工	3032710
14	江苏新长江实业集团有限公司	江苏省	螺纹钢、钢坯、无缝钢管	2770597
15	比亚迪股份有限公司	广东省	汽车	2678825

续表

排名	企业名称	省区市	主营业务	营业收入总额(万元)
16	天津天狮集团有限公司	天津市	营养保健食品、美容护肤品、保健用品	2654306
17	唐山国丰钢铁有限公司	河北省	热轧窄钢带、热轧宽钢带、螺纹	2651785
18	三胞集团有限公司	江苏省	IT 连锁、宏图制造、宏图地产	2618360
19	中天钢铁集团有限公司	江苏省	钢材、粗钢、生铁	2578730
20	宁波金田投资控股有限公司	浙江省	阴极铜、铜线、铜棒	2549950
21	海航集团有限公司	海南省	航空旅游机场业务、金融与商业、现代物流	2537006
22	雅戈尔集团股份有限公司	浙江省	纺织服装、贸易、房地产	2493649
23	正泰集团股份有限公司	浙江省	低压电器、输配电设备、仪器仪表	2395160
24	内蒙古蒙牛乳业(集团)股份有限公司	内蒙古自治区	液态奶、冰淇淋、其他乳制品	2379661
25	江苏阳光集团有限公司	江苏省	服装、呢绒	2369705
26	江阴兴澄特种钢铁有限公司	江苏省	钢铁	2366928
27	临沂新程金锣肉制品有限公司	山东省	鸡、猪分割产品,高、低温肉制品	2229815
28	浙江恒逸集团有限公司	浙江省	PTA、聚酯、长丝	2228201
29	通威集团有限公司	四川省	饲料、化工原料、养殖	2176295
30	新疆广汇实业投资(集团)有限责任公司	新疆维吾尔自治区	汽车销售及服务、房地产、清洁能源	2128403
31	四川宏达集团	四川省	工业、贸易	2109782
32	三一集团有限公司	湖南省	混凝土机械、起重机械、挖掘机械	2093618
33	红豆集团有限公司	江苏省	服装	2069514
34	江阴澄星实业集团有限公司	江苏省	磷化工	2054468
35	萍乡钢铁有限责任公司	江西省	钢材生产销售	2022894
36	人民电器集团有限公司	浙江省	高低压电器、机电产品、成套电控设备	1917625
37	江阴市西城钢铁有限公司	江苏省	钢坯、管坯、中板、螺纹钢	1916977
38	中天发展控股集团有限公司	浙江省	房屋建筑、房地产开发	1890096
39	华芳集团有限公司	江苏省	棉纱、棉布、呢绒	1850357
40	上海华冶钢铁集团有限公司	上海市	钢材加工零售配送服务	1832965
41	百兴集团有限公司	江苏省	商贸、工业、房地产	1823637
42	上海人民企业(集团)有限公司	上海市	输配电成套设备、仪器仪表、电线电缆	1781021
43	陕西东岭工贸集团股份有限公司	陕西省	钢铁贸易、钢铁、铅锌冶炼及压延加工、焦化及煤化工	1763246

续表

排名	企业名称	省区市	主营业务	营业收入总额(万元)
44	天津友发钢管集团有限公司	天津市	直缝焊管、钢坯、热镀锌钢管	1734415
45	德力西集团有限公司	浙江省	电气产品制造、商贸物流、交通运输等	1730428
46	江苏新世纪造船有限公司	江苏省	成品船舶、船舶半成品、船舶成品分段	1707437
47	浙江荣盛控股集团有限公司	浙江省	涤纶丝	1706845
48	江苏三房巷集团有限公司	江苏省	聚酯切片、涤纶化纤、纱	1666361
49	奥克斯集团	浙江省	空调、电表、变压器	1640977
50	天正集团有限公司	浙江省	高低压电器、仪器仪表、批发与零售、房地产	1630011
51	九州通医药集团股份有限公司	湖北省	中药材、中药饮片、西药制剂、抗生素、中成药、医疗器械等	1628759
52	华盛江泉集团有限公司	山东省	钢铁、热电、建材	1600001
53	广东温氏食品集团有限公司	广东省	养鸡、养猪、动物保健品	1586468
54	新奥集团股份有限公司	河北省	城市燃气、能源物流、能源工程	1584816
55	法尔胜集团公司	江苏省	钢绳、钢绞线、钢丝	1528096
56	新华联控股有限公司	北京市	化工产品制造与销售、酒业制造与销售、房地产开发	1491769
57	新世纪控股集团有限公司	浙江省	国际物流、国际贸易、电子产业、农产品深加工	1462290
58	江苏文峰集团有限公司	江苏省	商业零售、住宿、餐饮、房地产开发	1457600
59	江苏高力集团有限公司	江苏省	房地产开发、汽配、家居连锁市场经营	1446283
60	浙江建龙钢铁实业有限公司	浙江省	钢材生产、销售	1443978
61	桐昆集团股份有限公司	浙江省	涤纶长丝、聚酯切片	1434953
62	江苏苏宁环球集团有限公司	江苏省	房地产开发、商业、服务业、酒店	1429258
63	江苏申特钢铁有限公司	江苏省	钢坯、生铁、螺纹钢	1416757
64	传化集团有限公司	浙江省	化工产品、现代物流、农业	1416398
65	江苏南通三建集团有限公司	江苏省	房屋建筑工程	1400879
66	恒力集团有限公司	江苏省	涤纶长丝、服装布料、热电能源	1393221
67	江苏双良集团有限公司	江苏省	空调产品	1391594
68	华泰集团有限公司	山东省	造纸、化工	1385575
69	江苏金浦集团有限公司	江苏省	环丙及聚醚、树脂产品、烧碱及PVC	1369225
70	山东石横特钢集团有限公司	山东省	钢材	1353066

续表

排名	企业名称	省区市	主营业务	营业收入总额(万元)
71	浙江吉利控股集团有限公司	浙江省	汽车	1294342
72	浙江中成控股集团有限公司	浙江省	建筑、房产、热电	1288855
73	力帆实业(集团)股份有限公司	重庆市	汽车、摩托车、摩托车发动机	1254030
74	盾安控股集团有限公司	浙江省	制冷配件、中央空调及末端设备、民用阀门	1229626
75	山东太阳纸业股份有限公司	山东省	涂布白卡纸、铜版纸、涂布白板纸	1224940
76	东方集团实业股份有限公司	黑龙江省	建材零售业、港口服务业、加工制造业	1223811
77	长城电器集团有限公司	浙江省	工业电器、房地产、矿业	1217214
78	丰立集团有限公司	江苏省	贸易、物流、加工	1186000
79	上海舜业钢铁集团有限公司	上海市	冶金炉料、金属材料、建筑材料	1181849
80	河南济源钢铁(集团)有限公司	河南省	钢材	1171922
81	盛虹集团有限公司	江苏省	化纤、印染	1162370
82	万达控股集团有限公司	山东省	电器材料、轮胎生产销售、化工产品	1160272
83	嘉晨集团有限公司	辽宁省	冶金焦炭及煤化工产品、镁质耐火材料	1150000
84	江苏南通二建集团有限公司	江苏省	房屋建筑业、房地产业	1139151
85	隆鑫控股有限公司	重庆市	汽车、摩托车零部件销售、房地产开发	1129142
86	辽宁忠旺集团有限公司	辽宁省	铝型材	1126443
87	远东控股集团有限公司	江苏省	电线电缆、医药、房地产	1091200
88	亚邦化工集团有限公司	江苏省	染料及染料中间体、医药物流、不饱和聚酯树脂	1074665
89	山西安泰集团股份有限公司	山西省	冶炼、焦化、发电	1063548
90	美锦能源集团有限公司	山西省	焦炭、钢铁、陶瓷	1062901
91	山东九羊集团有限公司	山东省	冶金、铸造、旅游	1054097
92	华立集团股份有限公司	浙江省	医药制造、公共计量仪表及系统、电子元件及组件制造	1050406
93	大亚科技集团有限公司	江苏省	木业、包装	1040000
94	江苏三木集团有限公司	江苏省	化工原料、环氧树脂、其他树脂	1035012
95	中南控股集团有限公司	江苏省	建筑业、房地产业	1032267
96	亨通集团有限公司	江苏省	通信光缆、电力电缆、通信电缆	1028730
97	山东科达集团有限公司	山东省	基础设施建设、加工制造、化工业	1023959
98	深圳市中汽南方投资集团有限公司	广东省	汽车进出口代理与品牌汽车经销	1023000

续表

排名	企业名称	省区市	主营业务	营业收入总额(万元)
99	波司登股份有限公司	江苏省	羽绒服装、四季服装、男装	1020386
100	澳洋集团有限公司	江苏省	粘胶纤维、呢绒、毛纱	1011487
101	山东西水橡胶集团有限公司	山东省	轮胎、帘子布、化工、热电	995871
102	浙江龙盛控股有限公司	浙江省	化工业务、钢铁业务	979188
103	上海奥盛投资控股(集团)有限公司	上海市	预应力专用线材及制品、矿产品贸易、房地产等	975685
104	青山控股集团有限公司	浙江省	不锈钢	961295
105	富阳市永正废旧物资有限公司	浙江省	废纸、废铜、废塑料	942736
106	杭州富春江冶炼有限公司	浙江省	高纯阴极铜、黄金、白银	941945
107	永鼎集团有限公司	江苏省	光缆、电缆、房地产、汽车配件、医疗卫生、高速公路	921617
108	大华(集团)有限公司	上海市	房屋销售、房屋建筑、物业管理	911292
109	黑龙江建龙钢铁有限公司	黑龙江省	钢筋及无缝钢管	902001
110	西子联合控股有限公司	浙江省	电扶梯及配件、锅炉、百货	897564
111	迁安市九江线材有限公司	河北省	线材、钢坯	869124
112	西林钢铁集团有限公司	黑龙江省	钢材、钢坯、冶金副产品销售、铁矿、石灰石采选	866439
113	四川科伦实业集团有限公司	四川省	医药批发及物流、中西药制剂、医药原料等	864641
114	唐山市瑞丰钢铁(集团)有限公司	河北省	带钢制造销售	862851
115	上海均瑶(集团)有限公司	上海市	商业零售、航空、房地产	860004
116	浙江大东南集团有限公司	浙江省	塑料薄膜、塑料包装制品	859248
117	海外海集团有限公司	浙江省	会展、汽车商贸、物管、宾馆、旅游业、房地产业	853500
118	南通四建集团有限公司	江苏省	建筑安装、装潢装饰	851696
119	上海胜华电缆(集团)有限公司	上海市	电线电缆、铜材加工、化工塑料、电气等	844470
120	江苏省苏中建设集团股份有限公司	江苏省	房屋建筑工程施工、房地产开发	844434
121	南通化工轻工股份有限公司	江苏省	苯乙烯、甲苯、二甲苯、乙烯、丙烯、丁二烯等	842500
122	兴乐集团有限公司	浙江省	电线电缆、电工铜杆、漆包线	832656
123	深圳海王集团股份有限公司	广东省	药品生产销售、保健品生产销售、食品生产销售	820000

续表

排名	企业名称	省区市	主营业务	营业收入总额(万元)
124	山东大海集团	山东省	棉纱、印染布	818559
125	山西通达(集团)有限公司	山西省	摩托车销售、配件供应、摩托车生产、汽车贸易、维修服务	809925
126	四川金广实业(集团)股份有限公司	四川省	不锈钢卷板、镍铬合金、矿石	805528
127	江苏飞达集团	江苏省	中板、钢材、工具	800722
128	浙江新湖集团股份有限公司	浙江省	房屋开发、商品销售	798573
129	浙江广天日月集团股份有限公司	浙江省	建筑施工、工业生产、房产开发	793646
130	宁波市慈溪进出口股份有限公司	浙江省	贸易、房地产	786716
131	重庆龙湖企业拓展有限公司	重庆市	房地产销售、物业管理、物业租赁	774360
132	大汉控股集团有限公司	湖南省	钢材贸易、房地产、职业教育	765114
133	修正药业集团	吉林省	医药产品	760115
134	苏州市相城区江南化纤集团有限公司	江苏省	涤纶短纤维	756589
135	衢州元立金属制品有限公司	浙江省	生产销售钢材、金属制品	752940
136	升华集团控股有限公司	浙江省	化学原料制造业、氧化铁颜料系列、新型材料	733957
137	江苏锡兴集团有限公司	江苏省	钢坯、带钢、氧电	733903
138	浙江展诚建设集团股份有限公司	浙江省	建筑业、机械制造、房地产	732587
139	龙元建设集团股份有限公司	浙江省	房屋建筑	728714
140	胜利油田高原石油装备有限责任公司	山东省	油套管、抽油机、钻机	728000
141	无锡西姆莱斯石油专用管制造有限公司	江苏省	石油专用钢管加工、销售	724822
142	浙江富春江通信集团有限公司	浙江省	通信光缆、通信电缆、电力电缆	722426
143	东方建设集团有限公司	浙江省	建筑工程、市政工程	721087
144	福建恒安集团有限公司	福建省	生活用纸、纸制品、婴儿纸尿裤、妇女卫生巾	720900
145	通州建总集团有限公司	江苏省	房屋建筑工程施工、钢结构施工、装修装饰	716000
146	中设建工集团有限公司	浙江省	建筑、房产	712799
147	江苏隆力奇集团有限公司	江苏省	日化用品	707927

续表

排名	企业名称	省区市	主营业务	营业收入总额(万元)
148	华勤橡胶工业集团	山东省	轮胎、输送带	699388
149	江苏上上电缆集团	江苏省	电线电缆	697821
150	无锡兴达泡塑新材料有限公司	江苏省	可发性聚苯乙烯	691618
151	山东五征集团有限公司	山东省	三轮汽车、载货汽车、拖拉机	690782
152	江苏天地龙集团有限公司	江苏省	铜杆、铜丝、铝杆、铝丝	681741
153	永乐(中国)电器销售有限公司	上海市	家电、3C、数码等	680200
154	五洋建设集团股份有限公司	浙江省	建筑、房产、商贸	678700
155	苏州二建建筑集团有限公司	江苏省	建筑业施工总承包、房产开发及销售	667700
156	沈阳远大企业集团	辽宁省	幕墙、电梯、机电	662456
157	天津天士力集团有限公司	天津市	生物医药、保健品	660894
158	浙江翔盛集团有限公司	浙江省	涤纶长丝、低弹丝、涤纶切片	651160
159	宜华企业(集团)有限公司	广东省	实木家具、实木地板、房地产开发	650044
160	辽宁曙光汽车集团股份有限公司	辽宁省	汽车、汽车零部件	650030
161	和润集团有限公司	浙江省	粮油加工、房地产开发、现代物流	648994
162	宁波乐金甬兴化工有限公司	浙江省	ABS 树脂、SBL 胶乳	647796
163	江苏华宏实业集团有限公司	江苏省	涤纶短纤、液压机械、铜管	645557
164	浙江天能电池有限公司	浙江省	电动助力车用蓄电池、控制器、镍氢、锂电池、充电器	636816
165	营口青花集团	辽宁省	镁砖、镁碳砖、不定型耐火材料	635900
166	浙江康桥汽车工贸集团股份有限公司	浙江省	汽车销售、维修服务	634424
167	中厦建设集团有限公司	浙江省	建筑施工、针纺服饰、房地产开发	634324
168	华升建设集团有限公司	浙江省	建筑施工、房地产开发	628876
169	绿都控股集团有限公司	浙江省	房地产业、建筑市政工程、酒店业	625321
170	广西南华糖业集团有限公司	广西壮族自治区	甘蔗制糖、甜菜制糖、蔗渣制浆造纸	622390
171	力诺集团股份有限公司	山东省	光电光热产业、化工涂料产业、医药产业	621817
172	四川盛马化工股份有限公司	四川省	柴油、汽油、其他石油制品	618967
173	红太阳集团有限公司	江苏省	化学农药(含化学肥料)、油漆涂料、种子	613397
174	浙江国泰建设集团有限公司	浙江省	建筑施工、房地产开发、宾馆环保	612282
175	浙江凯喜雅国际股份有限公司	浙江省	服装、生丝、绸缎	608871

续表

排名	企业名称	省区市	主营业务	营业收入总额(万元)
176	杭州华三通信技术有限公司	浙江省	以太网交换机产品、路由器产品、存储产品	605525
177	重庆市金科实业(集团)有限公司	重庆市	房地产、建筑施工、酒店经营、物业管理	605001
178	天津现代集团有限公司	天津市	商业房地产开发、商业服务国内外贸易	602577
179	江苏熔盛重工有限公司	江苏省	散货轮制造	601706
180	江苏常发实业集团有限公司	江苏省	制造业、房地产	601189
181	浙江华成控股集团有限公司	浙江省	建筑安装、房地产销售、有机硅产品	597942
182	汇源集团有限公司	四川省	通信传输、电器及其配套、广播器材	593070
183	上海西本钢铁贸易发展有限公司	上海市	钢铁贸易	592340
184	卧龙控股集团有限公司	浙江省	制造业、房地产业、商贸投资	589782
185	浙江金帝集团有限公司	浙江省	房地产开发、天然气开采、物业管理	589510
186	江苏综艺集团	江苏省	软件及网络服务、芯片设计应用、智能卡制造	589203
187	无锡市兆顺不锈钢中板有限公司	江苏省	普碳中板	587965
188	亚厦控股有限公司	浙江省	装饰、建筑、房产	587600
189	光宇集团有限公司	浙江省	玻璃、纯碱	584315
190	浙江栋梁新材股份有限公司	浙江省	有色金属贸易、建筑用铝合金型材、印刷用 PS 铝板基	583587
191	江苏中兴建设有限公司	江苏省	建筑业	581246
192	孚日集团股份有限公司	山东省	纺织、热电、化工	578219
193	吉林省长春皓月清真肉业股份有限公司	吉林省	冷鲜牛肉、熟食、饲料	574156
194	福建三安集团有限公司	福建省	钢铁产品生产销售、光电产品生产销售、铁矿采选销售	573359
195	江苏华尔润集团有限公司	江苏省	浮法玻璃	570058
196	杭州锦江集团有限公司	浙江省	有色金属、环保能源、建材	569829
197	佳杰科技(上海)有限公司	上海市	计算机产品	569247
198	云南德胜钢铁有限公司	云南省	钢材、粗钢、生铁	568621
199	江苏南通六建建设集团有限公司	江苏省	房屋工程建筑、建筑安装、装饰	566467
200	常州天合光能有限公司	江苏省	光伏组件	563737

续表

排名	企业名称	省区市	主营业务	营业收入总额(万元)
201	森马集团有限公司	浙江省	休闲服、童装	563169
202	合众人寿保险股份有限公司	湖北省	保险产品	562815
203	江苏林洋新能源有限公司	江苏省	太阳能电池组件、太阳能电池片	560000
204	天津立业钢铁贸易有限公司	天津市	钢铁贸易、钢铁加工、配送、H 型钢	559532
205	兴惠化纤集团有限公司	浙江省	涤纶丝、服装面料	557433
206	山东金升有色集团有限公司	山东省	高纯阴极铜、光亮圆铜杆	556686
207	万事利集团有限公司	浙江省	服装、丝绸印染、针织布	554642
208	大全集团有限公司	江苏省	电气设备及器材、多晶硅	553800
209	杭州道远化纤集团有限公司	浙江省	化纤纺织、化纤原料的销售	553505
210	利时集团股份有限公司	浙江省	生产销售、商业批售、房地产	552376
211	胜达集团有限公司	浙江省	瓦楞纸板、纸箱、生活用纸、棉纺织	552051
212	江阴江东集团公司	江苏省	法兰、人造革、化纤纱	551388
213	长业建设集团有限公司	浙江省	建筑、交通、劳务分包	551061
214	江苏骏马集团有限责任公司	江苏省	帘子布、钢帘线	550000
215	山西常平集团	山西省	钢坯、生铁、焦炭	550000
216	湖北联谊实业集团有限公司	湖北省	金属材料及制品的销售、金属矿石销售、钢材加工配送	549858
217	湖北新洋丰肥业有限公司	湖北省	复混肥料、磷酸一铵	543957
218	江苏天工工具有限公司	江苏省	高速钢、工具	543943
219	山西金业煤焦化集团有限公司	山西省	焦炭及其副产品、煤炭发运	542151
220	宝矿国际贸易有限公司	上海市	铁矿石贸易	539144
221	山西潞宝集团	山西省	焦炭、洗精煤、化产品	538610
222	侨兴集团有限公司	广东省	手机、电话机	536631
223	中球冠集团有限公司	浙江省	成品油贸易	536519
224	山东胜通集团股份有限公司	山东省	钢帘线、化工产品、玻钢管道	535856
225	河南蓝天集团有限公司	河南省	甲醇、天然气、石油	533182
226	云南南磷集团股份有限公司	云南省	黄磷、磷酸、PVC	528379
227	浙江富陵控股集团有限公司	浙江省	聚丙烯粒子、聚丙烯薄膜	528215
228	方远建设集团股份有限公司	浙江省	建筑安装、房地产开发、逆向反光材料及制品	527467
229	益海嘉里(武汉)粮油工业有限公司	湖北省	小包装食用油、食用散装油	526377
230	浙大网新科技股份有限公司	浙江省	网络设备与终端、机电总包、软件外包与服务	524870
231	开氏集团有限公司	浙江省	化纤、聚酯切片	523300

续表

排名	企业名称	省区市	主营业务	营业收入总额（万元）
232	江苏吴中集团有限公司	江苏省	贵金属加工、房地产、服装	521500
233	洛阳紫金银辉黄金冶炼有限公司	河南省	黄金	521460
234	新凤鸣集团股份有限公司	浙江省	涤纶长丝、聚酯切片	521459
235	江苏旋力集团股份有限公司	江苏省	钢板、钢管、钛管	520359
236	步步高商业连锁股份有限公司	湖南省	商品零售连锁	520135
237	挺宇集团有限公司	浙江省	海运、阀门、仪表、出版	519080
238	富通集团有限公司	浙江省	光纤预制棒、光纤、光缆、特种线缆、有色金属、金属线缆	515830
239	福建达利食品集团有限公司	福建省	食品、饮料、包装	514045
240	浙江中富建筑集团股份有限公司	浙江省	建筑业、房地产业、住宿、餐饮业	513799
241	浙江明日控股集团股份有限公司	浙江省	聚乙烯、聚氯乙烯、聚丙烯	513266
242	上海春秋国际旅行社有限公司	上海市	旅游业务、航空票务	513093
243	通鼎集团有限公司	江苏省	通信电缆、通信光缆、铜丝	512534
244	上海致达科技（集团）股份有限公司	上海市	房地产、信息产业、电力设备制造	511975
245	东辰控股集团有限公司	山东省	石油化工、生物化工、节能电器	511626
246	中天科技集团	江苏省	普通光纤、特种光缆、导线	509926
247	银泰百货有限公司	浙江省	商品销售	509733
248	内蒙古小尾羊餐饮连锁股份有限公司	内蒙古自治区	餐饮服务、产品销售、加盟业务	507800
249	青年汽车集团有限公司	浙江省	客车、卡车、轿车、汽车零部件	507709
250	江苏江南实业集团有限公司	江苏省	铁合金系列、镀锌板、塑料型材、铝合金型材	503589
251	天津市丽兴京津钢铁贸易有限公司	天津市	销售钢材	502333
252	龙达集团有限公司	浙江省	涤丝、切片、纸管	501986
253	安徽楚江投资集团有限公司	安徽省	铜产品、钢产品	500026
254	金花企业集团	陕西省	商业零售、医药制造、酒店服务业	499377
255	曙光控股集团有限公司	浙江省	建筑、房产、酒店	496365
256	铁牛集团有限公司	浙江省	汽车整车制造	496211
257	广东恒兴集团有限公司	广东省	饲料、水产品加工、水产种苗	490149

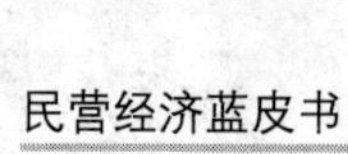

续表

排名	企业名称	省区市	主营业务	营业收入总额(万元)
258	宁波神化化学品经营有限责任公司	浙江省	镍、铜、银	488921
259	永兴特种不锈钢股份有限公司	浙江省	不锈钢圆棒、盘条	486333
260	江苏梦兰集团有限公司	江苏省	床上用品、冷轧薄板、PC 电脑	483806
261	南京丰盛产业控股集团有限公司	江苏省	市政、房产建设项目、贸易	482627
262	宏润建设集团股份有限公司	浙江省	建筑业、房地产业	481650
263	华峰集团有限公司	浙江省	聚氨酯鞋底原液、氨纶、聚氨酯革用树脂	480166
264	天洁集团有限公司	浙江省	环境污染防治专用设备、带钢、电工薄板	480085
265	唐山贝氏体钢铁(集团)有限公司	河北省	带钢及45#等优钢	480021
266	上海亚龙投资(集团)有限公司	上海市	工业投资、教育投资、房地产投资	479037
267	奥康集团有限公司	浙江省	皮鞋、箱包	476813
268	浙江巨星建设集团	浙江省	工业与民用建筑、房地产开发、文化传播、新型材料、箱包	476621
269	得利斯集团有限公司	山东省	肉制品、冷却肉、海狗油	473106
270	江苏华朋集团有限公司	江苏省	1220KV 及 WJ 油浸式变压器、干式变压器	472324
271	河南龙成集团有限公司	河南省	宽厚钢板、连铸结晶器钢板、保护渣产品	470768
272	上海一钢物贸有限公司	上海市	钢材批发与零售	469802
273	中鑫建设集团有限公司	浙江省	建筑业、建材业	468508
274	浙江盈都集团有限公司	浙江省	金属材料贸易、桥梁钢构、房地产、软件及电子商务	468240
275	超威电源有限公司	浙江省	蓄电池	468195
276	大连金玛商城企业集团有限公司	辽宁省	租赁零售业、工业、房地产业	466847
277	上海鑫冶铜业有限公司	上海市	高纯阴极铜	466223
278	UT 斯达康通讯有限公司	浙江省	手机终端	466202
279	天津市金桥焊材集团有限公司	天津市	焊条、焊丝	464399
280	五得利面粉集团有限公司	河北省	五得利牌富强粉、五得利牌特精粉、五得利牌馒头粉	464363

续表

排名	企业名称	省区市	主营业务	营业收入总额(万元)
281	温州中城建设集团有限公司	浙江省	房屋建筑施工、房地产开发、建筑材料销售	461963
282	江苏新城实业集团有限公司	江苏省	房地产、制药	459428
283	杭州航民实业集团有限公司	浙江省	金银首饰、冶炼、印染加工、热电蒸汽	458955
284	山西沁新煤焦股份有限公司	山西省	精煤、原煤、焦炭	458931
285	重庆市博赛矿业(集团)股份有限公司	重庆市	采矿业、非金属矿物制品业、有色金属冶炼	457575
286	抚顺罕王实业集团有限公司	辽宁省	生铁、铁精粉、钢材	456810
287	山西阳光焦化集团股份有限公司	山西省	焦炭、焦油、煤气	456366
288	重庆小康汽车控股有限公司	重庆市	微型汽车、减震器、摩托车	454341
289	山西建邦集团有限公司	山西省	生铁、球墨铸铁	453613
290	亿利资源集团有限公司	内蒙古自治区	医药、煤炭、PVC、物流、化工	453492
291	恒元建设控股集团有限公司	浙江省	房屋建筑、装饰装修、地基基础	453236
292	浙江四通化纤有限公司	浙江省	聚丙烯、聚乙烯、丙纶BCF纱、加捻定型纱	453192
293	金龙联合汽车工业(苏州)有限公司	江苏省	客车及汽车制造及销售	453176
294	百步亭集团有限公司	湖北省	房地产、船舶制造、文化传媒	453002
295	南京福中信息产业集团有限公司	江苏省	IT产品销售、商品房、医疗器械	453000
296	青岛变压器集团有限公司	山东省	电力变压器、电力电缆、电磁线	452822
297	宝胜科技创新股份有限公司	江苏省	电线电缆、电缆材料	452557
298	九星控股集团	辽宁省	铜及铜合金加工材、电线电缆	449800
299	上海美特斯邦威服饰股份有限公司	上海市	服装及配饰	447368
300	四川省开元集团有限公司	四川省	化工、化肥	445018
301	金洲集团有限公司	浙江省	管道制造、生态旅游	444463
302	江苏万宝铜业集团有限公司	江苏省	铜杆、铜管、铜带	443580
303	新疆三宝实业集团有限公司	新疆维吾尔自治区	工程项目承包、机电产品出口	442000
304	浙江东南网架集团有限公司	浙江省	钢结构、配套板材、网架	441475
305	武汉人和集团有限公司	湖北省	钢材、焦炭、房地产	439573
306	武汉工贸有限公司	湖北省	家用电器、洗涤日化	436651
307	上海龙宇控股有限公司	上海市	燃料油运营、数码光电	436238

续表

排名	企业名称	省区市	主营业务	营业收入总额(万元)
308	浙江宏磊控股集团有限公司	浙江省	漆包线、铜管	433876
309	祐康食品集团有限公司	浙江省	冷饮饮品、速冻食品	433015
310	攀华集团有限公司	江苏省	镀锌板、冷轧板、涂彩板	432856
311	哈尔滨光宇集团股份有限公司	黑龙江省	蓄电池(阀控、启动、手机)、电源设备、软件开发运营	432231
312	步阳集团有限公司	浙江省	房地产、防盗门、铝合金轮毂	432047
313	江苏东源电器集团股份有限公司	江苏省	高低压开关成套设备、电器配网自动化设备、风电电控设备	431921
314	德华集团控股股份有限公司	浙江省	胶合板(含贴面板)、细木工板、科技木	429533
315	苏泊尔集团有限公司	浙江省	厨房小家电、厨房炊具、制药	429266
316	南通建工集团股份有限公司	江苏省	建筑业	427451
317	辽宁禾丰牧业股份有限公司	辽宁省	饲料生产与销售、饲料原料贸易、动物保健品、兽药	425042
318	钱江集团有限公司	浙江省	摩托车、发电机、园林机械	424945
319	宁夏宝塔石化集团有限公司	宁夏回族自治区	成品油销售、化工产品销售	424233
320	汇仁集团有限公司	江西省	中成药、西药生产、销售	423375
321	兴源轮胎集团有限公司	山东省	全钢载重子午线轮胎生产销售	423190
322	江苏倪家巷集团有限公司	江苏省	涤纶短纤维、精纺呢绒、棉纱	421858
323	雄峰控股集团有限公司	浙江省	纺织、印染	421815
324	欧美投资集团有限公司	山东省	进出口、包装印刷、调味品	421387
325	世纪华丰控股有限公司	浙江省	土木建筑、房地产	421386
326	红楼集团有限公司	浙江省	租赁	419997
327	四川省互惠商业有限责任公司	四川省	批发零售	419700
328	华迪钢业集团有限公司	浙江省	不锈钢管、人造革、合成革、不锈钢棒、钢丝	419065
329	华翔集团股份有限公司	浙江省	汽车零配件制造、多功能汽车、特种装备车(车辆)制造	418851
330	江苏兴达钢帘线股份有限公司	江苏省	钢帘线、镀铜丝、电力	418706
331	好孩子集团有限公司	江苏省	制造业、零售业	416000
332	徐龙食品集团有限公司	浙江省	食品加工、水产品养殖	415112
333	浙江宝盛建设集团有限公司	浙江省	新型干法回转窑水泥生产线、高层民用建筑、工业建筑	415091
334	杭州鼎胜实业集团有限公司	浙江省	空调箔、亲水箔	413952

续表

排名	企业名称	省区市	主营业务	营业收入总额(万元)
335	江苏顺通建设工程有限公司	江苏省	土木工程建筑施工	413211
336	辅仁药业集团有限公司	河南省	医药、白酒、建筑工程	413037
337	浙江百诚集团股份有限公司	浙江省	贸易	412461
338	浙江华光冶炼集团有限公司	浙江省	镍铬生铁、不锈钢基料、服务业	411309
339	浙江中强建工集团有限公司	浙江省	房屋建筑	410780
340	浙江杭叉工程机械集团股份有限公司	浙江省	叉车、牵引车、堆高车、搬运车	409922
341	十堰荣华东风汽车专营有限公司	湖北省	汽车销售、工业生产、房地产及酒店	409200
342	新龙药业集团有限公司	湖北省	中成药、西药等医药批发、工业、服务业、医药零售	408985
343	亿达集团有限公司	辽宁省	房地产、组合机床、建筑装修、物业管理	407057
344	中捷控股集团有限公司	浙江省	钢铁批发零售、洁具、缝纫机	406752
345	华太建设集团有限公司	浙江省	房屋建筑、房地产、租赁	405554
346	浙江凌达实业有限公司	浙江省	进口、出口、内销	405550
347	冠县冠星纺织集团总公司	山东省	棉纱、针织服装	405506
348	花园工贸集团有限公司	浙江省	制造业、建筑业、服务业	403907
349	江苏沃得机电集团有限公司	江苏省	内燃机曲轴、农业机械、环保机械、造纸机械	402640
350	云南力帆骏马车辆有限公司	云南省	载货汽车、拖拉机、低速载货汽车	401916
351	吴江鹰翔化纤股份有限公司	江苏省	化纤丝、供热、供电	401375
352	浙江大东吴集团有限公司	浙江省	金属制品、建筑业、木制品	401363
353	南通新华建筑集团有限公司	江苏省	房屋建筑工程	400246
354	江苏邗建集团有限公司	江苏省	建筑工程施工、钢构建材	400150
355	四川宏华石油设备有限公司	四川省	石油钻机	399846
356	无锡中彩集团有限公司	江苏省	彩钢板、镀锌钢板、镀铝锌钢板、镀锡板、多晶硅	398539
357	内蒙古西蒙科工贸有限责任公司	内蒙古自治区	煤炭、金融、化肥、通航等	398337
358	新八建设集团有限公司	湖北省	房屋建筑、市政公用工程施工总承包、房地产开发与销售	396480
359	山东冠洲股份有限公司	山东省	彩涂板、镀锌板、冷轧板	396098
360	江苏金峰水泥集团	江苏省	金峰牌普通硅酸盐水泥	396000
361	巨石集团有限公司	浙江省	玻璃纤维及其制品	394751

续表

排名	企业名称	省区市	主营业务	营业收入总额(万元)
362	天马控股集团有限公司	浙江省	轴承、机床、电梯	393693
363	江苏万翔集团有限公司	江苏省	化学纤维、化纤纱	393656
364	浙江华达集团有限公司	浙江省	镀锌钢板、彩钢板、粗铜、阳极铜、阴极铜、通信电缆	393407
365	温州开元集团有限公司	浙江省	汽车销售与维修、高压电器开关、高低压成套柜体	392750
366	耀华电器集团有限公司	浙江省	高低压电器、成套电控设备、机械设备、电力变压器	392083
367	美欣达集团有限公司	浙江省	印染、纺织、房地产	390542
368	汇宇控股集团	浙江省	建筑施工、市场、商品房	389776
369	常熟市龙腾特种钢有限公司	江苏省	船用球扁钢、PC 钢棒、钢球系列	389769
370	江苏国强镀锌实业有限公司	江苏省	热镀管、高速公路安全设施材料、焊管	386752
371	华通机电集团公司	浙江省	高低压电器、成套设备、输配电	385000
372	浙江东杭控股集团有限公司	浙江省	钢材销售、瓶盖、门窗	384172
373	浙江红剑集团有限公司	浙江省	涤纶丝、切片、纸管、纸箱	382922
374	浙江永通染织集团有限公司	浙江省	生产加工涤棉混纺印染布	382455
375	上海国美电器有限公司	上海市	家用电器零售	381058
376	瑞立集团有限公司	浙江省	汽车零部件制造、房地产、餐饮、酒店业	380346
377	九鼎建设集团股份有限公司	浙江省	建筑业、租赁、商务服务业、房地产业	380121
378	青岛万福集团股份有限公司	山东省	肉制品、蔬菜制品、饲料产品	379001
379	温州东瓯建设集团有限公司	浙江省	房屋建筑工程、房地产投资开发、酒店投资经营	378857
380	宝业湖北建工集团有限公司	湖北省	建筑施工	378256
381	山东隆基集团有限公司	山东省	制动毂、制动盘、气泵、水泵、机油泵	376950
382	嘉兴良友进出口集团股份有限公司	浙江省	商品出口销售、商品进口销售、厂房店铺出租	376143
383	富丽达集团控股有限公司	浙江省	粘胶纤维、热电化工、纺织印染	373990
384	星星集团有限公司	浙江省	冷柜、冰箱、显示器	373618
385	江苏英田集团有限公司	江苏省	低速载货汽车、柴油机、零部件	372762
386	盼盼集团	辽宁省	防盗安全门	372160
387	浙江舜江建设集团有限公司	浙江省	建筑业	372132
388	浙江中联建设集团有限公司	浙江省	建筑业	372100
389	杭州巨星投资控股有限公司	浙江省	手动工具、电动工具	372001
390	无锡江南电缆有限公司	江苏省	低压电缆、裸导线、电线	370000

续表

排名	企业名称	省区市	主营业务	营业收入总额(万元)
391	安徽鑫科新材料有限公司	安徽省	铜杆、高精铜节、稀土合金铜节	367764
392	梅兰化工集团有限公司	江苏省	化工产品	367063
393	江苏申久化纤有限公司	江苏省	涤纶长丝、聚酯切片	366213
394	河南省淅川铝业(集团)有限公司	河南省	冷轧铝板带、铝箔、铝锭、铝铸轧卷、硅系合金	365566
395	浙江大华集团	浙江省	建筑业、房地产、水电开发、旅游	365408
396	青岛喜盈门集团有限公司	山东省	家纺产品、橡胶轮胎、卷烟材料	365216
397	浙江天宇交通建设集团有限公司	浙江省	公路工程施工(桥梁)、建筑、市政	363998
398	山东金正大生态工程股份有限公司	山东省	复合肥、控释肥	363430
399	浙江万马集团有限公司	浙江省	电力电缆、光缆等、高分子材料、药业	363341
400	杭州东华链条集团有限公司	浙江省	手机贸易、拖拉机、链条	361912
401	山东广富集团有限公司	山东省	钢材、铁水、钢坯	361578
402	山西汇丰兴业投资集团有限公司	山西省	原煤开采、精煤洗选	360424
403	浙江中南建设集团有限公司	浙江省	建筑、幕墙、装饰、市政、机电安装、工程施工、钢结构	360257
404	浙江环宇建设集团有限公司	浙江省	土木工程建筑业	359578
405	浙江华瑞集团有限公司	浙江省	物流、房地产、咨询	359335
406	宁波海天塑机集团有限公司	浙江省	注塑机生产和销售	359050
407	浙江杭萧钢构股份有限公司	浙江省	轻钢结构、多高层钢结构	358761
408	中利科技集团股份有限公司	江苏省	电缆、光缆、电缆料	358465
409	内蒙古庆华集团有限公司	内蒙古自治区	焦炭、原煤、焦油、粗苯、铁精粉、甲醇	357794
410	开元旅业集团有限公司	浙江省	酒店服务业、房地产业	357688
411	月星集团	江苏省	家具销售、家具制造、家居用品销售	357572
412	浙江江南涤化有限公司	浙江省	涤纶低弹丝、涤纶预取向丝	357380
413	浙江和平工贸集团有限公司	浙江省	钢材贸易、家私、会展	357316
414	闰土控股集团有限公司	浙江省	染料	356409
415	上海浦东电线电缆(集团)有限公司	上海市	电线电缆	355785
416	天龙控股集团有限公司	浙江省	纺织、印染	354027
417	山东翔龙实业集团有限公司	山东省	化肥、生铁、贸易	353958
418	青岛九联集团股份有限公司	山东省	畜禽养殖、畜禽屠宰、肉类制品	353621
419	深圳市神舟电脑股份有限公司	广东省	电脑、显卡	353274

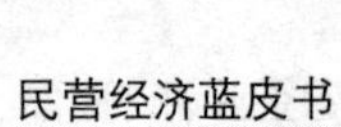

续表

排名	企业名称	省区市	主营业务	营业收入总额(万元)
420	越美集团有限公司	浙江省	轻纺制造、服装制造	353173
421	浙江金帆达生化股份有限公司	浙江省	主产品、副产品	353001
422	浙江三弘集团有限公司	浙江省	羽绒、羽毛、家纺制品	352833
423	高运控股集团有限公司	浙江省	建筑和市政公用工程、商品混凝土、房地产开发	352301
424	东冠集团有限公司	浙江省	工程业、房地产业、制造业	352098
425	万丰奥特控股集团有限公司	浙江省	铝合金车轮、机械装备、镁合金产品	352089
426	农夫山泉股份有限公司	浙江省	农夫山泉、农夫果园、特殊饮料	350968
427	天津市通源钢铁集团有限公司	天津市	角钢、带钢、槽钢	350927
428	辽宁宏程塑料型材有限公司	辽宁省	塑料型材	350900
429	杭州大东南高科包装有限公司	浙江省	BOPET 塑料薄膜	350695
430	南通五建建设工程有限公司	江苏省	建筑安装	350673
431	舞钢中加钢铁有限责任公司	河南省	生铁、精铁粉	350216
432	郑州思念食品有限公司	河南省	水饺、汤圆、粽子	350208
433	浙江远东皮革有限公司	浙江省	猪皮革、房地产、皮鞋	350158
434	中博建设集团有限公司	浙江省	房屋建筑、建筑物资	350135
435	山西金晖煤焦化工有限公司	山西省	焦炭、焦油、粗苯	350003
436	江苏中丹集团股份有限公司	江苏省	靛蓝、醚类产品、乙氧基喹啉等化工产品	350000
437	广东省中山丝绸进出口集团有限公司	广东省	服装、纺织品、丝绸	350000
438	浙江广博集团	浙江省	相册、簿册、包装纸品	349645
439	山东阳谷电缆集团有限公司	山东省	电力电缆、通讯电缆、光纤电缆	348899
440	福星集团控股有限公司	湖北省	金属制品、房地产、生物、药业等	347204
441	浙江青山钢铁有限公司	浙江省	不锈钢棒线材料	346432
442	杭州诺贝尔集团有限公司	浙江省	瓷砖	345851
443	久立集团股份有限公司	浙江省	不锈钢管	345078
444	安徽天大企业(集团)有限公司	安徽省	特种无缝钢管、家电零部件、塑料复合包装制品	343924
445	临清三和纺织集团有限公司	山东省	蜡印布	342170
446	浙江巨都集团股份有限公司	浙江省	钢铁、药品	342133
447	上海宝闽钢铁集团有限公司	上海市	热轧卷板、船板	339666
448	龙工(上海)机械制造有限公司	上海市	装载机	339280
449	江苏三笑集团有限公司	江苏省	牙刷、蚊香、卫生巾	338443
450	浙江华鼎集团有限责任公司	浙江省	出口及服装加工、品牌零售	336406

续表

排名	企业名称	省区市	主营业务	营业收入总额(万元)
451	四川禾嘉实业(集团)有限公司	四川省	机械制造、房地产开发、高科技农业	335021
452	海宁蒙努集团有限公司	浙江省	沙发、皮革、皮衣	334571
453	苏州金螳螂建筑装饰股份有限公司	江苏省	装饰、设计、家具	333770
454	天津市静海县宝来工贸有限公司	天津市	焊管	331526
455	哈尔滨翔鹰集团股份有限公司	黑龙江省	工程施工、房地产开发、自来水	330915
456	华仪电器集团有限公司	浙江省	40.5KV 及以下成套高低压电气设备、126KV 及以下断路器	330214
457	济南圣泉集团股份有限公司	山东省	铸造材料产业、工业酚醛产业、生物化工产业	330000
458	宏运集团有限公司	辽宁省	商业、开发、工业	329360
459	青岛广源发集团有限公司	山东省	原油加工	328604
460	浙江飞虹通信集团有限公司	浙江省	通信光缆、房地产、无氧铜杆和复合窨井盖	328531
461	四川德胜集团钢铁有限公司	四川省	钢铁冶炼	328080
462	山东省高唐蓝山集团总公司	山东省	食用植物油、肉类制品、饲料	326047
463	太平鸟集团有限公司	浙江省	服装、服饰、进出口业务	325914
464	上海索谷电缆集团有限公司	上海市	电线电缆	325600
465	唐人神集团股份有限公司	湖南省	饲料、肉品	325449
466	启东建筑集团有限公司	江苏省	施工、附营、海外	322884
467	建业住宅集团(中国)有限公司	河南省	房地产	322700
468	浙江海威控股有限公司	浙江省	工业制造、房地产开发、贸易	321684
469	天津开发区四达石化产品经销有限公司	天津市	成品油销售	321242
470	青海庆华矿冶煤化集团有限公司	青海省	原煤、焦炭	320354
471	四川和邦投资集团有限公司	四川省	化工、皮革、煤炭	320200
472	杭州西湖汽车零部件集团股份有限公司	浙江省	汽车离合器、摩擦材料、分离轴承	319650
473	青岛市胶州建设集团有限公司	山东省	建筑工程	318262
474	坤和建设集团股份有限公司	浙江省	房地产	317784
475	济源市金利冶炼有限责任公司	河南省	电解铅、阳极泥银、硫酸	315961
476	伟星集团有限公司	浙江省	服装辅料、建筑材料、房地产业	315388

续表

排名	企业名称	省区市	主营业务	营业收入总额(万元)
477	安徽天康(集团)股份有限公司	安徽省	电线电缆、热工仪表、医药医疗	315090
478	上海春冶钢铁有限公司	上海市	普中板	314492
479	翔宇实业集团有限公司	山东省	汽车销售、制药	309560
480	江阴模塑集团有限公司	江苏省	汽车零部件、塑胶原料制品、塑料机械及模具	309477
481	武汉运盛集团有限公司	湖北省	钢材贸易、煤矿	308588
482	青岛维客集团股份有限公司	山东省	商业零售业	308182
483	四川西南不锈钢有限责任公司	四川省	不锈钢冶炼及压延	307700
484	地天泰集团有限公司	天津市	金属材料批发零售、基础设施投资、房屋租赁、农产品	306462
485	常州亿晶光电科技有限公司	江苏省	太阳能电池组件、单晶硅片、太阳能电池片	304112
486	瑞声声学科技(常州)有限公司	江苏省	电声产品	303987
487	江阴海达彩涂有限公司	江苏省	建材、带钢	303503
488	益海(广汉)粮油饲料有限公司	四川省	精炼食用油、单一饲料	302871
489	法派集团有限公司	浙江省	男西服套装、大衣、羊毛织物、衬衫、T恤、领带、皮件、饰品等男士系列精品	302845
490	温州金州集团有限公司	浙江省	外贸、制造业、物流	302445
491	江苏康泰化学集团有限公司	江苏省	新型环保制冷剂、拟除虫菊酯类原药	302440
492	兴鑫控股集团有限公司	浙江省	涤丝、涤布	301630
493	四川富临实业集团有限公司	四川省	房地产、交通运输、工业	300495
494	湖北枝江酒业集团	湖北省	白酒、纸箱、瓶	300492
495	阿里巴巴(中国)网络技术有限公司	浙江省	中国供应商、诚信通	300100
496	杭州滨江房产集团股份有限公司	浙江省	房地产业、酒店业、置业租赁、物业	300100
497	齐鲁特钢有限公司	山东省	锻材、锻件、钢锭	300051
498	山西东辉煤焦化集团有限公司	山西省	焦炭、煤、化工	300001
499	常州轨道车辆牵引传动工程技术研究中心	江苏省	风力发电机组、辅助电源系统、轨道交通牵引系统	300001
500	浙江亚太高科股份有限公司	浙江省	印染布、纺织品	296956

课题组负责人：欧阳晓明

课题组成员：罗　力　傅继军　谢昆仑　于明晟　刘琦波
沙　霖　汪秉权　程静萍　方静洁

2009年度中国民营企业500家调研报告

全国工商联经济部

前　言

2009年是新世纪以来我国经济发展最为困难的一年，也是我国经济社会发展取得突出成就的一年。受益于2008年底推出的一揽子经济刺激的实施，中国经济迅速走出国际金融危机的阴霾，在世界范围内率先实现经济回升向好，国内生产总值达到33.5万亿元，比上年增长8.7%。在经济向好的同时，党中央、国务院积极部署转变经济发展方式，调整经济结构，使2009年中国经济呈现出保增长与调结构相结合的鲜明特点。

保增长方面，国家一方面继续实施积极的财政政策和适度宽松的货币政策，落实新增4万亿元的投资计划，在全国范围内实施增值税转型，清理不合理收费，并先后多次下调存贷款利率及存款准备金率，银行全年新增信贷更是史无前例地达到近10万亿元。另一方面着力扩大居民消费，通过补贴家电汽车摩托车下乡、汽车家电以旧换新和农机具购置，减半征收小排量汽车购置税，减免住房交易相关税收等措施使消费对经济增长的拉动作用明显增强。

调结构方面，国家产业结构调整力度加大，一方面扶植战略性新兴行业发展，通过制定并实施十大重点产业调整振兴规划、财政资金支持等方式促进清洁能源、第三代移动通信等一批新兴产业的发展。另一方面，鼓励企业自主创新，淘汰落后产能，抑制重复建设。同时，安排专项资金支持企业加快技改项目，支持自主创新产品推广应用等一系列措施，促进我国企业的转型升级。

针对民营企业特别是民营中小企业对金融危机的冲击抵御力较弱，处境困难的情况，国务院于2009年9月22日出台了《国务院关于进一步促进中小企业发展若干意见》，帮助广大中小企业解决融资、税费负担、技术创新等多方面的问题，使它们能够化危机为机遇，发展壮大。在整体宏观经济形势向好，国家通过一系列政策支持鼓励民营企业发展的背景下，我国民营企业迅速复苏，并积极响应党中央、国务院的号召，积极转型升级，为我国经济的企稳回升和经济发展方式的转变作出了重要贡献。

第一章　2009 年民营企业 500 家总体发展情况

2009 年，我国民营企业迅速复苏，规模、效益、社会贡献等各项指标均出现不同程度的增长。经营规模方面，2009 年中国民营经济 500 家营业收入总额达到 47362. 66 亿元，比 2008 年增长 15. 24%；资产总额为 38982. 28 亿元，较 2008 年增长 37. 99%。企业效益效率方面，民营企业 500 家的税后净利润、销售净利率、净资产收益率和劳动生产率等指标均出现上涨，在较为宽松的货币政策下，总资产周转率略有下降。社会贡献方面，民营企业 500 家纳税总额增长速度超过同期全国税收增长近 10 个百分点，同时吸纳了 7. 4% 的全国新增就业人口。从行业分布看，民营企业 500 家仍主要分布在以制造业为主的传统竞争行业，但已逐步开始转型升级，进入生物医药、新能源等战略性新兴行业。从地区分布看，民营企业 500 家主要集中在东部地区，特别是江苏、浙江两省。2009 年，国际金融危机依然是影响民营经济发展的首要问题，原材料价格上涨、融资难问题依旧突出，市场需求和人力资源的问题更加凸显。

一　2009 年民营企业 500 家规模持续扩大

民营企业 500 家入围门槛再次提高。2009 年民营企业 500 家入围门槛从 2008 年营业收入的 29. 7 亿元提高到 36. 6 亿元，增长了 23. 23%，首次超过 30 亿元大关。

2009 年民营企业 500 家营业收入总额为 47362. 66 亿元，户均营业收入为 94. 73 亿元，与 2008 年相比，增长了 15. 24%，增速略低于 2008 年，但远高于 2009 年上市公司 5. 35% 的营业收入增长率（见表 1－1）。

表 1－1　2009 年民营企业 500 家收入情况表

单位：亿元，%

项目指标		2009 年	2008 年	增长率
入围门槛		36. 6	29. 7	23. 23
营业收入	总额	47362. 66	41099. 01	15. 24
	户均	94. 73	82. 20	

从资产规模看，2009 年，民营企业 500 家的资产总额达到 38982.28 亿元，户均资产总额为 77.96 亿元，与 2008 年相比，增长 37.99%；固定资产 10419.55 亿元，比 2008 年增长 25.48%；净资产 13754.17 亿元，比 2008 年增长 29.51%（见表 1－2）。资产总额的增率大于营业收入的增长速度。

表 1－2　2008～2009 年民营企业 500 家资产情况表

单位：亿元，%

项目指标		2009 年	2008 年	增长率
资产总额	总额	38982.28	28250.07	37.99
	户均	77.96	56.5	
固定资产	总额	10419.55	8303.63	25.48
	户均	20.84	16.61	
净资产	总额	13754.17	10620.04	29.51
	户均	27.51	21.24	

从营业收入的规模分布看，有 4 家企业营业收入超过 500 亿元，其中营业收入最多的是江苏沙钢集团有限公司，达到 1463.13 亿元，苏宁电器集团和联想控股有限公司的营业收入也均超过了 1000 亿元（见表 1－3）。伴随着民营企业 500 家整体规模的壮大，更多的民营企业进入 50 亿元以上营业收入的区间（见表 1－4）。

表 1－3　2009 年民营企业营业收入前 20 家

单位：亿元

	企业名称	所属行业	省、自治区、直辖市	营业收入总额
1	江苏沙钢集团有限公司	黑色金属、有色金属冶炼及压延加工业	江苏省	1463.13
2	苏宁电器集团	批发和零售业	江苏省	1170.03
3	联想控股有限公司	通信设备、计算机及其他电子设备制造业	北京市	1063.75
4	广厦控股创业投资有限公司	建筑业	浙江省	508.51
5	新希望集团有限公司	农、林、牧、渔业	四川省	460.67
6	海航集团有限公司	综合（含投资类，主业不明显）	海南省	456.63
7	江苏雨润食品产业集团有限公司	食品加工与食品、饮料制造业	江苏省	451.49
8	杭州娃哈哈集团有限公司	食品加工与食品、饮料制造业	浙江省	432.04
9	新疆广汇实业投资（集团）有限责任公司	批发和零售业	新疆维吾尔自治区	424.84
10	比亚迪股份有限公司	交通运输设备制造业	广东省	397.65

续表 1-3

	企业名称	所属行业	省、自治区、直辖市	营业收入总额
11	大连万达集团股份有限公司	房地产业	辽宁省	384.83
12	海亮集团有限公司	黑色金属、有色金属冶炼及压延加工业	浙江省	372.61
13	三胞集团有限公司	批发和零售业	江苏省	367.04
14	上海复星高科技(集团)有限公司	综合(含投资类,主业不明显)	上海市	360.92
15	中天钢铁集团有限公司	黑色金属、有色金属冶炼及压延加工业	江苏省	351.27
16	天津荣程联合钢铁集团有限公司	黑色金属、有色金属冶炼及压延加工业	天津市	338.79
17	物美控股集团有限公司	批发和零售业	北京市	326.40
18	东方希望集团有限公司	黑色金属、有色金属冶炼及压延加工业	上海市	324.01
19	红星家具集团有限公司	租赁和商务服务业	江苏省	313.00
20	三一集团有限公司	通用设备和专用设备制造业	湖南省	304.25

表 1-4　2008～2009 年民营企业 500 家营业收入结构表

单位：%

营业收入总额标准		2009 年	2008 年	增长率
500 亿元以上	企业数量	4	3	33.33
	占 500 家比重	0.80	0.60	
100 亿～500 亿元	企业数量	122	97	25.77
	占 500 家比重	24.40	19.40	
50 亿～100 亿元	企业数量	180	153	17.65
	占 500 家比重	36.00	30.60	
50 亿元以下	企业数量	194	247	-21.46
	占 500 家比重	38.80	49.40	

从资产规模的分布看，继 2008 年江苏沙钢集团有限公司后，2009 年海航集团有限公司资产总额也突破了千亿大关（见表 1-5）。民营企业 500 家中资产规模 100 亿元以上的企业也明显增多，从 2008 年的 65 家增长到 2009 年的 95 家（见表1-6）。在整体规模不断扩大的同时，民营企业 500 家内部资产差距在 2009 年被迅速拉大。截至 2009 年末，前 10 家民营企业资产总和是后 10 家民营企业资产总和的 19.38 倍，比 2008 年的差距倍数翻了一番。结合资产差距扩大速度快于净资产差距扩大速度的情况以及前 10 家相对更高的资产负债率数据，我们认为 2009 年相对宽松的货币政策及不同规模企业融资难度的差别很可能是造成资产差距扩大的原因。

表 1-5　2009 年民营企业 500 家资产排名前 20 家

单位：万元

	企业名称	所属行业	省、自治区、直辖市	资产总额
1	海航集团有限公司	综合（含投资类）	海南省	14111779
2	江苏沙钢集团有限公司	黑色金属、有色金属冶炼及压延加工业	江苏省	13354791
3	联想控股有限公司	通信设备、计算机及其他电子设备制造业	北京市	8726504
4	上海复星高科技（集团）有限公司	综合（含投资类）	上海市	7742436
5	大连万达集团股份有限公司	房地产业	辽宁省	7416528
6	中国泛海控股集团有限公司	房地产业	北京市	5411595
7	雅戈尔集团股份有限公司	服装、鞋帽、皮革制造业	浙江省	4750993
8	东方希望集团有限公司	黑色金属、有色金属冶炼及压延加工业	上海市	4364775
9	浙江新湖集团股份有限公司	综合（含投资类）	浙江省	4329467
10	重庆龙湖企业拓展有限公司	房地产业	重庆市	4250695
11	比亚迪股份有限公司	交通运输设备制造业	广东省	4073560
12	江苏苏宁环球集团	房地产业	江苏省	3800000
13	三一集团有限公司	通用设备和专用设备制造业	湖南省	3777268
14	苏宁电器集团	批发和零售业	江苏省	3583983
15	华峰集团有限公司	化学原料及化学制品制造业	浙江省	3552833
16	江苏雨润食品产业集团有限公司	食品加工与食品、饮料制造业	江苏省	3528478
17	新奥集团股份有限公司	电力、热力、燃气及水的生产和供应业	河北省	3403969
18	内蒙古伊泰集团有限公司	采矿业	内蒙古自治区	3211800
19	新疆广汇实业投资（集团）有限责任公司	批发和零售业	新疆维吾尔自治区	3102303
20	江西赛维 LDK 太阳能高科技有限公司	电气机械及器材、线缆制造及仪器仪表制造业	江西省	2946496

表 1-6　2008～2009 年不同资产规模区间民营企业 500 家所占比重表

单位：%

资产总额区间		2009 年	2008 年	增长率
100 亿元以上	企业数量	95	65	46.15
	占 500 家比重	19.00	13.00	
50 亿～100 亿元	企业数量	121	103	17.48
	占 500 家比重	24.20	20.60	
10 亿～50 亿元	企业数量	261	298	-12.42
	占 500 家比重	52.20	59.60	
1 亿～10 亿元	企业数量	23	34	-32.35
	占 500 家比重	4.60	6.80	

二　2009年民营企业500家经营效率、效益显著提升

2009年民营企业500家盈利能力大幅提高，税后净利润达到2179.52亿元，户均4.36亿元，与2008年相比增长32.84%，平均销售净利率由2008年的3.99%提高到4.60%，净资产收益率也从16.27%提升为17.88%。但是，资产净利率与2008年相比出现小幅下降，由5.81%下降为5.59%（见表1-7），这主要是由于总资产的增速超过税后净利润的增速（见表1-8）。

表1-7　2008～2009年民营企业500家盈利情况表

单位：亿元，%

项目指标		2009年	2008年	增长率
税后净利润	总额	2179.52	1640.72	32.84
	户均	4.36	3.28	
销售净利率		4.60	3.99	—
资产净利率		5.59	5.81	—
净资产收益率		17.88	16.27	—

表1-8　2009年民营企业500家利润排名前20家

单位：万元

	企业名称	所属行业	省、自治区、直辖市	营业收入总额	税后净利润
1	杭州娃哈哈集团有限公司	食品加工与食品、饮料制造业	浙江省	4320417	878384
2	上海复星高科技（集团）有限公司	综合（含投资类）	上海市	3609215	500688
3	内蒙古伊泰集团有限公司	采矿业	内蒙古自治区	2589482	431109
4	比亚迪股份有限公司	交通运输设备制造业	广东省	3976518	407844
5	三一集团有限公司	通用设备和专用设备制造业	湖南省	3042463	387277
6	江苏新世纪造船有限公司	交通运输设备制造业	江苏省	1614722	383132
7	江苏沙钢集团有限公司	黑色金属、有色金属冶炼及压延加工业	江苏省	14631303	368941
8	雅戈尔集团股份有限公司	服装、鞋帽、皮革制造业	浙江省	2743700	348062
9	大连万达集团股份有限公司	房地产业	辽宁省	3848256	316218
10	苏宁电器集团	批发和零售业	江苏省	11700267	298849

续表1-8

	企业名称	所属行业	省、自治区、直辖市	营业收入总额	税后净利润
11	中国泛海控股集团有限公司	房地产业	北京市	411208	287913
12	天津天狮集团有限公司	医药制造业	天津市	2789021	285112
13	江苏雨润食品产业集团有限公司	食品加工与食品、饮料制造业	江苏省	4514916	267123
14	重庆龙湖企业拓展有限公司	房地产业	重庆市	1241698	221761
15	福建恒安集团有限公司	造纸及纸制品、印刷业、文教体育、办公用品制造业	福建省	1083383	216000
16	上海人民企业(集团)有限公司	综合(含投资类)	上海市	1992963	201119
17	杭州华三通信技术有限公司	通信设备、计算机及其他电子设备制造业	浙江省	559914	178495
18	江苏苏宁环球集团	房地产业	江苏省	2460000	170103
19	东方希望集团有限公司	黑色金属、有色金属冶炼及压延加工业	上海市	3240122	166944
20	新疆广汇实业投资(集团)有限责任公司	批发和零售业	新疆维吾尔自治区	4248362	165942

亏损情况方面，2009年民营企业500家中亏损企业数量大幅度减少，亏损程度也有所降低。从亏损面看，2009年民营企业500家中亏损企业为5家，占比为1%，较2008年下降1.2个百分点。从亏损程度看，2009年民营企业500家中亏损企业户均亏损34771万元，较2008年下降3121万元（见表1-9）。可见，我国民营企业已逐步走出国际金融危机的影响。

表1-9　2008年~2009年民营企业500家亏损企业情况表

单位：万元

年份	亏损企业数量	亏损总额	户均亏损
2009	5	173855	34771
2008	11	416810	37892

从劳动生产率看，2009年民营企业500家平均劳动生产率为104.68万元/人，较2008年的99.45万元/人增长了5.26%。但从资产使用效率看，2009年民营

企业500家总资产周转率为140.89%，较2008年的153.99%下降了13.1个百分点（见表1－10）。出现这种情况的主要原因是2009年民营企业500家资产的迅速扩张，2009年民营企业500家的资产负债率提高到64.72%，与2008年的62.41%相比增长2.31个百分点。说明民营企业偿债压力有所增加，资产负债率的进一步提高可能影响到企业的长期发展。

表1－10　2008～2009年民营企业500家运营情况表

单位：%，万元/人

项目指标	2009年	2008年	增长幅度
总资产周转率	140.89	153.99	－13.1
劳动生产率	104.68	99.45	5.26

三　2009年民营企业500家社会贡献进一步提高

2009年民营企业500家在缴纳税收方面持续增长。与2008年相比，纳税总额增长19.64%，达到1776.06亿元。同期，全国税收收入增速为9.8%，民营企业500家的纳税总额增速高于2009年全国税收收入增速的1倍，民营企业为我国税收收入增加作出了积极的贡献（见表1－11）。

表1－11　2009年民营企业500家纳税前20家

单位：万元

	企业名称	所属行业	省、自治区、直辖市	缴税总额
1	苏宁电器集团	批发和零售业	江苏省	390524
2	杭州娃哈哈集团有限公司	食品加工与食品、饮料制造业	浙江省	380125
3	大连万达集团股份有限公司	房地产业	辽宁省	367092
4	上海复星高科技(集团)有限公司	综合(含投资类)	上海市	359651
5	内蒙古伊泰集团有限公司	采矿业	内蒙古自治区	356363
6	江苏沙钢集团有限公司	黑色金属、有色金属冶炼及压延加工业	江苏省	330269
7	比亚迪股份有限公司	交通运输设备制造业	广东省	302068
8	中南控股集团有限公司	综合(含投资类)	江苏省	270695
9	广厦控股创业投资有限公司	建筑业	浙江省	258531

续表1-11

	企业名称	所属行业	省、自治区、直辖市	缴税总额
10	中国泛海控股集团有限公司	房地产业	北京市	176443
11	三一集团有限公司	通用设备和专用设备制造业	湖南省	166560
12	联想控股有限公司	通信设备、计算机及其他电子设备制造业	北京市	165660
13	雅戈尔集团股份有限公司	服装、鞋帽、皮革制造业	浙江省	161944
14	福建恒安集团有限公司	造纸及纸制品、印刷业、文教体育、办公用品制造业	福建省	160000
15	大华(集团)有限公司	房地产业	上海市	150953
16	海航集团有限公司	综合(含投资类)	海南省	150468
17	山东晨曦集团有限公司	石油加工、炼焦加工业	山东省	149782
18	重庆龙湖企业拓展有限公司	房地产业	重庆市	133031
19	恒力集团有限公司	化学纤维制造业	江苏省	129600
20	正泰集团股份有限公司	电气机械及器材、线缆制造及仪器仪表制造业	浙江省	129550

2009年民营企业500家吸纳就业继续保持增长，员工人数达到452.46万人，户均吸纳劳动力9049人，比2008年增长了9.48%，员工人数增速远远高于2009年全国就业人数0.66%的增速（见表1-12）。从新增就业人数看，2009年民营企业500家的新增就业人数占到了2009年全国新增就业人数的7.4%。民营企业克服了国际金融危机带来的各种不利因素，不仅自觉不裁员，还主动承担社会责任，为国家分忧解难，积极创造就业，为我国解决就业、社会和谐稳定作出了积极贡献（见表1-13）。

表1-12　2009年民营企业500家税收和就业情况表

项目指标		2009年	2008年	增长率(%)
纳税(亿元)	总额	1776.06	1484.46	19.64
	户均	3.55	2.97	
员工人数(万人)	总额	452.46	413.27	9.48
	户均	0.90	0.83	

表1-13　2009年民营企业500家员工人数前20家

单位：万元，人

	企业名称	所属行业	省、自治区、直辖市	营业收入总额	员工人数
1	比亚迪股份有限公司	交通运输设备制造业	广东省	3976518	162803
2	苏宁电器集团	批发和零售业	江苏省	11700267	113557
3	广厦控股创业投资有限公司	建筑业	浙江省	5085054	90425
4	海航集团有限公司	综合(含投资类)	海南省	4566326	68485
5	中天发展控股集团有限公司	建筑业	浙江省	2202733	65926
6	江苏雨润食品产业集团有限公司	食品加工与食品、饮料制造业	江苏省	4514916	60000
7	龙元建设集团股份有限公司	建筑业	浙江省	656284	59000
8	江苏南通三建集团有限公司	建筑业	江苏省	1592763	55905
9	江苏江都建设工程有限公司	房地产业	江苏省	781714	52163
10	江苏南通二建集团有限公司	建筑业	江苏省	1512549	50716
11	浙江中成控股集团有限公司	建筑业	浙江省	1530995	49315
12	雅戈尔集团股份有限公司	服装、鞋帽、皮革制造业	浙江省	2743700	47109
13	江苏省苏中建设集团股份有限公司	建筑业	江苏省	967084	46692
14	南通四建集团有限公司	建筑业	江苏省	952086	42242
15	宁波申洲针织有限公司	服装、鞋帽、皮革制造业	浙江省	609348	42000
16	江苏沙钢集团有限公司	黑色金属、有色金属冶炼及压延加工业	江苏省	14631303	39949
17	东方建设集团有限公司	建筑业	浙江省	835287	39827
18	中发实业(集团)有限公司	金融、保险业	北京市	804305	37800
19	浙江勤业建工集团有限公司	建筑业	浙江省	420937	35438
20	中设建工集团有限公司	建筑业	浙江省	724758	35117

四　2009年民营企业500家仍以制造业为主，开始进入战略性新兴行业

2009年，民营企业500家产业格局基本稳定。在民营企业500家中，第一产业入围企业3家，占比0.6%；第二产业入围企业381家，占比76.20%，第三产业入围企业116家，占比23.2%。其中第二产业营业收入占比达到72.84%，资产总额为55.65%，均占到整体规模的一半以上，产业间不均衡态势明显。但

我们也要看到，第三产业虽然占比相对较低，但相对 2008 年出现了 10% 以上的增长，民营企业向现代服务业发展的趋势非常明显（见表 1 – 14）。

表 1 – 14　2009 年民营企业 500 家产业分布情况表

单位：家，%

项　目	2009 年	2008 年	增长率
第一产业	3	6	–50.00
第二产业	381	389	–2.06
第三产业	116	105	10.48

从行业分布看，2009 年民营企业 500 家的行业分布仍然延续了往年的特征，建筑业，黑色金属、有色金属冶炼及压延加工业，批发和零售业，电气机械及器材、线缆制造及仪器仪表制造业，纺织业、化学纤维制造业入围企业数量分别为 67 家、63 家、51 家、44 家、35 家，占据入围行业的前五位。制造业仍在民营企业 500 家中占据主导地位。从这几年的数据来看，前几位的行业变化不大，大型民营企业仍集中在这些放开较早，竞争充分的传统行业当中。但是，一些大型民营企业开始积极转型，越来越多地涉及战略性新兴产业的开发经营。例如，根据调研数据，民营企业 500 家中已有 36 家企业涉及生物医药产品的开发利用，有 26 家企业涉及太阳能、风力发电相关产品，以及新型电池等新能源相关产业（见表 1 – 15、表 1 – 16、表 1 – 17）。

表 1 – 15　2009 年民营企业制造业前 20 家

单位：万元

	企 业 名 称	省、自治区、直辖市	营业收入总额
1	江苏沙钢集团有限公司	江苏省	14631303
2	联想控股有限公司	北京市	10637514
3	江苏雨润食品产业集团有限公司	江苏省	4514916
4	杭州娃哈哈集团有限公司	浙江省	4320417
5	比亚迪股份有限公司	广东省	3976518
6	海亮集团有限公司	浙江省	3726055
7	上海复星高科技(集团)有限公司	上海市	3609215
8	中天钢铁集团有限公司	江苏省	3512667
9	天津荣程联合钢铁集团有限公司	天津市	3387922
10	东方希望集团有限公司	上海市	3240122

续表 1-15

	企业名称	省、自治区、直辖市	营业收入总额
11	三一集团有限公司	湖南省	3042463
12	江苏永钢集团有限公司	江苏省	2824003
13	天津天狮集团有限公司	天津市	2789021
14	江苏新长江实业集团有限公司	江苏省	2788003
15	雅戈尔集团股份有限公司	浙江省	2743700
16	浙江恒逸集团有限公司	浙江省	2607402
17	江苏阳光集团有限公司	江苏省	2596007
18	正泰集团股份有限公司	浙江省	2439300
19	四川宏达集团	四川省	2313182
20	江西萍钢实业股份有限公司	江西省	2285075

表 1-16　2009 年民营企业服务业前 20 家

单位：万元

	企业名称	省、自治区、直辖市	营业收入总额
1	苏宁电器集团	江苏省	11700267
2	海航集团有限公司	海南省	4566326
3	新疆广汇实业投资(集团)有限责任公司	新疆维吾尔自治区	4248362
4	大连万达集团股份有限公司	辽宁省	3848256
5	三胞集团有限公司	江苏省	3670416
6	物美控股集团有限公司	北京市	3263992
7	红星家具集团有限公司	江苏省	3130000
8	江苏苏宁环球集团	江苏省	2460000
9	百兴集团有限公司	江苏省	2210347
10	上海华冶钢铁集团有限公司	上海市	2201935
11	丰立集团有限公司	江苏省	2000902
12	新奥集团股份有限公司	河北省	1961586
13	九州通医药集团股份有限公司	湖北省	1895770
14	江苏高力集团有限公司	江苏省	1863272
15	深圳市天音通信发展有限公司	广东省	1696900
16	江苏文峰集团有限公司	江苏省	1595300
17	香江集团	广东省	1563227
18	浙江新湖集团股份有限公司	浙江省	1392197
19	宁波银亿集团有限公司	浙江省	1315122
20	浙江远大进出口有限公司	浙江省	1298642

表 1 – 17　2009 年民营企业建筑业前 20 家

单位：万元

	企　业　名　称	省、自治区、直辖市	营业收入总额
1	广厦控股创业投资有限公司	浙江省	5085054
2	中天发展控股集团有限公司	浙江省	2202733
3	江苏南通三建集团有限公司	江苏省	1592763
4	浙江中成控股集团有限公司	浙江省	1530995
5	江苏南通二建集团有限公司	江苏省	1512549
6	浙江宝业建设集团有限公司	浙江省	1391756
7	浙江昆仑控股集团有限公司	浙江省	1305463
8	南京丰盛产业控股集团有限公司	江苏省	1089337
9	山东科达集团有限公司	山东省	1056637
10	江苏省苏中建设集团股份有限公司	江苏省	967084
11	南通四建集团有限公司	江苏省	952086
12	浙江广天日月集团股份有限公司	浙江省	903208
13	东方建设集团有限公司	浙江省	835287
14	五洋建设集团股份有限公司	浙江省	749829
15	中设建工集团有限公司	浙江省	724758
16	华升建设集团有限公司	浙江省	717684
17	长业建设集团有限公司	浙江省	703061
18	浙江华成控股集团有限公司	浙江省	685557
19	中厦建设集团有限公司	浙江省	674181
20	龙元建设集团股份有限公司	浙江省	656284

从行业规模看，2009 年，营业收入规模前五位的行业依次为黑色金属、有色金属冶炼及压延加工业，批发和零售业，建筑业，电气机械及器材、线缆制造及仪器仪表制造业，纺织业、化学纤维制造业，与 2008 年的情况完全一致，其营业收入总额占全部 500 家企业的 53.4%，比 2008 年的 54.3% 略有下降（见表 1 – 18）。从营业收入的户均增长率看，租赁和商务服务业，采矿业，通信设备、计算机及其他电子设备制造业的增长率最高。

表 1 – 18　2009 年民营企业 500 家分行业规模指标表

所　属　行　业	入围数（家）	营业收入总额（万元）	资产总额（万元）	员工人数（人）	净利润（万元）
建筑业	67	48124327	27357112	1318533	1220057
黑色金属、有色金属冶炼及压延加工业	63	78533369	53575438	315447	2315550
批发和零售业	51	59615296	24194383	333836	1219289
电气机械及器材、线缆制造及仪器仪表制造业	44	35203302	22178577	259790	1530367

续表 1-18

所属行业	入围数（家）	营业收入总额（万元）	资产总额（万元）	员工人数（人）	净利润（万元）
纺织业、化学纤维制造业	35	31274029	21804085	260517	1104619
综合（含投资类、主业不明显）	28	29436332	44253093	305416	1727190
交通运输设备制造业	27	23326500	23593711	333391	1528732
房地产业	26	21887161	44888080	174800	2300648
化学原料及化学制品制造业	25	22179354	22063440	116658	1055364
食品加工与食品、饮料制造业	23	19836370	13297407	192662	1693041
医药制造业	13	12776769	8887316	143224	821526
通用设备和专用设备制造业	12	10032375	11843982	103409	1065789
金属制品业	12	6878468	5386155	77043	353078
通信设备、计算机及其他电子设备制造业	11	16982328	13002165	45308	409659
服装、鞋帽、皮革制造业	10	9539017	8537282	161002	836410
造纸及纸制品、印刷业、文教体育、办公用品制造业	8	6659590	8444785	64713	502408
石油加工、炼焦加工业	8	6074555	3463686	28047	270577
非金属矿物制品业（含水泥、玻璃、陶瓷、耐火材料等）	8	5504877	6285075	71317	343941
租赁和商务服务业	6	7366235	3656179	32842	175490
橡胶制品、塑料制品业	6	3591416	3383176	31447	211175
采矿业	4	4076603	5101672	15258	574391
农、林、牧、渔业	3	7617591	3823324	27019	243513
金融、保险业	2	1412016	3577752	43953	21648
工艺品及其他制造业	2	874553	332266	11014	28300
电力、热力、燃气及水的生产和供应业	2	2513677	4093365	27021	178328
住宿、餐饮业	1	432658	1128638	14000	28358
信息传输、计算机服务和软件业	1	485431	390734	3990	3408
木材加工及木、竹、藤、棕、草制品、家具制造业	1	1025379	923110	12506	21702
交通运输、仓储业和邮政业	1	367068	356789	427	10592
总　计	500	473626646	389822777	4524590	21795150

行业盈利能力方面，2009 年所有行业均实现了盈利，其中，黑色金属、有色金属冶炼及压延加工业的税后净利润继续保持最高，达到 231.55 亿元。从销售净利率来看，2009 年采矿业，通用设备和专用设备制造业，房地产业是民营

业企业500家销售净利率最高的三个行业，分别为14.09%、10.62%和10.51%，其中后两个行业相比2008年略有增长。民营企业最集中的建筑业，黑色金属、有色金属冶炼及压延加工业，批发和零售业，由于竞争激烈，销售净利率并不是很高（见表1－19）。

表1－19　2009年民营企业500家分行业效益、效率指标

单位：%，万元/人

所属行业	销售净利率	资产净利率	劳动生产率	总资产周转率
建筑业	2.54	4.46	36.50	175.91
黑色金属、有色金属冶炼及压延加工业	2.95	4.32	248.96	146.58
批发和零售业	2.05	5.04	178.58	246.40
电气机械及器材、线缆制造及仪器仪表制造业	4.35	6.90	135.51	158.73
纺织业、化学纤维制造业	3.53	5.07	120.05	143.43
综合（含投资类、主业不明显）	5.87	3.90	96.38	66.52
交通运输设备制造业	6.55	6.48	69.97	98.87
房地产业	10.51	5.13	125.21	48.76
化学原料及化学制品制造业	4.76	4.78	190.12	100.53
食品加工与食品、饮料制造业	8.54	12.73	102.96	149.17
医药制造业	6.43	9.24	89.21	143.76
通用设备和专用设备制造业	10.62	9.00	97.02	84.70
金属制品业	5.13	6.56	89.28	127.71
通信设备、计算机及其他电子设备制造业	2.41	3.15	374.82	130.61
服装、鞋帽、皮革制造业	8.77	9.80	59.25	111.73
造纸及纸制品、印刷业、文教体育、办公用品制造业	7.54	5.95	102.91	78.86
石油加工、炼焦加工业	4.45	7.81	216.58	175.38
非金属矿物制品业（含水泥、玻璃、陶瓷、耐火材料等）	6.25	5.47	77.19	87.59
租赁和商务服务业	2.38	4.80	224.29	201.47
橡胶制品、塑料制品业	5.88	6.24	114.21	106.16
采矿业	14.09	11.26	267.18	79.91
农、林、牧、渔业	3.20	6.37	281.93	199.24
金融、保险业	1.53	0.61	32.13	39.47
工艺品及其他制造业	3.24	8.52	79.40	263.21
电力、热力、燃气及水的生产和供应业	7.09	4.36	93.03	61.41
住宿、餐饮业	6.55	2.51	30.90	38.33
信息传输、计算机服务和软件业	0.70	0.87	121.66	124.24
木材加工及木、竹、藤、棕、草制品、家具制造业	2.12	2.35	81.99	111.08
交通运输、仓储业和邮政业	2.89	2.97	859.64	102.88

五 民营企业500家地区分布不均衡趋势更加明显

从区域分布情况看，2009年，东部地区民营企业的入围家数为405家，在民营企业500家中所占的比重为81%，相比2008年提升2个百分点。东部地区企业资产、收入规模也占到500家总规模的八成左右。同时，东部地区企业盈利能力得到进一步增强，销售净利率从3.88%上升到4.49%。西部地区尽管入围企业数量有所下降，但是收入规模、资产规模占民营企业500家的比重却有所上升。同时，西部企业盈利能力进一步提升，销售净利率从2008年的4.06%上升到2009年的6.07%，说明西部地区的民营企业经过优胜劣汰，竞争力呈现上升趋势。值得注意的是，中部地区、东北部地区入围企业数量、企业效益均出现不同程度下滑，中部地区2009年入围民营企业500家的为44家，相比2008年减少4家，东北部地区为17家，相比2008年减少3家，两个地区入围企业的销售净利率均出现不同程度的下降（见表1-20，表1-21）。

表1-20 2009年民营企业500家地区分布表

单位：家，亿元

地区		入围数		收入规模		资产规模	
		2009年	2008年	2009年	2008年	2009年	2008年
东部	企业数量(家)	405	395	39057.35	33852.94	30796.18	22232.09
	占500家比重(%)	81.00	79.00	82.46	82.37	79.00	78.70
中部	企业数量(家)	44	48	3077.73	2862.08	2538.60	2094.11
	占500家比重(%)	8.80	9.60	6.50	6.96	6.51	7.41
西部	企业数量(家)	34	37	3761.76	3126.73	3686.70	2621.79
	占500家比重(%)	6.80	7.40	7.94	7.61	9.46	9.28
东北部	企业数量(家)	17	20	1465.82	1257.25	1960.81	1302.07
	占500家比重(%)	3.40	4.00	3.09	3.06	5.03	4.61

表1-21 2008~2009年民营企业500家各地区经营效益情况表

单位：%

地区	销售净利率		总资产周转率	
	2009年	2008年	2009年	2008年
东部	4.49	3.88	147.31	160.75
中部	3.58	3.91	132.87	142.50
西部	6.07	4.06	119.26	141.05
东北部	5.89	7.08	89.85	89.44

从民营企业的省区市分布情况看，2009 年民营企业 500 家涵盖了我国内地 26 个省、自治区、直辖市，但在分布上极不平衡，浙江、江苏由于其市场化发育程度较高，民营经济较为发达，500 家企业的入围数量遥遥领先于全国其他地区，两省累计占民营企业 500 家的比重达到 61.8%，相比 2008 年提高了 2.6 个百分点。此外，山东、上海、广东等经济发达地区的入围民营企业数量也位居前列（见表 1－22）。

表 1－22　2009 年民营企业 500 家省区市分布表

序号	省(区、市)	企业数（家）	占 500 家比重(%)	营业收入总额(亿元)	占 500 家比重(%)	资产总额（亿元）	占 500 家比重(%)
1	浙江省	180	36.00	14138.22	29.85	10185.44	26.13
2	江苏省	129	25.80	14913.35	31.49	10392.64	26.66
3	山东省	36	7.20	2450.52	5.17	1783.33	4.57
4	上海市	19	3.80	2184.45	4.61	2241.45	5.75
5	湖北省	16	3.20	962.65	2.03	678.77	1.74
6	广东省	13	2.60	1324.27	2.80	1133.22	2.91
7	四川省	11	2.20	1430.88	3.02	980.92	2.52
8	辽宁省	10	2.00	912.04	1.93	1384.89	3.55
9	天津市	9	1.80	1009.79	2.13	627.23	1.61
10	北京市	9	1.80	1861.82	3.93	1989.96	5.10
11	重庆市	9	1.80	763.13	1.61	1071.78	2.75
12	河南省	8	1.60	516.66	1.09	465.34	1.19
13	安徽省	6	1.20	300.28	0.63	126.96	0.33
14	湖南省	6	1.20	642.06	1.36	518.63	1.33
15	内蒙古自治区	6	1.20	628.97	1.33	963.71	2.47
16	河北省	5	1.00	444.98	0.94	480.03	1.23
17	黑龙江省	5	1.00	368.45	0.78	479.49	1.23
18	山西省	5	1.00	311.85	0.66	241.87	0.62
19	海南省	3	0.60	560.83	1.18	1730.89	4.44
20	江西省	3	0.60	344.23	0.73	507.04	1.30
21	陕西省	3	0.60	300.05	0.63	210.93	0.54
22	云南省	3	0.60	154.82	0.33	101.58	0.26
23	吉林省	2	0.40	185.32	0.39	96.43	0.25
24	福建省	2	0.40	169.13	0.36	231.99	0.60
25	宁夏回族自治区	1	0.20	59.08	0.12	47.55	0.12
26	新疆维吾尔自治区	1	0.20	424.84	0.90	310.23	0.80
总　计		500	100.00	47362.66	100.00	38982.28	100.00

六　国际金融危机仍是影响民营企业500家发展的最主要因素

2008年开始席卷全球的国际金融危机极大地冲击了中国民营企业，虽然2009年民营企业500家发展迅速，各项指标均出现大幅度上扬，但国际金融危机依然是影响民营经济发展的首要问题。此外，原材料价格上涨、融资难问题依旧突出，市场需求和人力资源的问题也更加凸显。相对而言，由于2009年国家结构性减税政策的推进和其他推动民营经济发展政策的出台、落实，税费负担，权益保护，政府沟通等方面的困难都呈现明显的减少趋势。值得一提的是，选择劳动关系是影响民营企业发展主要问题的企业数量由2008年的51家下降为2009年的40家，说明经过一段时间的理解、消化，《劳动合同法》带来的冲击正逐步减小，大型民营企业越来越适应规范化的用工制度（见表1－23）。

表1－23　2009年民营企业500家面临的主要问题表

单位：家

问　题	企业数量	问　题	企业数量
金融危机	270	劳动关系	40
原材料成本	226	政府沟通	29
市场需求	178	执法环境	29
人力资源	171	治理结构	20
融　资	146	舆论环境	19
税费负担	138	权益保护	17
地方保护	59		

第二章　五年来民营企业500家经营发展趋势及其在应对国际金融危机中的表现

2004～2009年五年间，民营企业500家经历了快速增长到急剧下滑再到迅速复苏的发展历程，总体来看，规模、效益、社会贡献等各项指标均出现不同程度的增长。从2008年起席卷全球的国际金融危机给民营企业特别是出口型民营企业带来了极大冲击，民营企业500家的税后净利润、销售净利率、劳动效率、出口额等指标均出现不同程度的下滑，在这种情况下，民营企业积极应对，通过提升管理、调整产品结构、扩大市场、创新技术等方式推动企业的转型升级，提

高效益和效率，2009 年各项指标迅速回升，充分体现了民营企业在国际金融危机的逆境中实现了突破，为我国经济在世界范围内率先回升作出了重要贡献。

一　2004～2009 年民营企业 500 家发展趋势分析

从经营规模看，2004～2009 年，民营企业 500 家每年的入围门槛均有大幅度提高，2004 年的入围门槛为营业收入总额 9.72 亿元，到 2009 年，入围门槛已经提升为 36.6 亿元，年度复合增长率为 30.37%（见图 2－1）。

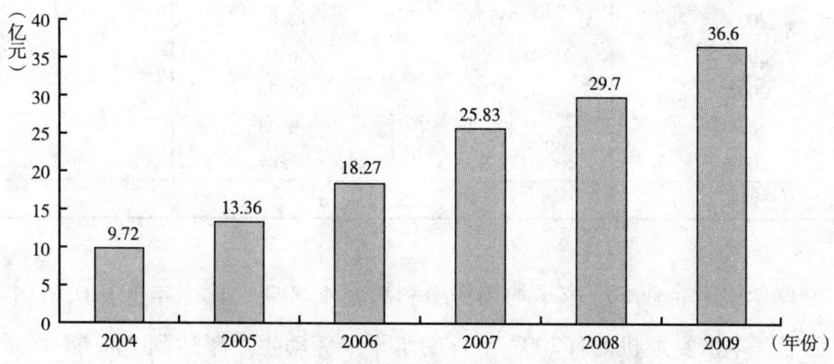

图 2－1　2004～2009 年民营企业 500 家入围门槛图

五年来，民营企业 500 家的企业规模持续扩大。2009 年，民营企业 500 家的营业收入总额 47362.66 亿元，户均 94.73 亿元，相比 2004 年增长 208%，年度复合增长率为 25.22%；2009 年民营企业 500 家资产总额共计 38982.28 亿元，户均 77.96 亿元，相比 2004 年增长 225%，年度复合增长率为 26.55%。企业实力持续提高（见表 2－1）。

表 2－1　2004～2009 年民营企业 500 家营收和资产规模指标表

单位：亿元，%

年　份	营收总额	年度增长率	资产总额	年度增长率
2004	15382.42	42.87	12010.87	29.73
2005	20806.61	35.26	15156.93	26.19
2006	26997.01	29.75	18550.4	22.39
2007	35523.34	31.58	25129.85	35.47
2008	41099.01	15.70	28250.07	12.42
2009	47362.66	15.24	38982.28	37.99
年度复合增长率	25.22		26.55	

从效益和效率看，2009 年民营企业 500 家税后净利润总额达到 2179.52 亿元，户均4.36 亿元，相比2004 年增长209%，年度复合增长率为25.32%。值得一提的是，2009 年民营企业在中国经济复苏中表现强劲，民营企业 500 家税后净利润比 2008 年上涨了 32.84%（见表 2－2）。

表 2－2　2004～2009 年民营企业 500 家盈利能力指标表

年　份	税后净利润(亿元)	增长率(%)	亏损企业数(家)
2004	705.08	38.99	3
2005	795.38	12.81	5
2006	1089	36.92	4
2007	1641.98	50.78	6
2008	1640.72	-0.08	11
2009	2179.52	32.84	5
年度复合增长率(%)	25.32		—

2009 年民营企业 500 家平均销售净利润率 4.60%，比上年上升 0.61 个百分点，已经基本恢复危机前（2007 年）的水平。劳动生产率达到 104.68 万元/人，人均利润 4.82 万元，与 2007 年相比，均有较大幅度的增长。资产周转率在 2009 年有所降低，总资产周转率为 140.89%，比 2008 年降低 13.1 个百分点，为 2006 年以来最低水平。资产净利率 5.59%，比 2008 年下降了 0.22 个百分点。由此可见，民营企业在后危机时代的复苏中表现良好，但受资产快速扩张的影响，资产相关指标有所下降（见表 2－3）。

表 2－3　2004～2009 年民营企业 500 家经营效率指标

	2009 年	2008 年	2007 年	2006 年	2005 年	2004 年
销售净利率(%)	4.60	3.99	4.62	4.03	3.82	4.58
资产净利率(%)	5.59	5.81	6.53	5.87	5.25	5.87
总资产周转率(%)	140.89	153.99	162.65	145.53	137.28	128.07
劳动生产率(万元/人)	104.68	99.45	103.03	76.70	68.37	62.98
人均利润(万元)	4.82	3.97	4.76	3.09	2.61	2.89

从地区分布看，2004～2009 年的调研数据显示民营企业 500 家一直主要集中在东部市场经济发展迅速的地区，特别是江苏、浙江两省。从行业分布看，

2004～2009 年民营企业 500 家主要分布在黑色金属、有色金属冶炼及压延加工业，建筑业，批发和零售业，电气机械及器材、线缆制造业及仪器仪表制造业，纺织业、化学纤维制造业等行业中，5 年来，建筑业入围家数的上升比例最高，2009 年入围 67 家，比 2004 年的 24 家提高 43 家，而纺织业、化学纤维制造业入围家数下降比例最大，2009 年入围 35 家，比 2004 年的 58 家减少 23 家。

从社会贡献看，民营企业 500 家对社会的贡献提升明显。2004～2009 年民营企业 500 家缴税总额年度复合增长率为 24.87%，户均税收由 2004 年的 1.17 亿元增至 2009 年的 3.55 亿元。民营企业 500 家在作出了很大贡献，2009 年民营企业 500 家员工总数为 452.46 万人，户均 9049 人，相比 2004 年员工总数 244.23 万人，户均 4885 人增长 1.85 倍，年度复合增长率为 13.12%。其中有 32 家企业的人数在 3 万人以上，比 2008 年增加 12 家；有 128 家企业的员工人数在 1 万人以上，比 2008 年增加 23 家（见表 2－4、图 2－2）。

表 2－4　2004～2009 年民营企业 500 家缴税和就业指标表

年　份	缴税总额(亿元)	增长率(%)	员工人数(万人)	增长率(%)
2004	585.1	33.58	244.23	14.45
2005	726.89	24.23	304.32	24.60
2006	934.76	28.60	351.98	15.66
2007	1316.45	40.83	344.77	－2.21
2008	1484.46	12.76	413.27	19.87
2009	1776.06	19.64	452.46	9.48
年度复合增长率(%)		24.87		13.12

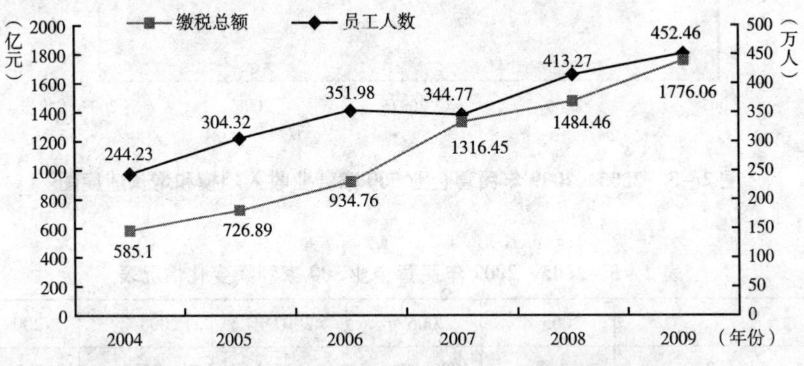

图 2－2　2004～2009 年民营企业 500 家社会效益指标图

二　民营企业500家在应对国际金融危机中的表现分析

1. 国际金融危机给民营企业的发展带来了严重冲击

从营业收入看，2006年、2007年两年，民营企业营业收入保持高速发展，增长率均在30%左右。2008年，受国际金融危机影响，民营企业500家营业收入增速骤降到15.7%，不足上年的50%。2009年，民营企业500家的营业收入增速幅度在上年基础上进一步下滑，但降幅趋缓（见图2-3）。从盈利看，民营企业的收益在2008年明显受到影响，当年税后净利润比上年略微下降，是近年来仅有的一次利润下降，销售净利率也仅有3.99%，比上年下降了0.63个百分点。从出口看，在国际金融危机的影响下，国外需求迅速萎缩，2008年民营企业出口额比2007年下降了3.85%，随着国际金融危机在全球范围内的进一步蔓延，2009年民营企业500家出口额较上年进一步下降了21.3%（见图2-3、表2-5、图2-4）。根据统计数据，有205家企业认为国际金融危机总体上对企业的发展有影响，发展放缓，另有6家企业认为有严重影响，导致企业发展停滞。

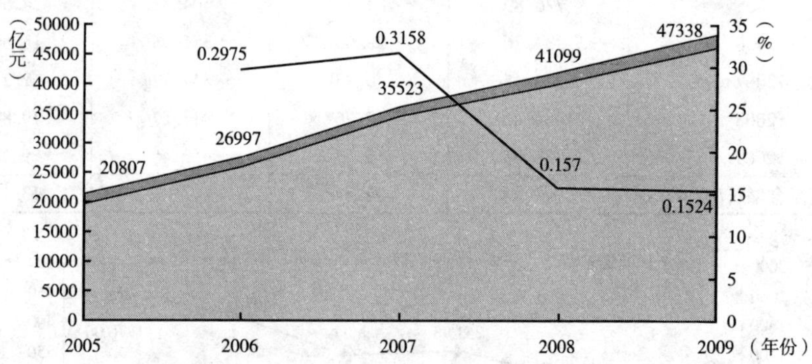

图2-3　2005~2009年民营企业500家营业收入规模和增长速度图

表2-5　2005~2009年民营企业500家利润变化情况表

	2005年	2006年	2007年	2008年	2009年
税后净利润(万元)	7953809	10889971	16419784	16407150	21795150
增长率(%)	12.81	36.92	50.78	-0.08	32.84

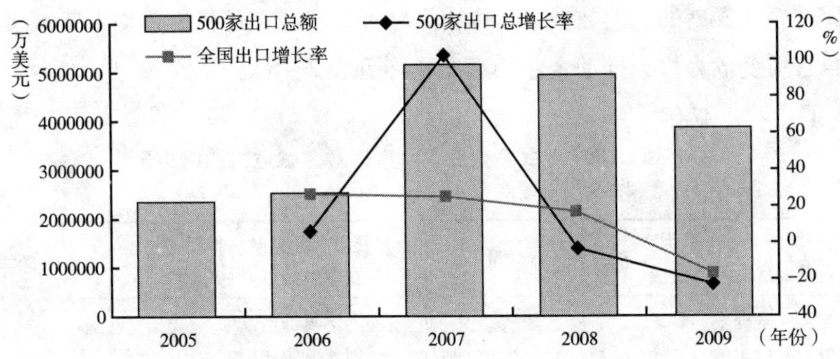

图2-4　2005~2009年民营企业500家出口增长情况图

在国际金融危机对民营企业500家的具体影响方面，根据问卷统计，270家企业认为国际金融危机导致的原材料价格波动是影响企业的最主要因素（见图2-5）。此外，竞争加剧、订单下降、出口受阻也是企业反映较多的具体影响因素。认为国际金融危机导致企业产能过剩，消费较少的企业数相对较少，说明世界各国的经济刺激政策以及我国扩大内需的措施使大型民营企业对市场需求持较为乐观的态度。

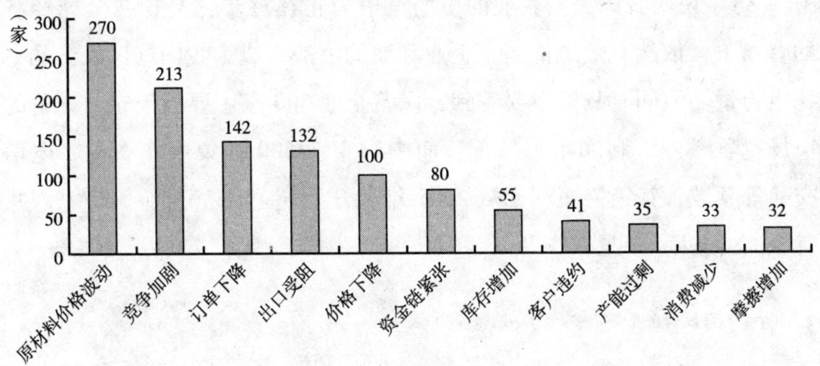

图2-5　国际金融危机给民营企业500家带来的具体影响图

2. 民营企业在金融危机中表现出极强的抗逆性

面对严峻的经济形势，民营企业500家积极应对，苦修内功，部分企业将国际金融危机作为机遇来促进企业转型升级，跨越发展。调研数据显示，2009年民营企业500家中有112家企业认为国际金融危机是机遇，将促进企业更好发展。从应对国际金融危机的具体措施做法看，选择通过提升企业管理、调整产品结构、扩大市场份额、抓紧高新技术产品研发和加大投资力度来应对国际金融危

机，促进企业发展的企业数较多，说明大型民营企业在危机中主动求变，通过提高自身素质变危为机，推动企业长远发展（见表2－6）。

表2－6　2009年民营企业500家应对金融危机的措施表

单位：家

利用国际金融危机促进企业发展的具体做法	数量	利用国际金融危机促进企业发展的具体做法	数量
提升企业管理	313	加大投资力度	183
调整产品结构	265	开展兼并收购	96
扩大市场份额	252	海外拓展	96
抓紧高新技术产品研发	215	引进海外人才和技术	90

由于民营企业在国际金融危机中迅速调整，采取一系列应对措施，民营企业500家税后净利润在2008年下滑速度远低于以大型国有企业为主的中国企业500强（见图2－6）。从效益效率指标看，民营企业500家资产净利率指标一直远高于中国企业500强（见图2－7），资产周转率更是大幅领先于中国企业500强（见图2－8）。说明我国民营企业的市场竞争力正在逐步提高，在全球经济环境恶化的背景下，依然有效地抑制了企业利润的下滑，成为我国国民经济的一支重要的稳定力量。但同时我们也要看到，民营企业500家主要处于充分竞争的行业中，市场竞争激烈，利润水平较低，而中国企业500强集中在石油、电信、金融、交通等领域，其销售净利率从2005年起开始超过民营企业500家，并一直保持有较大的差距（见图2－9）。

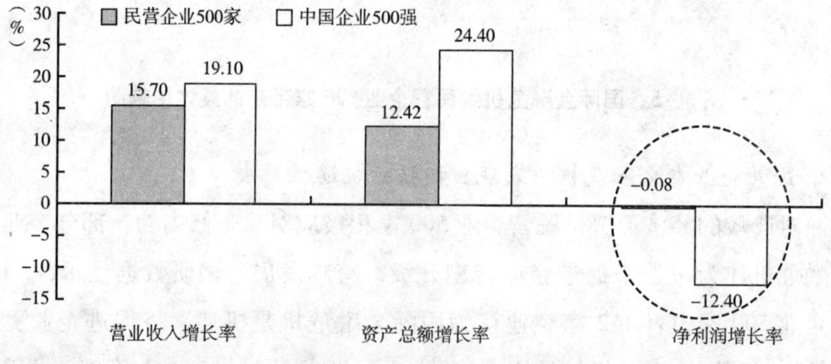

图2－6　2008年民营企业500家与中国企业500强收益指标增速图

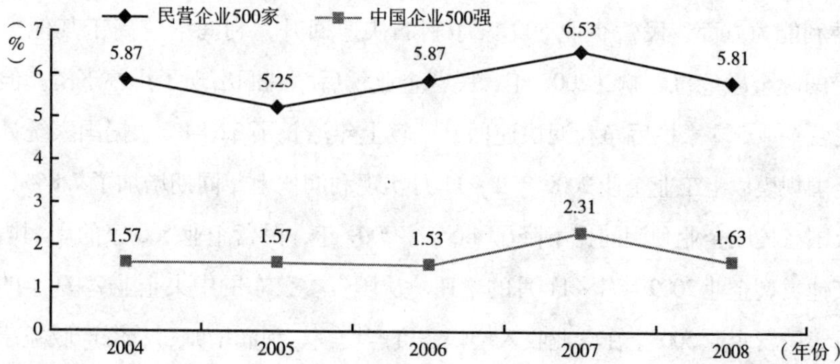

图 2-7　2004~2008 年民营企业 500 家与中国企业 500 强资产净利率比较图

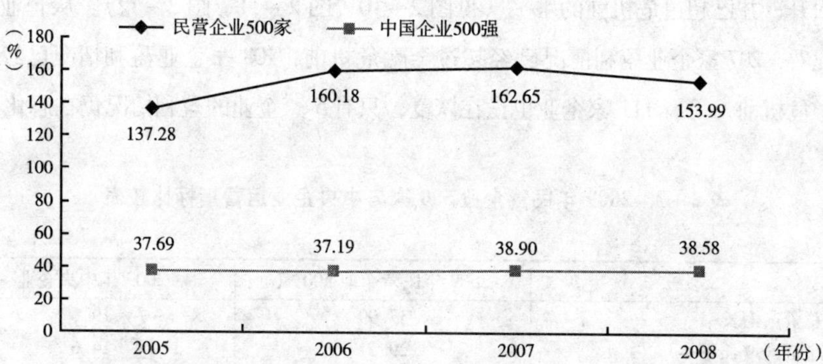

图 2-8　2005~2008 年民营企业 500 家与中国企业 500 强资产周转率比较图

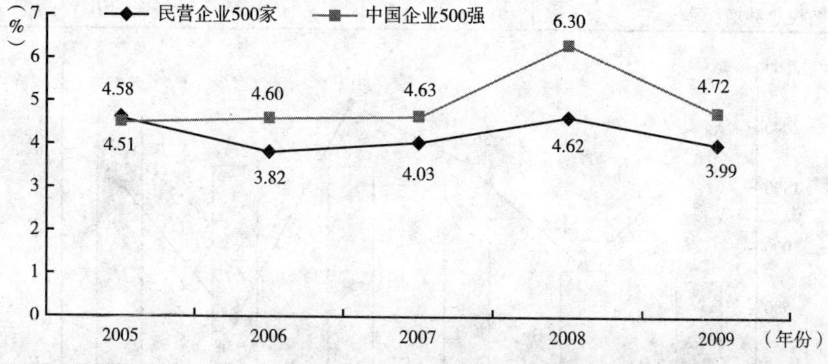

图 2-9　2005~2009 年民营企业 500 家与中国企业 500 强销售净利率比较图

3. 在企稳向好的2009年，民营企业成为我国经济复苏的重要力量

盈利能力方面，民营企业500家净利润快速回升，利润增速高于其他类型企业。受国际金融危机影响，2008年，民营企业税后净利润出现了小幅下滑。但2009年，民营企业500家税后净利润快速回升，较上年增长了32.84%。据国家统计局数据，全国规模以上工业企业2009年1~11月实现利润比上年同期增加了7.8%，其中国有及国有控股企业利润同比下降了4.5%。2009年，民营企业500家的利润增速远高于其他类型企业2009年1~11月的增速。从国资委公布的中央企业2009年的经营情况看，民营企业500家在营业收入增幅、资产增幅、利润增幅、总资产收益率、净资产收益率及纳税增幅等方面均高于中央企业（见表2-7）。此外，2009年，随着民营企业快速调整经营策略，积极应对国际金融危机，民营企业500家的销售净利率也快速回升，并已超过危机前的水平（见图2-10、图2-11、图2-12）。从企业的具体情况看，207家企业盈利情况已经超过金融危机前，108家企业盈利情况已经恢复到金融危机前，另有111家企业也正在恢复，只有5家企业的盈利情况仍在恶化。

表2-7　2009年民营企业500家与中央企业运营指标比较表

单位：%

	2009年民营企业500家	2009年中央企业
总资产增长率	37.99	19.5
净资产增长率	29.51	14.6
营业总收入增长率	15.24	6.4
净利润增长率	32.84	17.1
总资产收益率	5.59	5.3
净资产收益率	17.88	7.6
纳税总额增长率	19.64	10.1

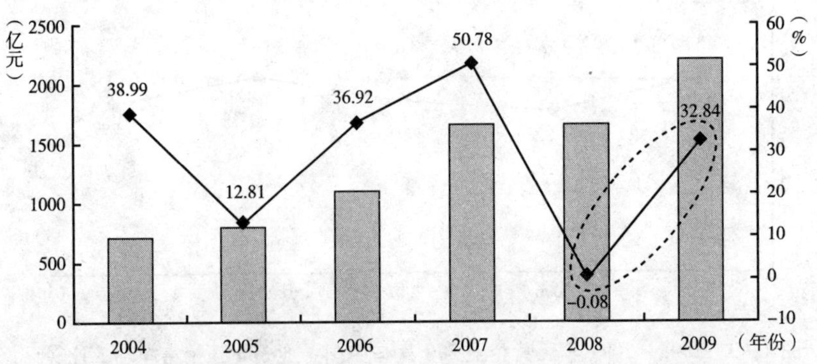

图2-10　2004~2009年民营企业500家税后净利润和增长速度图

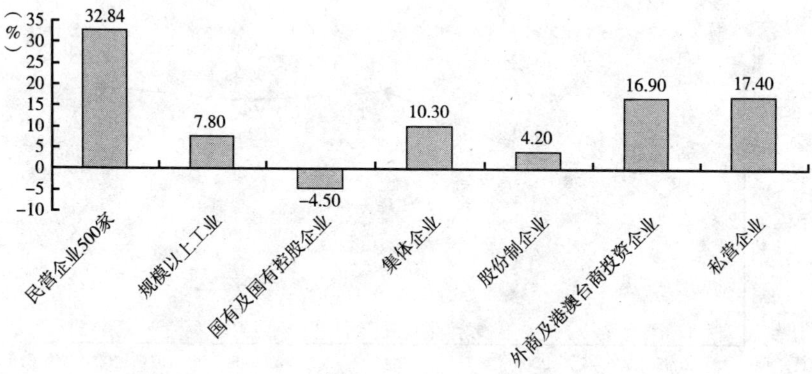

图 2－11　2009 年各类企业利润增速对比图

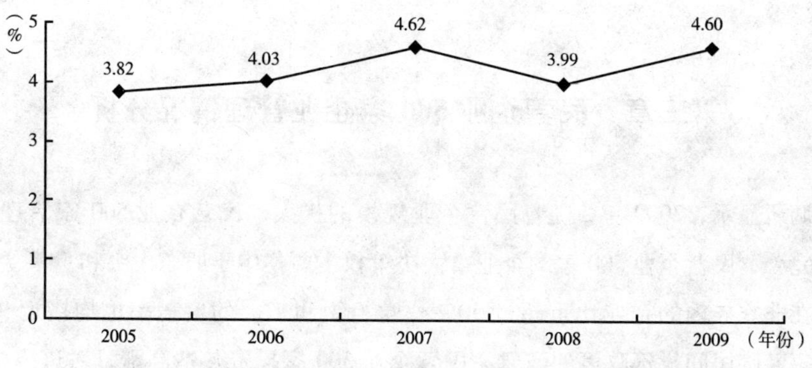

图 2－12　2005～2009 年民营企业 500 家销售净利率图

劳动效率方面，民营企业 500 家劳动产出率快速反弹，达到 5 年来最高水平。受国际金融危机影响，2008 年民营企业 500 家劳动产出率与上年相比小幅下降。伴随着民营企业的积极调整，2009 年，民营企业 500 家的劳动产出率达到 104.68 万元/人，与上年相比提高了 5.23 个百分点，为 5 年来的最高水平（见图 2－13）。

通过以上分析，我们发现 5 年来民营企业 500 家取得了长足发展，业务不断发展，规模持续扩大，盈利能力快速稳步提高，产业结构调整升级，管理日趋规范，社会贡献日益加大。面对国际金融危机，民营企业表现出了很强的抗逆性，快速反应，积极调整，加强资源优化配置，提高效益和效率，在经济复苏过程中表现突出，收入、资产和盈利等指标快速反弹，显示出了民营经济的活力与创造力，成为我国国民经济复苏的重要力量。

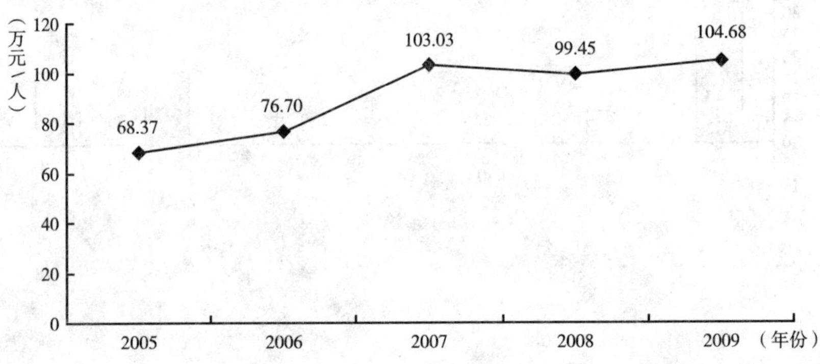

图 2-13　2005~2009 年民营企业 500 家劳动产出率图

第三章　民营企业 500 家企业管理情况分析

调研显示，2009 年，随着民营企业规模的扩大，民营企业 500 家治理结构不断完善，民营企业 500 家的企业重大决策权主要集中于股东大会和董事会，控股权在非家族内的企业比重超过 50%，党组织和工会的覆盖率也均接近 90%。受国家鼓励民间投资政策的鼓舞，民营企业 500 家投资热情高涨，对进入金融、电力等垄断行业及新能源等战略性新兴行业充满兴趣。民营企业 500 家管理水平提升显著，更加重视质量管理和信息化管理，通过各类国际认证的企业数明显增长。民营企业不断改善员工素质，采取措施吸引人才，越来越重视用工规范性，2009 年养老保险、医疗保险和失业保险覆盖率在 80% 以上的企业数量占了八成的比重，与员工 100% 签订劳动合同的企业接近 400 家。

一　2009 年民营企业 500 家治理结构分析

1. 民营企业仍以自然人发起设立为主要创立形式

调研数据显示，2009 年民营企业 500 家中，发起设立的有 262 家，占民营企业 500 家的 52.4%，是民营企业最主要的设立类型。其次为乡镇企业改制，共有 117 家，占比 23.4%。国有企业改制、城镇集体企业改制数量分别为 61 家和 40 家，分别占比为 12.2% 和 8%（见表 3-1）。

表 3－1　2009 年民营企业 500 家设立类型表

单位：家，%

企业设立类型	企业数量	占民营企业 500 家比重	企业设立类型	企业数量	占民营企业 500 家比重
发起设立	262	52.4	国有企业改制	61	12.2
乡镇企业改制	117	23.4	城镇集体企业改制	40	8.0

2009 年民营企业 500 家中，企业目前的控股股东为自然人的有 308 家，占 61.6%，行业分布以建筑业，批发和零售业，电气机械及器材、线缆制造业及仪器仪表制造业居多；其次是内资法人控股的有 134 家，占民企 500 家的 26.8%，行业分布以建筑业，批发和零售业，黑色金属、有色金属冶炼及压延加工业居多。民营企业 500 家大部分都是由自然人白手起家，艰苦创业兴办的，伴随改革开放成长起来的一批大型民营企业的创始人，他们为我国经济社会的发展作出了巨大的贡献，也为很多后来的创业者树立了良好的榜样（见表 3－2）。

表 3－2　2009 年民营企业 500 家控股股东情况表

单位：家，%

控股股东	企业数量	占民营企业 500 家企业比重	控股股东	企业数量	占民营企业 500 家企业比重
自 然 人	308	61.6	其他法人	40	8
内资法人	134	26.8			

2. 非家族控股企业呈现强劲发展势头

调研数据显示，2009 年民营企业 500 家中控股权在非家族内的企业有 267 家，集中在建筑业，黑色金属、有色金属冶炼及压延加工业，批发和零售业，电气机械及器材、线缆制造业及仪器仪表制造业，民营企业控股权在非家族内的企业数量较 2008 年显著提高。

家族控股企业在未来一段时期内将继续存在，尤其是在一些行业和地区，家族企业仍然有其一定的经营管理优势，能够增强高层管理团队之间的信任，减低经营的信用风险，加快决策的速度。但目前从整体上来看，随着企业规模的扩大，很多民营企业资金来源呈多元化，还有很多企业改制上市，非家族控制企业呈现出了强劲的发展势头。民营企业集合各方面的专业人才和力量进入企业高级经营管理层，建立起了科学高效的企业管理体系，更有利于民营企业的发展壮大，从控股权类型与公司绩效的关系来看，控股权在非家族的企业2009年销售净利率为4.85%，资产净利率为5.79%，均高于控股权在家族的企业的4.38%和5.38%（见表3-3）。

表3-3　2009年民营企业500家控股权类型绩效对比表

单位：家，%

控股权	企业数	占民营企业500家比重	销售净利率	资产净利率
家族内	181	36.2	4.38	5.38
非家族	267	53.4	4.85	5.79

3. 大型民营企业治理结构日趋规范

随着民营企业规模的扩大，决策科学化、管理规范化对民营企业提出更高的要求。经过市场经济的洗礼，民营企业治理结构不断完善。调研数据显示，2009年民营企业500家中，有约93%的企业重大决策权集中在股东大会和董事会，由董事长或总裁（CEO）个人决策的企业仅约为7%（见表3-4）。

表3-4　2009年民营企业500家决策机制表

单位：家，%

决策权归属	企业数量	企业比重	决策权归属	企业数量	企业比重
董事会	291	60.12	董事长	30	6.20
股东大会	159	32.85	总裁(CEO)	4	0.83

4. 党组织和工会在民营企业中普遍存在

党组织在增强民营企业员工凝聚力、加强民营企业文化建设、支持企业做大做强方面发挥着战斗堡垒的作用。在新的经济形势下，建立和谐的劳动关系也离不开工会的参与。作为管理结构中的重要组成部分，党组织和工会建设在民营企业中持续地得到重视。调研数据显示，2009年民营企业500家中党委（支部）覆盖率达到了89%，工会覆盖率达到了87.6%。

二　2009年民营企业500家发展战略分析

1. 企业发展战略由做大向做强转变

调研数据表明，2009年民营企业500家中，有71.80%的企业未来三年的发展战略是立足本行业及相关行业发展，比 2008 年和 2007 年分别增加了 1.4% 和 7.4%；拟开展多元化投资的企业只占 20.20%，比 2008 年和 2007 年分别降低了 9.6 和 14.4 个百分点。计划维持现有规模和由多元化回归主业的企业数量很少（见表 3－5）。

表 3－5　2007～2009 年民营企业 500 家未来三年发展战略方向表

单位：家，%

发展战略	2009 年		2008 年		2007 年	
	企业数量	占民营企业500 家比重	企业数量	占民营企业500 家比重	企业数量	占民营企业500 家比重
立足本行业及相关行业发展	359	71.80	352	70.40	322	64.40
开展多元化投资	101	20.20	149	29.80	173	34.60
维持现有规模	7	1.40	—	—	—	—
由多元化回归主业	4	0.80	—	—	—	—

绝大部分企业选择在未来三年里继续发展，并制定了发展战略，表明民营企业对后金融危机时期的中国经济发展尤其是民营经济的发展充满了信心。而在克服国际金融危机的过程中，大型民营企业清晰地认识到由做大向做强转变的重要性，纷纷选择在后金融危机时期，抓住机遇，突出在本行业中的优势，整合上下游资源，以提高企业在行业里和国际上的综合竞争实力。过去一些大型民营企业采取多元扩张战略，在未来的一段时间内，企业对此将持更加谨慎的态度。

2. 企业期待更多地进入垄断性行业和战略新兴行业

2009 年民营企业 500 家中，有一半左右的企业计划投资制造业和房地产业，拟投资服务业、能源、金融的企业也分别占到了 500 家中的 28.8%、23.6%、22.6%（见表 3－6）。

表 3－6　2009 年民营企业 500 家未来 3 年拟投资行业

单位：家，%

拟投资行业	企业数量	占民营企业500 家比重	拟投资行业	企业数量	占民营企业500 家比重
制造业	253	50.6	资　源	84	16.8
房地产	221	44.2	其　他	52	10.4
服务业	144	28.8	基础设施	50	10.0
能　源	118	23.6	文化、教育、卫生	43	8.6
金　融	113	22.6			

2009年民营企业500家中，76%是制造业企业，很多企业还是行业的龙头，他们未来三年的投资方向是继续立足本行业及相关行业发展，在本行业内继续做强。国际金融危机后，人们提高了对实体经济的认识，西方国家也出现回归制造业的趋势，这些也可能是制造业在近几年首次成为民营企业未来三年最想投资的行业的原因。房地产业继续占据领先地位，可见房地产业在大型民营企业眼中，仍被视为很有投资吸引力的行业。

服务业、能源、金融对大型民营企业有着较大的吸引力，这与国家放宽对民营企业行业准入政策有很大关系，民营企业对未来在这些行业的发展充满了期待。2010年初，国务院发布《关于鼓励和引导民间投资健康发展的若干意见》（“新36条”），明确支持鼓励民营资本进入金融、石油、电力等垄断性行业，这将为民营企业新的投资注入强大的动力。此外，新能源、新材料等绿色产业作为战略性新兴产业，是国际金融危机后的新经济增长点，民营企业抓住这些重要的发展机遇，将有助于获取竞争新优势。

3. 东部以外的区域对企业投资吸引力增加

调查表明，2009年民营企业500家未来拟投资区域中，东部地区占比最多，但有相当多的企业表示拟向中西部地区投资（见表3－7）。这表明，在国家西部大开发、中部崛起以及振兴东北老工业基地的战略引导之下，很多东部民营企业已经或者正在考虑向东部以外的广大地区产业转移，以获得相对低廉的劳动力价格、更加丰富的资源、更加广阔的市场空间和更加优惠的投资政策所带来的发展潜力。

有127家民营企业计划在未来三年向海外投资，占到500家的25.4%，民营企业“走出去”的步伐持续加大，也可以看到，大型民营企业成长为有国际竞争力的跨国企业已逐步成为发展的大趋势（见表3－7）。

表3－7　2009年民营企业500家未来三年拟投资区域表

单位：家，%

拟投资地区	企业数量	占民营企业500家比重	拟投资地区	企业数量	占民营企业500家比重
东　部	222	44.4	东北部	96	19.2
中　部	192	38.4	海　外	127	25.4
西　部	185	37.0			

4. 专业人才短缺、土地使用限制、融资困难、项目审批难依然是民营企业投资遇到的主要困难

专业人才短缺的问题近年来一直是民营企业投资过程中所遭遇的头号难题，而且远远超过其他各种因素对投资的影响。在各种机遇面前，民营企业因为没有足够的人才储备，往往错失良机。土地使用限制、项目审批难和行业准入壁垒目前依然是民营企业投资的主要困难，国务院“新 36 条”政策的逐步落实将有望进一步向民营企业放开投资领域，减少民营资本进入的体制障碍（见表 3－8）。

表 3－8　2009 年影响民营企业 500 家投资的主要困难表

单位：家，%

投资困难	企业数量	占民营企业 500 家比重	投资困难	企业数量	占民营企业 500 家比重
专业人才短缺	264	52.80	项目来源有限	87	17.40
土地使用限制	189	37.80	地方保护	51	10.20
融资困难	171	34.20	政策不透明	50	10.00
项目审批难	124	24.80	其他	44	8.80
行业准入壁垒	98	19.60			

三　2009 年民营企业 500 家企业管理分析

1. 民营企业质量管理水平稳步提高

随着市场竞争日趋激烈，民营企业的质量意识也日益深入，越来越重视以质取胜，民营企业 500 家的企业质量管理水平不断提高。调研数据显示，2009 年民营企业 500 家中，有 86.6% 的企业通过了 ISO9000 质量认证，与 2008 年基本持平；有 62.6% 的企业通过了 ISO14000 认证，较 2008 年增加 1.4 个百分点；值得注意的是，有 38.4% 的企业通过了保障员工健康安全的 OHSAS18000 认证，较 2008 年增加了 6.2 个百分点（见表 3－9）。由此可见，民营企业在环保和员工保障方面也越来越重视。同时，民营企业还结合自身业务发展的要求，积极通过相关质量管理认证，认证的覆盖面不断扩大，包括 TS16949 国际质量体系认证、SA8000、ISO22000、HACCP 等几十种认证。

表 3-9 2008~2009 年民营企业 500 家管理认证情况表

单位：家，%

企业管理认证	2009 年		2008 年	
	企业数量	企业比重	企业数量	企业比重
ISO9000 系列国际质量认证	433	86.6	434	86.8
ISO14000 环境管理体系认证	313	62.6	306	61.2
OHSAS18000 职业健康安全管理体系认证	192	38.4	161	32.2
3C 质量认证	94	18.8	91	18.2
其他认证	96	19.2	101	20.2

2. 民营企业信息化建设逐步完善

信息化管理将现代信息技术与先进的管理理念相融合，转变企业生产方式、管理方式和业务流程，是提高企业效率和效益、提升企业竞争力的重要途径。近几年来，民营企业 500 家的企业信息化建设快速发展，信息化管理水平稳步提高。调研数据显示，2009 年实施 OA（办公自动化系统）的企业占 500 家的 84%，比 2008 年上升了 6.2 个百分点；实施 ERP（企业资源规划）的企业占 500 家的 62.6%，实施 HRM（人力资源管理）的企业占 500 家的 58.4%，客户关系管理、供应链管理、企业管理解决方案等信息系统建设也都稳步推进，各类信息化系统实施比重较 2008 年都有明显的提高（见表 3-10）。

表 3-10 2008~2009 年民营企业 500 家信息化建设情况比较表

单位：家，%

信息化类型	2009 年		2008 年	
	企业数量	企业比重	企业数量	企业比重
办公自动化系统(OA)	420	84.0	389	77.8
企业资源规划(ERP)	313	62.6	282	56.4
客户关系管理(CRM)	187	37.4	161	32.2
供应链管理(SCM)	159	31.8	150	30.0
人力资源管理(HRM)	292	58.4	260	52.0
企业管理解决方案(SAP)	62	12.4	—	—
其他	42	8.4	31	6.2

3. 人力资源结构进一步优化

各种专业人才的匮乏始终是制约民营企业发展的瓶颈，人才的缺失意味着企业长远发展动力的不足。随着民营企业进入新的发展阶段和新的行业领域，民营企业对人员素质的要求也逐步提高。近年来，民营企业内部人力资源结构逐步优化，人才状况不断得到改善。从调研数据来看，2009 年民营企业 500 家中，管理人员超过总人数 30% 以上的企业占到 11.2%，本科及以上学历人员超过总人数 30% 以上的企业占到了 29.6%。技术人员人数方面，占比在 30% 以上的企业达到 24%，比 2008 年提高了 2.4 个百分点，500 家企业中技术人员占比稳步增加，表明大型民营企业出于核心技术创新，加快技术升级的需要，对技术人才的吸收和培养力度不断加大（见表 3－11）。

表 3－11　2009 年民营企业 500 家人力资源结构表

单位：家，%

比　重	管理人员		技术人员		本科及以上	
	企业数量	占民营企业 500 家比重	企业数量	占民营企业 500 家比重	企业数量	占民营企业 500 家比重
≥50	12	2.40	37	7.40	63	12.60
≤30 <50	44	8.80	83	16.60	85	17.00
≤10 <30	225	45.00	226	45.20	183	36.60
<10	176	35.20	103	20.60	123	24.60
总　计	457	91.40	449	89.80	454	90.80

4. 民营企业长效激励机制作用凸显

有效的激励机制能够吸引和保留优秀人才，激发员工的积极性和创造性，将人才优势切实转化为企业的核心竞争力。随着民营经济的日渐成熟，民营企业的人才意识日益深入，民营企业逐步形成了多元化的激励机制，激励机制覆盖面不断扩大。多数企业采取多种激励机制相结合的方式，显示出民营企业的激励机制已经由短期为主，转向短期激励和长期激励相结合的激励机制。

调研数据显示，年薪制是民营企业最为普遍的激励手段。2009 年民营企业 500 家中采用年薪制的企业有 384 家，占 500 家的 76.8%，较 2008 年提高 6.6 个百分点。随着经济的逐步回暖，2009 年采取加薪的企业大幅增加，共有 280 家企业加薪，占 500 家的 56%，比 2008 年增加 20.2 个百分点。采取经营者持股、激励基金、股票期权等激励手段的企业数量和比重比 2008 年都有所增加。其他激励方式主要包括培训、出国考察、住房、购车、表彰等。

从激励机制与企业绩效的关系来看，股票期权和经营者持股两种长期激励机制所对应的企业绩效相对最高，而激励基金的效果相对较低（见表 3－12）。不同的激励机制对公司的业绩影响不同，民营企业需要结合自身的业务特点、企业文化和战略，逐步规范和优化激励机制建设。

表 3－12　2009 年民营企业 500 家激励机制与绩效相关性分析表

单位：家，%

激励机制类型	企业数量	企业比重	销售净利率	资产净利率
年薪制	384	76.8	4.50	5.43
加薪	280	56.0	4.63	5.47
经营者持股	162	32.4	4.59	6.19
激励基金	96	19.2	4.47	5.10
股票期权	75	15.0	5.89	6.15
其他	39	7.8	4.76	5.42

5. 民营企业社会保障覆盖范围继续扩大

随着民营企业员工管理制度的日益规范和《劳动合同法》的实施，民营企业 500 家员工参加社会保障的比例逐年上升。民营企业为保障劳动者权益、建立和谐劳资关系和维护社会稳定作出了重要贡献。调研数据显示，2009 年民营企业 500 家中，养老保险、医疗保险和失业保险参保率都在 100% 的企业达到 248 家，占民营企业 500 家的 49.6%；养老保险、医疗保险和失业保险覆盖率在 80% 以上的企业数量均达到或接近 80%，比 2008 年提高了近 10 个百分点。而各项社会保险缴纳不足 30% 的企业数量占比则在近 5 年以来首次全部降到了 5% 以下（见表 3－13）。

表 3－13　2009 年民营企业 500 家员工保障情况表

单位：家，%

企业内覆盖面	养老保险		医疗保险		失业保险	
	企业数量	占民营企业 500 家比重	企业数量	占民营企业 500 家比重	企业数量	占民营企业 500 家比重
≥80	421	84.20	407	81.40	396	79.20
≤30＜80	42	8.40	42	8.40	44	8.80
＜30	9	1.80	19	3.80	20	4.00
总　计	472	94.40	468	93.60	460	92.00

2009 年，劳动合同签约率在 90% 以上的企业有 467 家，占民营企业 500 家的 93.4%，较 2008 年提高了 2.6 个百分点。其中，劳动合同签约率达到 100% 的达到了 397 家。

第四章　民营企业500家品牌建设和自主创新情况分析

在品牌建设方面，调研数据显示，2009年民营企业500家中，有172家企业拥有“中国驰名商标”，较2008年增加14家，连续5年保持快速增长势头。这些被认定为“中国驰名商标”的企业在销售净利率和资产净利率等效益指标上均超过500家的平均水平。此外，2009年民营企业500家中，绝大多数拥有自有商标，并依靠自有商标获取收入，可见通过一段时期的积淀和转型发展，大型民营企业已经过渡到以创立自有品牌为主、经营贴牌产品为辅的发展阶段。在科技创新方面，民营企业500家中有344家关键技术主要来源于自主研发，说明大型民营企业已经逐步走过了以引进技术为主的阶段，已经具备了相当的自主创新能力。此外，通过调研我们也发现，人才缺乏、产学研合作难度较大、技术市场不健全对民营企业技术创新的影响较大。

一　2009年民营企业500家品牌建设情况分析

根据微笑曲线理论，产品的附加值更多地体现在产业链的两端，也就是设计环节和销售环节。2009年民营企业500家企业在品牌建设和自主创新方面作出了很多努力，取得了丰硕的成果，为企业提高经济附加值，转变发展方式作出了贡献。调研数据显示，2009年民营企业500家中，有172家企业拥有“中国驰名商标”，较2008年增加14家，连续5年保持快速增长势头。在2009年民营企业500家中，被认定为“中国驰名商标”的企业共实现营业收入20416.22亿元，占民营企业500家的43.1%，平均销售利润率为5.2%，平均资产净利率为8.5%，均明显高于民营企业500家4.6%和5.6%的平均水平（见表4－1）。这表明，越来越多的民营企业通过积极的品牌建设，推动企业的生产逐步向高附加值环节转移，从微笑曲线的底端向高端过渡。

表4－1　2009年民营企业500家品牌建设与企业绩效相关性分析表

单位：%

项　　目	平均销售利润率	平均资产净利率
认定为“中国驰名商标”的企业	5.2	8.5
民营企业500家	4.6	5.6

同时，品牌产品收入已成为企业销售收入的主要组成部分。调研数据显示，民营企业自有品牌产品在企业产品中占据主导地位。2009 年民营企业 500 家中，有 310 家拥有自有商标，占民营企业 500 家的 62.0%。同时，自有商标产品收入占总收入的比例为 100% 的企业有 209 家，占民营企业 500 家的 41.8%；自有商标产品占比不足 100% 但超过 60% 的企业有 76 家，占 500 家的 15.2%；而企业的贴牌商标收入也大多在 30% 以下。通过一段时期的积淀和转型发展，大型民营企业已经过渡到以创立自有品牌为主、经营贴牌产品为辅的发展阶段（见表 4－2）。

表 4－2　2009 年民营企业 500 家商标产品占总收入比例分析表

单位：%，家

商标产品占总收入的比例	自有产品商标的企业数	贴牌产品的企业数	商标产品占总收入的比例	自有产品商标的企业数	贴牌产品的企业数
100%	209	4	30% 以下	8	53
60%～100%（含）	76	8	总　计	310	76
30%～60%（含）	17	11			

二　2009 年民营企业 500 家自主创新情况分析

1. 民营高科技企业持续稳定发展

近年来，在国家政策的支持下，我国民营高科技企业取得了长足的发展，为我国改变经济发展方式，实现民营经济又好又快发展作出了重要的贡献。调研数据显示，2009 年民营企业 500 家中有 232 家被省级以上科技管理部门认定为高新技术企业，占民营企业 500 家的 46.4%。高新技术企业数量排名前两位的行业分别是：电气机械及器材、线缆制造及仪器仪表制造业，黑色金属、有色金属冶炼及压延加工业（见表 4－3）。

表 4－3　2009 年民营企业 500 家高新技术企业行业分布表

单位：家

所属行业	高新技术企业数	所属行业	高新技术企业数
电气机械及器材、线缆制造及仪器仪表制造业	37	医药制造业	13
黑色金属、有色金属冶炼及压延加工业	27	综合类	13
交通运输设备制造业	19	通用设备和专用设备制造业	11
化学原料及化学制品制造业	19	纺织业、化学纤维制造业	10
建筑业	19	金属制品业	9

民营企业不断重视和加强技术创新工作，近年来创新成果不断涌现。调查数据表明，2009年民营企业500家中，获得过国家科技进步奖的企业有32家，省级科学进步奖的企业有149家，全国工商联科学技术奖的企业有4家。

2. 民营企业专利成果进一步增加

随着产品知识含量的提高和国际化竞争的加剧，专利对于民营企业来说已经不仅仅意味着某项技术，更代表了企业的综合竞争力和发展潜力。近些年，民营企业知识产权保护的意识不断提升，申请的专利数量进一步增加。调研数据显示，2009年民营企业500家中，有314家企业共拥有29037项专利，专利数较2008年增长了1.1%。其中，发明专利有4138项，外观设计专利有10581项，实用新型专利有13563项。

从不同行业专利获得情况来看，拥有专利最多的行业分别是交通运输设备制造业，电气机械及器材、线缆制造及仪器仪表制造业，综合类（见表4－4）。

表4－4 2009年民营企业500家专利主要行业分布表

单位：项

所属行业	专利数	所属行业	专利数
交通运输设备制造业	12122	纺织业、化学纤维制造业	1576
电气机械及器材、线缆制造及仪器仪表制造业	2668	化学原料及化学制品制造业	1533
		金属制品业	829
综合类	1873	通信设备、计算机及其他电子设备制造业	809
通用设备和专用设备制造业	1824		
医药制造业	1722	建筑业	760

3. 民营企业500家核心技术能力和装备水平稳步提升

民营企业通过加强技术装备和提升核心技术水平，来增加企业产品的附加值，增强市场竞争力。调查数据表明，2009年民营企业500家中，技术装备具有国内先进及以上水平的企业有386家，占民营企业500家的77.2%；有145家企业的核心技术处于国际行业领先或者先进地位，占民营企业500家的29%；有243家企业的核心技术处于国内行业领先地位，占民营企业500家的48.6%（见表4－5）。相当一部分民营企业的技术已经具备国际竞争实力，绝大部分民营企业500家中的企业已经成长为各行业的领先企业。

表 4-5　2009 年民营企业 500 家技术领先性分析表

单位：家，%

装备和技术领先度	企业数	占民营企业 500 家比重	装备和技术领先度	企业数	占民营企业 500 家比重
技术装备——国际领先	44	8.8	核心技术——国际领先	41	8.2
国际先进	113	22.6	国际先进	104	20.8
国内先进	229	45.8	国内先进	243	48.6
国内平均	44	8.8	国内平均	40	8.0

4. 民营企业 500 家关键技术主要来源于自主创新

在技术研发的获取渠道方面，民营企业多以自主研发为主，以合作、引进开发为辅，合资、模仿、并购等方式也被部分企业采用。调研数据显示，2009 年民营企业 500 家中，关键技术来源为自主研发的企业有 344 家，占民营企业 500 家的 68.8%，较 2008 年增长 4.8 个百分点；关键技术来源为产学研合作的企业有 247 家，占民营企业 500 家的 49.4%，较 2008 年增长 14.8 个百分点；关键技术来源为引进技术的企业有 197 家，占民营企业 500 家的 39.4%，较 2008 年增长 3.6 个百分点（见表 4-6）。

表 4-6　2009 年民营企业 500 家企业关键技术来源表

单位：家，%

关键技术来源	企业数	占民营企业 500 家比重	关键技术来源	企业数	占民营企业 500 家比重
自主研发	344	68.8	企业合资	39	7.8
产学研合作	247	49.4	模　　仿	20	4.0
引进技术	197	39.4	其　　他	5	1.0
并购企业	42	8.4			

自主研发和产学研合作的企业数量的不断增加，表明企业的自主创新能力在不断提升。民营企业更多地借助高校和科研机构的力量，有利于发挥各自的比较优势，加速关键技术的突破和运用。

5. 民营企业 500 家技术创新以自有资金为主，政府支持力度显著增强

目前，民营企业技术创新资金来源主要依靠自有资金，银行借贷和政府资助比例虽然呈现上升趋势，但总体覆盖面有限。调研数据显示，2009 年民营企业技术创新资金来自自有资金的企业有 411 家，占民营企业 500 家的 82.2%；创新

资金来源为银行借贷的有 177 家，来源为政府资助的有 112 家，分别较 2008 年增加 22.4% 和 35.4%，均有显著的提升（见表 4－7）。

表 4－7　2009 年民营企业 500 家技术创新资金来源比较表

单位：家，%

项　　目	企业数	占民营企业 500 家比重	项　　目	企业数	占民营企业 500 家比重
自有资金	411	82.2	资本市场融资	48	9.6
银行借贷	177	35.4	风险投资	8	1.6
政府资助	112	22.4	其　　他	1	0.2

为进一步提高民营企业自主创新水平，推动民营企业做大做强，近年来，各级政府制定和实施了包括资金支持政策在内的一系列鼓励措施，这大大激发了民营企业的技术创新热情。2009 年，民营企业 500 家中有 263 家企业先后获政府科技资金支持，占民营企业 500 家的 52.6%，支持范围较 2008 年增加 7 个百分点；2009 年民营企业 500 家共获得政府科技资金支持总额达 219760 万元，支持金额较 2008 年增长了 83.4%，支持力度显著增强。

2009 年间，为克服国际金融危机对国家经济的影响，政府投入了大量资金，用于转变经济发展方式，调整产业结构。调研数据显示，2009 年民营企业 500 家中，政府科技资金支持覆盖面最广的五个行业是医药制造业，电气机械及器材、线缆制造及仪器仪表制造业，化学原料及化学制品制造业，通用设备和专用设备制造业，交通运输设备制造业，这些行业的入围企业受资助比例均超过 3/4（见表 4－8）。

6. 人才缺乏、产学研合作难度较大、技术市场不健全是民营企业技术创新所面临的主要问题

2009 年，人才缺乏、产学研合作难度较大、技术市场不健全是民营企业技术创新最为突出的三大困难。2009 年民营企业 500 家中，有 298 家企业认为人才缺乏是影响企业创新的最主要困难，占民营企业 500 家的 59.6%，较 2008 年增加 2.6 个百分点；有 181 家企业认为产学研合作难度大，占民营企业 500 家的 36.2%，较 2008 年增加 1.6 个百分点；有 134 家企业认为是技术市场不健全，占民营企业 500 家的 26.8%，较 2008 年增加 8.2 个百分点（见表 4－9）。

表 4-8　2009 年民营企业 500 家获得政府科技资金支持的主要行业分布表

所属行业	政府科技资金金额（万元）	政府科技资金支持企业数（家）	行业入围企业数（家）	受资助比例（%）
医药制造业	21444	12	13	92.31
电气机械及器材、线缆制造及仪器仪表制造业	26216	40	44	90.91
化学原料及化学制品制造业	23404	21	25	84.00
通用设备和专用设备制造业	20616	10	12	83.33
交通运输设备制造业	39614	21	27	77.78
食品加工与食品、饮料制造业	4069	15	23	65.22
通信设备、计算机及其他电子设备制造业	1789	7	11	63.64
金属制品业	3626	7	12	58.33
纺织业、化学纤维制造业	7986	20	35	57.14
黑色金属、有色金属冶炼及压延加工业	17584	33	63	52.38

表 4-9　2009 年民营企业 500 家创新困难分析

单位：家，%

企业创新主要困难类型	企业数	占民营企业 500 家比重	企业创新主要困难类型	企业数	占民营企业 500 家比重
人才缺乏	298	59.6	资金短缺	90	18.0
产学研合作难度较大	181	36.2	激励机制不健全	59	11.8
技术市场不健全	134	26.8	企业管理水平不够	37	7.4
政策支持不够	103	20.6	其他	4	0.8
知识产权保护不够	99	19.8			

人才缺乏连续多年成为民营企业技术创新的第一大困难，对于大型民营企业而言，在资金相对较为宽裕，管理制度比较完善的条件下，专业的技术人才的不足成为企业开展自主创新，实现技术升级换代目标的最大短板。

2009 年，民营企业 500 家企业的关键技术来源最重要的三种渠道是自主研发、产学研合作、引进技术，相应的，人才缺乏、产学研合作难度较大、技术市场不健全被企业认为是影响创新的三大主要因素。调整专业人才的培养教育模式，建立企业与高校、科研机构的长效合作机制，搭建范围更广、程度更深的技术交换平台，将有助于改善企业的技术创新环境，提振企业创新的积极性和成效。

第五章　民营企业 500 家国际化拓展情况分析

2009 年，民营企业海外扩张的步伐加快，领域拓展，层次提高。调研数据显示，民营企业 500 家中，已有 117 家企业投资海外，共拥有海外投资企业和项目 481 个，累计海外投资额达到 225274 万美元。在投资规模不断增长的同时，民营企业投资地区也从中国港澳台地区、欧美逐步扩展到非洲、中东等新兴市场，投资领域从以销售网络的建设为主逐步向设立工厂和进行资源开发拓展。在民营企业 500 家海外拓展的过程中，人才、审批程序复杂和国际政治经济形势多变是制约其发展的最重要因素。

一　民营企业海外拓展经营情况分析

1. 民营企业海外扩张的步伐加快，领域拓展，层次提高

随着企业规模的扩大和管理水平的提高，越来越多的民营企业开始重视拓展国际市场，积极开展国际化经营，在全球范围内配置资源，使得近年来民营企业海外投资持续增长。调研数据显示，2009 年民营企业 500 家中已对外投资的有 117 家，占民营企业 500 家的 23.4%，比 2008 年增加 5 家，民营企业海外扩张步伐加快。共拥有海外投资企业和项目 481 个，比 2008 年增长 57.19%，累计海外投资额达到 225274 万美元，比 2008 年增长 47.59%。

以销售公司方式经营的企业家数为 112 家，比 2008 年增加了 6 家，占民营企业 500 家海外投资的绝大多数，显示民营企业对外投资仍然停留在以贸易型海外投资为主的阶段。但是我们也看到以建立生产企业、工程承包、资源开发形式实施海外经营的企业呈现出增长的趋势，随着民营企业国际竞争力的提高和国际化经营经验的积累，投资类型逐步升级，大型民营企业开始全方位、多途径地利用国际市场和国际资源，全球资源配置能力逐步提高（见表 5－1）。

从海外扩张的区域选择来看，亚洲是民营企业开展海外投资的首选地，进行海外投资的民营企业 500 家中，有 40% 以上在亚洲国家和地区开展经营活动。2009 年，在亚洲开展投资的民营企业数量略有下降，主要是由于在中国港澳台地区投资的民营企业数量下降，但在亚洲其他国家和地区开展投资的民营企业数

表 5-1　2008~2009 年民营企业 500 家海外投资类型表

单位：家，%

海外投资类型	2009 年		2008 年	
	企业数量	占民营企业 500 家比重	企业数量	占民营企业 500 家比重
销售公司	112	22.4	106	21.2
生产企业	44	8.8	41	8.2
工程承包	45	9.0	29	5.8
研发机构	27	5.4	29	5.8
资源开发	26	5.2	25	5.0

量上升。其次是美洲，吸引了 19.41% 的民营企业开展海外投资，该比例比 2008 年略有下降。2009 年欧洲吸引了 17.12% 的民营企业开展海外投资，该比例比 2008 年有所上升。非洲凭借其丰富的资源、廉价的劳动力、较低的贸易壁垒和潜在的市场成为民营企业海外投资的新宠，吸引的民营企业数量逐年上升，2009 年已在海外投资的民营企业中有 10.5% 的企业选择在非洲开展国际化经营（见表 5-2）。

表 5-2　2008~2009 年中国民营企业海外投资地区分布表

单位：家

海外投资地区	2009 年	2008 年	海外投资地区	2009 年	2008 年
中国港澳台地区	65	67	美洲	85	77
亚洲其他地区	116	99	欧洲	75	67
亚洲合计	181	166	大洋洲	13	16
非洲	46	40	中东	38	30

从海外投资方式上看，民营企业 500 家海外投资的主要方式是独资新建，2009 年有 103 家，比 2008 年增加了 33 家。其次是合资新建，共有 82 家。少数是通过兼并和参股实现的，分别有 22 家和 37 家。

2. 民营企业未来海外投资意愿强烈，投资类型将以建立销售网络和建厂为主

2009 年民营企业海外拓展的意愿明显增强，未来 3 年拟在海外进行投资的企业相比 2008 年有较大比例的提升。在投资方式类型方面，建立销售网络仍然

是民营企业未来3年开展海外投资的首选，但是拟建厂（企业）数量增幅最大，超过设立办事处成为民营企业未来3年投资的第二选择。这说明，随着民营企业国际化经营经验的积累，海外投资能力增强以及国内劳动力、原材料等生产要素成本的提高，大型民营企业开始考虑将产品生产向其他生产要素价格更低的国家进行转移（见表5-3）。

表5-3　2008~2009年民营企业500家海外拓展拟投资类型表

单位：家，%

海外拓展拟投资类型	2009年		2008年	
	企业数量	占民营企业500家比重	企业数量	占民营企业500家比重
建立销售网络	203	40.60	164	32.80
建厂(企业)	130	26.00	75	15.00
设立办事处	129	25.80	121	24.20
设研发机构	72	14.40	45	9.00
开展工程承包	69	13.80	52	10.40
从事资源开发	71	14.20	46	9.20
通过口岸与周边国家经贸合作	60	12.00	54	10.80

民营企业拟向海外拓展地区仍然以亚洲为主，其次选择欧盟、东盟十国、北美和非洲的企业数量较多，特别是拟投资非洲的民营企业呈现不断增多的趋势（见表5-4）。

表5-4　2009年民营企业500家海外拓展拟投资地区表

单位：家

拟投资地区	企业数量	拟投资地区	企业数量
亚洲其他国家	119	日韩	32
欧盟	74	拉丁美洲	27
东盟十国	64	俄罗斯	25
北美	62	欧洲其他国家	24
非洲	53	大洋洲	14
中国港澳台地区	47		

民营企业海外拓展拟投资方式与现状区别较大，以选择合资新建的最多，其次是独资新建。绿地投资（新建）仍然是民营企业最主要的投资方式，但是选择实施兼并的企业数量有所增加（见表5－5）。

表5－5　2009年民营企业500家拟向海外拓展的方式表

单位：家，%

拟投资方式	企业数量	占民营企业500家比重	拟投资方式	企业数量	占民营企业500家比重
独资新建	98	19.60	兼并企业	49	9.80
合资新建	112	22.40	参股企业	63	12.60

二　民营企业500家海外开拓主要困难分析

民营企业海外开拓的困难，从内因方面讲，缺乏海外经营人才仍然是制约民营企业海外拓展的最大障碍，其次是投资经验不足、缺乏商务信息和市场分析、不了解海外投资环境、缺乏对政策的理解和有效运用等。缺乏自我保护和维权能力、缺乏资金等问题相对并不突出（见表5－6）。

表5－6　2009年民营企业500家海外开拓的主要困难——内因

单位：家，%

内　因	企业数量	占民营企业500家比重	内　因	企业数量	占民营企业500家比重
缺少海外经营人才	219	43.80	缺乏对政策的理解和有效运用	76	15.20
海外投资经验不足	127	25.40	产品或服务缺乏国际竞争力	52	10.40
缺乏商务信息和市场分析	117	23.40	缺乏资金	30	6.00
不了解海外投资环境	99	19.80	缺乏自我保护和维权能力	22	4.40

从外因方面讲，集中体现在国内因素和国际因素两个方面。从国内来看，审批程序复杂成为影响民营企业海外拓展的首要难题。缺乏本国企业之间的有序协调导致自我竞争为第二位影响因素，以后依次为外汇管制严格、缺少针对企业外贸的中介服务和使馆对企业指导、保护不够。从国际方面来看，受国际金融危机影响，全球形势变化莫测，国际政治经济形势多变的影响因素为第一位，而东道国各类贸易壁垒或政策多变为第二位（见表5－7）。

表 5－7　2009 年民营企业 500 家海外开拓的主要困难——外因

单位：家，%

外　　因	企业数量	占 500 家比重
外因——国内		
审批程序复杂	120	24.00
缺乏本国企业之间的有序协调导致自我竞争	108	21.60
外汇管制严格	64	12.80
缺少针对企业外贸的中介服务	57	11.40
使馆对企业指导、保护不够	23	4.60
外因——国际		
国际政治经济形势多变影响	145	29.00
东道国各类贸易壁垒或政策多变	142	28.40
各类贸易摩擦	48	9.60
东道国贸易程序复杂	44	8.80
东道国出入境管制过严	38	7.60
东道国基础设施落后	31	6.20
东道国市场秩序较差	26	5.20
企业合法权益得不到保障	29	5.80

结　　语

2009 年，我国民营企业取得了长足发展，民营企业 500 家规模持续扩大，盈利能力快速稳步提高，产业结构调整升级，管理日趋规范，社会贡献日益加大。面对国际金融危机，民营企业虽受到了较大的冲击，但在应对危机中表现出了很强的抗逆性，在经济复苏过程中，民营企业表现突出，收入、资产和盈利等指标快速反弹，并在就业、纳税方面作出了重要贡献，显示出了民营经济的活力与创造力，成为国民经济复苏的重要力量。2009 年民营经济之所以能在危机中仍然保持较好的发展势头，既得益于党中央、国务院出台了一系列保增长、扩内需和调结构的政策措施，以及《国务院关于促进中小企业发展的若干意见》等促进民营经济发展的举措，也得益于广大民营企业在困难面前迎难而上，拼搏进取，努力转变发展观念，不断创新发展思路，采取了改善管理、调整结构、开拓国内市场等正确的应对措施。

展望未来，我们认为民营企业的发展面临着难得的历史机遇。从国际环境看，世界经济正在恢复性增长，国际产业调整重组和新技术革命的兴起，也将为我国民营经济技术创新、结构优化提供机会；从国内环境看，我国经济正迎来新一轮经济周期的上升期，工业化、城镇化的加速推进，转变发展方式、扩大内需方针政策的逐步落实，国务院关于鼓励引导民间投资健康发展的政策将使民营经济发展拥有更广阔的空间。

2010年3月4日，中共中央总书记胡锦涛在全国政协会议上指出，非公有制经济已经站在了一个新的起点上，并对非公有制经济提出要在加快经济发展方式转变上、保障和改善民生上、提升自身素质上有更大作为的新要求。我们认为，随着发展环境的不断改善，大型民营企业的发展基础将进一步坚实，管理水平和自主创新能力将继续提升，部分大型民营企业已经具备了成为具有国际竞争力的跨国集团的条件，一定会在“三个有更大作为”方面取得突出的成绩。

大型民营企业将在加快发展方式转变上有更大作为。目前民营企业500家仍主要集中在放开较早，竞争充分的传统行业特别是制造业当中，处于产业链低端的数量偏多，利润率明显偏低。但一些大型民营企业已经开始调整产业、产品结构，进入战略型新兴行业，自主研发能力和品牌建设能力也在不断提升。在今后的发展中，大型民营企业会以转变发展方式为契机，大力发展先进制造业，着力推进自主创新，加强对关键核心技术的开发和转化应用，努力掌握更多自主知识产权，培养更多自主品牌，不断提高企业市场竞争力；积极投身新能源、新材料、低碳经济、节能环保、新一代信息技术及现代服务业等战略性新兴产业，培育新的经济增长点；积极投身国家区域经济发展，在西部大开发、中部崛起、东北老工业基地振兴等战略中发现机遇，大显身手；将“引进来”和“走出去”相结合，努力提高利用两个市场、两种资源的能力和水平，成为我国实施“走出去”战略的主力军。

大型民营企业将在保障和改善民生上有更大作为。民营企业是保障和改善民生的重要力量，已经成为吸纳、扩大社会就业的主要渠道。今后，伴随着发展环境的改善，经营领域的拓展，民营企业将会开辟出更多就业渠道，创造更多就业岗位，吸纳更多劳动者就业。此外，伴随着民营企业自身素质的发展，员工工资随企业效益增长稳步增加的机制将逐步建立，及时足额缴纳各种社会保险，自觉保障员工合法权益，努力形成公正合理、互利共赢的社会主义和谐劳动关系将成为更多大型民营企业的选择。

大型民营企业将在提高自身素质上有更大作为。结合新技术革命的兴起和转变经济发展方式的要求，大型民营企业将进一步创新企业发展战略，在投资策略上瞄准国内外战略性新兴产业等发展制高点，在研发策略上捕捉世界技术革命信息并加大高新技术开发力度；在企业素质上，大型民营企业将完善企业治理结构，规范企业管理制度，积极推动股权结构的分散化、社会化，加快建立现代企业制度，提高企业运营效率和质量，健全企业风险管理制度，加强企业文化建设和企业人才的培养，不断增强企业的创造力和持续发展的内生动力。

附录：

2009 年度全国工商联上规模民营企业前 500 家名单

单位：万元

序号	企业名称	所属行业	省、自治区、直辖市	营业收入总额
1	江苏沙钢集团有限公司	黑色金属、有色金属冶炼及压延加工业	江苏省	14631303
2	苏宁电器集团	批发和零售业	江苏省	11700267
3	联想控股有限公司	通信设备、计算机及其他电子设备制造业	北京市	10637514
4	广厦控股创业投资有限公司	建筑业	浙江省	5085054
5	新希望集团有限公司	农、林、牧、渔业	四川省	4606739
6	海航集团有限公司	综合（含投资类）	海南省	456326
7	江苏雨润食品产业集团有限公司	食品加工与食品、饮料制造业	江苏省	4514916
8	杭州娃哈哈集团有限公司	食品加工与食品、饮料制造业	浙江省	4320417
9	新疆广汇实业投资（集团）有限责任公司	批发和零售业	新疆维吾尔自治区	4248362
10	比亚迪股份有限公司	交通运输设备制造业	广东省	3976518
11	大连万达集团股份有限公司	房地产业	辽宁省	3848256
12	海亮集团有限公司	黑色金属、有色金属冶炼及压延加工业	浙江省	3726055
13	三胞集团有限公司	批发和零售业	江苏省	3670416
14	上海复星高科技（集团）有限公司	综合（含投资类）	上海市	3609215
15	中天钢铁集团有限公司	黑色金属、有色金属冶炼及压延加工业	江苏省	3512667
16	天津荣程联合钢铁集团有限公司	黑色金属、有色金属冶炼及压延加工业	天津市	3387922

续表

序号	企业名称	所属行业	省、自治区、直辖市	营业收入总　额
17	物美控股集团有限公司	批发和零售业	北京市	3263992
18	东方希望集团有限公司	黑色金属、有色金属冶炼及压延加工业	上海市	3240122
19	红星家具集团有限公司	租赁和商务服务业	江苏省	3130000
20	三一集团有限公司	通用设备和专用设备制造业	湖南省	3042463
21	江苏永钢集团有限公司	黑色金属、有色金属冶炼及压延加工业	江苏省	2824003
22	天津天狮集团有限公司	医药制造业	天津市	2789021
23	江苏新长江实业集团有限公司	黑色金属、有色金属冶炼及压延加工业	江苏省	2788003
24	雅戈尔集团股份有限公司	服装、鞋帽、皮革制造业	浙江省	2743700
25	通威集团有限公司	农、林、牧、渔业	四川省	2620894
26	浙江恒逸集团有限公司	化学纤维制造业	浙江省	2607402
27	江苏阳光集团有限公司	纺织业	江苏省	2596007
28	内蒙古伊泰集团有限公司	采矿业	内蒙古自治区	2589482
29	江苏苏宁环球集团	房地产业	江苏省	2460000
30	正泰集团股份有限公司	电气机械及器材、线缆制造、及仪器仪表制造业	浙江省	2439300
31	四川宏达集团	黑色金属、有色金属冶炼及压延加工业	四川省	2313182
32	江西萍钢实业股份有限公司	黑色金属、有色金属冶炼及压延加工业	江西省	2285075
33	红豆集团有限公司	服装、鞋帽、皮革制造业	江苏省	2232759
34	百兴集团有限公司	批发和零售业	江苏省	2210347
35	中天发展控股集团有限公司	建筑业	浙江省	2202733
36	上海华冶钢铁集团有限公司	批发和零售业	上海市	2201935
37	江阴澄星实业集团有限公司	化学原料及化学制品制造业	江苏省	2152534
38	恒力集团有限公司	化学纤维制造业	江苏省	2151200
39	江阴兴澄特种钢铁有限公司	黑色金属、有色金属冶炼及压延加工业	江苏省	2139411
40	宁波金田投资控股有限公司	黑色金属、有色金属冶炼及压延加工业	浙江省	2100207
41	人民电器集团有限公司	电气机械及器材、线缆制造、及仪器仪表制造业	浙江省	2092837
42	陕西东岭工贸集团股份有限公司	黑色金属、有色金属冶炼及压延加工业	陕西省	2080000
43	海澜集团有限公司	纺织业	江苏省	2073023
44	奥克斯集团有限公司	电气机械及器材、线缆制造、及仪器仪表制造业	浙江省	2012845
45	丰立集团有限公司	批发和零售业	江苏省	2000902
46	上海人民企业(集团)有限公司	综合(含投资类)	上海市	1992963

续表

序号	企业名称	所属行业	省、自治区、直辖市	营业收入总额
47	德力西集团有限公司	电气机械及器材、线缆制造、及仪器仪表制造业	浙江省	1980445
48	新奥集团股份有限公司	电力、热力、燃气及水的生产和供应业	河北省	1961586
49	浙江荣盛控股集团有限公司	化学纤维制造业	浙江省	1928387
50	华芳集团有限公司	纺织业	江苏省	1917577
51	九州通医药集团股份有限公司	批发和零售业	湖北省	1895770
52	江阴市西城钢铁有限公司	黑色金属、有色金属冶炼及压延加工业	江苏省	1877754
53	江苏高力集团有限公司	租赁和商务服务业	江苏省	1863272
54	天正集团有限公司	电气机械及器材、线缆制造、及仪器仪表制造业	浙江省	1860118
55	扬子江药业集团有限公司	医药制造业	江苏省	1803028
56	深圳市天音通信发展有限公司	批发和零售业	广东省	1696900
57	新华联控股有限公司	综合(含投资类)	湖南省	1677468
58	浙江吉利控股集团有限公司	交通运输设备制造业	浙江省	1651127
59	江苏新世纪造船有限公司	交通运输设备制造业	江苏省	1614722
60	新世纪控股集团有限公司	通信设备、计算机及其他电子设备制造业	浙江省	1597434
61	江苏文峰集团有限公司	批发和零售业	江苏省	1595300
62	江苏南通三建集团有限公司	建筑业	江苏省	1592763
63	江苏省三房巷集团有限公司	化学原料及化学制品制造业	江苏省	1586157
64	江苏法尔胜泓昇集团有限公司	金属制品业	江苏省	1581662
65	香江集团	房地产业	广东省	1563227
66	浙江中成控股集团有限公司	建筑业	浙江省	1530995
67	桐昆集团股份有限公司	化学纤维制造业	浙江省	1525258
68	华泰集团有限公司	造纸及纸制品、印刷业、文教体育、办公用品制造业	山东省	1514832
69	江苏南通二建集团有限公司	建筑业	江苏省	1512549
70	盾安控股集团有限公司	综合(含投资类)	浙江省	1509244
71	江苏金浦集团有限公司	化学原料及化学制品制造业	江苏省	1486439
72	长城电器集团有限公司	电气机械及器材、线缆制造、及仪器仪表制造业	浙江省	1451175
73	江苏申特钢铁有限公司	黑色金属、有色金属冶炼及压延加工业	江苏省	1445697
74	山东太阳纸业股份有限公司	造纸及纸制品、印刷业、文教体育、办公用品制造业	山东省	1421828

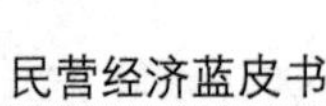

续表

序号	企业名称	所属行业	省、自治区、直辖市	营业收入总额
75	青山控股集团有限公司	黑色金属、有色金属冶炼及压延加工业	浙江省	1409043
76	浙江新湖集团股份有限公司	综合（含投资类）	浙江省	1392197
77	浙江宝业建设集团有限公司	建筑业	浙江省	1391756
78	宁波富邦控股集团有限公司	化学原料及化学制品制造业	浙江省	1379058
79	山东金诚石化集团有限公司	石油加工、炼焦加工业	山东省	1354037
80	万达控股集团有限公司	石油加工、炼焦加工业	山东省	1346818
81	重庆力帆控股有限公司	交通运输设备制造业	重庆市	1336497
82	宁波银亿集团有限公司	房地产业	浙江省	1315122
83	浙江昆仑控股集团有限公司	建筑业	浙江省	1305463
84	浙江远大进出口有限公司	批发和零售业	浙江省	1298642
85	亨通集团有限公司	电气机械及器材、线缆制造、及仪器仪表制造业	江苏省	1261923
86	盛虹集团有限公司	化学纤维制造业	江苏省	1261869
87	环宇集团有限公司	电气机械及器材、线缆制造、及仪器仪表制造业	浙江省	1250098
88	重庆龙湖企业拓展有限公司	房地产业	重庆市	1241698
89	上海舜业钢铁集团有限公司	批发和零售业	上海市	1232915
90	亚邦化工集团有限公司	化学原料及化学制品制造业	江苏省	1218883
91	张家港保税区兴恒得贸易有限公司	批发和零售业	江苏省	1216520
92	东方集团实业股份有限公司	综合（含投资类）	黑龙江省	1213282
93	华立集团股份有限公司	医药制造业	浙江省	1202252
94	山东西水橡胶集团有限公司	橡胶制品、塑料制品业	山东省	1193052
95	内蒙古鄂尔多斯羊绒集团有限责任公司	纺织业	内蒙古自治区	1189117
96	南京金鹰国际集团有限公司	批发和零售业	江苏省	1173181
97	澳洋集团有限公司	化学纤维制造业	江苏省	1155000
98	修正药业集团	医药制造业	吉林省	1150442
99	西子联合控股有限公司	通用设备和专用设备制造业	浙江省	1150000
100	传化集团有限公司	化学原料及化学制品制造业	浙江省	1149299
101	江苏三木集团有限公司	化学原料及化学制品制造业	江苏省	1137320
102	远东控股集团有限公司	电气机械及器材、线缆制造、及仪器仪表制造业	江苏省	1131233
103	波司登股份有限公司	服装、鞋帽、皮革制造业	江苏省	1108780
104	华峰集团有限公司	化学原料及化学制品制造业	浙江省	1106681

续表

序号	企业名称	所属行业	省、自治区、直辖市	营业收入总额
105	上海永达控股(集团)有限公司	批发和零售业	上海市	1101144
106	隆鑫控股有限公司	交通运输设备制造业	重庆市	1097455
107	宗申产业集团有限公司	交通运输设备制造业	重庆市	1091718
108	南京丰盛产业控股集团有限公司	建筑业	江苏省	1089337
109	福建恒安集团有限公司	造纸及纸制品、印刷业、文教体育、办公用品制造业	福建省	1083383
110	中南控股集团有限公司	综合(含投资类)	江苏省	1082780
111	四川科伦实业集团有限公司	医药制造业	四川省	1064823
112	天瑞集团有限公司	非金属矿物制品业(含水泥、玻璃、陶瓷、耐火材料等)	河南省	1060201
113	山东晨曦集团有限公司	石油加工、炼焦加工业	山东省	1060000
114	山东科达集团有限公司	建筑业	山东省	1056637
115	深圳海王集团股份有限公司	医药制造业	广东省	1050000
116	四川金广实业(集团)股份有限公司	黑色金属冶炼及压延加工业	四川省	1050000
117	冷水江钢铁有限责任公司	黑色金属、有色金属冶炼及压延加工业	湖南省	1050000
118	全威(铜陵)铜业科技有限公司	黑色金属、有色金属冶炼及压延加工业	安徽省	1039988
119	大华(集团)有限公司	房地产业	上海市	1030234
120	大亚科技集团有限公司	木材加工及木、竹、藤、棕、草制品、家具制造业	江苏省	1025379
121	亿利资源集团有限公司	化学原料及化学制品制造业	内蒙古自治区	1023983
122	西林钢铁集团有限公司	黑色金属、有色金属冶炼及压延加工业	黑龙江省	1021745
123	浙江龙盛控股有限公司	化学原料及化学制品制造业	浙江省	1017056
124	河南济源钢铁(集团)有限公司	黑色金属、有色金属冶炼及压延加工业	河南省	1008987
125	江苏熔盛重工有限公司	交通运输设备制造业	江苏省	1006489
126	永鼎集团有限公司	电气机械及器材、线缆制造、及仪器仪表制造业	江苏省	1005463
127	杭州富春江冶炼有限公司	黑色金属、有色金属冶炼及压延加工业	浙江省	996295
128	上海奥盛投资控股(集团)有限公司	综合(含投资类)	上海市	980856
129	山西通达(集团)有限公司	交通运输设备制造业	山西省	980010
130	精功集团有限公司	金属制品业	浙江省	975406
131	江苏省苏中建设集团股份有限公司	建筑业	江苏省	967084

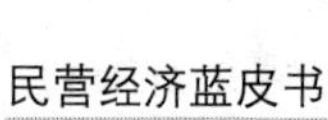

续表

序号	企业名称	所属行业	省、自治区、直辖市	营业收入总额
132	上海均瑶(集团)有限公司	综合(含投资类)	上海市	962837
133	江苏双良集团有限公司	通用设备和专用设备制造业	江苏省	959584
134	南通四建集团有限公司	建筑业	江苏省	952086
135	山东大海集团有限公司	综合(含投资类)	山东省	920563
136	江苏华尔润集团有限公司	非金属矿物制品业(含水泥、玻璃、陶瓷、耐火材料等)	江苏省	915730
137	上海胜华电缆(集团)有限公司	电气机械及器材、线缆制造、及仪器仪表制造业	上海市	905327
138	浙江广天日月集团股份有限公司	建筑业	浙江省	903208
139	浙江天圣控股集团有限公司	纺织业	浙江省	883720
140	兴乐集团有限公司	电气机械及器材、线缆制造、及仪器仪表制造业	浙江省	882707
141	银泰百货有限公司	综合(含投资类)	浙江省	879600
142	江苏常发实业集团有限公司	通用设备和专用设备制造业	江苏省	876558
143	海外海集团有限公司	租赁和商务服务业	浙江省	862500
144	升华集团控股有限公司	化学原料及化学制品制造业	浙江省	856666
145	沈阳远大企业集团	非金属矿物制品业(含水泥、玻璃、陶瓷、耐火材料等)	辽宁省	844568
146	苏州市相城区江南化纤集团有限公司	化学纤维制造业	江苏省	835311
147	东方建设集团有限公司	建筑业	浙江省	835287
148	衢州元立金属制品有限公司	黑色金属、有色金属冶炼及压延加工业	浙江省	834193
149	德龙钢铁有限公司	黑色金属、有色金属冶炼及压延加工业	河北省	825188
150	宁波华东物资城市场建设开发有限公司	综合(含投资类)	浙江省	822000
151	山东五征集团有限公司	交通运输设备制造业	山东省	816817
152	江苏飞达集团	黑色金属、有色金属冶炼及压延加工业	江苏省	807730
153	浙江富春江通信集团有限公司	通信设备、计算机及其他电子设备制造业	浙江省	807059
154	山西安泰控股有限公司	黑色金属、有色金属冶炼及压延加工业	山西省	807000
155	江苏沃得机电集团有限公司	通用设备和专用设备制造业	江苏省	806530
156	中发实业(集团)有限公司	金融、保险业	黑龙江省	804305
157	江苏天地龙集团	黑色金属、有色金属冶炼及压延加工业	江苏省	800000
158	营口青花集团	非金属矿物制品业(含水泥、玻璃、陶瓷、耐火材料等)	辽宁省	790137

续表

序号	企业名称	所属行业	省、自治区、直辖市	营业收入总额
159	浙江百诚集团股份有限公司	批发和零售业	浙江省	789817
160	森马集团有限公司	服装、鞋帽、皮革制造业	浙江省	785101
161	江苏江都建设工程有限公司	房地产业	江苏省	781714
162	山东东岳集团	化学原料及化学制品制造业	山东省	781503
163	深圳市中汽南方投资集团有限公司	批发和零售业	广东省	776192
164	天津天士力集团有限公司	医药制造业	天津市	769082
165	天能电池集团有限公司	电气机械及器材、线缆制造、及仪器仪表制造业	浙江省	765192
166	舟山金海重工股份有限公司	交通运输设备制造业	浙江省	757154
167	山东长星集团有限公司	造纸及纸制品、印刷业、文教体育、办公用品制造业	山东省	752990
168	重庆小康汽车控股有限公司	交通运输设备制造业	重庆市	752498
169	广州立白企业集团有限公司	化学原料及化学制品制造业	广东省	752200
170	江苏华宏实业集团有限公司	化学纤维制造业	江苏省	752183
171	威高集团有限公司	医药制造业	山东省	750000
172	五洋建设集团股份有限公司	建筑业	浙江省	749829
173	山东鲁花集团有限公司	食品加工与食品、饮料制造业	山东省	745963
174	福星集团控股有限公司	综合(含投资类)	湖北省	742097
175	浙江康桥汽车工贸集团股份有限公司	租赁和商务服务业	浙江省	740709
176	唐山瑞丰钢铁(集团)有限公司	黑色金属、有色金属冶炼及压延加工业	河北省	732272
177	宁波市慈溪进出口股份有限公司	批发和零售业	浙江省	729158
178	天津现代集团有限公司	房地产业	天津市	728401
179	通鼎集团有限公司	电气机械及器材、线缆制造、及仪器仪表制造业	江苏省	727688
180	江西赛维 LDK 太阳能高科技有限公司	电气机械及器材、线缆制造、及仪器仪表制造业	江西省	726918
181	浙江逸盛石化有限公司	化学原料及化学制品制造业	浙江省	726335
182	和润集团有限公司	食品加工与食品、饮料制造业	浙江省	725221
183	利时集团股份有限公司	橡胶制品、塑料制品业	浙江省	724814
184	中设建工集团有限公司	建筑业	浙江省	724758
185	中天科技集团有限公司	电气机械及器材、线缆制造、及仪器仪表制造业	江苏省	721572

续表

序号	企业名称	所属行业	省、自治区、直辖市	营业收入总额
186	中球冠集团有限公司	批发和零售业	浙江省	720195
187	华升建设集团有限公司	建筑业	浙江省	717684
188	金发科技股份有限公司	化学原料及化学制品制造业	广东省	711242
189	中电电气集团有限公司	电气机械及器材、线缆制造、及仪器仪表制造业	江苏省	710418
190	卧龙控股集团有限公司	综合(含投资类)	浙江省	707661
191	辽宁曙光汽车集团股份有限公司	交通运输设备制造业	辽宁省	704467
192	长业建设集团有限公司	建筑业	浙江省	703061
193	吉林省长春皓月清真肉业股份有限公司	食品加工与食品、饮料制造业	吉林省	702797
194	红太阳集团有限公司	化学原料及化学制品制造业	江苏省	702616
195	大全集团有限公司	电气机械及器材、线缆制造、及仪器仪表制造业	江苏省	702413
196	绿都控股集团有限公司	房地产业	浙江省	701353
197	河南龙成集团有限公司	黑色金属、有色金属冶炼及压延加工业	河南省	696333
198	佳杰科技上海有限公司	批发和零售业	上海市	693925
199	武汉人和集团有限公司	批发和零售业	湖北省	693568
200	中国龙工控股有限公司	交通运输设备制造业	上海市	690100
201	江苏上上电缆集团	电气机械及器材、线缆制造、及仪器仪表制造业	江苏省	686672
202	浙江华成控股集团有限公司	建筑业	浙江省	685557
203	唐人神集团股份有限公司	食品加工与食品、饮料制造业	湖南省	685499
204	富通集团有限公司	通信设备、计算机及其他电子设备制造业	浙江省	681470
205	兰溪自立铜业有限公司	黑色金属、有色金属冶炼及压延加工业	浙江省	680148
206	杭州滨江房产集团股份有限公司	房地产业	浙江省	676067
207	中厦建设集团有限公司	建筑业	浙江省	674181
208	江苏金辉集团公司	黑色金属、有色金属冶炼及压延加工业	江苏省	660207
209	胜达集团有限公司	造纸及纸制品、印刷业、文教体育、办公用品制造业	浙江省	660000
210	江苏综艺集团	综合(含投资类)	江苏省	659435
211	重庆华宇物业(集团)有限公司	房地产业	重庆市	657817

续表

序号	企业名称	所属行业	省、自治区、直辖市	营业收入总额
212	新龙药业集团	批发和零售业	湖北省	657456
213	龙元建设集团股份有限公司	建筑业	浙江省	656284
214	山东胜通集团股份有限公司	电气机械及器材、线缆制造、及仪器仪表制造业	山东省	652964
215	黑龙江建龙钢铁有限公司	黑色金属、有色金属冶炼及压延加工业	黑龙江省	651700
216	星星集团有限公司	电气机械及器材、线缆制造、及仪器仪表制造业	浙江省	650687
217	江苏天工工具有限公司	黑色金属、有色金属冶炼及压延加工业	江苏省	650000
218	无锡市兆顺不锈中板有限公司	黑色金属、有色金属冶炼及压延加工业	江苏省	647893
219	辽宁禾丰牧业股份有限公司	食品加工与食品、饮料制造业	辽宁省	645271
220	天津立业钢铁贸易有限公司	批发和零售业	天津市	637329
221	得利斯集团有限公司	食品加工与食品、饮料制造业	山东省	637105
222	浙江翔盛集团有限公司	化学纤维制造业	浙江省	634787
223	浙江栋梁新材股份有限公司	黑色金属、有色金属冶炼及压延加工业	浙江省	634770
224	苏州二建建筑集团有限公司	建筑业	江苏省	634250
225	南通化工轻工股份有限公司	批发和零售业	江苏省	632771
226	杭州锦江集团有限公司	黑色金属、有色金属冶炼及压延加工业	浙江省	628570
227	浙江国泰建设集团有限公司	建筑业	浙江省	628318
228	海马投资集团股份有限公司	交通运输设备制造业	海南省	626708
229	方远建设集团	建筑业	浙江省	625331
230	力诺集团股份有限公司	化学原料及化学制品制造业	山东省	623620
231	浙江金帝集团有限公司	房地产业	浙江省	622575
232	孚日集团股份有限公司	纺织业	山东省	621169
233	大汉物流股份有限公司	批发和零售业	湖南省	620058
234	常州天合光能有限公司	电气机械及器材、线缆制造、及仪器仪表制造业	江苏省	618957
235	万事利集团有限公司	纺织业	浙江省	618529
236	东辰控股集团有限公司	化学原料及化学制品制造业	山东省	615769
237	曙光控股集团有限公司	建筑业	浙江省	613553
238	铁牛集团有限公司	交通运输设备制造业	浙江省	612533
239	江苏吴中集团有限公司	综合(含投资类)	江苏省	611700
240	深圳市鹏峰汽车(集团)有限公司	批发和零售业	广东省	611441
241	上海致达科技集团有限公司	通信设备、计算机及其他电子设备制造业	上海市	610301

续表

序号	企业名称	所属行业	省、自治区、直辖市	营业收入总额
242	宁波申洲针织有限公司	服装、鞋帽、皮革制造业	浙江省	609348
243	江阴江东集团公司	通用设备和专用设备制造业	江苏省	608774
244	江苏隆力奇集团有限公司	化学原料及化学制品制造业	江苏省	608349
245	福耀玻璃工业集团股份有限公司	非金属矿物制品业（含水泥、玻璃、陶瓷、耐火材料等）	福建省	607937
246	合众人寿保险股份有限公司	金融、保险业	湖北省	607711
247	通州建总集团有限公司	建筑业	江苏省	607461
248	江苏骏马集团有限责任公司	化学纤维制造业	江苏省	603952
249	江苏南通六建建设集团有限公司	建筑业	江苏省	600707
250	宏润建设集团股份有限公司	建筑业	浙江省	599136
251	宁波神化化学品经营有限责任公司	批发和零售业	浙江省	591312
252	宁夏宝塔石化集团有限公司	石油加工、炼焦加工业	宁夏回族自治区	590778
253	温州中城建设集团有限公司	建筑业	浙江省	590075
254	江苏大明金属材料有限公司	黑色金属、有色金属冶炼及压延加工业	江苏省	590000
255	挺宇集团有限公司	交通运输设备制造业	浙江省	585003
256	湖北联谊实业集团有限公司	批发和零售业	湖北省	584056
257	世纪华丰控股有限公司	综合（含投资类）	浙江省	582630
258	超威电源有限公司	电气机械及器材、线缆制造、及仪器仪表制造业	浙江省	581401
259	龙达集团有限公司	化学纤维制造业	浙江省	577761
260	步步高商业连锁股份有限公司	批发和零售业	湖南省	572533
261	祐康食品集团有限公司	食品加工与食品、饮料制造业	浙江省	570652
262	浙江东南网架集团有限公司	建筑业	浙江省	569470
263	杭州道远化纤集团有限公司	化学纤维制造业	浙江省	569414
264	内蒙古庆华集团有限公司	采矿业	内蒙古自治区	564000
265	浙江中富建筑集团股份有限公司	建筑业	浙江省	562358
266	日林建设集团有限公司	建筑业	辽宁省	560280
267	杭州华三通信技术有限公司	通信设备、计算机及其他电子设备制造业	浙江省	559914
268	江苏锡兴集团有限公司	黑色金属、有色金属冶炼及压延加工业	江苏省	557343
269	浙江凯喜雅国际股份有限公司	批发和零售业	浙江省	557291
270	江苏江中集团有限公司	建筑业	江苏省	556000

续表

序号	企业名称	所属行业	省、自治区、直辖市	营业收入总额
271	河南蓝天集团有限公司	电力、热力、燃气及水的生产和供应业	河南省	552091
272	重庆市博赛矿业(集团)股份有限公司	黑色金属、有色金属冶炼及压延加工业	重庆市	550807
273	浙江巨星控股集团有限公司	建筑业	浙江省	548209
274	云南力帆骏马车辆有限公司	交通运输设备制造业	云南省	547121
275	兴惠化纤集团有限公司	纺织业	浙江省	547093
276	新城控股集团有限公司	房地产业	江苏省	545430
277	北京京奥港集团	批发和零售业	北京市	542734
278	三花控股集团有限公司	电气机械及器材、线缆制造、及仪器仪表制造业	浙江省	542587
279	江苏华朋集团有限公司	电气机械及器材、线缆制造、及仪器仪表制造业	江苏省	538923
280	宁波海天塑机集团有限公司	通用设备和专用设备制造业	浙江省	538693
281	红楼集团有限公司	综合(含投资类)	浙江省	534650
282	南通建工集团股份有限公司	建筑业	江苏省	532953
283	资阳市南骏汽车有限责任公司	交通运输设备制造业	四川省	532923
284	河南财鑫集团有限责任公司	医药制造业	河南省	532692
285	金都房产集团有限公司	房地产业	浙江省	528946
286	广东恒兴集团有限公司	食品加工与食品、饮料制造业	广东省	524580
287	云南德胜钢铁有限公司	黑色金属、有色金属冶炼及压延加工业	云南省	520229
288	上海亚龙投资(集团)有限公司	电气机械及器材、线缆制造、及仪器仪表制造业	上海市	517360
289	内蒙古满世煤炭集团有限责任公司	采矿业	内蒙古自治区	515935
290	胜利油田高原石油装备有限责任公司	金属制品业	山东省	513585
291	九鼎建设集团股份有限公司	建筑业	浙江省	513289
292	浙江展诚建设集团股份有限公司	建筑业	浙江省	512068
293	浙江中南建设集团有限公司	建筑业	浙江省	510132
294	浙江卡森实业有限公司	综合(含投资类)	浙江省	510000
295	南京大地建设集团有限公司	建筑业	江苏省	510000
296	青年汽车集团有限公司	交通运输设备制造业	浙江省	508953
297	山西宏达钢铁集团有限公司	黑色金属、有色金属冶炼及压延加工业	山西省	508000

续表

序号	企业名称	所属行业	省、自治区、直辖市	营业收入总额
298	恒元建设控股集团有限公司	建筑业	浙江省	507566
299	湖北稻花香集团	食品加工与食品、饮料制造业	湖北省	506795
300	广业控股有限公司	综合(含投资类)	浙江省	506000
301	南京建工集团有限公司	建筑业	江苏省	504428
302	陕西黄河矿业(集团)有限责任公司	石油加工、炼焦加工业	陕西省	503400
303	江苏华地企业集团有限公司	批发和零售业	江苏省	503000
304	申达集团有限公司	橡胶制品、塑料制品业	江苏省	502970
305	江苏双登集团有限公司	电气机械及器材、线缆制造、及仪器仪表制造业	江苏省	501200
306	中博建设集团有限公司	建筑业	浙江省	501155
307	江苏三笑集团有限公司	工艺品其他制造业	江苏省	499406
308	江苏金峰水泥集团有限公司	非金属矿物制品业(含水泥、玻璃、陶瓷、耐火材料等)	江苏省	498176
309	中鑫建设集团有限公司	建筑业	浙江省	497386
310	浙江中强建工集团有限公司	建筑业	浙江省	495765
311	武汉工贸有限公司	批发和零售业	湖北省	495706
312	浙江明日控股集团股份有限公司	批发和零售业	浙江省	495400
313	富丽达集团控股有限公司	纺织业	浙江省	494306
314	浙江宝盛建设集团有限公司	建筑业	浙江省	494036
315	亿达集团有限公司	房地产业	辽宁省	493368
316	万丰奥特控股集团有限公司	交通运输设备制造业	浙江省	492000
317	虎牌控股集团有限公司	电气机械及器材、线缆制造、及仪器仪表制造业	浙江省	489560
318	天洁集团有限公司	黑色金属、有色金属冶炼及压延加工业	浙江省	489401
319	浙江航民实业集团有限公司	黑色金属、有色金属冶炼及压延加工业	浙江省	487907
320	龙大食品集团有限公司	食品加工与食品、饮料制造业	山东省	487874
321	辅仁药业集团有限公司	医药制造业	河南省	487799
322	华翔集团股份有限公司	交通运输设备制造业	浙江省	487200
323	浙大网新科技股份有限公司	信息传输、计算机服务和软件业	浙江省	485431
324	杭州鼎胜实业集团有限公司	黑色金属、有色金属冶炼及压延加工业	浙江省	485376
325	南通新正大特钢有限公司	黑色金属、有色金属冶炼及压延加工业	江苏省	484312
326	云南南磷集团股份有限公司	化学原料及化学制品制造业	云南省	480864

续表

序号	企业名称	所属行业	省、自治区、直辖市	营业收入总　额
327	奥康集团有限公司	服装、鞋帽、皮革制造业	浙江省	480786
328	唐山贝氏体钢铁(集团)有限公司	金属制品业	河北省	480720
329	百步亭集团有限公司	房地产业	湖北省	480472
330	开氏集团有限公司	化学纤维制造业	浙江省	480249
331	浙江盈都集团有限公司	批发和零售业	浙江省	480143
332	天津市丽兴京津钢铁贸易有限公司	批发和零售业	天津市	478395
333	成都红旗连锁有限公司	批发和零售业	四川省	478296
334	徐龙食品集团有限公司	食品加工与食品、饮料制造业	浙江省	477738
335	南京福中信息产业集团有限公司	通信设备、计算机及其他电子设备制造业	江苏省	476000
336	重庆中汽西南汽车有限公司	批发和零售业	重庆市	475525
337	农夫山泉股份有限公司	食品加工与食品、饮料制造业	浙江省	473852
338	北京合益荣投资管理有限公司	综合(含投资类)	北京市	472769
339	江苏兴达钢帘线股份有限公司	金属制品业	江苏省	471170
340	浙江大华集团	建筑业	浙江省	468767
341	汇宇控股集团有限公司	房地产业	浙江省	468580
342	九阳股份有限公司	通用设备和专用设备制造业	山东省	463643
343	山东阜丰发酵有限公司	食品加工与食品、饮料制造业	山东省	461753
344	湖北新洋丰肥业股份有限公司	化学原料及化学制品制造业	湖北省	460646
345	华太建设集团有限公司	房地产业	浙江省	459965
346	九星控股集团有限公司	电气机械及器材、线缆制造、及仪器仪表制造业	辽宁省	458890
347	江苏东源电器集团股份有限公司	电气机械及器材、线缆制造、及仪器仪表制造业	江苏省	458699
348	天津贻成集团有限公司	房地产业	天津市	457975
349	江苏顺通建设工程有限公司	建筑业	江苏省	456196
350	青岛变压器集团有限公司	电气机械及器材、线缆制造、及仪器仪表制造业	山东省	454130
351	江苏江南实业集团有限公司	金属制品业	江苏省	451630
352	南通五建建设工程有限公司	建筑业	江苏省	451230
353	长江润发集团有限公司	金属制品业	江苏省	450503
354	华通机电集团有限公司	电气机械及器材、线缆制造、及仪器仪表制造业	浙江省	450322

续表

序号	企业名称	所属行业	省、自治区、直辖市	营业收入总额
355	山东冠洲股份有限公司	黑色金属、有色金属冶炼及压延加工业	山东省	450123
356	江苏邗建集团有限公司	建筑业	江苏省	450100
357	湖南联创投资有限公司	综合(含投资类)	湖南省	450001
358	武安市文安钢铁有限公司	黑色金属、有色金属冶炼及压延加工业	河北省	450000
359	四川西南不锈钢有限责任公司	黑色金属、有色金属冶炼及压延加工业	四川省	450000
360	天津市金桥焊材集团有限公司	金属制品业	天津市	448798
361	浙江四通化纤有限公司	纺织业	浙江省	448438
362	永兴特种不锈钢股份有限公司	黑色金属、有色金属冶炼及压延加工业	浙江省	445986
363	金龙联合汽车工业(苏州)有限公司	交通运输设备制造业	江苏省	442810
364	无锡江南电缆有限公司	电气机械及器材、线缆制造、及仪器仪表制造业	江苏省	442698
365	湖北汇通工贸集团有限公司	批发和零售业	湖北省	442569
366	江苏大经钢铁有限公司	批发和零售业	江苏省	442518
367	新凤鸣集团股份有限公司	化学纤维制造业	浙江省	442303
368	北京天宇朗通通信设备股份有限公司	通信设备、计算机及其他电子设备制造业	北京市	442151
369	温州东瓯建设集团有限公司	建筑业	浙江省	441425
370	华迪钢业集团有限公司	黑色金属、有色金属冶炼及压延加工业	浙江省	440058
371	耀华电器集团有限公司	电气机械及器材、线缆制造、及仪器仪表制造业	浙江省	439888
372	浙江大东吴集团有限公司	综合(含投资类)	浙江省	438522
373	苏泊尔集团有限公司	金属制品业	浙江省	437691
374	宝矿国际贸易有限公司	批发和零售业	上海市	437365
375	江苏英田集团有限公司	交通运输设备制造业	江苏省	437000
376	新八建设集团有限公司	建筑业	湖北省	436480
377	杭州欣盛房地产开发有限公司	房地产业	浙江省	434637
378	欧美投资集团有限公司	批发和零售业	山东省	434441
379	南通新华建筑集团有限公司	建筑业	江苏省	433138
380	重庆市金科实业(集团)有限公司	房地产业	重庆市	432921
381	开元旅业集团有限公司	住宿、餐饮业	浙江省	432658
382	上海浦东电线电缆(集团)有限公司	电气机械及器材、线缆制造、及仪器仪表制造业	上海市	432361
383	日照兴业集团有限公司	批发和零售业	山东省	431810

续表

序号	企业名称	所属行业	省、自治区、直辖市	营业收入总额
384	启东建筑集团有限公司	建筑业	江苏省	431033
385	温州开元集团有限公司	电气机械及器材、线缆制造、及仪器仪表制造业	浙江省	431000
386	汇仁集团有限公司	医药制造业	江西省	430305
387	兴达投资集团	化学原料及化学制品制造业	江苏省	429982
388	深圳市神舟电脑股份有限公司	通信设备、计算机及其他电子设备制造业	广东省	429965
389	无锡市硕阳不锈钢有限公司	黑色金属、有色金属冶炼及压延加工业	江苏省	429207
390	河南省淅川铝业(集团)有限公司	黑色金属、有色金属冶炼及压延加工业	河南省	428505
391	上海鑫冶铜业有限公司	黑色金属、有色金属冶炼及压延加工业	上海市	428404
392	安徽楚江投资集团有限公司	黑色金属、有色金属冶炼及压延加工业	安徽省	423745
393	山西潞宝集团	石油加工、炼焦加工业	山西省	423524
394	雄峰控股集团有限公司	纺织业	浙江省	423348
395	青岛九联集团股份有限公司	食品加工与食品、饮料制造业	山东省	423316
396	益海嘉里(武汉)粮油工业有限公司	食品加工与食品、饮料制造业	湖北省	423118
397	天龙控股集团有限公司	纺织业	浙江省	423072
398	浙江宏磊控股集团有限公司	电气机械及器材、线缆制造、及仪器仪表制造业	浙江省	423004
399	江苏梦兰集团有限公司	纺织业	江苏省	422910
400	江苏倪家巷集团有限公司	纺织业	江苏省	421971
401	得力集团有限公司	造纸及纸制品、印刷业、文教体育、办公用品制造业	浙江省	421659
402	浙江勤业建工集团有限公司	建筑业	浙江省	420937
403	山东万通石油化工集团有限公司	石油加工、炼焦加工业	山东省	419998
404	无锡西姆莱斯石油专用管制造有限公司	金属制品业	江苏省	419865
405	哈尔滨光宇集团股份有限公司	电气机械及器材、线缆制造、及仪器仪表制造业	黑龙江省	419285
406	浙江鸿翔建设集团有限公司	建筑业	浙江省	418500
407	浙江富陵控股集团有限公司	橡胶制品、塑料制品业	浙江省	417977
408	金花投资有限公司	综合(含投资类)	陕西省	417123
409	四川蓝光实业集团有限公司	房地产业	四川省	416673

续表

序号	企业名称	所属行业	省、自治区、直辖市	营业收入总额
410	湖北枝江酒业集团	食品加工与食品、饮料制造业	湖北省	416300
411	海南金海浆纸业有限公司	造纸及纸制品、印刷业、文教体育、办公用品制造业	海南省	415253
412	浙江恒威投资集团有限公司	综合(含投资类)	浙江省	414702
413	宝业湖北建工集团有限公司	建筑业	湖北省	412688
414	扬州诚德钢管有限公司	黑色金属、有色金属冶炼及压延加工业	江苏省	412283
415	中捷控股集团有限公司	黑色金属、有色金属冶炼及压延加工业	浙江省	411350
416	中国泛海控股集团有限公司	房地产业	北京市	411208
417	扬帆集团有限公司	交通运输设备制造业	浙江省	411067
418	苏州金螳螂建筑装饰股份有限公司	建筑业	江苏省	410669
419	张家港保税区荣润贸易有限公司	批发和零售业	江苏省	410088
420	江苏林洋新能源有限公司	电气机械及器材、线缆制造、及仪器仪表制造业	江苏省	409416
421	杭州诺贝尔集团有限公司	非金属矿物制品业(含水泥、玻璃、陶瓷、耐火材料等)	浙江省	408679
422	法派集团有限公司	服装、鞋帽、皮革制造业	浙江省	407760
423	南通建筑工程总承包有限公司	建筑业	江苏省	407366
424	内蒙古西蒙科工贸集团有限责任公司	采矿业	内蒙古自治区	407186
425	中利科技集团股份有限公司	电气机械及器材、线缆制造、及仪器仪表制造业	江苏省	407162
426	柳桥集团有限公司	服装、鞋帽、皮革制造业	浙江省	404370
427	浙江华达集团有限公司	黑色金属、有色金属冶炼及压延加工业	浙江省	403692
428	浙江杭叉工程机械集团股份有限公司	通用设备和专用设备制造业	浙江省	403403
429	铜陵精达铜材(集团)有限责任公司	黑色金属、有色金属冶炼及压延加工业	安徽省	402962
430	广东明阳风电产业集团有限公司中山市明阳电器有限公司	通用设备和专用设备制造业	广东省	402945
431	正太集团有限公司	建筑业	江苏省	402175
432	华仪电器集团有限公司	电气机械及器材、线缆制造、及仪器仪表制造业	浙江省	401953
433	山东金岭集团有限公司	化学原料及化学制品制造业	山东省	401225

续表

序号	企业名称	所属行业	省、自治区、直辖市	营业收入总额
434	天津市通源钢铁集团有限公司	黑色金属、有色金属冶炼及压延加工业	天津市	400928
435	江苏申久化纤有限公司	化学纤维制造业	江苏省	400271
436	大连金玛商城企业集团有限公司	综合(含投资类)	辽宁省	400200
437	郑州思念食品有限公司	食品加工与食品、饮料制造业	河南省	400033
438	青岛万福集团股份有限公司	食品加工与食品、饮料制造业	山东省	400008
439	山西建邦集团有限公司	黑色金属、有色金属冶炼及压延加工业	山西省	400000
440	江苏省交通工程集团有限公司	建筑业	江苏省	400000
441	瑞立集团有限公司	交通运输设备制造业	浙江省	399757
442	山东省高唐蓝山集团总公司	食品加工与食品、饮料制造业	山东省	399439
443	泰州三福船舶工程有限公司	交通运输设备制造业	江苏省	397322
444	浙江天宇交通建设集团有限公司	建筑业	浙江省	396838
445	浙江中联建设集团有限公司	建筑业	浙江省	396719
446	太平鸟集团有限公司	服装、鞋帽、皮革制造业	浙江省	396153
447	青岛喜盈门集团有限公司	纺织业	山东省	395277
448	浙江元立金属制品集团有限公司	金属制品业	浙江省	395023
449	高运控股集团有限公司	建筑业	浙江省	394757
450	泰通(泰州)工业有限公司	电气机械及器材、线缆制造、及仪器仪表制造业	江苏省	393613
451	浙江红剑集团有限公司	化学纤维制造业	浙江省	391621
452	天马控股集团有限公司	通用设备和专用设备制造业	浙江省	391532
453	杭州巨星投资控股有限公司	金属制品业	浙江省	391000
454	成都华西希望集团有限公司	农、林、牧、渔业	四川省	389958
455	浙江和平工贸集团有限公司	批发和零售业	浙江省	389789
456	浙江广博集团	造纸及纸制品、印刷业、文教体育、办公用品制造业	浙江省	389645
457	浙江东杭控股集团有限公司	批发和零售业	浙江省	389030
458	上海百营钢铁集团有限公司	批发和零售业	上海市	388635
459	上海国美电器有限公司	批发和零售业	上海市	388503
460	江苏华机集团	通用设备和专用设备制造业	江苏省	388250
461	宝胜科技创新股份有限公司	电气机械及器材、线缆制造、及仪器仪表制造业	江苏省	387898
462	月星集团	租赁和商务服务业	江苏省	387754

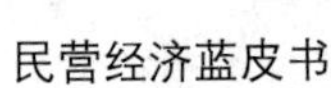

续表

序号	企业名称	所属行业	省、自治区、直辖市	营业收入总额
463	江苏飞翔化工股份有限公司	化学原料及化学制品制造业	江苏省	385630
464	四川龙蟒集团有限责任公司	化学原料及化学制品制造业	四川省	385297
465	浙江诺力机械股份有限公司	电气机械及器材、线缆制造、及仪器仪表制造业	浙江省	385000
466	天颂建设集团有限公司	建筑业	浙江省	382777
467	安徽中鼎控股(集团)股份有限公司	橡胶制品、塑料制品业	安徽省	382269
468	温州金州集团有限公司	租赁和商务服务业	浙江省	382000
469	安徽亚夏实业股份有限公司	批发和零售业	安徽省	381652
470	江苏中兴建设有限公司	建筑业	江苏省	381521
471	常州市盛洲铜业有限公司	黑色金属、有色金属冶炼及压延加工业	江苏省	381139
472	奉化市剡江房地产开发有限公司	房地产业	浙江省	380939
473	山东三星集团有限公司	食品加工与食品、饮料制造业	山东省	380138
474	浙江暨阳建设集团有限公司	建筑业	浙江省	380028
475	攀华集团有限公司	黑色金属、有色金属冶炼及压延加工业	江苏省	379750
476	东冠集团有限公司	综合(含投资类)	浙江省	379511
477	沂州集团公司	非金属矿物制品业(含水泥、玻璃、陶瓷、耐火材料等)	山东省	379449
478	中域电讯连锁集团股份有限公司	批发和零售业	广东省	379183
479	康恩贝集团有限公司	医药制造业	浙江省	379000
480	哈尔滨翔鹰集团股份有限公司	房地产业	黑龙江省	378532
481	临清三和纺织集团有限公司	纺织业	山东省	377056
482	富阳市永正废旧物资有限公司	批发和零售业	浙江省	376819
483	博世汽车柴油系统股份有限公司	交通运输设备制造业	江苏省	376204
484	江苏新海石化有限公司	石油加工、炼焦加工业	江苏省	376000
485	浙江三弘集团有限公司	工艺品其他制造业	浙江省	375147
486	盼盼安居门业有限责任公司	金属制品业	辽宁省	375000
487	浙江舜江建设集团有限公司	建筑业	浙江省	374705
488	江苏通光信息有限公司	通信设备、计算机及其他电子设备制造业	江苏省	372820
489	安徽长江钢铁股份有限公司	黑色金属、有色金属冶炼及压延加工业	安徽省	372175
490	卓尔控股有限公司	房地产业	湖北省	371051

续表

序号	企业名称	所属行业	省、自治区、直辖市	营业收入总　额
491	杭州大东南高科包装有限公司	橡胶制品、塑料制品业	浙江省	370334
492	罗蒙集团股份有限公司	服装、鞋帽、皮革制造业	浙江省	370260
493	浙江江南涤化有限公司	化学纤维制造业	浙江省	369275
494	浙江永通染织集团有限公司	纺织业	浙江省	368637
495	健康元药业集团股份有限公司	医药制造业	广东省	368325
496	震雄铜业集团有限公司	通信设备、计算机及其他电子设备制造业	江苏省	367700
497	浙江华瑞集团有限公司	交通运输、仓储业和邮政业	浙江省	367068
498	江苏鹰翔化纤股份有限公司	化学纤维制造业	江苏省	366536
499	山东金升有色集团有限公司	黑色金属、有色金属冶炼及压延加工业	山东省	366224
500	北京城建道桥建设集团有限公司	建筑业	北京市	366046

课题组负责人：欧阳晓明

课 题 组 成 员：傅继军　罗　力　谢昆仑　王　怡

沙　霖　刘小青　汪秉权　赖　晓

方静洁　来　红　陈　森

区域报告

京津冀区域民营经济发展报告

继20世纪80年代的珠三角、90年代的长三角之后，近年来，京津冀作为环渤海经济区的核心与重点支撑点，成为中国经济的又一增长极。在国家区域协调发展战略的指引下，京津冀区域一体化进程不断加快，京津冀地区民营经济的发展也迎来新契机，取得新突破。

一　2009年京津冀地区民营经济发展的基本情况

2009年，京津冀区域经济的发展遇到了极其严峻的困难，面对百年不遇的国际金融危机和极其复杂的国内外形势，京津冀三地党委政府坚定信心，积极贯彻落实党中央关于“保增长、调结构、促改革、惠民生”的一揽子计划，并结合本地实际，大力改革创新，推出许多推动经济发展的政策措施，较快扭转了经济增速的明显下滑，实现了经济的总体回升。2009年，京津冀都市圈生产总值达3.4万亿元，同比增长11.8%，分别高于长三角和珠三角1.5个和1.2个百分点；第一、二、三产业的结构比例为5.6∶41.6∶52.9，第三产业比重大幅上升，较上年提高 2.3 个百分点；全社会固定资产投资 1.96 万亿元，同比增长 40.6%，增速比上年提高 19.4 个百分点，占全国的比重为 8.7%。2009 年，京津冀都市圈以不到全国 2% 的土地和 6% 的人口，创造了全国近 10% 的生产总值，已与长三角、珠三角并驾齐驱，成为引领我国经济发展的“三大引擎”之一。

2009 年，京津冀三地党委政府在应对危机、发展经济的同时，高度重视三地民营经济的平稳健康发展，大胆改革，积极创新，不断加大扶持力度，强化科学引导，优化发展环境，推动和保障了三地民营经济的企稳回升与健康发展。

（一）发展态势良好，总体平稳

1. 北京市

截至 2009 年底，北京市民营经济经营实体共 124.02 万户，同比增长 7.41%，占全市各类市场经营主体的 87.8%，从业人员 393.32 万人，同比增长 9.23%，注册资金 5987 亿元，同比增长 20.20%，实现税收（国税和地税）283.19 亿元，同比增长 13.44%。

其中，私营企业数量累计 43.23 万户，同比增长 12.65%；注册资金 5838.90 亿元，同比增长 20.82%；实现税收 252.74 亿元，同比增长 13.04%。个体工商户累计 80.79 万户，同比增长 4.41%；从业人员 112.21 万人，同比增长 5.82%；注册资金 148.10 亿元，同比增长 10.22%；实现税收 30.46 亿元，同比增长 16.88%。当前，北京市个体私营经济的社会服务网点占到全市的 85% 以上，为全市居民提供了 80% 以上的生活保障。

2. 天津市

截至 2009 年底，天津市私营企业实有 11.9 万户，比上年同期增加 1.2 万户，增长 11.21%；注册资本 4196.89 亿元，比上年同期增加 1045.59 亿元，同比增长 33.18%；企业户数和注册资本分别占全市内资企业总数的 84.49% 和 35.25%。2009 年新注册私营企业 18985 户，注册资本 796.93 亿元，分别占全市新注册内资企业总数的 95.13% 和 50.27%。

个体工商户实有 21.02 万户，同比增长 3.98%；注册资金 91.45 亿元，同比增长 18.96%；从业人员 36.16 万人，比上年同期增加 2.99 万人，同比增长 9.01%。2009 年新注册个体工商户 4.2 万户，注册资金 27.82 亿元，从业人员 7.96 万人。

2009 年，天津民营经济总量已占全市 GDP 的 40%，民营企业纳税额约占全市税收的 50%，民营企业就业人数占全市城镇就业人数的 75%，民营企业注册专利占全市的 80%。在天津市认定并公示的高新技术企业中，民营企业占到一半以上。2009 年民营企业全年申请专利 4589 件，有 96 家民营企业参与了全市 80 项自主创新产业化重大项目中的 59 项。

3. 河北省

截至 2009 年底，河北省民营经济经营实体共 204.6 万户，同比增长 3.29%（其中民营企业 18.6 万户，同比增长 11.4%）；从业人员 1525.3 万人，同比增长 3.05%，占全省二、三产业从业人员的 2/3 以上；实现增加值 9585.6 亿元，同比增长 12.5%，占全省 GDP 比重约 56.3%，比上年提高 2.6 个百分点；实现税收 1152.3 亿元，同比增长 10.5%，占全省财政收入比重约 57%，与上年相比略有上升。

2009 年全省民营经济累计完成固定资产投资 5160.6 亿元，同比增长 30.5%，占全社会固定资产投资的比重为 41.9%。到 2009 年底，全省民营企业共创国家级名牌 26 项，驰名商标 55 件，分别占全省总数的 53.06% 和 68.75%；创省名牌产品 320 项，占省创名牌产品总数的 50.6%；创著名商标 1032 件，占全省总数的 66.24%。

（二）梯度性和互补性强，产业结构不断优化

由于生产要素禀赋、经济基础和发展战略不同，京、津、冀三地的产业结构层次存在明显的阶梯状差异，加上三地在地理位置上的相近性和生产要素禀赋的互补性，三地产业结构在不断优化的同时各具特色。

1. 北京市

北京作为首都和国家的政治、文化和国际交流中心，具有大学、科研机构、人才密集的优势，其产业定位主要是重点发展第三产业，主要以交通运输及邮电通信业、金融保险业、房地产业和批发零售及餐饮业为主，并与高新技术产业园区、大型企业相结合，积极发展高新产业，以发展高端服务业为主，逐步转移低端制造业。

北京市从 1995 年开始由“二三一”型结构转变为“三二一”型结构，是我国为数不多的几个真正达到产业结构高级阶段的地区之一。据统计，截至 2009

年底，全市私营企业中，从事第一产业的有0.23万户，同比增长11.31%，占全市私营企业总量的0.53%，与上年持平；从事第二产业的有3.84万户，同比增长5.03%，占全市私营企业总量的8.88%，比上年下降0.64个百分点；从事第三产业的有39.16万户，同比增长13.46%，占全市私营企业总量的90.59%，比上年上升0.65个百分点。私营企业在第三产业中分布较为密集的几个行业分别是批发和零售业（106055户）、租赁和商务服务业（69385户）、文化体育和娱乐业（37080户）、房地产业（12039户）、居民服务和其他服务业（10484户），以及住宿和餐饮业（10335户）。

2009年3月13日，国务院批复建设中关村国家自主创新示范区，要求把中关村建设成为具有全球影响力的科技创新中心。目前，中关村已拥有以联想、方正为代表的高新技术企业近2万家，中国科学院和国家部委在京院所、民营研究院所140多家。中关村国家自主创新示范区重点发展新能源、节能环保、电动汽车、新材料、新医药、生物育种、信息产业等战略性新兴产业。2009年，中关村企业总收入超过12000亿元，同比增长超过20%。

同年8月，经国务院批准，中国技术交易所在京挂牌成立，12月，北京国家技术交易中心正式揭牌。中国技术交易所和北京国家技术交易中心的成立，成为推动北京技术市场进一步加快发展的重要平台。2009年，北京技术市场技术合同成交额达到1236亿元，同比增长20%，占全国总交易量的40%，其中输出到外省区市的技术出口合同成交额占全市技术合同成交总额的比重达到70%。北京技术市场在全国的领先优势日渐凸显，已成为国内最大的区域性技术交易市场和全国最重要的技术集散地。

2. 天津市

天津市在现有加工制造业优势与港口优势基础上，产业定位为大力发展电子信息、汽车、生物技术与现代医药、装备制造、新能源及环保设备等先进制造业；发展现代物流、现代商贸、金融保险、中介服务等现代服务业，适当发展大运量的临港重化工业。

2009年，天津民营经济的产业结构逐渐优化，在保持第二产业竞争优势的同时，第三产业发展较快。其中，从事第一产业的有1031户，占全市民营企业总量的0.80%；从事第二产业的有40718户，占全市民营企业总量的31.72%，比上年同期降低1.4个百分点；从事第三产业的有86615户，占全市民营企业总量的67.48%，比上年同期增长了1.43个百分点。从具体行业看，累计户数最多的依次是批发和零售业（38675户），制造业（33621户），科学研究、技术服务和地质勘察业（17190户），租赁和商务服务业（12794户），建筑业（6898户）。

2009年，天津民营企业在巩固生活服务业等传统优势行业的同时，在高科技产业、现代物流、文化教育、体育、医疗卫生、信息咨询、科技服务等现代服务业也有了跨越式的发展，并不断尝试进入电力、供水、燃气等市政公用行业以及银行、保险、典当、金融信托与管理、金融租赁、各类基金等新型金融行业。地矿产业中，目前有10余家企业在新疆、内蒙古、广西、云南及澳洲、非洲等地投资数十亿元开发铅、锌、硒、铜、磷、铁、煤等矿产。

2009年10月26日，经国务院同意，国家发改委批复了《天津滨海新区综合配套改革试验金融创新专项方案》，要求滨海新区加快金融体制改革和金融创新，努力建设与北方经济中心相适应的现代金融体系和全国金融改革创新基地。经过几年的发展，天津先后获准设立总规模分别为200亿元的渤海和船舶两支产业投资基金，已累计注册221家股权投资基金（管理）企业和114家创业风险投资企业，认缴资金额超过600亿元，已经成为我国股权投资基金相对集中的城市。

3. 河北省

河北地处华北中枢，内环京津，交通便捷，是全国重要的物流和交通枢纽，人口、城市和经济消费都非常集中，整体市场容量更占全国的1/10以上。其产业定位在原材料重化工基地、新能源产业基地、现代化农业基地和重要的旅游休闲度假区域、京津高技术产业和先进制造业研发转化及加工配套基地。

截至2009年底，河北省第一产业增加值2218.9亿元，增长3.3%；第二产业增加值8874.9亿元，增长10.5%；第三产业增加值5932.8亿元，增长11.4%。第一、二、三产业的结构比例由上年的12.7∶54.3∶33.0调整为13.0∶52.1∶34.9，第二产业的比重有所缩小，但仍占主要比重，第一、三产业的比重有小幅上升，仍属于“二三一”型结构。

与京津相比，河北省第一产业比重较大。发展农牧业和特色产业，大力推进农业产业化经营是其发展的重点之一。2009年，全省规模以上民营农产品加工企业发展总体势头良好，共有企业2977家，从业人员59.8万人；营业收入、增加值、实缴税金和利润总额分别实现2732.3亿元、744.3亿元、55亿元和187

亿元。

2009 年，河北省民营企业积极淘汰落后产能，加快传统产业升级，开展节能减排改造，发展新兴产业，固定资产投入普遍保持大幅增长。从投资方向来看，资金投向仍以工业项目为主，各地优势产业、地方特色和传统产业升级是投资重点。截至 2009 年底，全省规模以上民营工业企业达 10891 家；从业人员 214.9 万人；完成增加值 3922.1 亿元，同比增长 21.2%；实现税收 418.7 亿元，同比增长 1.8%。

2009 年，全省民营企业以国家和省政府产业政策为指针，积极适应全省产业定位，努力转变发展方式，调整产业结构。在巩固发展钢铁、机械、电子、化工、纺织服装、农产品等传统行业的同时，在金融服务、公共事业、基础设施、现代物流、新能源等领域取得了新的发展。一批民营企业实现快速扩张，总体实力大幅提高，有一些民营企业进入“2009 年中国制造业 500 强”，新奥集团等企业成为全省乃至全国同行业的领军企业。

（三）在应对危机中不断成长进步

百年不遇的国际金融危机给三地民营经济的发展带来严重冲击，经过国际金融危机洗礼后的三地民营经济，信心更加坚定，发展更加科学。

1. 北京市

北京市受国际金融危机冲击较大，危机初期，全市私营企业注册户数增幅有明显下降，吸纳就业能力也一度下降，企业经营成本上升，企业投资明显下降。虽然金融危机对首都的民营企业产生了一定的冲击，但不同行业、不同企业受到的影响不同。各行业中，生活服务业受危机影响相对较大，营业收入一度下滑较严重。

值得注意的是，部分高技术中小企业由于拥有核心竞争力，研发实力强，具有独立知识产权，在危机中逆势扩张，抢占了更多的市场份额，反而成为危机的受益者。根据 2009 年前三季度的统计，在文化创意产业九大领域中，软件、网络及计算机服务，广告会展，新闻出版业，广播影视业的产值位居前四名。而排名最末的文化艺术领域，2009 年增速最快，表现出强劲的发展态势。经初步核算，2009 年北京文化创意产业逆市飘红，连续第六年稳步增长，全年实现产业增加值 1497.7 亿元，占 GDP 的比重为 12.6%，现价增速达 11.2%，提前实现了

“十一五”规划中确定的文化创意产业增加值占 GDP 比重超 12% 的目标。

国际金融危机爆发以后，尽管经济形势恶化，企业受到较大冲击，但广大民营企业家在逆境下愈挫愈勇，坚强不屈，表现出百折不挠的坚定信心。危机期间，广大民营企业积极响应政府提出的“三不”（“不停产、不裁员、不减薪”）号召，在国际金融危机冲击、原材料价格上涨、用工成本增加等种种压力下，实现了企业用工的总体稳定。截至 2009 年末，全市个体私营经济从业人员有 393.32 万人，比上年增加 33.22 万人，其中私营企业从业人员增加 270555 人，同比增长 10.65%，个体经济从业人员增加 61676 人，同比增长 5.82%。

2. 天津市

2009 年，天津全市上下积极应对国际金融危机带来的严峻挑战，攻坚克难，奋力拼搏，深入开展“保增长、渡难关、上水平”活动，取得了显著成绩。

天津滨海新区开发开放由点到面、由局部到整体全面推进，取得重大进展。近年来，滨海新区制定了产业技术创新、鼓励企业创造和发展知识产权、加快绿色能源产业和动漫产业发展等一系列支持政策，吸引了大量自主创新企业和创新基金企业等民间资本来津投资，经济结构得到优化和提升。2009 年，滨海新区新注册民营企业 3682 户，注册资本 311.31 亿元，户均注册资本 845 万元，高出全市民营企业户均注册资本 504 万元，是全市民营企业户均注册资本的 2.48 倍。

在国际金融危机冲击下，一些上规模民营企业还积极走出国门，在海外市场取得新突破。天士力集团分别在欧洲、北美投资 300 万美元用于药品分销、丹参滴丸中药药品的科研，并从中国香港向非洲、东南亚、欧洲投资 450 万美元用于保健品等直销类产品；德利得集团在非洲投资 26 亿美元用于铁矿附带综合开发；天狮集团投资 3 亿美金在英国、德国、日本等世界 110 多个国家和地区设立了分（子）公司，产品销售到了全球 200 多个国家和地区，同时与全球 27 个国家的大企业建立了长期战略合作伙伴关系。

3. 河北省

自 2008 年四季度以来，受国际金融危机的持续影响，全省有一批民营企业停产或减产，截至 2009 年底，河北仍有规模以上民营工业停产、半停产企业 1087 家，涉及从业人员 109470 人；规模以下工业停产、半停产企业 8824 家，比年初减少 20381 家，涉及从业人员 182958 人。在国际需求大幅下降的大背景下，河北外贸出口受阻，全省民营外向型企业订单不足，全年完成出口交货值额

1003 亿元，同比下降 17%，11 个设区市中有 7 个市的外贸出口额处于负增长。

为应对危机，河北全省上下紧紧把握省委、省政府“保增长、扩内需、调结构、惠民生”的总体要求，着力调整产业结构、鼓励全民创业，努力减轻国际金融危机对民营经济发展带来的不利影响。2009 年初，河北省五部门联手发起“共同约定行动”，在 11 个设区市和 49 个县（市）同时启动，各类企业共计 11000 余家积极响应政府倡议，签名承诺“不裁员、不减薪”，为全省的社会稳定和经济回升作出重要贡献。

在市场总体波动形势下，一些行业抓住机会迅猛崛起。民营经济固定资产投资项目建设呈现出规模增大、科技含量提高的态势。2009 年，在建项目 25332 个，新建项目 21451 个。投资项目中，亿元以上项目 1423 个，千万元以上项目 8042 个。在全省上下同心协力共渡难关的积极努力下，河北省民营经济损失降到了最低限度，2009 年底河北民营经济单位总数、从业人员、实现增加值、上缴税金与前一年同期比分别增长 3.29%、3.05%、12.5% 和 10.5%。

（四）发展环境得到进一步优化

2009 年，三地党委政府纷纷出台扶持政策，积极引导和帮助民营企业转方式、调结构、保增长、渡难关。

1. 北京市

2009 年，为帮扶企业应对国际金融危机，北京市委市政府坚持运营帮扶和发展帮扶并举，出台了《关于金融促进首都经济发展的意见》、《北京市帮扶企业应对国际金融危机的若干措施》等共计 66 项措施。通过降低社会保险缴费费率、调整缴费周期等措施，使企业和职工群众受益 97.3 亿元；发放岗位补贴和社会保险补贴 5.5 亿元，帮助企业稳定 7.3 万个就业岗位；多渠道安排资金 50 亿元，支持企业稳定生产经营；落实结构性减税政策，减轻企业和居民负担 171.5 亿元；成立帮扶机构，协调解决企业反映的困难和问题 1594 项。

为解决中小企业融资困难，2009 年，北京市委市政府在建立中小企业创业投资引导基金，搭建间接融资服务平台，帮助初创期和成长期中小企业股权、信贷融资的同时，发布了《北京市小额贷款公司试点实施办法》，批准设立 21 家小额贷款公司，注册资本总额近 20 亿元，对改善北京市农业、中小企业金融服务，规范和引导民间融资起到了积极作用。

为支持中小企业转型升级，加快调整产品结构、进行技术改造和产品创新，北京市安排中小企业发展专项资金支持项目89项，支持金额1.37亿元；安排专项补助资金6750万元，用于企业技术中心的创新能力建设，支持企业改造实验室、购置研发设备、技术开发等；安排补助资金1050万元，支持“三高”企业退出；申报国家中小企业技术改造及改善中小企业发展环境项目94项，申请金额1.69亿元。

为提升服务能力，完善社会化服务体系，开展了“创业、融资、管理”系列公益培训工程，着力提升中小企业素质和竞争能力，累计有9000多家企业、6万多人次接受培训；支持和引导14个区县建立了中小企业服务中心；聘请了140多名专家组建顾问团队，为中小企业提供公益性管理咨询服务。

为了深入了解国际金融危机给北京市非公经济发展带来的影响和冲击，2009年初，北京市委统战部、市工商联共同开展了“关于促进首都非公有制经济的发展及对策研究”的专题调研，由市委统战部部长牛有成、副市长程红为课题负责人。课题组深入到40多家非公有制企业开展实地调研，发放问卷2300余份，先后组织400余名非公有制经济人士参与座谈。调研成果及时上报市委市政府，为市委市政府了解非公经济发展动态，及时做出科学决策提供了重要的参考和依据。

2. 天津市

2009年初，天津市深入开展“保增长、渡难关、上水平”活动，出台了促进经济平稳较快发展的30条措施，从融资担保、科技创新、银行信贷、投资范围、个体工商户发展等方面制定了一系列具体措施，支持民营经济发展，使政府服务水平实现大提速，行政审批效率明显提高。

在前几年不断推出重大项目的基础上，又推出368项，累计达到770项，总投资超过1.6万亿元。全市固定资产投资突破5000亿元，相当于“九五”时期的两倍、“十五”时期的总和，为经济增长提供了有力支撑。同时，投融资体制改革迈出较大步伐，组建了一批投融资平台，全市投融资平台由155家整合为86家，融资总额超过3000亿元，“借用管还”良性机制逐步建立，为基础设施和重大项目建设提供了资金支持。上述措施为加快民营经济发展，增强整体经济实力奠定了坚实的基础。

继2008年出台股权出资、股权出质管理办法后，天津在2009年又出台了用商标权出质和债权转股权登记管理办法。市政府相关部门发布了鼓励发展股权投资基金企业和小额贷款公司等新兴企业发展的一系列政策措施，进一步丰富了融资形式，盘活了企业的存量资产。为使更多劳动者成为创业者，按照“非禁即入”原则，实行低门槛创业，制定了《关于优化投资环境　促进创业带动就业扩大市场主体实施意见》。颁布了《天津市个体工商户名称登记管理办法》，在全国率先取消了个体工商户管理费、注册费、年检费，放宽了对企业经营范围的限制。

天津市于2009年初成立了由市委常委、副市长崔津渡和市人大常委会副主任、市工商联主席张元龙任组长的“天津市深入民营企业开展现场服务工作领导小组”，先后组织了政府有关部门为民营企业服务座谈会、促进民营企业发展服务大会，共帮助企业解决900多个问题，搭建起政府与民营企业的交流平台，为帮助困难企业走出困境作出贡献，帮助会员企业组建了12家小额贷款公司，缓解了企业在国际金融危机下的融资难问题。

3. 河北省

2009年，河北省委省政府加大优化环境的力度，狠抓政策落实，积极应对国际金融危机，开展了以“深入实际，破解难题，优化发展环境，推动科学发展，促进社会和谐”为主题的全省干部作风建设年活动。把破除经济发展障碍作为突破口，直接把矛头对准了阻碍经济发展的要害部位。“作风建设年”活动开展后，房地产审批用章从166个减少到26个，跑办手续时间从1~3年缩短为18天。由此发端，河北省对全部行政许可审批项目进行“瘦身”。全省消减各类行政许可审批事项2983项，削减率为44.95%；消减各类行政许可盖章2052个，削减率为30.9%；取消、取缔、停止征收和规范管理收费项目281项，清理规范行政处罚自由裁量权3.7万多项。一定程度上解决了审批环节过多、收费名目过滥、行政效能低下等问题。

河北省各级各部门积极帮助民营企业搭建金融服务平台、人才服务平台、招商引资平台、产品推介平台等。为解决民营企业资金难的普遍问题，省政府进一步加大了中小企业信用担保体系建设，信用担保资金达到92.51亿元，担保机构达到312家，其中亿元以上的机构24家，全年累计担保总额340.34亿元。河北省中小企业局、省工商联等单位认真做好民营企业培训工作，强化企业的人才支撑。2009年通过多种形式累计培训民营各级各类人才203万人次。人力资源和社会保障、教育、总工会等部门联合开展了 2009 年民营企业招聘周活动，5220 家民营企业参与，签订招聘意向人员 5.41 万人。

2009 年，河北省工商联积极行动，主动服务，深入了解民营企业面临的困难和问题，在全省开展了千家民企调研和万家民企问卷调查活动，并在调研和问卷的基础上撰写了《关于万家民营企业问卷调查和千家民营企业大调研活动情况的报告》。报告得到省委省政府主要领导的批示，要求有关部门认真研究，切实解决存在的问题。

总而言之，2009 年，京津冀民营经济发展的突出特点是保持低位运行，逐渐企稳回升，这是自 2003 年以来，民营经济增长幅度最低的一年。在这一年里，受国际金融危机的影响，京津冀民营经济的发展遇到了前所未有的挑战，在各级党委政府一系列扶持政策的推动下，坚定信心，积极应对，努力调整产业结构，转变经济发展方式成为民营经济发展的主旋律。

二　京津冀地区民营经济发展存在的主要问题

2009 年，京津冀地区民营经济的发展取得了平稳增长的可喜成就，但与此同时，一些阻碍民营经济发展的新老问题和深层矛盾也开始凸显出来。

（一）区域交流与合作有待加强

近年来，京津冀三省市积极搭建省市间高层交流合作平台，发挥各自优势，加强相互合作，区域经济合作发展初见成效。但同时，三省市间还存在着资源优势互补机制较弱、统筹协调手段不足、区域一体化市场尚未建立，资金、技术、人才、信息等生产要素合理、自由流动的格局尚未形成等问题。

（二）小型企业融资难问题依然存在

由于民企大多具有规模小、贷款抵押物少、信誉透明度低、财务不规范等特点，加上商业银行本身要受经营体制和放贷条款的限制，导致民营企业很难从商业银行获得贷款，即使获得贷款，也面临高成本的融资负担。再加上，担保公司时效差、成本高，小额贷款公司规模小、后劲不足，金融领域民间资本进入难等问题，80% 以上的中小企业，尤其是众多小企业仍然面临资金短缺的问题。

（三）民营经济投资领域亟待拓宽

在市场准入方面，虽然在政策条文与公开宣誓的场合，都不存在对民营经济和中小企业的歧视现象，但在具体操作层面，在一些地域或行业，市场准入障碍依然存在，一道道“玻璃门”、“弹簧门”将民企拒之门外。一是国家投资的“铁、公、基”项目基本由国企承担；二是在能源、医疗、文化教育、城市公共服务领域对民企的开放非常有限，即使民企有机会参与到其中的某些项目，也常常会面临在下一轮招标时，招标方改变操作规则或提高资质标准，以阻挠民企进入的问题；三是对民企参与战略性新兴产业的扶持不够，影响了民企的发展等。

（四）部分政策落实不到位

近年来，国家和地方利好政策频频出台，推动民营经济与中小企业发展意愿强烈、指向明确。但由于一些政策的制定缺少创新，措施缺乏细则，导致政策难以落地。

（五）企业负担重，经营压力大

新《劳动合同法》颁布后，民企所承担的员工社保费比例提高，人力成本压力加大。加上企业税费高、原材料价格上涨、市场波动带来经营风险、土地成本升高，以及城市改造搬迁造成经营场所困难等问题，民营企业的负担越来越重，经营压力越来越大。

（六）企业自身结构性矛盾日益凸显

长期以来，民营企业特别是中小企业多属于资源型、粗放型和劳动密集型企业，具有生产效能低下、产品结构单一、科技含量低、附加值低、自主品牌少、研发能力弱、抗风险能力差的特点。国际金融危机爆发后，民营企业核心竞争力缺失问题日益凸显，科学管理意识不强，经营水平不高，人才不足，缺乏整体发展后劲等问题越来越严重地阻碍着民营经济的发展脚步。

虽然2009年党和政府支持民营经济和中小企业发展的政策措施实现了重大突破，取得良好效果，但总的来说，由于社会主义市场经济体制尚不健全不完善，一些阻碍民营经济发展的新老问题仍然存在，这些问题，既有体制机制方面的问题，也有长期以来民营经济发展中遗留的诸多历史和现实问题，各级党委政府应对此高度重视，在深入调研的基础上，勇于创新，大胆改革，逐步予以解决。

三　当前京津冀地区民营经济发展面临难得机遇

京津冀民营经济的发展离不开京津冀区域经济的大发展。当前，京津冀经济社会发展环境明显转好，三省市经济发展上行态势明显，民营经济区域交流与合作不断深入，给三地民营经济发展带来难得的机遇。

（一）京津冀经济社会发展环境明显转好

京津冀地区是中国科技教育文化中心和智力资源最富集的地区，也是中国北方最大的“海洋经济”与“大陆经济”的连接枢纽，产业基础雄厚，资源储备丰富，发展潜力巨大。纵观国际国内形势，当前京津冀经济社会发展的环境明显好于2009年。在国际，世界经济出现了复苏迹象，国际金融市场渐趋稳定，世界经济有望实现恢复性增长；在国内，经济回升向好的基础逐步巩固，中央继续实施积极的财政政策和适度宽松的货币政策，继续努力推进经济发展方式转变和产业结构调整，扩大内需和改善民生的政策效应将进一步显现。

在京津冀地区，区域经济一体化进程不断加快，民营经济在技术创新、结构优化、产业调整等方面面临难得的机遇。当前，以北京、天津为核心，加上环绕两市的石家庄、保定、唐山、秦皇岛等8个河北城市在内的京津冀都市圈已初具雏形，自2009年5月京津冀三省市签署规划、交通、旅游三个“一体化”合作协议以来，京津冀一体化时代全面开启。随着京津冀一小时生活圈的进程进一步提速，国家发改委《京津冀都市圈区域规划》即将出台，三地政府对区域合作极端重要性的认识不断深化。2010年7月15日，北京市党政代表团在河北学习考察，并签署两地合作框架协议，决定从巩固和发展合作成果、拓宽合作领域、健全合作机制、优化合作环境等四个方面入手，进一步推动北京与河北两地在更宽领域、更深层次、更高水平上的交流与合作。

（二）京津冀的可持续发展为民营经济发展拓展了新的空间

北京作为发展中的国际化大都市，“总部经济”的雏形初步显现，坚持高标准建设、高质量管理、高水平服务，建成中国特色的，以“人文、科技、绿色”为核心内涵的世界城市，是北京当前和今后很长一段时间内的主要目标。一个广阔的腹地，是城市能级提升的地缘基础。从伦敦、巴黎、纽约和东京四个主要世界城市看，对周边地区的具体界定，都超出了行政区划，都有广阔的周边腹地。世界城市是国际城市的高端形态，北京建设世界城市，将带动首都大都市圈的崛起，加快区域城市化进程，增强区域综合经济实力。作为世界城市建设的重要组成部分，北京目前正在启动的“南扩东移”产业转移战略也将为居于京津冀交汇的区域提供可想象的巨大发展空间。

天津的发展正处于一个非常关键的时期，2010 年，天津市委市政府牢牢把握滨海新区开发开放的难得机遇，坚持把调结构、促转变、增实力、上水平作为着力点，坚定不移地加快经济发展方式转变，大力调整优化经济结构，继续按照胡锦涛总书记对天津工作“当好一个排头兵”、“两个走在全国前列”和“五个下工夫、见成效”的重要要求，着力构筑“三个高地”，全力打好“五个攻坚战”，全面推进社会主义经济建设、政治建设、文化建设、社会建设以及生态文明建设，开创了良好的发展局面。天津的经济基础、发展战略和区位优势，将成为京冀现代服务业、战略性新兴产业合作发展的重要平台。

河北省目前正积极将秦唐沧地区打造为临港工业聚集、内外贸易繁荣、沿海旅游兴旺、现代物流发达、生态环境良好的滨海现代化新都市。秦皇岛港、唐山港、黄骅港三大港口基础设施建设，曹妃甸新区、渤海新区、北戴河新区建设，对于推动港口、港城、港区协调联动，合理开发和利用海洋资源，积极发展海洋经济，努力打造新的沿海经济增长极提供了美好的蓝图。以石家庄滨河新区、唐山南湖生态城、秦皇岛西港动迁等重点工程为龙头的“三年大变样工程”，以环京津休闲度假旅游产业为主题的秦皇岛滨海度假、廊坊商务休闲、张承草原生态旅游等七大聚集区和积极发展的西柏坡红色旅游、邯郸历史文化旅游、承德皇家旅游、邢台百里太行生态旅游、衡水湖湿地生态休闲旅游等特色旅游业，为民营经济的充分发展提供了广阔天地。

（三）三地民营经济在京津冀一体化进程中迈出新步伐

区域经济合作与发展是未来发展的必然趋势，民营经济作为市场经济的重要组成部分，具有市场化程度高、市场意识超前、勇于以经济效益为前提跨地区产业协作和产业转移的重要作用，必然会根据市场经济规律在区域内自发交流与合作。当前，京津冀民营经济已经成为推动京津冀区域经济进一步互补与融合的重要力量。

受惠于国家的天津滨海新区开发政策，天津市地区生产总值、投资增速居于领先地位。目前，随着京津高速公路、津蓟高速延长线等相继通车，加上我国首条达到国际一流水准的高速铁路——京津城际铁路开通，以及津保城际、京石城际的陆续启动建设，京津冀城市距离将进一步拉近。近两年来，投资或者落户天津的北京企业多达2000余家。

在京津双核格局之下，河北提出了建设环京津产业带的发展思路，成为京津产业转移的首选地。在廊坊，总投资50亿元的首钢特殊钢有限公司搬迁，总投资30亿元的北京金隅集团新型建材等大项目以及上下游配套和产业链整理延伸，助推廊坊形成了永定信息产业基地、装备制造业基地、京津农副产品生产基地；在涿州，涿州经济技术开发区规划面积由原来的7.9平方公里扩大到17.3平方公里，共有115个对接北京的项目入园，总投资额达367.5亿元；在大厂，潮白河工业区经过几年的发展，不仅成功实现了承接CBD东扩带来的产业转移任务，更通过优惠的政策、完善的服务和清晰的产业规划，成功吸引了北京金隅集团、北京和平铝业集团等多家新型建筑材料龙头企业落户；在固安，固安工业区在“扩区增容”的基础上，为了与北京“城南计划”实现“无缝对接”，全县计划投资60亿元，全力打造宜居宜业的“京南卫星城”，截至2009年底，固安工业园区已经引进项目228个，总投资超过217亿元。

2010年4月，在河北工商联支持下，由北京市工商联、固安县委县政府共同主办的“北京新城南　固安新机遇——北京市民营企业固安行”活动成功举办。北京市工商联党组书记、第一副主席吴杰带领22家北京市知名民营企业赴固安考察投资环境，与有关部门深入对接洽谈，寻觅合作发展良机，这种由北京市有关部门组织的大规模对接活动，在廊坊市近年来还是第一次。

总之，在当前的大好形势下，京津冀民营经济应紧紧抓住各项难得的机遇，全面依托京津冀区域经济的大发展，在努力转变经济发展方式，调整经济结构的过程中，发挥优势，抢占先机，开拓创新，更广泛、更深入、更有效地在区域经济合作中发挥民营企业和民间资本的重要作用，努力实现新发展和新突破。

四　进一步大力发展京津冀地区民营经济的对策建议

2010年全国“两会”期间，胡锦涛总书记在参加全国政协民建、工商联界别委员联组讨论会时发表重要讲话，充分肯定了非公有制经济在我国经济社会发展中的重要作用，并从全局和战略的高度要求非公有制企业在加快经济发展方式转变、保障和改善民生、提升自身素质上有更大作为。

（一）在深入调研的基础上，从国家层面，进一步明确三省市的战略定位

与珠三角和长三角相比，京津冀的发展还存在相当大的差距，其主要原因在于北京和天津区域“龙头”的带动作用没有得到有效体现，区域核心圈尚未形成。原因有三：一是缺乏统筹规划，没有绝对中心城市。京津两市虽处在一个经济区内，但行政地位、经济实力相近，缺乏珠三角区域系统行政同属一省那样的共同利害关系，也缺少长三角区域系统以上海为绝对中心来统领整个区域的内在凝聚力。二是京津在以往的产业政策上求大求全，产业结构趋同加剧，资源竞争激烈。三是科技创新优势在都市圈内产业化和区域经济发展方面的辐射带动作用有限。

建议在深入调研的基础上，从国家层面，进一步明确京津冀三省市的战略定位，高度重视和充分利用京津冀之间资源互补性更强、产业差异性更大的区域合作基础，科学统筹，合理规划，以体现北京作为知识型区域和高端辐射基地，天津作为产业化和现代制造业基地，河北作为资源型和加工制造基地的产业分工特点，支持北京建设世界城市，支持天津建设中国北方经济中心和国际港口城市，加快滨海新区开发开放，支持河北建设中国重要的重化工、先进制造业基地和首都都市圈农业、生态基地，形成区域一体化的良好经济生态环境。

（二）结合三地实际，从国家层面，制定京津冀经济发展与合作的战略规划

当前，京津冀经济圈在基础设施、交通、水资源、能源、旅游、生态及环境保护、社会发展等方面的区域合作明显多于金融、交通、物流、中介等服务领域

的合作。要消除行政壁垒，在区域交通、基础设施建设项目初步形成有效衔接与合理配置的同时，构建起区域共同市场，实现资源要素的无障碍流动与深层次整合，使产业和企业层面的区域合作有实质性进展，需要政府部门结合三地实际，从国家规划的角度着手考虑京津冀经济一体化的发展问题。

建议国家尽快批复《京津冀都市圈区域规划》，并在此基础上，组织编制《京津冀都市圈“十二五”发展规划》。建议在规划中，明确京津冀经济圈区域经济、社会协调发展的方向和目标；从战略性调整京津冀经济圈区域产业空间布局和城镇空间布局出发，以加强京津唐、京津保两个金三角的合作为起点，逐步延展到秦皇岛、石家庄等河北其他城市，由点及面，逐步加快京津与河北的一体化进程；加快行政、财税、要素市场、社会管理和涉外等体制改革，积极鼓励和引导民间投资健康发展，共同研究“十二五”期间共建产业带、产业走廊或产业园区的战略和规划问题；明确提出“十二五”期间，在区域合作上有和长远目标衔接并在五年内必须达到的整体目标和具体目标，以及用以指导行动的发展阶段和实施步骤的规划。

（三）进一步解放思想，求真务实，不断推动三省市民营经济可持续发展

1. 创新体制机制，拓宽融资渠道

尽快制定《国务院关于鼓励和引导民间投资健康发展的若干意见》（以下简称“新36条”）的实施办法，分行业出台实施细则；在相关法律政策的规范和政府的监管下，尽快开展以小企业为主要服务对象的小企业银行、社区银行和科技银行等的试点工作；加大对小额贷款公司的扶持力度，在税收和风险机制上给予一定优惠；积极培育小企业融资中介服务机构，支持成立小额贷款公司中介组织——小额贷款公司行业协会，帮助其捆绑上市，引导民间资本有序、规范运作，提供更多投融资渠道。

2. 落实“非禁即入”原则，科学引导民间投资

严格贯彻落实“新36条”，把“非禁即入”原则落到实处；及时修订完善项目招、投标管理办法和政府采购入选企业及产品管理办法，加大政府对民企创新产品的采购力度；在破除“玻璃门”、“弹簧门”的同时，加强政策扶持和产业引导，解决民间投资的后顾之忧；充分发挥商会、行业协会等社会组织的重要

作用，通过多种渠道广泛听取民营经济和中小企业的意见与建议。

3. 梳理完善政策法规，加大政策落实力度

对已有法规条例做跟踪梳理，及时清除并公布已滞后于国家新法规条例的法规与政策文件；及时根据民营经济和中小企业发展要求，完善各项利好政策；根据三地不同定位，尽快出台“新36条”实施细则，细分中、小企业，注重制定对小企业的扶持政策；对已经出台的优惠政策，责任到具体部门和单位，对政策措施的落实情况进行定期检查（如两年一次），把各项政策的贯彻落实情况纳入政府绩效考核体系。

4. 给民营企业降税减负，优化民营企业发展环境

对民营经济和中小企业，特别是小企业，要出台财政补贴、税收优惠与社会投资相结合的扶持、优惠政策，设立产业升级配套资金，加强政策设计并同步形成具体实施方案，使扶持、优惠政策落到实处；根据本地发展定位积极引导创业与产业选择行为，鼓励创办企业，并在资金、土地、技术、人才等方面给予优惠政策，加大扶持力度。

5. 积极推动民营企业转变发展方式，调整产业结构

积极引导民营企业落实实践科学发展观，转变发展方式，加快由资源依赖向开放创新型转变，增强科技创新和研发能力，进行技术改造，调整产品结构，延伸产业链条，提高产品科技含量和附加值，提高企业核心竞争力；培育骨干大企业大集团，发挥龙头企业的示范带动作用，增强民营企业品牌建设意识，增强开拓国内外市场的能力。

6. 充分发挥工商联的作用与优势，努力实现更大作为

充分发挥工商联的桥梁、纽带和助手作用，为企业提供有针对性的服务，切实加强对民营经济的支持和引导，努力为企业实现“三个有更大作为”创造良好环境；积极搭建区域民营经济交流与合作平台，通过组织各种经贸活动、开展项目发布与对接等，不断推进三地民营经济的优势互补和合作共赢；加强京津冀三地工商联之间的交流与合作，健全区域协调互动机制，创新性、开放性地开展工商联工作，充分发挥工商联在引领民营经济、促进区域经济合作中的重要作用。

2009年，京津冀民营经济经历了国际国内严峻复杂的经济形势的考验，显示了适应市场经济规律的强大优越性和顽强生命力。站在新的历史起点上，京津

冀民营经济一定能够在党中央、国务院和三地党委政府的领导下，高举中国特色社会主义伟大旗帜，以邓小平理论和“三个代表”重要思想为指导，深入贯彻落实科学发展观，不断开拓进取，改革创新，在加快经济发展方式转变、保障和改善民生、提升自身素质上实现更大作为，为京津冀地区更加美好、更加繁荣、更加富裕的明天作出更大贡献。

课题组负责人：张卫江

课题组成员：北京市工商联：张卫江　朱效荣　李　慧　杨通林　王新春　柴　彬

天津市工商联：杨蔚东　苑庆彬　李　颖　高跃兰　杨　雨　于明浩

河北省工商联：孙增泰　赵春河　畅彦周　刘思绮

东北三省及内蒙古自治区区域民营经济发展报告

2009 年，面对依然严峻的国际国内经济形势，东北三省及内蒙古自治区（以下简称三省一区）民营经济在中央宏观经济政策的指引和三省一区党委、政府的正确领导下，积极贯彻落实科学发展观，攻坚克难，化巨大挑战为重大发展机遇，继续保持了近年来快速发展的基本态势，实现了又好又快的发展。

一　三省一区民营经济进入快速发展阶段

从国家实施东北老工业基地振兴发展战略以来，三省一区民营经济逐步进入了一个快速发展阶段，虽然也受到国际金融危机的一定冲击，但由于三省一区外向型经营比重较低，其影响相对较弱，依然保持了近年来良好的发展势头。

1. 经济总量实现高速增长

2009 年，三省一区民营经济实现增加值 21480.3 亿元，同比增长 22.8%，高于三省一区经济增加值增幅 9.2 个百分点；民营经济在三省一区经济总量中的比重由上年的 46.4% 增加到 51.93%，提高 5.53 个百分点（见表 1）。

表 1　2009 年三省一区民营经济增长情况

单位：亿元，%

地区 \ 数据	实现增加值	同比增幅	占本地经济总量比重	同比增幅
辽宁省	8890	20	59	4
吉林省	3471.93	28	48.2	6.5
黑龙江省	3769.2	16.8	45.5	6.7
内蒙古自治区	5349.2	28.65	55	5

民营工业取得快速发展，2009 年辽宁省民营工业企业实现增加值 5122 亿元，同比增长 20.5%；吉林省规模以上民营工业企业实现工业增加值 1344.4 亿

元，同比增长 32.8%，实现利润 178.32 亿元，同比增长 31.4%；黑龙江省规模以上工业企业实现主营业务收入 1902.6 亿元，同比增长 25.8%，实现利润 107 亿元，同比增长 41.5%；内蒙古规模以上民营工业企业实现主管业务收入 6703.1 亿元，同比增长 69.94%，实现利润 649.67 亿元，同比增长 69%。

2. 投资兴业持续发展

2009 年，三省一区登记注册私营企业为 61.37 万户，比上年增加 6.645 万户，增长 12.1%，登记注册个体工商户为 373.86 万户，比上年增加 46.72 万户，增长 14.3%。其中私营企业注册资金 11934.42 亿元，比上年增加 4132.85 亿元，增长 52.97%；个体工商户注册资金 1632.2 亿元，比上年增加 124 亿元，增长 8.22%。辽宁省民营经济固定资产投资实现 6490 亿元，同比增长 32%，高于全省增速 1.5 个百分点，占全省固定资产总投资额的 50%；吉林省民营经济固定资产投资实现 4970.6 亿元，同比增长 57.6%，高于全省增速 28.1 个百分点，占全省固定资产投资总额的 68.6%，同比增加 6.5 个百分点；黑龙江省完成民营经济固定投资 1991.9 亿元，同比增长 58.8%，高于全省增速 18.8 个百分点，占全省总额的比重为 39.6%，同比提高 5.3 个百分点；内蒙古民营经济固定资产投资为 4538.5 亿元，同比增长 30.37%，低于全区增速 3.01 个百分点，占全区总额比重为 60.8%，同比增加了 10.8 个百分点。

3. 社会贡献显著增强

2009 年东北三省民营企业上缴税收 1735.2 亿元，比上年增加 251.8 亿元，同比增长 17%，高于三省地方财政增幅 0.73 个百分点，占三省地方财政收入的 58.5%；内蒙古个体私营、集体等民营企业上缴税金 191.5 亿元，占全区税收总额的 17.63%。

伴随着民营经济的快速发展，其在吸纳社会就业方面的巨大潜能得以充分发挥，主渠道作用日益显著。2009 年辽宁省民营经济从业人员达到 1076 万人，比上年增加 28 万人，同比增长 2.7%，占全省从业人员的 50%；吉林省民营经济从业人员 440 万人，比上年增加 36 万人，同比增长 8.9%，占全省城镇就业人员比重的 76.2%，增幅为 5.2 个百分点；黑龙江省民营经济从业人员 664.5 万人，同比增长 14.2%，占全社会从业人员的 35.4%；内蒙古自治区城镇个体私营从业人员 193.7 万人，比上年增加 23.6 万人，同比增长 13.9%。

4. 快速发展的动力因素

（1）三省一区整体经济快速发展的带动。国家实施的东北振兴发展战略，为东北三省的发展提供了强大的发展动力，内蒙古自治区在享受国家西部大开发优惠政策之后，面积和人口占半数以上的东蒙地区也列入了国家东北振兴计划。在基本完成国企改革任务后，三省一区整体经济进入了高速增长阶段。近年来，内蒙古自治区经济增速一直位于全国前列，位次不断提升，辽宁省经济占全国总量不断上升，吉林省经济增速位于全国上游，黑龙江省经济也连续8年保持两位数增长。三省一区的装备制造、冶金、石化、农产品加工等支柱产业年增长率都保持在20%以上。2009年国家实行扩大内需政策后，三省一区作为投资重点，谋划和启动了一大批具有基础性、创新性的重大项目，为三省一区经济带来新的发展机遇。

（2）固定资产投资强劲势头的拉动。2005年以来，三省一区年固定资产增长率保持在35%左右，不仅高于全国平均水平10个百分点，也高于沿海发达地区，在全国投资中的比重6年增加了近3个百分点，其中民间投资增速更快，并呈现出规划起点高、投资领域不断拓宽、投资主体多元化、建设速度快及整体比重不断提高等显著特点。到2009年，东北三省制造业、批发和零售业、房地产业等产业领域的民间投资已占八成以上。这些投资项目现已陆续进入产能释放期，并为下一步发展积蓄了较强的后劲。

（3）国企改革和内资投资峰值期的推动。在实施东北振兴战略过程中，相当一批国企转制为民企并进入稳定发展期，改变了多年来“国资独大”的局面，同时三省一区也成为南资北移的重要选择地区，一大批振兴重大项目成为承接内资的有效载体，国内众多知名民营企业到三省一区投资兴业，在三省一区规模以上民营企业中，转制和转移的企业已占六成以上，这也说明外源因素是近年来三省一区民营经济快速发展的主要动力。

（4）不断优化提升的政策环境的促动。民营经济在国家经济社会发展中的重要作用，越来越得到全社会的认识和支持，近年来从国家到三省一区的各级党委、政府不断推出一系列鼓励支持民营经济加快发展的政策举措，民营经济发展的环境不断优化提升，特别是在民营企业服务体系建设、软环境、财政支持、金融生态建设等方面取得了突出的进展，为加快民营经济发展提供了有力保证。

二　三省一区民营经济发展中存在的主要问题及制约因素

从2005年以来，虽然三省一区民营经济进入了历史上发展最快的时期，但这还只是在相对落后基础上的发展，是纵向比较的结果（见表2，表3）。

表2　2009年全国、发达省份及三省一区私营企业数据对比表

地区＼数据	户数（户）	万人拥有量（户）	从业人员（人）	占总人口比重(%)	注册资本金（亿元）	户均注册资本金（万元）
江　苏	911554	123	13676648	18.46	20136.65	220.9
浙　江	566595	120.6	7984910	17.02	12975.71	229
广　东	813445	102	8571572	10.83	15619.2	192.01
上　海	630701	382.2	5482494	33.23	11292.45	179.05
三省一区	613717	46.2	6989169	5.25	11934.42	194.46
全　国	7401539	54.8	86069653	6.38	146446.6	197.86

表3　2008年东北三省与江苏、广东两省民营经济主要数据对比表

单位：亿元，%

地区＼数据	实现增加值	占地区(全省)经济比重	实现税收	增加值与税收比重	完成固定民间固定资产投资	占(全省)投资总投资比重
江苏省	15000	51.3	2270.2	6.6∶1	9256.86	61.4
广东省	15133.3	42.4	2226.1	6.8∶1	4258.86（民企投资）	38.1
东北三省	13344.9	47.3	1483.4	9∶1	8921.33	58.15

说明：此处因缺少内蒙古自治区相关资料，故只采用东北三省数据。

从表2、表3中可以看到，三省一区人口超过1.33亿，约占全国总人口的10%，但私营企业户数只占到全国总量的8.29%，每万人拥有量、从业人员比重及户均注册资本金都没有达到全国的平均水平，特别是同有1650万人口的上海市相比，总户数只有上海的97.3%，每万人拥有量为上海的1/8左右。实现增加值，东北三省不到广东省和江苏省的90%，实现税收也只有两省的2/3左右，这说明总量少、效益低、结构差，仍是三省一区民营经济发展的主要问题，三省一区需要进一步加快追赶步伐，容不得自满和懈怠。长期以来存在的许多阻碍和制约因素，尚需不断采用超常规的举措尽快加以破解。

1. 外部制约因素

一是政府扶持力度不够，相关政策落实不到位。近年来从中央到地方出台了众多支持民营经济发展的政策文件，加快民营经济发展也成为各级政府的重要工作任务，但实际上民营企业得到的真正支持还是有限的，政策的推动作用存在着日益递减的态势。由于各项政策的推出在一定意义上也是一种现有利益格局的调整，一些部门对此或明或暗地抵制和不作为，使许多政策成为空中楼阁。如已颁布实施几年的《中小企业法》，其中规定各级财政应设立中小企业发展专项资金，国家的专项资金已达95亿元，但在三省一区的多数市级和绝大多数县级财政中至今没有安排。在准入问题上已由过去的“高门槛”转为“玻璃门”、“弹簧门”，在准入资质和条件上关卡过多过紧，一些领域名放实关，一些进入的也要被推挤出来，许多在发达省份已经放开或基本放开的产业领域，在三省一区还依旧关的很严。同时由于受GDP挂帅的政绩观影响，许多地方十分注重大企业、大项目和外来企业，在资源配置上抑制了本地民营企业的内源成长动力，挤压了民营企业的发展空间。许多民营企业反映，在享受优惠政策方面普遍存在着四种现象：第一是国企和外企，从中央到地方都有十分优惠的政策，有时甚至可以专为一个大企业发文件出政策，在资源配置上享有超级待遇；第二是招商引资来的内资企业，也享有很多特殊待遇，这些待遇成为招商引资的重要筹码；第三是一些作为行业龙头的大中型民营企业能享受到一定的优惠待遇；第四种是小型民营企业，很难得到基本待遇，大多处于自生自灭状态。一些部门在政策落实中更偏好锦上添花，难以雪中送炭。最近几年，一些民营企业由于本地政策和环境等方面的原因，采取外迁或转移生产等方式到外地发展的现象一直没有中断。

二是受国内外市场需求萎缩等影响，企业生产经营困难。据对吉林省近千户重点民营企业的调查，2009年一季度，化工企业有15%左右停产，石油机械配套企业近30%停产，汽车及农机配套企业近10%停产，米业加工企业近25%停产，季节性农特产品加工企业近50%停产，还有相当一部分企业处于限产状态，到下半年这些企业恢复生产的不足50%；吉林市当年年检吊销执照的企业有2300户，由于受石化、冶金、建材等行业产销不振影响，全市上述行业重点纳税大户减税达3亿多元；受产业政策调整影响，鞍山市关停民营企业298户，辽阳市关停民营企业418户。由于三省一区民营工业企业大多为近地资源加工和为大企业配套型企业，近几年的市场变化和政策调整，使这些企业正在进入高成本运营阶段，利润空间被逐步压缩，从吉林省民营中小企业生产经营监测点的相关数据看，同上年相比，企业劳动力成本上涨31.5%，原材料成本上涨25.3%，能源成本上涨35.2%，环保成本上涨11.9%，土地成本上涨58.3%，而同期产品销价只上涨了8.9%。受大宗能源、原材料价格暴涨暴跌影响，辽阳市民营企业目前潜亏近50亿元，全市冶金及铁矿采选业近50%的企业处于微利或亏损状态。受国际市场需求不振影响，2009年辽宁省沈阳、本溪、朝阳、锦州、抚顺、阜新、葫芦岛等7市的民营企业出口交货值为负增长，其中朝阳市以-40.9%居降幅之首。

三是资金短缺，瓶颈效应依然突出。三省一区多年来是我国金融环境相对趋紧的地区，虽然在2009年我国银行贷款额达到历史上的天量，但三省一区金融机构存贷差仍在扩大，其中辽宁为7129亿元，吉林为2105.3亿元，黑龙江为5034.5亿元，分别比上年增加699亿元、563亿元和1345.7亿元，内蒙古自治区存贷差也达到2081.2亿元。其中，黑龙江省存贷差在全国位于前列，政策性银行不良贷款余额列全国第三位，不良贷款比率居全国第一，高于全国平均数的9倍，贷款投放增速列全国最后一位，成为全国企业最难获得银行贷款的省份。而动荡的经济形势进一步加剧了金融对民营企业发展的制约，国家鼓励和要求金融机构加大对中小企业贷款额度的政策实际效果并不明显。辽宁抚顺市在对60户中小企业调查时了解到，近70%的企业流动资金不足，户均短缺2000万元，锦州对40户有贷款需求的企业调查了解到，只有9户得到了贷款。吉林省四平市民营企业流动资金缺口达到30亿元左右；延边州151户规模以上民营企业资金缺口为79.4亿元；吉林省工商联负责监测的600户企业得到贷款的企业由243户减少到215户，减幅为11.5%，贷款总额从13.7亿元减少到11.35亿元，减幅为17.2%，缺口资金从上年度的29.5亿元增加到43.7亿元，增幅为48.1%，户均缺口资金728.3万元。同时民营企业融资成本也在不断加大。三省一区的许多民营企业必须通过担保机构取得贷款，或通过农村信用合作社等地区金融机构获得贷款。而一些金融机构也刻意从直接放贷转为通过担保机构放贷，在减少自身风险之中加大了企业融资成本，而加工型民营企业利润率大都在10%以下，通过担保机构得到的贷款利息加费用后则达到8%~13%，这使许多急需资金的民营企业望而止步。

四是服务体系、市场体系发育滞后，支持功能不强。同民营经济快速发展需求相比，三省一区服务体系建设差距较大。政府所属的企事业服务机构素质参差不齐，服务手段和质量与服务需求距离较远，垄断服务、强制服务及与主管部门利益相关联的事件时有发生。社会中介服务机构整合和管理落后，许多机构能力不足，重收费、轻服务的职业行为使民营企业很少问津。同时三省一区也是全国专业化商品市场及生产要素市场发育严重滞后的区域，由此导致形成的注重生产环节、轻视流通领域的经营观念，使众多中小企业长期集中于中间产品的生产，缺少直接面对消费者的终端产品，因此生产效益长期处于价值链下游，同时也加大了企业采购销售和要素交换的成本，拉大了企业与市场的距离，对民营经济发展不可或缺的支撑作用发挥得远远不够。

五是受相关因素影响，民营企业发展信心不足。这些因素主要有：①受国际金融危机的冲击和影响，对市场预测不明，产生恐慌心理和观望行为；②受宏观调控影响，部分行业门槛提高，一些规模小、实力不足的企业被淘汰出局；③一些在民营企业发生的个案，在社会上对民营企业造成较大负面影响；④许多出台的优惠政策没有落实到位，造成较大疑虑，这使不少民营企业的经营和投资信心不足；⑤有发展意愿和投资能力，但苦于找不到好的投资项目，害怕出现投资失误。

2. 内部因素

自身的不足和问题，往往在困难和关键的时期才会得以集中显露，民营企业也是如此。近几年复杂多变的经济形势和科学发展要求的客观要求，使发展相对落后的三省一区民营经济自身的问题和不足显现得更为清晰，主要表现在以下几方面。

第一，多数民营企业创新能力弱，缺乏核心技术和自主品牌。以吉林省为例，2009 年全省民营企业实现新产品产值只有近 250 亿元，新产品产值率仅为 8% 左右，低于全省平均水平 18 个百分点。科技投入经费支出为主营业务收入的万分之三点三左右，仅相当于全省平均水平的 35%，科技人员占全部员工人数的 1.5%，相当于全省水平的 1/3。其他两省一区的情况也大体相同，黑龙江省 80% 以上的民营企业属于劳动密集型企业，内蒙古 90% 以上的民营企业集中在传统制造业和传统第三产业，70% 的民营企业不具备自主研发能力，80% 的民营企业没有建立研发机构。绝大多数民营企业的生产经营还是主要依靠要素投入和低成本运行，从事新兴产业、高科技产业、现代服务业的民营企业数量少、规模小。多数民营企业在市场竞争中缺乏核心竞争能力，导致发展后劲不足。

第二，多数民营企业产业层次较低，自主发展能力不强。由于历史、地理、体制和自然资源等因素相同处较多，三省一区中小企业产业构成十分相似。行业范围较狭窄，产业结构趋同，构成档次较低，位于本地主导产业下游的民营企业长期处于低端、被动地位和价值链下端，在资源配置上也长期受到大企业的挤压。表现为：一是生产经营与大企业景气指数密切相关，发展受制于人；二是近几年一些国有大企业实施“零库存”经营方式，造成中小企业成本负担上升；三是部分大企业为转嫁资金困难，随意延长货款支付期限。在吉林省工商联监测的600户企业中，有80%的企业近两年回款难度在加大，平均回款周期由100天左右延长到近180天。

第三，经营管理水平不高，缺乏转型操作能力。多数民营企业规模偏小，大多实行传统家庭式管理，实现现代企业制度的企业为数不多，治理结构不完善，特别是在复杂多变的经济形势面前判断和快速反应能力有限，在转变发展方式倒逼机制面前比较茫然无措，影响了发展速度和发展质量。

三　加快三省一区民营经济转变发展方式的对策建议

在当前的形势下，如何延续近年来三省一区民营经济快速发展的良好势头，推动民营经济加快转变发展方式，努力实现科学发展，对三省一区的全面振兴具有十分重要的意义。我们认为，作为经济后发赶超地区，要着重“围绕一个中心”、“实现两个突破”、“突出三个重点”、“创新四种机制”，以促进民营经济尽快走上科学发展道路。

（一）转变发展方式必须围绕加快发展、做大总量这个中心

纵向比较，三省一区民营经济进入了历史最快的发展时期，但横向比较，三省一区民营经济在企业户数、经济总量、纳税数量、安置就业人员，特别是企业的产业层次、管理水平等诸多方面远不及发达地区的一个省份，总量不足、效益不高、层次较差，仍然是三省一区民营经济发展中的主要问题和矛

盾。因此必须真正正视现实，在今后很长的一个阶段内，继续把加快发展、做大总量作为三省一区民营经济发展的主要任务，摆在工作的首要位置，千方百计谋求快发展。要真正认识转变发展方式的科学内涵，不能片面认为转变经济发展方式就是要把重点放在新型高科技产业上。传统产业的发展离转变发展方式过远，成效难以显现，用这种以偏概全的观念指导实践，将会贻误良好的发展机遇。在相对落后地区，对传统优势产业升级改造仍然是转变发展方式重中之重的任务，这是做大总量的首选。在加速量变的过程中，许多困难也就随之解决了，有强大实力才能追求更高的目标。

（二）转变发展方式必须以实现“两个突破”为前提基础

推动民营企业转变发展方式的任务千头万绪，但根据三省一区的实际，首先是要突破制约发展和转变方式的两个瓶颈问题。

1. 继续深入解放思想，营造民营经济健康快速发展的思想和政策氛围

发展民营经济是关乎富民强省（区）的重大问题。民营经济发展到现在得益于解放思想，要推动民营经济的更大发展，还是要靠解放思想。要以深入解放思想为统领，切实把民营经济摆到本地经济发展中更加突出的位置，进一步加快行政体制改革，不断破除民营经济发展中的各种制度和体制性障碍。摒弃那些认识和政策已经到位、在新突破上难有作为的观念；改变那种说的到位、做的缺位、管理越位的行政弊病和只热心招商引资，忽视本土内生型民营企业，热衷锦上添花，忽视雪中送炭的行政理念。善于创造性地执行各项政策，在结合和落实上下工夫，努力形成发展共识与合力，使民营企业想在当地发展，能在当地发展壮大。

根据国务院“中小企业29条”文件和“民间投资36条”文件精神，结合制定“十二五”发展规划，各有关部门要集思广益，充分酝酿协商和调查研究，在认真总结回顾近年来实践经验和学习参考发达省份先进做法的基础上，结合省区情集中打包制定出台既同中央保持一致，又具本省区特色，含金量高并具有很强突破性、操作性、针对性的配套政策措施，对域内民营经济的发展起到强势推动作用。

2. 建立积极的财政支持制度和金融服务体系

建立健全各级政府中小企业发展资金制度，市盟州级财政年内要全面建立起专项资金，根据财政实力，规模在 1000 万～5000 万元之间，县级财政在 300 万～800 万元之间。同时要健全专项资金长效增长机制，省（区）级财政年增加不少于 2000 万元，市盟州级不少于 500 万元，县级财政不少于 100 万元。同时要建立各级财政对民营企业的政府采购制度。三省一区每年政府采购金额都在 100 亿～200 亿元之间，应拿出不少于 20% 的份额，通过招投标面向本省区民营企业采购。

在构建金融服务体系上，一是要制定金融机构增加中小企业贷款奖励制度，推动银企对接，鼓励金融机构开发适应中小企业特点的金融产品，采用动产、股权、票据、产品、设备、商标等新型抵押方式，设立单独的中小企业贷款专营机构，发放一定数额和期限的小企业信用贷款。对困难企业延长贷款归还期，适当减少利息。二是提高地方金融机构实力，推动地方银行上市，大力发展与中小民营企业需求相匹配的中小金融机构，放宽对金融机构股比限制，支持民间资本参与地方银行增资扩股，地方政府股份逐步退出，加快村镇银行和贷款公司组建步伐。根据其注册资金规模。一次性给予 20 万～50 万元的开办费补助，积极建立和引进股权投资基金、中小企业集合债、企业贷款联保的试点工作，逐步扩大开展企业互助基金、中小企业上市规模。三是建议三年内从省（区）级财政安排 1 亿～3 亿元，市盟州级 3000 万～5000 万元，县级 1000 万元，充实政策性担保机构担保资本金，同时注入一定数额的担保风险补偿金，力争 2010 年三省一区所有县旗都要建立起政策性融资担保机构，并将贷款担保费率下调 1.2% 左右，对为中小企业开展融资担保业务的机构免征 3 年所得税。

（三）要切实突出经济增长方式转变的三项重点工作

现在三省一区民营经济转变发展方式的主要困难和问题，就是传统产业提质改造任务艰巨、新兴产业起步慢和自主创新能力弱。因此，抓住传统产业的升级改造，培育做强新兴产业和提高自主创新能力应该成为转变发展方式的工作重点。

1. 改造提升传统产业

三省一区民营经济中从事传统农业、工业和服务业的占有绝大部分比重。这些产业由于竞争力不强，产品层次不高、附加值不高、产业集群度低，在发展中十分艰难。只有大力推动这些产业的结构升级、技术升级和产品升级，才能加大民营经济发展的内源性动力。抓好升级改造一是要在第二产业领域促进民营企业的技术升级和产品升级，整合利用财政技改资金和民间资金，支持引导民营企业进行技术改造和升级，采用低耗技术、设备和工艺淘汰落后装备，提升品牌形象和产品附加值。二是在第一产业领域抓好农牧产品的深精加工和品牌培育，打造有实力的大型龙头带动企业。三是在第三产业领域大力发展金融服务、信息服务、现代物流、文化创意等新兴服务业，提升传统服务业的档次和竞争力。

2. 培育发展新兴战略性产业

结合三省一区的实际情况，引导民营企业选择技术上有优势、有积累、有一定发展基础、有潜力，产品有竞争力的新兴战略性产业，坚持走有差异化、专业化发展道路，努力打造细分领域的行业龙头企业。重点在资源深度开发、精细化工、信息技术产业、新能源制造业、机械装备制造、电力电气专业设备制造、生物能源、生物农业、生物医药、文化创意、新型材料等领域加大力度，围绕细分领域培育优势企业，打造核心竞争力。

3. 强力推动技术创新

一是通过财政扶持，资金贴息、补贴等政策引导措施，切实扶持一批有实力的大型民营企业单独设立技术研发中心，或者集群和产业关联企业联合设立研发中心；二是鼓励民营企业与科研院所共建研发中心，实现优势互补、产研结合；三是对民营企业的一些重大研发项目和关键技术实行政府购买和财政补贴，寻求在一些关键领域和技术上的突破；四是创新科研成果引进机制，鼓励企业面向社会定向招标采购技术；五是搭建民营企业与科研机构成果对接平台，促进成果交易；六是切实保护民营企业知识产权，适当降低域内知识产权专利申请和维护费用，对企业申请全国及全球专利给予适当补贴。

（四）积极创新有利于民营经济转变增长方式的四项机制

如何做好新时期民营经济发展工作，近年来一直都是三省一区各级政府探索和实践的重要课题。而引导鼓励民营经济转变发展方式，必然会涉及包括政府在内全社会利益的重新分配和调整，因此，难度和阻力也会是相当大的。必须在科学发展观指导下，在充分遵循市场经济规律和公平正义、和谐发展准则的基础上，把市场手段与行政手段相结合，把利益诱导、利益调节、利益保护、利益补偿及政治引导相结合，不断创新有利于民营企业转变发展方式的体制机制。

1. 创新政府绩效考核机制

建立一套以加快发展、转变发展方式为导向的民营经济发展目标考核机制，各级政府要做到责任到位，落实到人，把相关发展情况列入各级领导干部和相关部门的目标责任制，作为业绩考核的主要内容，定期公布和评比；同时建议各级人大、政协在适当时机，开展各种形式的政策落实专项视察调研活动，并参与考核讲评工作。

2. 建立市场准入和退出机制

要结合国务院“新36条”精神和各省区实际，对产业、行业、企业结构调研分析，制定民营企业准入目录，重新设置包括技术、资金、规模的基本门槛，鼓励民间资本参与政府投资项目建设。对不符合发展方向以及通过改造仍然无法达到要求的存量部分，设定退出机制。

3. 建立补偿、补贴机制

对在转方式中成本过大和利益受损的民营企业给予适当的补偿，对必须退出的民营企业给予必要的补贴，帮助解决转产和退出中出现的困难。

4. 建立引导、鼓励和支持机制

建议各级政府根据市场导向、突出特点、创新驱动、持续发展的原则，积极引导民营企业在产业结构、管理结构、产品结构、市场结构等方面加快转型升级。一是用政策舆论引导。要广泛宣传，认真研究国家和省区政府制定的政策措施，千方百计地争取政策到位于企业，充分运用政策效能促进企业发展，切实营造好有利于民营经济发展的社会氛围。二是用规划和项目引导。在制定“十二五”期间的各种产业发展规划及谋划项目建设上，注重打造上下游协调发展的产业链条，为民营企业营造加快发展的产业环境和产业空间，特别是要鼓励以协会、股份制和资产重组的方式，以龙头企业为核心，组织劳动密集型和传统产业中若干企业建立产业合作联盟，共同实施升级转型。努力形成以高新技术产业为先导，制造业和基础产业为支撑，服务业全面发展的民营经济产业体系。三是努力构建企业技术创新协调机制和中小企业创新服务体系，支持企业创造自主知识产权和企业品牌，用产品档次和装备水平的提高来增强企业的核心竞争力。四是提供人才支持。要努力营造企业家发育和成长的宏观氛围，像重视培养党政领导干部那样培训企业家。针对域内民营经济发展的需要制定和落实人才优惠政策，努力打造好人才集聚、培养和使用的各种平台。五是要运用评比表彰机制引导企业科学发展。引导民营企业既要注重企业可持续发展，更要注重与员工、社会、环境的协调发展，建立科学的管理体制和以人为本的企业文化，营造和谐的企业环境，树立诚信的企业形象，努力实现企业又好又快的发展。

课题组负责人：周国仁

课题组成员：吉林省工商联：周国仁（执笔）　朱乃芬　许　宁
　　　　　　辽宁省工商联：李文涛
　　　　　　黑龙江省工商联：于庆华
　　　　　　内蒙古工商联：赵庆禄

中部六省区域民营经济发展报告

2009年，中部六省认真贯彻中央应对国际金融危机的一揽子计划，结合实际，出台实施了一系列鼓励支持民营经济发展的政策措施，不断改善民营经济发展环境，使民营经济在逆势中保持了稳定较快的发展趋势，为促进中部崛起作出了积极贡献。

一　中部六省民营经济总体概况

2009年，中部地区私营企业总数达111.69万户，同比增长13.84%，占全国私营企业总数的15.09%；个体工商户总数达706.17万户，同比增长11.29%，占全国个体工商户总数的22.09%。全年民营企业实缴税金3071.38亿元，同比增长28.57%，占中部地区税收总额的39.70%。累计实现外贸进出口额达235.71亿美元，同比下降10.41%，占中部地区外贸进出口总额的30.35%。民间投资29605.11亿元，同比增长40.6%，占中部地区城镇固定资产投资总额的61.31%。总体上看，中部六省的民营经济已进入了以实力增强、规模扩大、质量提高、贡献突出为主要特征的新阶段。

（一）企业数量快速增长

2009年，中部地区私营企业、个体工商户平均增速分别为13.84%和11.29%，分别高于全国平均增速1.25个百分点和1.69个百分点。其中，江西、湖南、河南、湖北四省私营企业户数增速高于全国平均水平；江西、湖北、山西、湖南四省个体工商户增速高于全国平均水平。私营企业户数和个体工商户总数排在中部六省前三位的依次是：河南、湖北、安徽（见表1、图1、图2）。

表1　2009年中部地区个体私营经济发展情况

分类 / 地区	私营企业					
	户数（万户）	排名	注册资本（亿元）	排名	雇工人数（万人）	排名
山　西	13.93	5	3483.34	4	65.52	6
安　徽	18.95	3	3655.90	3	157.50	5
江　西	13.66	6	2447.10	6	194.84	3
河　南	26.06	1	4453.73	1	208.24	2
湖　北	23.06	2	4285.31	2	178.05	4
湖　南	16.03	4	3338.41	5	223.80	1
全　国	740.15		146446.62		6956.35	
分类 / 地区	个体工商户					
	户数（万户）	排名	资产总额（亿元）	排名	从业人员（万人）	排名
山　西	77.11	6	352.66	4	153.35	6
安　徽	125.09	3	419.16	3	263.35	3
江　西	83.96	5	330.16	6	217.67	4
河　南	158.00	1	348.03	5	348.01	1
湖　北	139.28	2	423.44	2	327.87	2
湖　南	122.73	4	548.35	1	206.52	5
全　国	3197.37		10856.55		6585.38	

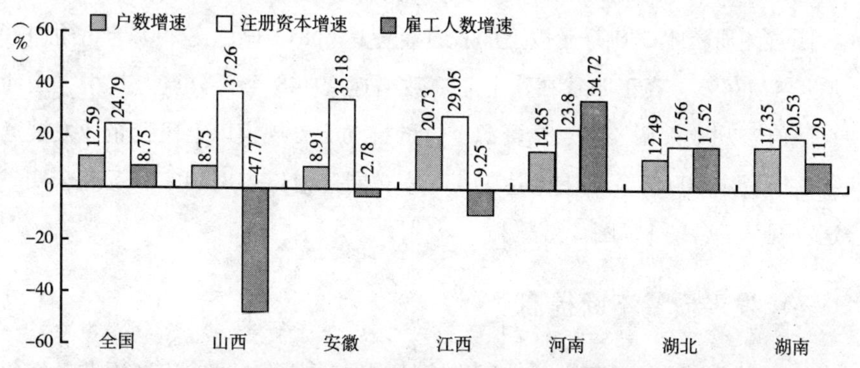

图1　2009年中部地区私营经济增速比较

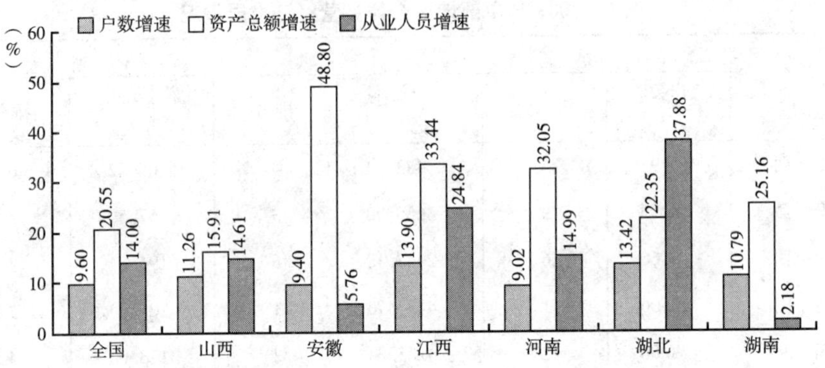

图2　2009 年中部地区个体经济增速比较

（二）企业规模不断扩大

2009 年，中部地区民营企业通过增资扩股、资产重组等方式，企业规模不断扩大，抗风险能力日益增强。全年，中部地区私营企业注册资本为 21663.79 亿元，个体工商户资产总额为 2421.80 亿元，同比增长 27.23% 和 29.61%，分别高于全国平均增速 2.44 个百分点和 9.06 个百分点。私营企业雇工人数为 1027.95 万人，同比增长 0.62%，低于全国平均增速 8.13 个百分点；个体工商户从业人员为 1516.77 万人，同比增长 16.71%，高于全国平均增速 2.71 个百分点。私营企业户均注册资本 193.96 万元，同比增长 12.25，高于全国平均增速 1.45 个百分点；个体工商户户均注册资金 3.43 万元，同比增长 16.67%，高于全国平均增速 6.68 个百分点。以湖北、河南、湖南、山西四省为例，截至 2009 年底，四省注册资本 500 万元以上的私营企业达 56813 户，比 2008 年增加 17040 户，增长 42.84%，高于四省私营企业户数增速 29.48 个百分点。其中，山西省在中央政府宏观政策调控和煤炭资源整合的推动下，规模以上民营企业发展速度较快，注册资本 500 万元以上的达 11472 家，同比增长 218.14%，远高于四省平均增速（见表 1、图 1、图 2、表 2）。

（三）发展质量不断提高

2009 年，中部地区民营企业发展方式转变取得有效进展，逐渐由劳动密集型企业向资金技术密集型企业转变，表现为户均雇工人数减少的同时户均资本规模的不

表2　2009年中部地区个体私营经济户均规模情况

地区＼分类	私营企业				个体工商户			
	户均资金（万元/户）	同比（%）	户均雇工人数(人/户)	同比（%）	户均资金（万元/户）	同比（%）	户均从业人数(人/户)	同比（%）
山　西	250.06	35.75	4.70	-52.00	4.57	4.16	1.99	3.00
安　徽	192.92	24.12	8.31	-10.73	3.35	35.89	2.11	-3.40
江　西	179.14	6.85	14.26	-24.87	3.93	16.08	2.59	9.28
河　南	170.90	7.74	7.99	17.30	2.20	21.13	2.20	5.48
湖　北	185.83	4.51	7.72	4.48	3.04	7.87	2.35	2.76
湖　南	208.26	2.71	13.96	-5.17	4.47	12.98	1.68	-7.77
全　国	197.86	10.80	9.40	-3.41	3.40	9.99	2.06	4.02

断增长。以私营企业为例，2009年中部地区私营企业户均注册资本比2008年多21.18万元，而雇工人数却有所减少，除河南省外，其他五省的私营企业户均雇工人数增速均低于户数增速和户均注册资本增速（见图3）。

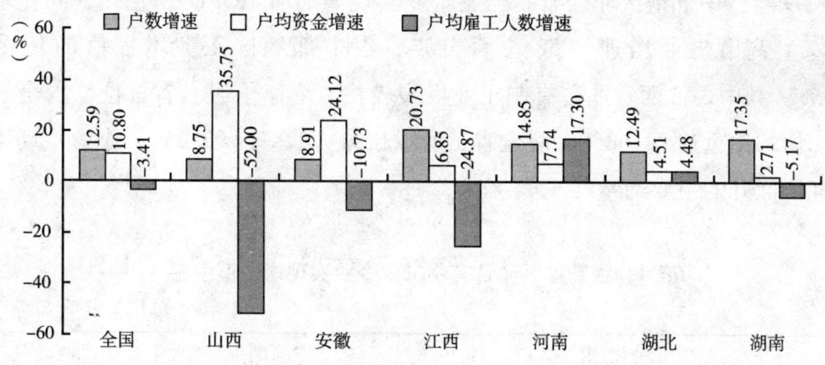

图3　2009年中部地区私营经济户均规模增速比较

（四）产业结构日趋合理

2009年，中部各省把保增长与调结构紧密结合，加快转变发展方式，调整优化产业结构，积极推进重点产业调整规划，大力发展新兴产业，加快发展服务业，中部地区产业结构日益合理。以河南、湖北、湖南、山西四省为例，四省私营企业户数占中部地区的70.80%，第一产业占四省私营企业总户数的3.40%，比重比上年增长了0.30个百分点；第二产业占四省私营企业总户数的23.6%，比上年低1.13个百分点，第三产业占四省私营企业总户数的73.00%，比上年增长了0.76个百分点。其中，第三产业增速高于第一、二产业，民营企业在服务业发展迅速，符合三次产业结构优化的总体趋势（见表3）。

表3　山西、河南、湖北、湖南四省私营企业产业结构情况

单位：%

地区＼分类	第一产业比重		第二产业比重		第三产业比重	
	2008年	2009年	2008年	2009年	2008年	2009年
山　西	5.4	5.3	24	23.3	70.6	71.4
河　南	2.7	3.21	27.89	27.03	69.41	69.76
湖　北	1.8	2.0	19.2	18.3	79.3	79.7
湖　南	2.49	3.08	27.85	25.77	69.66	71.15

（五）非公有制工业企业发展较快

2009年，中部地区非公有制工业企业实现增加值18581.89亿元，同比增长15.92%，高出工业增速3.58个百分点，占中部地区工业增加值的比重达62.73%。其中，江西省非公有制工业发展较快，增速位居六省首位，占全省工业增加值的比重达72.68%，对全省工业增长的贡献率达93.2%，成为拉动当地工业经济回升的主要力量（见表4）。

表4　中部地区非公有制工业企业实现增加值情况

单位：亿元，%

地区＼分类	工业增加值		非公有制工业企业增加值		
	总量	同比	总量	同比	占工业增加值比例
山　西	3551.9	-9.4	1370.8	-13.7	38.6
安　徽	4046.2	16.02	2695.8	20.3	67.6
江　西	2610.58	20.1	1897.37	27.33	72.68
河　南	9858.40	11.4	6753	18.3	68.5
湖　北	4742.23	23.42	2860.10	20.70	60.31
湖　南	4814.40	12.48	3004.82	22.60	62.41

（六）民间投资高速增长

2009年，中部地区民间投资29605.11亿元，同比增长40.6%，高于全

国平均增速12.9个百分点，占中部地区城镇固定资产投资的比重为61.31%。从增速来看，中部六省民间投资增速均高于全国平均水平；从占城镇固定资产投资的比重来看，除山西、湖北两省外，其余四省均高于全国平均水平，达50%以上，其中，江西、河南两省民间投资增势强劲，占城镇固定资产投资比重分别达80.91%和74.9%，成为拉动当地投资快速增长的主导力量（见表5）。

表5　中部地区民间投资情况

单位：亿元，%

地区＼分类	城镇固定资产投资额		民间投资		
	总额	同比	总额	同比	占城镇固定资产投资比例
山　西	4599.9	39.5	2545.7	27.8	43.17
安　徽	8154.6	35.9	5150.6	52.3	58.1
江　西	6006.7	38.9	4860.0	43.3	80.91
河　南	11455.01	31.3	8579.83	40.3	74.9
湖　北	7569.15	41.9	3697.32	49.7	48.8
湖　南	6880.09	37.7	4771.66	30.2	62.01
全　国	194139	30.5	107500	27.7	55.3

（七）集群效益明显增大

2009年中部各省以园区为重要载体，发挥产业集聚效应，大力发展民营经济。安徽省积极建设一批特色工业园区，引导、支持和协调民营资本兴办工业企业，鼓励民营企业进入园区，培育企业集群和产业集群。目前，全省57个产业集群专业镇登记民营企业7000多家，其中规模以上民营企业近1500家。湖南省大力推进园区经济发展，在40个产业集群中，以民营经济为主的产业集群达27个，其中长沙工程机械产业集群年主营业务收入超过300亿元，位居全国第二。河南省把规范园区建设、促进产业集群健康发展作为民营经济发展和加快工业化、城镇化进程的重要载体来抓，2009年对全省312个产业集群进行了规范整合，确定了175个产业集聚区的空间布局，增强了产业聚集区管理水平和配套服务功能，为区域内民营经济的健康发展提供了良好的外部环境。

（八）社会贡献日益突出

在税收方面，2009 年中部地区民营企业创造税收达 3071.38 亿元，同比增长 28.57%，高于全国平均增速 10.7 个百分点，占中部地区税收总额的 39.70%，高于全国平均水平 5.05 个百分点，成为中部地区税收的重要来源（见表 6）。在进出口贸易方面，2009 年，中部地区民营企业累计实现外贸进出口额达 235.71 亿美元，同比下降 10.41%，高于全国平均水平 1.19 个百分点，占中部地区进出口总额的 30.35%，高于全国平均水平 2.15 个百分点，中部各省民营企业进出口额的增速均高于各省进出口总额的增速，成为拉动当地对外贸易快速回升的重要力量（见表 7）。在吸纳就业方面，中部六省民营企业为当地安置就业都作出了很大贡献，有效地缓解了社会就业压力，为保稳定、保民生发挥了重要作用。2009 年，山西省非公有制企业吸纳就业人数达 65.5211 万人，占城市新增就业人数的 70% 以上；安徽省民营经济从业人员已达 899.3 万人，同比增长 4.4%，增幅高于全部从业人员增速 2.6 个百分点；江西、河南两省非公有制经济从业人员分别为 1137.51 万人、1801 万人，同比增长 5.3% 和 4.6%；湖北省个体私营经济从业人员达 560.47 万人，同比增长 15.75%；湖南省仅二、三产业非公有制经济从业人员就达 1921.05 万人，占全社会从业人员的 85.7%，民营经济已成为各省满足社会就业需求的重要渠道。

表 6　中部六省民营企业纳税情况

单位：亿元，%

地区＼分类	税收总额		民营企业税收情况		
	总额	同比	总额	同比	占税收总额比例
山　西	1302.96	-8.5	202.38	58.4	15.53
安　徽	1560.1	16.9	342.9	12.9	21.98
江　西	827.12	22.05	497.43	31.85	60.14
河　南	1611.66	6.3	1080.63	19.27	67.05
湖　北	1360.77	13.62	375.3	32	27.58
湖　南	1074.82	14.6	572.74	17.0	53.29
全　国	63103.7	9.1	22071.7	10.7	34.65

表7 中部六省民营企业进出口情况

单位：亿美元，%

地区\分类	进出口总额		民营企业进出口情况		
	总额	同比	总额	同比	占进出口总额比例
山西	85.5	-40.6	18.4	-55.8	21.5
安徽	156.4	-23.48	38	6.1	24.3
江西	126.66	-7	35.16	36.3	27.76
河南	134.38	-23.1	49.35	-20.2	36.72
湖北	172.30	-16.80	34.3	-10.30	19.91
湖南	101.51	-19.22	60.5	-18.6	59.6
全国	22072.2	-13.9	3384.4	-11.6	28.2

二 民营经济发展中存在的主要问题及制约因素

（一）主要问题

2009年，中部地区民营经济取得了快速发展，但与东部沿海发达地区相比还有一定差距，具体表现为以下几点。

1. 企业数量少、规模小

从数量上来看，中部地区私营企业户数仅占全国总量的15.09%，个体工商户仅占全国总量的22.09%。作为全国个体私营经济大省，广东省私营企业户数达81.34万户，占全国总量的10.99%；个体工商户达325.91万户，占全国总量的10.19%。而中部六省个体私营企业占总数比重最大的河南省，私营企业数26.06万户，仅占全国总量的3.52%；个体工商户为158万户，仅占全国总量的4.94%。从规模来看，中部地区私营企业户均注册资金193.96万元，比东部地区少10.23万元，比全国平均水平少3.9万元；个体工商户户均注册资金3.43万元，比东部地区少0.42万元。在2009年中国民营企业500家中，东部地区企业数量364家，占总数的72.8%；中部地区仅62家，占总数的12.4%（见表1、表8）。

表8　2009年东、中、西部地区民营经济发展情况

分类 地区	私营企业				个体工商户			
	户数		注册资金		户数		注册资金	
	数量（万户）	占比（%）	总额（亿元）	户均资金（万元/户）	数量（万户）	占比（%）	总额（亿元）	户均资金（万元/户）
东部地区	501.51	67.76	102402.22	204.19	1657.83	51.85	6383.02	3.85
中部地区	111.69	15.09	21663.79	193.96	706.17	22.09	2421.8	3.43
西部地区	126.95	17.15	22380.61	176.29	833.37	26.06	2051.73	2.46
全　　国	740.15		146446.62	197.86	3197.37		10856.55	3.40

说明：东部地区包括黑龙江、吉林、辽宁、河北、北京、天津、山东、江苏、上海、浙江、福建、广东、海南；西部地区包括重庆、四川、贵州、云南、广西、陕西、甘肃、青海、宁夏、西藏、新疆、内蒙古。

2. 产业同构现象仍然存在

各省制定的支柱产业规划，无论是六大支柱产业还是八大支柱产业，主要集中在食品、装备和汽车制造、钢铁、电子、煤炭等产业，趋同的产业结构不仅造成了基础设施的重复建设，同时也造成了中部地区内部对专业人才、生产原料与销售市场等的激烈竞争，直接影响了中部地区民营经济的可持续发展（见表9）。

表9　中部六省支柱产业

省份	山西	安徽	江西	河南	湖北	湖南
支柱产业	八大支柱产业：煤炭、炼焦、冶金、电力、煤化工、装备制造、材料、旅游	八大支柱产业：汽车工业、装备工业、优质金属材料工业、水泥及非金属优质材料工业、信息电子工业、农副产品加工业、能源和煤化工业、生物技术工业	六大支柱产业：汽车航空及精密制造、特色冶金和金属制品、中成药和生物制药、电子信息和现代家电产业、食品工业、精细化工及新型建材	六大支柱产业：煤化工、铝工业、食品工业、装备制造业、汽车及零部件产业、高新技术产业	六大支柱产业：汽车、钢铁、石化、纺织、电子信息、食品	六大支柱产业：建筑、装备制造、钢铁有色、卷烟制造、旅游、文化

3. 创新能力不强

中部地区民营科技型企业数量少，缺乏上规模的民营科技型龙头企业，缺乏具有自主研发能力、拥有自主创新关键技术的民营企业，民营企业技术创新能力不强，民营企业创新能力与东部地区相比有一定差距。据2009年《中国区域创

新能力报告》显示，在中国企业创新能力排名前10位的省市中，东部地区就占了7位，中部地区仅有2位，分别是湖北省排名第8位、安徽省排名第9位。而中部其他4省则处于中等或中等偏后水平，湖南第13位、河南第14位、江西第17位、山西第20位。

（二）制约因素

中部地区民营企业与东部沿海发达省份相比差距较大的原因是多方面的，既有历史、地域上的原因，也有思想观念、政策、制度等环境方面的原因。具体表现在以下几个方面。

1. 发展环境仍待改善

近年来，虽然中部各省不断采取措施改善企业发展环境，也取得了一些成效，但很多方面还不能令人满意。比如：部分政策落实不到位，措施不配套，缺乏实用性和可操作性；融资、税收、环保、土地和资源环境配置等方面对民营企业还存在不公平现象；少数地方政府及其相关部门诚信意识不强，不能及时足额兑现承诺；用地难问题十分突出等，在一定程度上制约着中部地区民营经济的发展。

2. 融资瓶颈依然存在

融资难问题仍是制约困扰民营企业发展的重要因素。企业融资难的主要表现是融资渠道少、贷款成本高、期限短、效率低。究其原因，一是银行的贷款条件基本上是为国有大企业量身订制的，民营小企业在财务管理方面很难达到银行要求的标准；二是从银行的责任追究机制来看，向民营企业放贷发生失误责任更大，信贷人员不愿意冒风险；三是从银行的效益来看，民营企业贷款额度较小但程序却一样不少，工作成本较高；四是民营企业能被银行认可的抵押物（主要是土地和房产）少。

3. 高层次人才缺失

高层次创新创业人才普遍缺乏，这已成为制约中部地区民营经济发展的重要因素。从中部各省民营企业发展情况来看，受工资、住房、教育等环境因素的影响，各省民营企业普遍面临高层次人才缺乏、研发能力不足等困难，主要表现为高层次人才总量不足、发展空间小、人才队伍不稳定、人才引不进留不住。

4. 民营经济统计体系不健全

目前，从国家到各省对“民营经济”的概念、范围均没有统一的规定和划分，更没有专门部门负责民营经济的统计工作，民营经济统计体系的不健全直接影响了政府和相关部门对民营经济发展形势的判断，制约了民营经济的健康持续发展。

三　中部地区民营经济发展的趋势展望

2010 年，中部地区民营经济发展的环境总体向好，面临许多有利条件和机遇。

1. 宏观经济的企稳向好与日臻完善的政策制度为中部地区民营经济发展方式转变创造了良好的外部环境

一是国内外经济复苏企稳为中部地区民营经济提供了良好的外部环境。从国际看，世界经济反弹迹象明显。从国内看，随着政府积极的财政政策和适度宽松的货币政策的实施，总额 4 万亿元的两年投资计划和十大产业调整振兴规划等一揽子经济刺激计划效果逐渐显现，我国宏观经济总体运行将持续上升。从中部地区看，中部崛起推动了各省的城市化进程，湖北的“武汉城市圈”、湖南的“长株潭城市圈”、安徽的“皖江城市带”、河南的“中原城市群”、江西的“昌九经济走廊”、山西的“晋中都市圈”，分别成为各省全面带动区域发展的龙头，为中部崛起打造了新的引擎，这样的崛起性建设，必将为中部地区民营经济带来新的发展空间，将为中部地区民营经济注入持续发展动力。二是《促进中部地区崛起规划》为中部民营经济发展提供了有力的政策支撑。《促进中部地区崛起规划》于 2009 年 9 月 23 日在国务院讨论并原则通过，国家支持中部崛起将进入实质性操作阶段。中部地区定位的粮食生产基地、能源原材料基地、装备制造业基地和综合交通运输枢纽建设将进一步加快，国家将集中政策、资源、资金，从八个方面力促“中部崛起”发展战略向纵深推进，不断加大对中部地区的投入力度，中部六省民营经济将迎来新一轮的发展机遇。另外，2010 年全国“两会”期间，中共中央总书记胡锦涛在参加全国政协民建、工商联联组会议上，就促进非公有制经济健康发展发表重要讲话，从全局和战略的高度要求非公有制企业要在加快经济发展方式转变上有更大作为，在保障和改善民生上有更大作为，在提升自身素质上有更大作为。“三个有更大作为”是新时期党中央对非公有制企业提出的新要求，也为民营企业健康发展指明了方向。2010 年 5 月国务院《关于鼓励和引导民间投资健康发展的若干意见》的出台，进一步体现了党中央、国务院坚持“两个毫不动摇”的一贯方针，也体现了国家鼓励民间投资、促进民营经济转变发展方式的坚定信念。这些政策措施的有效实施，必定为中部地区民营经济转型升级注入新的生机和活力，一定能够推动中部地区民营经济实现更好更快发展。

2. 国内外产业的加速转移为中部地区民营经济发展提供了广阔的发展空间

2008 年爆发国际金融危机以来，国际产业转移总体上呈现出规模不断扩大、结构层次不断提高、转移方向不断创新等特征，中国作为国际产业转移重要承接地的地位没有改变，但全球产业在向中国转移时，转移目的地将会发生重大变化。随着中部地区基础设施、产业配套能力以及政策环境的不断完善，以及国家《促进中部地区崛起规划》的实施，中部地区对内对外开放力度将进一步加快，承接东部和境外产业转移的能力将不断增强，中部地区将成为产业转移的新目的地。

3. 民营经济发展面临的形势依然严峻复杂

目前我国的经济增长仍然过多地依赖出口和房地产。国际市场的复杂多变，导致我国的出口恢复仍需较长时间，而房地产等产业的投资面临周期性调整，这些不确定性因素都可能对中部地区的经济发展形成影响。面对这些现实问题，中部地区的经济发展也需要向扩大内需、促进消费、依靠自主创新等方面调整转化。从民营企业发展来看，仍然面临市场、资金、技术、产业结构调整等诸多矛盾和困难。因此，民营经济发展面临的形势依然严峻而复杂。

四　加快中部地区民营经济发展的建议

为了有效解决影响民营经济发展的困难和问题，促进中部地区民营经济健康持续发展，提出如下建议。

（一）解放思想、更新观念，为民营经济发展营造更好的环境和氛围

中部各省都要站在加快经济发展方式转变的战略高度，充分认识发展民营经济的重要意义，要进一步采取有效的措施，优化发展环境。一是抢抓政策机遇，

进一步细化促进民营经济发展的政策和措施，为民营经济健康发展提供更好的条件；二是认真落实中央和各省出台的一系列政策法规，加大对各项优惠政策的落实督办和诚信政府建设力度；三是切实转变政府职能，破除对民营企业的偏见、歧视和限制，为民营企业创造公平竞争的政策环境和市场环境；四是尽快出台惠及民营经济发展、减轻民营企业负担的具体政策，并从企业、社会、人才等层面制定和完善相关的配套措施。

（二）采取切实措施，破解民营企业融资难题

一是要督促金融机构全面落实国务院办公厅《关于当前金融促进经济发展的若干意见》（“金融30条”），强化金融机构的责任，加大对金融机构向民营企业贷款的考核力度。二是进一步拓宽融资渠道，建立一批主要为民营企业服务的金融机构，如省级区域性银行、村镇银行、小额贷款公司等；大力引入、发展股权融资，支持工商联参与民营企业集合债券的发行工作；进一步规范民间融资，推动民间融资合法化。三是健全民营企业融资担保体系，在财政扶持、税收减免、银保合作、抵押登记、信息共享等方面，加大对民营融资担保机构的支持力度，帮助、引导、扶持民营融资担保机构做大做强。

（三）加大对民营企业自主创新的扶持力度，为民营企业转变发展方式注入活力

一是国家要加大投入力度，形成财政投入为引导、企业投入为主体、社会投资为补充的自主创新投入体系，为民营企业自主创新提供一定的资金支持，已经设立的中小企业专项资金要向民营企业倾斜，重点扶持民营企业技术创新和技术改造。二是针对民营企业自主创新制定长期稳定的减、免、缓等优惠政策，鼓励支持民营企业进行技术改造和产品创新，推动民营企业实现转型升级。三是进一步完善六省高层次人才合作机制，积极贯彻落实有关解决民营企业人才问题的政策措施，帮助企业解决人才匮乏问题，为民营企业自主创新提供强大的人才支撑。四是要加大对民营企业自主创新产品的采购，多给自主创新品牌提供平台，鼓励民营企业自主创新。五是支持工商联及其行业商会发挥作用，为民营企业提供培训、融资、科技、法律、信息咨询等服务，增强民营企业的自主创新能力和可持续发展能力。

（四）进一步加强民营经济统计工作

为了贯彻《关于鼓励和引导民间投资健康发展的若干意见》的有关精神，各省拟出台的鼓励民间投资文件中都涉及了民营经济，尽快解决民营经济概念、范围问题，对促进民营经济发展政策的制定、文件的落实非常重要。建议进一步加强民营经济统计工作，明确民营经济概念、范围，规范民营经济的统计归口，建立统计网络，保证统计结果的准确性，以满足形势发展的需求。

课题组负责人：孔火团
课 题 组 成 员：河南省工商联：孔火团　李　莉
山西省工商联：刘中东　王小东
安徽省工商联：陈有为　查全胜　刘学峰
江西省工商联：洪跃平　杨　旭　唐迎丰
湖北省工商联：薛志连　史　珞　黄官清
湖南省工商联：刘石鼎　李　明

西南四省、市区域民营经济发展报告

2009年，位于西南地区的云南、贵州、四川三省和重庆市民营经济在中央扩大内需政策的大力推动下，努力克服自然灾害和国际金融危机带来的不利影响，积极转变发展方式、挖掘生产潜力、拓展内外市场，呈现出逐步回升、加快发展、好于预期的良好态势，为繁荣地方经济、构建和谐社会作出了重要贡献。

一　片区民营经济主要发展指标的完成情况

1. 民营经济增加值实现了新的突破与提升

2009年，云、贵、川、渝四省市民营经济增加值以及占地方GDP比重都双双实现了新的突破与提升。其中，云南省民营经济实现增加值2411.7亿元，按可比价增长12.9%，占全省GDP比重的39.1%。贵州民营经济实现增加值达1282.77亿元，增长11.31%，占全省GDP比重的32.9%。重庆市民营经济实现增加值3915.3亿元，同比增长17.4%，占全市GDP比重达到60%。四川省民营经济增加值在西南片区四省市中率先突破7000亿元大关达到7663.2亿元，比上年增长17.8%，占全省GDP比重54.2%，同比提高2.1个百分点，对GDP贡献率达64.1%，拉动全省经济增长9.3个百分点（见图1）。继2006年以来，全川民营经济增加值每年都跨上一个千亿元新台阶。

2. 民营经济实体不断发展壮大

2009年，西南片区四省市民营经济实体数量和户均注册资本都有不同程度的提高。其中，云南省登记在册的民营经济实体有112.5万户，同比增长15.3%，注册资金4016.7亿元，同比增长24.3%。贵州省登记在册的民营经济实体有66.96万户，同比增长11.20%。其中个体工商户为59.7864万户，增长8.75%，私营企业71738户，同比增长了12.4%；户均注册资本23.49万元，同比增长38.42%，个体工商户注册资金为163.11亿元，同比增长73.1%，私营

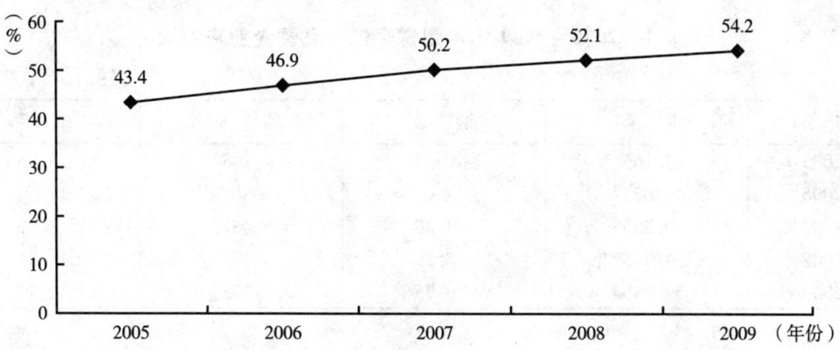

图1　2005～2009年四川民营经济占GDP比重增长趋势图

企业注册资金为1409.56亿元，同比增长48.88%（见图2、表1、表2）。重庆市有民营经济实体86.5万个，比上年末增加9.7万个。其中非公企业达到14.5万户，比上年末增加1.6万户；个体工商户达到72.0万户，比上年末增加8.1万户。四川省工商登记在册的民营经济实体有236.59万户，比上年增加20.86万户，增长9.7%。其中个体工商户203.49万户，私营企业32.55万户，外商企业3207户、港澳台企业2250户，同比分别增长9.1%、13.7%、4.1%和7.2%；全省民营经济户均注册资金25.68万元，较上年增长0.8万元。其中，港澳台户均注册资金达到4492.8万元，外商企业、私营企业、个体工商户平均注册资金则分别为3135.5万元、112.6万元和1.9万元。另外，全省民营企业注册资金超过千万元的有6301户，超过亿元的有98户，规模以上的私营企业集团达107户。

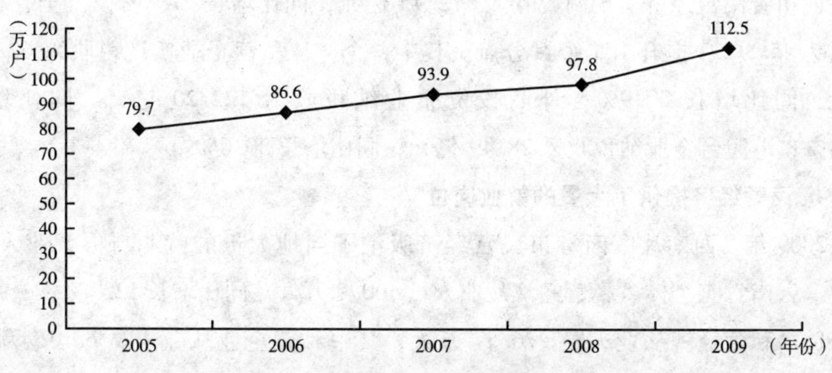

图2　2005～2009年云南省非公经济户数图表

表 1　2005 ~ 2009 年贵州省个体、私营企业户数表

单位：万户，%

年份	个体工商户	增长率	私营企业	增长率
2005	43.16	-0.33	4.1484	14.95
2006	48.6247	12.66	4.8783	17.59
2007	50.7655	4.40	5.4812	12.36
2008	54.9757	8.29	6.3822	16.44
2009	59.7864	8.75	7.1738	12.40

表 2　2005 ~ 2009 年贵州省个体、私营企业注册资金表

单位：亿元，%

年份	个体户注册资金	增长率	私企注册资金	增长率
2005	69.31	2.24	513.85	22.8
2006	80.42	16.03	618.56	20.38
2007	86.16	7.14	777.44	25.69
2008	94.23	9.37	946.77	21.78
2009	163.11	73.10	1409.56	48.88

3. 民营经济税收贡献大幅提升

2009 年，云、贵、川、渝四省市民营经济创国、地两税收入，同比分别增长 17%、16.7%、21.8%、20%。其中，云南省民营经济上缴税金 290 亿元，占云南省财政收入的 41.6%。贵州省个体、私营企业上缴两税收入 378.78 亿元，分别占贵州省国税收入的 83.15% 和地税收入的 21.24%。重庆市民营经济纳税 444 亿元。

四川省民营经济实现两税收入 772.75 亿元，同比增长 21.8%，占全省税收比重为 45.5%，提升 1.5 个百分点。其中，个体、私营企业实现税收入 622.05 亿元，同比增长 22.9%；外商投资企业纳税收入 122.20 亿元，同比增长 14.8%；港澳台企业纳税收入 28.49 亿元，同比增长 30.0%。

4. 民营经济提供了大量的就业岗位

2009 年，西南片区四省市民营经济吸纳了当地大量的就业与再就业人员。其中。云南省有个体、私营经济从业人员 400.2 万人，同比增长 12.3%。贵州省有个体、私营经济从业人员 276.57 万人，其中私营企业从业人员 68.15 万人，占从业人员总数的 24.62%；个体工商户从业人数为 148.41 万人，占从业总人数的 53.66%。另外，个体、私营企业还安置下岗失业人员 18906 人。重庆市民营

企业新增从业人员20.5万人，总数达到676万人。四川有个体、私营经济从业人员达728.29万人，比上年增长9.1%，新增就业人数60.9万人。其中个体工商户从业人员363.4万人，比上年增加37.2万人，增长11.4%；私营企业从业人员364.89万人，比上年增加23.7万人，增长6.95%。

5. 民间投资助推灾后重建和地方经济止滑回升

2009年，云、贵、川、渝四省市民营经济虽受国际金融危机的冲击，但固定资产投资总量仍保持较好势头。其中，云南省民营企业完成固定资产投资2259.8亿元，同比增长11.5%，增幅比2008年下降了20个百分点，占全省固定资产投资的49.9%，同比下降1.5个百分点。贵州省民营企业增大科研开发投入13800万元。重庆市民营企业完成固定资产投资同比下降2.5个百分点，但也达到2779.5亿元，同比增长29%。四川省民营企业完成固定资产投资总量达5148.8亿元，同比增长37.6%（见图3）。从民间投资的产业投资结构看，投资比重最高的是第二产业，达到53.2%，第三产业约占43.8%，第一产业则不到3%。从行业投资看，全省房地产开发项目吸纳民企投资最多，这也是民企投资信心恢复最为显著的标志。再从地域投资分布看，地震灾区仍然是民企投资的重点所在。2008年“5·12”汶川特大地震中，四川共有3.2万户中小企业受灾，经济损失达1582亿元。截至目前，除完全损毁的企业外全省95%以上的受灾中小企业已相继恢复生产。其中，灾情最为严重的江油、什邡、绵竹等市的中小企业，复产面也已达90%以上。一年来，四川中小企业在加快灾后恢复重建的同时，有力地促进了地方经济发展。2009年，全省21个市州中民营经济增加值占当地GDP比重超过50%的已达18个。目前，民营经济已成为支撑四川县域经济

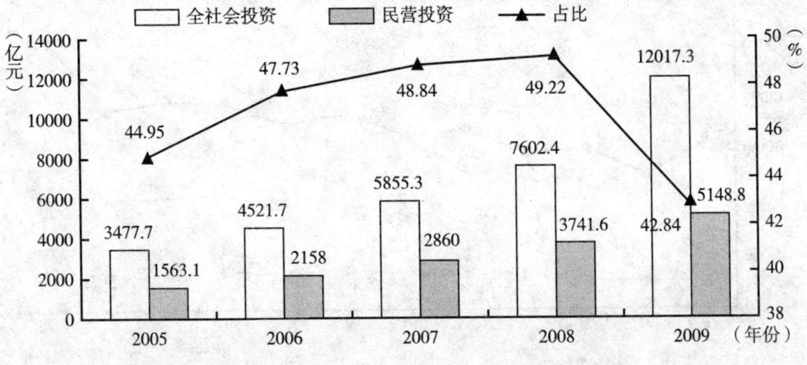

图3 2005～2009年四川民营企业投资情况图表

发展的主体力量。

6. 民营经济促使社会消费水平提高

2009 年，西南片区四省市民营经济所实现的社会消费品零售总额同比提高 20.0% 以上。其中，云南省民营经济实现社会消费品零售总额 1715.8 亿元，同比增加 20.8%，占全省社会消费品零售额的 83.7%。四川个体、私营经济实现社会消费品零售总额 3637.8 亿元，同比增长 20.5%，占全省社会消费品零售总额的比重由上年的 62.9% 提高到 63.2%。

7. 民营经济提振外贸进出口额

2009 年，云、贵、川、渝四省市民营经济的外贸进出口额增减幅度不一，但从全年来看呈现出稳步回升的发展态势。其中，云南省民营经济共完成进出口总额 41.5 亿美元，比上年同期增长 11%，占全省进出口总额的 51.8%，比上年增加 13 个百分点。其中民营经济进口额完成 13.7 亿元，同比增长 3%，占全省进口总额的 39.1%；民营经济完成出口额 27.8 亿元，同比增长 15.9%，占全省出口总额的 61.5%。贵州省民营经济完成出口额为 1.4301 亿元，同比下降 54.3%，占全省出口总额的 10.5%，较上年同期下降 6 个百分点。四川省外贸进出口总额 242.3 亿美元，居全国第 11 位、西部首位，增长 9.6%。其中，私营企业出口 57.2 亿美元，增长 18.7%，占全省出口总额的 40.4%；外商投资企业出口 41.9 亿美元，增长 18.0%。重庆市民营经济全年出口 31.18 亿美元，同比下降 8 亿美元，降幅为 20.4%。其中私营企业实现出口额 231856 万美元，同比下降 21.8%；外资企业实现出口额 79950 万美元，同比下降 16.6%（见图 4）。

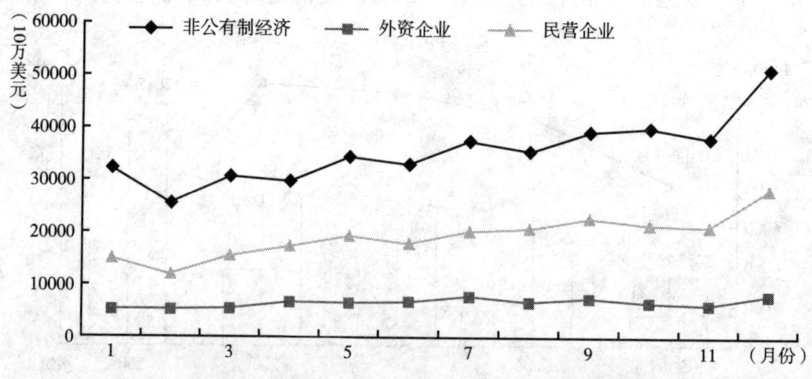

图 4　2009 年重庆市民营经济外贸出口图表

二 片区民营经济发展的显著特点

1. 企业家信心指数回升，经营效益持续转好

2009 年，云、贵、川、渝民营企业家在国家政策扶持和地方党委、政府的关怀下，生产经营信心明显回升。2009 年，四川企业家信心指数为 118.7，比上年提高 7.1 点；企业景气指数为 120.6，比上年提高 8.2 点。其中，建筑业、交通运输仓储邮政业、房地产业、社会服务业、住宿和餐饮业企业的生产经营状况改善最为明显。另外，企业景气指数分别较上年上升 11.9 点、14.3 点、27.7 点、20.8 点、19.9 点。同时，工业经济效益综合指数为 236.9，比上年提高 20.8 点。2009 年，云南省纳入财政快报统计的民营企业实现营业收入 878 亿元，盈亏相抵后实现利润 52 亿元，同比增长 13%，而国有企业盈亏相抵后实现利润 12.5 亿元，同比下降 72%，民营企业实现利润增速高于国有企业 85 个百分点，总体效益远远好于国有企业。重庆市依据中央应对危机的一揽子政策，先后出台了“7 +5 +12”适应性政策，民营经济在政策的拉动下取得较快发展，除出口下降，从业人员增加 3% 外，其余各项经济指标均保持了两位数增长。其中，固定资产投资完成额增加 29%，资本金增加 25%，营业收入、上缴税金、总产值增加约 20%，增加值、利润增长约 17%，劳动者报酬增加约 15%，产业单位数增加 12.7%。目前，重庆市民营企业生产经营能力大幅提升。全市上规模民营企业平均营业收入总额达 25242.71 万元，较 2008 年同比增长 19.83%，重庆市上规模民营企业平均资产总额 26158.54 万元，同比增长 24.26%；平均固定资产总额 5739.86 万元，同比增长 12.61%；平均净资产总额 8132.38 万元，同比增长 13.69%；平均创造税后净利润 1740.58 万元，同比增幅达 36.86%；平均纳税总额 1307.88 万元，同比增长 30.70%。企业平均用工 732 人，同比增长 51.55%。其中，住宿和餐饮业、房地产业、制造业、建筑业、批发和零售业、金融保险业、环境和公共设施管理业、居民服务及其他服务、投资类 9 个行业的营业收入额占全部营业收入额的 79.53%，各行业的营业收入总额较 2008 年同期相比均呈现正增长现象，尤其是房地产行业营业收入同比增长高达 60.04%，增长幅度领跑全市民营企业其他行业；房地产业、金融保险业、环境和公共设施管理及综合投资 4 个行业资产规模约占全部资产规模的 68.45%；环境和公共设施

管理、金融保险业、房地产业三大行业的整体盈利能力较强，2009 年平均税后净利润达5000 万元以上，高于平均水平 1.87 倍；房地产业平均纳税达 3652.22 万元，远远领先于其他行业；住宿和餐饮业、居民服务及其他服务业、建筑业三大行业整体用工较大，年均达到1000 人以上（见表3）。

表3　重庆市规模以上民营企业生产经营情况表

指标类型	2008 年	2009 年	增幅(%)
平均营业收入总额(万元)	21065.61	25242.71	19.83
平均资产总额(万元)	21050.78	26158.54	24.26
平均固定资产总额(万元)	5097.09	5739.86	12.61
平均净资产总额(万元)	7153.41	8132.38	13.69
平均税后净利润(万元)	1271.82	1740.58	36.86
平均缴税总额(万元)	1000.68	1307.88	30.70
平均用工数(人)	483	732	51.55

2. 民营经济结构进一步调整优化

2009 年，西南四省市民营产业结构在应对全球金融危机和市场变化中作出了积极调整。其中，四川民营一、二、三产业实现增加值分别为 1024.1 亿元、4158.31 亿元和 2480.74 亿元；第一产业比重同比下降了 0.9 个百分点，第二产业比重上升了 0.4 个百分点，第三产业比重上升幅度首次超过第一产业和第二产业达到 0.5 个百分点；三大产业结构比例为 13.3∶54.3∶32.4 与全省“二三一”的产业结构相一致（见表4）。

表4　2009 年四川民营经济增加值构成表

单位：亿元，%

	增加值	构成	增长速度	对 GDP 的贡献率
地区生产总值	14151.28	100.0	14.5	100.0
民营经济	7663.16	54.2	17.8	64.1
个体私营经济	7077.86	50.0	17.6	58.4
外商经济	406.87	2.9	20.0	3.9
港澳台经济	178.43	1.3	20.4	1.8
第一产业	1024.1	13.3	3.8	1.7
第二产业	4158.31	54.3	22.7	44.6
工业	3674.75	48.0	22.7	40.1
建筑业	483.56	6.3	22.9	4.5
第三产业	2480.74	32.4	14.9	17.8

3. 民营工业的主体地位突出

2009年，云、贵、川、渝民营工业在推动地方经济发展中发挥了重要作用。其中，四川民营工业实现增加值3674.75亿元，同比提高22.7%，对全省GDP的贡献率为40.1%，拉动经济增长5.8个百分点。贵州省民营工业稳步增长，全年规模以上民营工业实现增加值451.01亿元，比上年增长12.8%，增速高于全省规模以上工业1.6个百分点。

4. 民营经济发展领域逐步拓宽

目前，西南片区四省市民营经济除分布在优势农业、冶金机械、生物制药、食品饮料、交通运输、批发和零售、住宿和餐饮、金融地产业等外，还延伸到电子商务、通信、旅游、学校、医院、养老、物管、物流等新兴行业。

5. 民营企业融资环境进一步改善

西南片区各省市政府在为民营企业营造良好的金融生态环境方面作出了不懈努力。例如重庆市在政府大力推动下积极改善中小企业金融生态环境，使小额贷款公司、金融担保公司、金融租赁公司、信托公司、私募股权基金、风险投资基金等“六小金融”发展较快。截至2009年，已成立担保公司84家，注册资本金共85亿元（其中民营担保公司有41家，注册资本金40亿元）；成立小额贷款公司52家，注册资本金50亿元。银行开始关注中小企业贷款需求，为民营企业授信800多亿元，实际贷款516亿元。目前，已有宗申集团、迪马科技、华邦制药、中渝置地、莱美药业、英利国际置业、重庆银星智业、重庆金科实业（集团）有限公司、龙湖地产有限公司、谭木匠控股有限公司等10家民营企业成功实现境内外上市。

6. 外商投资势头迅猛，结构趋于合理

随着内陆改革开放的不断深化，对外商投资的牵引作用进一步提高。2009年，贵州省全年新批外商投资企业37个，实际利用外商直接投资1.34亿美元。

四川省实际利用外资41.3亿美元，增长23.5%，居中西部地区首位。全川新批外商直接投资企业286家，累计批准8914家。外商投资实际到位资金36.1亿美元，增长15.7%。另外，新引进世界500强企业9户，全球500强企业中已有151家来川投资或设立办事机构。驻川外国领事机构达到8家。重庆市引进外资总额40.44亿美元，同比增长47.7%。其中一、二、三次产业吸引外资额占比为0.2∶36.7∶63.1。外商投资热点集中在房地产业、制造业、租赁和商务服务业、金融业，分别占利用外资总额的35.9%、30.2%、13.4%、6.2%。其中，房地产投资同比下降14.3%，比重由61.7%降至35.9%。制造业同比增长43.2%，租赁和商务服务业增长23.2倍，金融业增长12.4倍。

7. 民营企业积极履行社会职责

2009年，西南四省市民营企业在生产经营十分困难的情况下，仍然确保产品和服务质量，仍然尽力开发新岗位扩大就业用工，并积极响应党和政府号召的不减薪、不裁员，仍然积极投身社会公益事业。截至2009年底，贵州民营企业参与光彩事业项目60个，到位资金29288万元，安置就业5717人，带动5797人脱贫，以实际行动再次展示了优秀建设者的风采（见表5）。

表5　2009年西南片区四省市民营经济主要发展指标

	云南省	同比(%)	贵州省	同比(%)	四川省	同比(%)	重庆市	同比(%)
增加值(亿元)	2411.7	12.9	1282.77	11.31	7663.16	17.8	3915.3	19.7
占GDP比重(%)	39.1	0.6	32.9	0.5	54.2	2.1	60	
实体组织(万户)	112.50	15.3	66.96	11.20	236.59	9.7	86.5	12.7
户均注册资金(万元)	35.70	24.3	23.49	38.42	25.68	3.2	—	—
从业人员(万人)	400.2	12.3	276.57	—	728.29	9.1	676	
上缴两税(亿元)	290	17	551.35	16.7	772.75	21.8	444.4	20
固定资产投资(亿元)	2259.8	11.5	—	—	5148.8	37.6	2779.5	27
消费品零售总额(亿元)	1715.8	20.8	—	—	3637.8	20.5	—	—
外贸出口(亿美元)	27.8	15.9	1.4301	-54.3	99.1	18.35	31.18	-20.4
引进外资(亿美元)	—	—	1.34	-10.3	41.3	23.5	40.44	47.7

三　当前片区民营经济存在的主要问题及简要分析

2009年，仅四川省就有9182家私营企业破产或关闭，而云南、贵州及重庆类似情况也相当突出。究其主要原因主要有以下几点。

第一，西南四省市地处内陆或边陲，交通不便、信息闭塞，再加之观念意识落后、原有基础薄弱和社会化服务体系建设滞后等，这使得民营经济的内外发展环境相对沿海发达地区差距较大。

第二，全球金融危机导致市场萎缩、产品滞销、企业效益大幅下滑。

第三，企业对外投资项目受制于行政壁垒和体制性障碍。

第四，片区民营经济总体实力较差，企业管理落后，发展领域狭窄，传统行业所占比重大，科技型企业少，市场竞争力弱。企业调整产品、产业结构，但又缺乏人才、项目、技术支撑以及融资难等问题。

四　2010 年片区民营经济发展预期

2010 年是“十一五”规划的最后一年，也是“十二五”规划的奠基之年。国务院“新 36 条”和中央关于进一步加大西部大开发战略的实施，将为西南四省市民营经济发展带来大好机遇。

一是民营经济发展环境有望进一步改善。《国务院关于鼓励和引导民间投资健康发展的若干意见》的出台，既是应对国际金融危机、稳固经济可持续发展的迫切需要，也是坚持和完善社会主义初级阶段基本经济制度、完善社会主义市场经济体制的长久之策。同时该意见也为民营经济创造公平竞争、平等准入的市场环境和进一步拓宽民间投资领域提供了政策保障。

二是民营经济发展工作有望进一步加强。西南四省市党委、政府十分重视引导民营经济发展。目前，地方政府都相继成立了专门的非公工作机构以负责贯彻落实中央及地方非公经济政策措施；加强宣传和舆论引导、加强法制诚信建设、加强队伍建设、加强统计监测和社会化服务体系建设；协调有关部门制定产业发展规划、支持自主创新、引导拓展市场和加强调研督查等事项。因此，片区民营经济发展工作有望得到进一步加强。

三是民营经济发展规模有望进一步壮大。贵州省委、省政府出台了《关于大力推进个体私营等非公有制经济又好又快发展的意见》。该意见提出，到 2012 年全省个体工商户将超过 60 万户，私营企业将超过 10 万户。该意见还指出，“坚持把发展民营经济作为做大做强全省经济的突破口”，以及要实施全民创业计划、个体经济腾飞计划、私营企业倍增计划等促进民营经济做强做大的六大计

划。目前，全省9个市、州、区和11家牵头承办部门均已出台了配套贯彻措施。重庆市提出了“56789”的发展目标。力争全市非公有制经济产业活动单位达到86.5万户，比上年末增加9.7万户。其中非公企业达到14.5万户，比上年末增加1.6万户；个体工商户达到72.0万户，比上年末增加8.1万户。从业人员达到675.9万人，比上年末增加20.5万人。四川省人民政府新近出台了《关于加快中小企业发展的决定》。该决定提出：力争到2012年，每年新增规模以下企业15000家、规模以上工业企业1200家，培育发展中小企业产业集群200个，小企业创业基地200个，使中小企业数量、规模和效益迈上一个新台阶。云南省提出：2010年，筛选认定500户成长型中小企业和一批公共技术服务平台，重点扶持5～10户中小信息化示范企业，新增认定15个以上省级中小企业技术中心，建设一批小企业创业示范基地，中小企业经营管理者综合素质提升培训不低于2万人。全省培训60户上市后备企业，指导30户企业完成股改，重点培育20户拟上市企业，力争2～4户企业成功上市。

四是民营经济发展质量有望进一步提高。云南省提出的2010年民营经济发展目标是：力争全省非公经济实现增加值2700亿元，现有价格基础上增长12%以上，占全省GDP的40%左右；上缴税金336亿元，增长15%；从业人员将达到440万人。贵州省提出，到2012年力争全省非公有制经济占全省GDP比重达到40%。四川省人民政府办公厅下发了《关于2010年促进非公有制经济发展的意见》。该意见提出2010年全川民营经济发展目标是：非公有制经济增加值在GDP中的比重提高1.5个百分点，增速达到16%以上；非公有制经济规模进一步壮大，发展质量和效益显著提高，吸纳城乡剩余劳动力的能力显著增强，对税收的贡献率大幅提升；进一步树立民营企业开拓进取、诚实守信的社会形象。

课题负责人：钱卫东

课题组成员：四川省工商联：陈　建　刘　一

重庆市工商联：陈孝维

贵州省工商联：李　燕

云南省工商联：赖德淑

西北五省、自治区区域民营经济发展报告

2009 年是进入新世纪以来经济发展最为困难的一年，也是西北地区民营经济面对国际金融危机的巨大冲击取得令人鼓舞的成绩的一年。一年来，民营经济在科学发展观的指导下，充分利用自身优势，坚定信心，沉着应对，奋力拼搏，化不利因素为有利条件，化挑战为机遇，攻坚克难，在困境中继续保持了较快发展，为拉动地区经济增长、提高税收、稳定就业、促进社会和谐作出了重大贡献。

一　2009 年西北地区民营经济发展状况及特点

（一）民营经济在挑战中保持了良好的发展态势

1. 民营经济数量逆势增长

到 2009 年底，西北五省区私营企业达到 38. 28 万户，同比增加 8. 96 万户，占全国私营企业总量的 5. 17%（见表 1）；个体工商户达到 203. 52 万户，同比增加 12. 94 万户，增长 6. 8%，占全国个体工商户总量的 6. 37%（见表 2）。

表 1　2008 ~ 2009 年西北五省区私营企业户数及增长率

单位：万户，%

省　份	2008 年私营企业户数	2009 年私营企业户数	增长率
陕　西	11. 46	17. 02	48. 5
甘　肃	6. 02	7. 07	17. 4
青　海	1. 26	1. 32	4. 8
宁　夏	3. 08	3. 44	11. 7
新　疆	7. 5	9. 43	25. 7
总　计	29. 32	38. 28	30. 6

说明：表中数据来源于国家工商行政管理总局。

表2　2008～2009 年西北五省区个体工商户数及增长率

单位：万户，%

省　份	2008 年个体工商户数	2009 年个体工商户数	增长率
陕　西	80.59	73.63	-8.6
甘　肃	34.14	47.93	40.4
青　海	10.81	11.98	10.8
宁　夏	16	18.33	14.6
新　疆	49.04	51.65	5.3
总　计	190.58	203.52	6.8

说明：表中数据来源于国家工商行政管理总局。

第二次全国经济普查统计数据显示，新疆建设兵团有私营企业法人 1710 个，个体经营户 103294 户。

从表 3 可以看出，陕西省私营企业 2009 年增幅为近些年来最高的，呈现跳跃式发展，个体工商户全年新登记注册 9.6 万户，虽比上年增加 3.2 万户，但总量出现负增长，除受国际金融危机影响，部分因资金少、实力弱、经营不规范、经验不足等被市场自然淘汰，部分个体经营户利用原始积累、扩大再生产、蜕变成私营企业外，还由于近年城中村、棚户区改造和市场整顿力度加大，一些个体工商户因暂无经营场地被迫停业、歇业。新疆维吾尔自治区因受国际金融危机和乌鲁木齐“7·5”事件的影响，乌鲁木齐市年度新开业私营企业、个体工商户数量同比大幅减少，部分从事外贸出口和内地籍个体工商户歇业注销，导致全年个体私营经济发展平均增速缓慢。

2. 资金规模持续扩大

到 2009 年底，西北五省区私营企业注册资金达到 6395.26 亿元，同比增加 2175.92 亿元，占全国私营企业注册资金总量的 4.37%（见表 3）；个体工商户注册资金达到 493.13 亿元，同比增加 6.36 亿元，占全国个体工商户注册资金总量的 4.54%（见表 4）。

3. 固定资产投资较快增长

受国家 4 万亿投资拉动影响，西北地区民营经济固定资产投资呈顺势增长态势。2009 年，青海全省完成固定资产投资 800.51 亿元，比上年增长 37.5%，非国有经济完成投资 287.91 亿元，增长 31.5%，占全省固定资产投资的 36%；宁

表 3 2008~2009 年西北五省区私营企业注册资金数及增长率

单位：亿元，%

省 份	2008 年	2009 年	增长率
陕 西	1044.52	2410.62	130.8
甘 肃	854.5	1064.78	24.6
青 海	271.9	319.22	17.4
宁 夏	624.42	786.74	26
新 疆	1424	1813.9	27.4
总 计	4219.34	6395.26	51.6

说明：表中数据来源于国家工商行政管理总局。

表 4 2008~2009 年西北五省区个体工商户注册资金数及增长率

单位：亿元，%

省 份	2008 年	2009 年	增长率
陕 西	205.28	148.17	-27.8
甘 肃	89.6	120.15	34.1
青 海	27.65	52.05	88.2
宁 夏	55.54	70.91	27.7
新 疆	108.7	101.85	-6.3
总 计	486.77	493.13	1.3

说明：表中数据来源于国家工商行政管理总局。

夏全区完成固定资产投资1119.14亿元，比上年增长30.3%，非国有经济完成投资405.61亿元，比上年增长29.4%，占全社会固定资产总投资的36.24%。

（二）民营企业的经济社会贡献依然突出

1. GDP 比重逐年增加

虽然受国际金融危机影响，民营经济增长的速度有所减缓，但 GDP 的占比却逐年扩大。2009 年，陕西省非公有制经济实现增加值3980亿元，占全省生产总值的48.6%，比上年提高1.4个百分点；甘肃省非公有制经济实现增加值1263.56亿元，占全省生产总值的37.3%，比上年提高0.4个百分点；青海省非公有制经济完成增加值332.10亿元，占全省经济总量的30.71%，较上年增加0.8个百分点；宁夏回族自治区私营企业完成增加值205.56亿元，各类经济零售额均呈上升趋势（见表5）；新疆兵团非公有制经济年生产总值占全兵团的近1/3。

表5　2009年宁夏回族自治区种类经济零售额情况

单位：亿元，%

经济类别	零售额	增长率	经济类别	零售额	增长率
国有经济	23.75	7.5	私营经济	94.85	21.3
集体经济	5.02	22.2	股份制经济	79.93	20.5
个体经济	134.28	18.5			

说明：表中数据来源于宁夏回族自治区2009年国民经济和社会发展统计公报。

2. 税收总额上升

2009年陕西全省完成税收1243.74亿元，其中，国税814.66亿元，地税429.08亿元，民营经济完成585.44亿元，占全省总税收的47.07%（见表6）。甘肃全省实现税收176.1亿元，同比增长8.17%，民营经济缴纳税金75.069亿元，占全省税收的42.6%。青海省内资民营企业上缴的国税占全省国税总额的50.13%，较上年提高7.06个百分点，外商及港澳台企业占7.59%，较上年提高2.84个百分点；内资民营企业上缴的地税占全省地税总额的79.04%，较上年提高0.61个百分点，外商及港澳台企业占2.34%，较上年提高0.05个百分点。新疆全区个体私营经济缴纳税金81亿元，占全区财政一般预算收入的20.8%。新疆兵团四城市中非公有制经济税收平均占税收的45.1%，其中，五家渠市税收的78.1%来自非公有制经济。

表6　2009年陕西民营经济税收状况

单位：亿元，%

类型	集体企业	私营企业	股份公司	港澳台企业	外资企业	个体经营	总数
国税	19.63	23.88	182.61	15.8	45.21	29.15	316.28
地税	18.22	82.12	138.61	5.57	11.97	12.67	269.16
总计	37.85	106	321.22	21.37	57.18	41.82	585.44
占比	3.04	8.52	25.83	1.72	4.6	3.36	47.07

说明：资料来源于陕西省国税局、地税局。

3. 进出口贸易整体下滑

受国际金融危机影响，民营经济进出口受到了较大冲击，但对外贸易主力军的地位依然没有改变。2009 年，西北五省区共实现进出口总额 274.45 亿美元，占全国出口总额的 1.24%，民营经济完成 157.33 亿美元，占西北地区的 57.33%（见图 1）。其中，陕西省进出口比上年增长 0.87%，为西北地区唯一保持正增长的省份，也是全国 4 个外贸正增长的省（区市）之一，民营经济进出口比上年增长 11%，占全省总额的 57%，提高 5.5 个百分点（见表 7、图 2）；甘肃省进出口同比下降 37.3%，民营经济进出口占全省总额的 15.82%；青海省进出口同比下降 14.9%，民营经济进出口占全省总额的 78%（见图 3）；宁夏回族自治区进出口同比下降 36%，民营经济进出口占全区总额的 49.33%；新疆维吾尔自治区进出口同比下降 37.8%，私营企业进出口占全区总额的 67.2%；新疆生产建设兵团民营企业实现外贸进出口额 33.83 亿美元，同比下降 53%，占全兵团进出口总额的 72.6%。

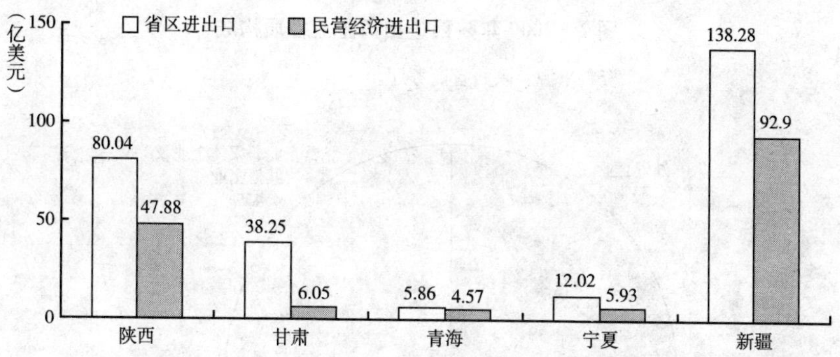

图 1　2009 年西北五省区进出口情况

表 7　2009 年陕西企业类别进出口情况

单位：万美元，%

项目名称	进出口			进　口			出　口		
	金额	同比增减	占比	金额	同比增减	占比	金额	同比增减	占比
国有企业	359872	-10.76	42.8	174992	36.37	39.63	184879	-32.76	46.39
中外合作	614	-8.56	0.001	385	15.53	0.09	228	-32.32	0.06
中外合资	145933	-5.91	17.37	70637	-6.74	16	75296	-5.11	18.89
外商独资	106178	102.9	12.64	70867	222.42	16.05	35310	16.34	8.86
集体企业	1251	-29.54	0.15	604	-17.42	0.14	647	-38.04	0.16
私营企业	226278	2.44	26.9	124115	83.55	28.11	102172	-32.78	25.64
个体工商户	1			0.2			1		
其　他	1	-98.82		1	-98.51				

说明：表中数据来源于陕西省商务厅。

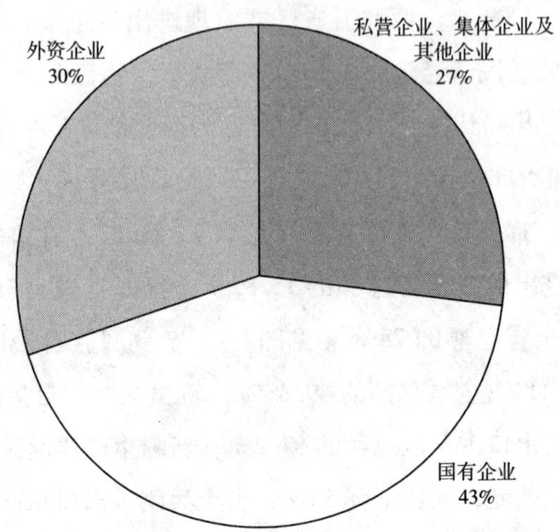

图2　2009年陕西进出口企业性质构成

资料来源：陕西省商务厅。

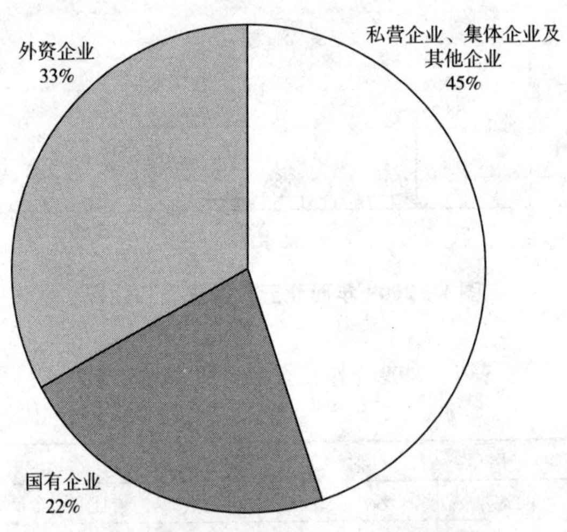

图3　2009年青海进出口企业性质构成

资料来源：青海省海关发布数据。

4. 民营经济成为“促就业、保民生”的重要力量

截至2009年底，西北五省区私营企业从业人员达到429.99万人，较上年增加74.37万人，占全国私营企业总从业人数的5%（见表8）；个体工商户从业人员达到339.26万人，较上年减少33.74万人，占全国个体工商户总从业人数的

5.15%（见表9）。新疆兵团第二、三产业单位和个体经营户从业人数为52.31万人，其中，个体经营从业人数为18.72万人。

表8　2008～2009年西北五省区私营企业从业人数及增长率

单位：万人，%

省　份	2008年	2009年	增长率
陕　西	152.72	215.56	41.15
甘　肃	60.79	69.57	14.44
青　海	30.75	31.21	1.5
宁　夏	29.71	33.03	11.17
新　疆	81.65	80.62	-1.26
总　计	355.62	429.99	20.91

资料来源：国家工商行政管理总局。

表9　2008～2009年西北五省区个体工商户从业人数及增长率

单位：万人，%

省　份	2008年	2009年	增长率
陕　西	163.59	102.96	-37.06
甘　肃	75.4	87.93	16.62
青　海	23.89	25.88	8.33
宁　夏	27.80	36.2	30.22
新　疆	82.32	86.29	4.82
总　计	373	339.26	-9.05

资料来源：国家工商行政管理总局。

5. 民营经济成为县域经济的重要支撑

近些年来，西北各省区积极探索园区建设，以优惠的政策和良好的服务吸引众多民营企业在园区投资置业。到2009年底，陕西省县域工业集聚区发展到187个，聚集民营中小企业10万余户，从业人员103.9万人，各类园区、聚集区中小企业营业收入占全省中小企业营业收入的43%，成为推进区域经济和县域工业化的主要载体。青海省已在五大工业园区内建成投产工业企业201户，其中80%以上为民营企业，五大园区累计实现工业增加值114.78亿元，比上年同期增长25.0%，高出全省规模以上工业增速14.0个百分点，实现产品销售收入265.84亿元，增长52.0%，实现利润14.7亿元，增长25.4%。可见，民营企业作为最具活力和生命力的经济组织，在欠发达的西北地区经济，特别是工业集聚区发展中发挥着越来越突出的主力军与生力军作用，为促进经济结构调整、推动农村劳动力转移、提高农民生活水平、加快城镇一体化建设作出了重要贡献。

（三）民营经济在历练中更加成熟

1. 民营经济产业结构渐趋合理

经过近年来各级政府的不断推动，特别是经历了国际金融危机的洗礼，民营经济对结构调整重要意义的认识越来越深刻。2009 年，陕西省非公有制经济在第一产业的增加值为 248.73 亿元，占全省第一产业的 31.5%，同比增长 1.33%；第二产业增加值为 2031.66 亿元，占全省第二产业的 47.12%，同比增长 14.7%；第三产业增加值为 1699.61 亿元，占全省第三产业的 55.09%，同比增长 18.01%（见图 4）。

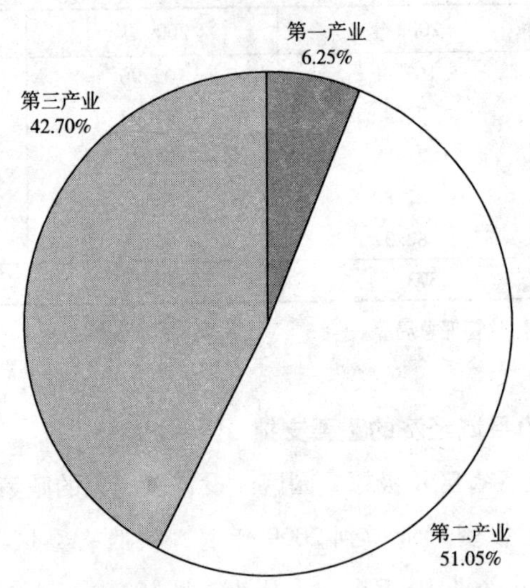

图 4　2009 年陕西省非公有制经济产业增加值分布

资料来源：陕西省统计局。

2009 年陕西省私营企业户数、注册资金、从业人数三次产业结构情况见表 10。青海省非公有制经济组织（含个体户和非公有制企业）中，从事第一产业的占 0.4%，从事第二产业的占 12.54%，从事第三产业的占 87.03%。

表 10 2009 年陕西私营企业三次产业结构分布表

类别 户数	户数(万户)	占比(%)	注册资金(亿元)	占比(%)	从业人数(万人)	占比(%)
第一产业	0.4	2.38	78.33	3.25	3.45	1.6
第二产业	3.37	19.80	902.83	37.45	38.88	18.04
第三产业	13.24	77.80	1429.45	71.57	173.23	80.39

资料来源：陕西省统计局，陕西省工商行政管理局。

2. 民营企业组织形式更加优化

截至 2009 年底，陕西省个人独资企业 21708 户，同比增长 24.99%；合伙企业 2327 户，同比增长 68.01%；有限责任公司 145765 户，同比增长 10.71%；股份有限公司 378 户，同比增长 162.50%（见图 5）。

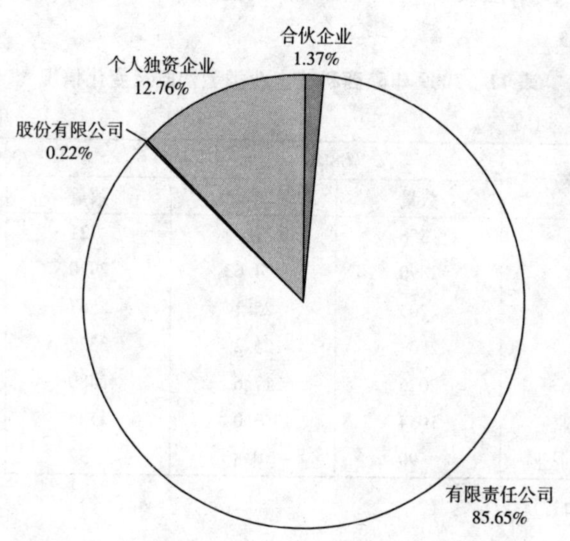

图 5 2009 年陕西私营企业类型结构图

资料来源：陕西省工商行政管理局。

3. 民营企业自主创新能力不断提高

近年来，西北地区民营科技企业发展较快，企业数量稳步增加，综合实力不断增强，自主创新能力进一步提高，为促进经济结构调整和增长方式转变，推动经济持续快速健康发展发挥了重要作用，逐渐成为区域经济发展中的一支最活跃、最具创新能力的重要力量和高新技术产业领域的主力军。青海省广大民营企业积极实施创新战略和品牌战略，通过采取引进专业人才、革新生产工艺、提高装备水平、强化质量检测、转变发展方式等措施，产品的整体质量水平有了明显的提高，不少企业逐渐摆脱低成本竞争的恶性循环，向品牌竞争、科技创新迈进。全省131家科技型企业中，民营企业占75%，12个驰名商标中民营企业拥有11个，40个著名商标中民营企业拥有一半以上。2009年，陕西省民营科技企业达到11732家，企业数量比2008年增加了230家，呈现国有企业下降，民营企业上升的态势（见表11）；民营科技企业全年实现技工贸总收入1487.93亿元，上缴税费总额53.26亿元，创汇总额8.11亿美元；民营科技企业中从事研究开发人员8.8万人，占职工总数的16%；投入研发经费19.47亿元，占全年产品销售总收入的3.5%；开发新产品5773项，授予专利2489项，占全省专利授权数的40.9%；技术性收入197.2亿元，占企业技工贸总收入的13.3%。

表11　2009年陕西科技企业类型构成及变化情况

单位：家，%

类　型	2008年		2009年	
	数量	比重	数量	比重
国有企业	356	3.1	321	2.7
集体企业	2890	24.63	2920	24.9
股份合作企业	2203	25.1	2567	21.9
有限责任公司	2903	25.2	3327	28.4
股份有限公司	2026	17.6	2480	21.1
私营企业和个体企业	1034	9.0	1135	9.7
外商及港澳台投资企业	90	0.8	92	0.8

资料来源：陕西省科技厅。

二　遇到的困难及存在的问题

受2008年国际金融危机的影响，2009年民营经济发展遇到了空前的困难和严峻的挑战，环境和自身建设等问题愈加明显。

1. 外向型民营企业影响严重

从国际环境看，各国经济增长普遍放缓，进口需求大幅减少，西北地区同全国其他省份一样，对外出口贸易受到了严重影响，主要表现在企业贸易出口数额明显减少，贸易风险逐步加大，资金回收更加困难，利润效益大幅摊薄。

2. 民营企业投资信心不足

随着国际金融危机的深化和我国经济增速的放缓，民营企业投资信心出现大幅下降，对扩大内需造成较大制约。2008 年 11 月，国务院推出了 4 万亿元的投资计划，以扩大内需，刺激经济增长，然而，由于投资方向主要是教育、医疗、铁路、能源、钢铁等行业，使得为国民经济发展作出巨大贡献的民营企业基本上无法更多参与到这些由国有大中型企业垄断的领域和行业。国家公布的数据显示，国营经济占据 4 万亿投资份额近 90%，而民企参与份额尚不足 10%。

3. 融资难没有得到有效解决

尽管民营经济创造了我国 65% 的 GDP 和 70% ~80% 的年度经济增量，但在各项资源的配置上，始终处于弱势地位和被忽视的角色。由于银行业机构信贷门槛偏高，激励作用不足、民营企业信用担保体系不够健全，机制不活、民营企业管理不规范，信用缺失等原因，造成目前“贷款难”和“难贷款”问题同时存在。2009 年，全国银行金融机构贷款余额 39.97 万亿元，其中小企业贷款余额 5.41 万亿元，占全部贷款余额的 13.5%，在西北地区则不足 10%，这使得民营企业在发展过程中无法获得稳定、持续、持久的金融支持，尤其是在当前国际金融危机冲击下，严厉的银根紧缩和信贷控制，导致了全国 80% 以上的民营企业资金紧张，甚至面临资金链断裂的风险，直接限制了企业扩大再生产的意愿和能力，总体规模不断萎缩、效益不断下滑、亏损不断加大，加上融资难，税制改革步伐缓慢，民企税负沉重，市场进入困难、门槛高等问题愈加明显。

4. 产业集聚度不高

与全国其他地区相比，西北地区民营企业数量少、规模小、经济总量低，大企业产业集群和县域工业园区还处在起步阶段，农（牧）业大县、工业小县、财政穷县比较普遍。规模以上私营企业技改步伐缓慢，产品科技含量低，集聚度、产业关联度不高，协作效益不突出，大都处于分散独立发展的状态，对地方小企业的带动和催生效应欠明显，尚未形成强大的市场影响力和产业控制力。中小企业 80% 以上的产品直接依赖最终市场销售的模式，与经济发展的专业化、规模经营、分工协作的趋势背道而驰。

5. 企业自身素质亟待提高

一是民营企业市场核心竞争力有待提升。尽管民营企业的创新能力有所增强，品牌建设有所进步，但对于绝大多数中小民营企业来讲，其生存和发展主要还是靠要素的投入和投资的拉动，而不是通过技术创新、工艺创新、流程创新等来实现，在剧烈复杂多变的市场环境中缺乏核心竞争力。事实证明，在这场国际金融危机中，大型企业比中小企业，新兴产业比传统产业，高附加值名牌产品比低附加值大众产品受冲击的程度要低得多。二是企业管理水平不高。在中小民营企业中，引进人才难，留住人才更难，多数民营企业管理粗放，发展模式落后，在复杂经济形势面前缺乏正确判断和快速反应能力，缺乏宏观分析和长远战略规划能力，很难做大做强，往往在产值千万元、亿元台阶停滞不前或夭折，难以发展壮大形成规模效应。

6. 民营企业用地紧张，产品运输成本较高

民营企业用地的审批手续比较繁琐，用地费用较高，使很多项目不能落地，影响了企业生产能力的扩大和效益的提高。新疆由于地处偏远，交通运输困难，特别是铁路运力严重不足，致使农副产品以及其他外销产品不能及时运出，有些企业在铁路运输无法保证的情况下，只好通过公路运输，既影响了企业合同时效，又增加了生产成本。

三 2010 年西北地区民营经济展望及建议

（一）2010 年西北地区民营经济发展形势预期

2010 年是实施“十一五”规划的最后一年，也是应对后国际金融危机的关键一年。纵观国际国内形势，民营经济发展环境和发展态势将总体向好，但世界经济全面复苏是一个缓慢曲折的过程，国内经济回升的基础尚不牢固，仍存在诸多不确定因素，民营企业仍要做好充分准备，在积极应对挑战的同时，抢抓机遇，力求实现新的发展。

首先，宏观经济形势有利于民营经济发展。全国工商业联合会《2009～2010 年中国民营经济发展形势简要分析报告》认为，2010 年将是经济形势非常复杂的一年，国际因素与国内因素相互叠加，短期矛盾与长期矛盾相互交织。总体来看，有六大方面的因素将给民营经济发展带来巨大挑战和重要机遇。一是世界经济格局调整与国际贸易保护主义抬头，会使贸易摩擦日益增多，但对真正具有核心技术和自主品牌的高新技术企业出口阻力不大，有的甚至能够依然保持较高的出口增速，并会在一定程度上对我国民营企业加快转变发展方式，提高出口产品的档次、附加价值和竞争力形成“倒逼”机制。二是全球气候变化与绿色低碳经济发展，将为具有一定规模和科技实力的大中型民营企业在这次世界新产业、新技术革命中迎来飞速发展的重大机遇，迅速发展成为国内乃至在国际上都有较强实力和影响力的大企业。三是国际金融危机的冲击，使民营企业更加清楚地看到自身存在的缺陷和不足，更加注意在创新发展、转型升级、巩固和开拓国际国内两个市场中谋求科学发展。四是为应对国际金融危机的影响，国务院制定并实施的钢铁、汽车、船舶等十大产业调整振兴规划，虽会对一些规模较小、实力较弱的民营工业企业的生存发展带来严峻挑战，同时也会为众多有条件的中小民营企业带来配套发展、集群发展的新机遇，通过参与并购重组实现产权多元化、管理科学化发展。特别是国家为加快发展新兴战略产业，将在新能源、新材料、生物医药、节能环保、信息技术等领域出台一系列鼓励、支持性政策，这都将成为民营企业新的增长点。五是为优化经济结构，国家会加快制定推进企业兼并重组的指导意见，消除跨地区跨所有制兼并重组的障碍，减轻企业重组的成本，为那些有实力、有准备的民营企业带来做强、做大的重大契机。六是中央2010年坚持更加积极的就业政策，进一步统筹城乡区域协调发展，大力推进城镇化建设，加速实现农村剩余劳动力的转移，不仅会更加坚定民营经济中劳动密集型企业、中小企业、各种服务业和与县域经济联系紧密的民营企业的信心，也为加快发展提供更加有利的条件。

其次，国家西部大开发战略加快民营经济发展。2010年，是国家实施西部大开发战略第二个十年规划的起步之年。近年来，国务院《关于应对国际金融危机保持西部地区经济平稳较快发展的意见》、《关于支持青海等省藏区经济社会发展的若干意见》、《甘肃省循环经济发展总体规划》、《关中—天水经济区发展规划》的实施以及中央新疆工作座谈会的成功举行，为西北地区民营经济发展提供了广阔的平台。西北各省区党委政府认真研究，精心部署，制定出台了一系列政策措施，把加快民营经济发展作为富民强省的潜力和希望，把落实各项政策作为优化环境、促进民营经济健康发展的着力点，把实施全民创业作为推动民

营经济发展的重要抓手，把民营经济发展作为领导班子和主要领导政绩考核的重要依据，逐步形成了促进民营经济发展的整体合力，为民营经济的健康快速发展提供了有力保障。

（二）促进民营经济发展的建议

1. 加大政策扶持力度，促进企业转型升级

当前民营企业正处于一个转型升级的关键时期，各地政府应通过政策扶持，努力拓展企业发展空间，促进企业平稳健康发展。一是加大财政扶持力度，财政资金的支持重点和扶持方式应从传统的支持具体企业和项目为主向搭建公共服务平台、提供公共服务、为中小企业成长营造良好的外部环境转变；整合现有的科技、技改、贴息等财政资金，重点支持成长型中小企业培育、担保机构奖励和企业服务平台建设；发挥财政资金导向作用，推进企业的产业结构调整和转型升级。二是加大出口扶持力度，用足用活各项税收优惠政策，鼓励高技术含量、高附加值的商品出口，涉外部门要积极为中小企业出口提供指导和各种服务，帮助中小企业开拓海外市场，努力推动外贸增长方式的转变。三是拓展企业发展空间，在编制土地利用年度计划和工业用地出让时要给中小企业特别是民营中小企业的发展留些空间，对零用地技改企业给予一定的扶持政策，鼓励企业租用闲置厂房、仓库和场地，进一步提高土地的利用效率。四是进一步深化行政审批制度改革，提高办事效率，规范收费行为，清理涉及中小企业的收费文件，特别是要修订对民营企业有歧视性的收费项目和收费标准；加强对中小企业的指导和管理，杜绝以罚代管的简单管理行为，切实减轻中小企业的负担。

2. 完善金融服务体系，缓解企业资金压力

解决中小企业融资难的问题，需要各方共同努力，完善服务体系。一是各级政府要在发挥国有银行融资主渠道的基础上，大力发展地方商业银行和小额贷款机构，促进民间借贷的合法化，拓宽中小企业的融资渠道。二是重视政府起主导作用的担保机构的建设，加强对民营担保机构的监督和管理，规范担保市场。筹建再担保机构，努力控制担保风险。财政每年可安排适当的资金用于担保风险补偿金，促进和引导担保市场健康发展，为中小企业融资提供更好的服务。三是金融机构要以发展的眼光对待中小企业，在控制风险的前提下简化贷款流程，增加贷款品种。对企业的贷款审查要考虑中小企业成长性和财务核算的不完善性，准确全面评估中小企业资信。四是银监部门要牵头建立中小企业贷款协调机制，建立信息共享平台，帮助解决贷款困难，避免金融机构为规避风险而不切实际地抽贷。同时加强对金融机构的监管，防止无真实商品交易的承兑汇票和应付规模考核的期末放贷等现象的发生，使国家扶持中小企业的金融政策真正落到实处。

3. 企业要树立信心，练好“内功”

国际金融危机给西北中小企业造成较大影响，究其原因，既有来自外部的因素，同时也有企业自身产业结构和体制、机制等方面的原因。企业应练好“内功”，防范风险，应对挑战，实现新的发展。一是重视技改投入，加快自主创新，实现产品更新换代，增强市场竞争力。有条件的企业要努力创建自己的产品研发机构，目前尚不具备条件的，也应加强厂校、产研联合，搞好借脑开发，增加产品的科技含量，提升产品档次和品牌影响力，提高产品的盈利能力和企业的抗风险能力。二是加强市场调研，扩大产品的市场份额。加强对国内市场的培育，巩固和开拓国外市场，实现两个市场互补发展；建立和完善点、面结合的销售网络，提高产品的市场覆盖率；根据国家产业规划，确定本企业发展的方向，制定好中期、长期发展计划，以新的眼光重新审视和思考企业定位、企业战略。三是强化企业内部管理，规范企业生产经营行为。引入先进管理模式，实现管理重心下移，推动企业从生产型向经营型转变。注重人才培养，加强一线工人培训，提高管理人员的能力；坚持诚信经营，加强信用建设，强化财务管理，完善会计核算；采取多种措施开展节能降耗增效活动，使企业发展有强大的后劲，在市场经济大潮中立于不败之地。

课题组负责人：赵昌奎（主笔）

课题组成员：陕西省工商联：尚　潇　张　赟

甘肃省工商联：王琴玲　张文军（执笔）　王慧芹

青海省工商联：靳生奎（执笔）

宁夏区工商联：赵红梅（执笔）

新疆区工商联：陈新生　邓铁梅（执笔）

新疆兵团工商联：李自学（执笔）　栗江红

珠三角区域民营经济发展报告

从科学的定义来看，珠江三角洲地区是纯地理概念，是指珠江入海冲积形成的三角洲。从行政区划来看，涵盖广东省的广州、深圳、珠海、佛山、江门、东莞、中山、惠州和肇庆九市，以及香港、澳门特别行政区（即“大珠三角”概念）。本报告所指珠三角区域仅涉及广东省九市。珠三角地区是我国改革开放的前沿阵地，是广东经济发展的核心区，也是我国重要的区域经济圈。

2008年底，在广东全省积极应对国际金融危机的关键时期，国务院批准了《珠江三角洲地区改革和发展规划纲要（2008～2020）》（以下简称《规划纲要》），为珠三角地区，乃至全省成功抵御国际金融危机冲击，增创改革和发展新优势提供了强大动力。2009年，在党中央、国务院的正确领导下，广东省上下把贯彻实施《规划纲要》作为全省工作的中心任务，实现了“一年开好局”的工作目标，为“四年大发展”奠定了扎实的基础。

一　成功经受危机考验，龙头发展地位得以进一步巩固和发展

珠三角区域是广东省民营经济单位最集中、发展历史较早、层次水平较高的重要地区，是广东省民营经济发展的核心区和主动力。我国加入WTO，自营进出口权放开以来，区域内民营经济外向度逐渐提高，获得了较快的增长，但也同时成为受国际金融危机影响比较大的地区。2009年是应对国际金融危机的重要一年，也是深化经济体制改革，加快产业结构调整的关键之年。在国家实施积极的财政政策、适度宽松的货币政策的宏观调控下，在地方大力落实国家和广东省减轻中小企业负担，帮助企业平稳健康发展的政策积极作用下，珠三角民营经济克服了外部经济的不利影响，抢抓发展机遇和有利时机，积极参与开拓国内需求市场，努力稳定国外市场份额，加强自主创新能力建设，深化企业管理改革，主

动适应形势加快产业转移、产业转型升级，展现出较强的抗风险能力，为保持全省经济平稳健康发展作出了重要的贡献。

——抵御国际金融危机，显现出强大的发展生命力。国际金融危机发生、深化以来，各级政府强化了“保中小企业”就是“保增长”，就是“保就业”的思想认识，推动金融机构增加民营中小企业融资，帮助企业出口转内销，减免企业行政事业收费，改善对中小企业服务，协助民营企业站稳脚跟，实现新的发展。珠三角民营企业充分发挥经济基础较好，市场经验比较丰富的优势，沉着应对现实困难，积极谋划长远发展，或以加强自主创新，争取赢得主动权，或以调整规模，稳定企业持续经营，或以加强整合重组，大胆实施超越战略，实现了逆势飘红，显现出强大的发展生命力。据统计，到2009年底，全省民营经济单位数达416.4万户，比上年增长8.7%，其中个体工商户325.91万户，居全国第一位，私营企业81.34万户，同比增长11.12%，居全国第二位。民营经济完成增加值16708亿元，同比增长12.3%，占GDP比重为42.8%。珠三角九市民营经济完成增加值12171.8亿元，占全省民营经济比例为72.8%，占全省31.16%。这超七成和超三成的比例，充分表明了珠三角区域集聚了全省民营经济最具活力的发展能量，更加凸现了珠三角民营经济在全省经济全局中的重要地位。

——深深扎根本土经济，为保持一方发展发挥中坚力量。在各地应对国际金融危机的实践中，珠三角民营经济展现出内源型经济的特征，体现了维持地方经济和社会发展一方水土的良好根植性。以珠三角地区佛山市为例，国际金融危机影响蔓延时期，以内源型为主的佛山市在2009年上半年的经济统计中，以12.2%的增值占据珠三角之冠。其能实现逆势增长的主要原因在于佛山市有一支基础好、机制灵活的民营企业队伍，民营企业研判市场趋势准确，应对危机提前准备，把握内外市场的比例上更加协调和均衡。这些因素使得佛山市经济发展摆脱了低层次外资“候鸟经济”的消极影响，反而在外部环境最困难的时候，抓住了企业转型、扩张成本低的发展机遇，发展上了新台阶。2009年佛山民营经济完成生产总值2907.85亿元，同比增长15%，高出全省民营经济平均水平2.7个百分点，规模以上民营工业总产值占全市规模以上工业总产值的58.2%，同比增长16.7%。佛山市民营经济资产总额、工业总值和利润总额均占全市规模以上工业企业的比重超过70%以上；从业人员占全市规模以上工业企业的比重超过80%以上，名副其实地成为拉动佛山市经济发展的中坚力量。从珠三角西岸江门市的情况看，2009 年该市民营经济增加值达到 645 亿元，占 GDP 的比重达到 47.61%，也高于全省平均水平。民营工业增加值从 2004 年的 102 亿元，增长到 2009 年的 241 亿元，翻了一倍多。民营工业占全市工业的比重达到 34.4%，民营经济成为拉动全市经济发展，迎头追赶其他兄弟市的生力军。从全省范围看，规模以上民营工业增加值的同比增速分别比全省规模以上工业、外商及港澳台商投资企业、国有企业的增速高出 11.6 个、16.4 个、13.5 个百分点。规模以上民营工业对全省工业增长的贡献率达 54.9%，较 2008 年提高 17.3 个百分点。多个统计指标证明，在经济增速下滑阶段，“民本经济”的民营经济对“保增长”、“保就业”的作用更加明显。

——产业聚集创新发展，成为广东省区域发展的内在增长核。集聚发展是珠三角民营经济发展的重要特色和优势，区域内集中了广东乃至全国许多具有较强自主创新能力的民营企业群，形成了多个较具竞争力的产业集群和专业镇，涌现了一批规模大、竞争力强的龙头骨干企业。以家电制造为主业的美的集团、以信息电子制造和服务为主业的华为，年销售收入都已超过千亿元。而美的总部所在地佛山正是在广东家电产业集群中，华为总部所在地深圳也以其电子信息产业闻名。此外，目前全省产值超百亿元的民营企业 9 家，超 10 亿元的民营企业 218 家，他们成为引领民营经济发展的“领头羊”。在产业集群的发展层次上，除发挥企业集中、配套完善的成本优势外，珠三角的产业集群更注重朝着建立行业自主创新能力的方向迈进。区域内越来越多的民营企业建立了技术研发中心、企业工程中心，参与了各自产业领域的国家标准制定，为珠三角经济、广东经济发展注入了强劲的活力。据省科技厅统计，2009 年全省民营科技产业总产值保持在 8500 亿元。民营科技园内企业 5796 家，全年实现工业总产值 2775 亿元，净利润 225 亿元，上缴税金 169 亿元，出口创汇 90 亿美元。全省以民营科技企业为载体建立的广东省工程技术研究开发中心达 250 多家。参与产学研合作的民营科技企业 3000 多家，开展产学研合作项目 5000 多项，新建省部产学研结合示范基地 50 多个，共建产学研创新联盟 20 多个，与全国近 200 所高校、60 多所中科院院属科研机构建立了项目合作和新产品开发。创新资源要素进一步向民营企业集聚，更多的民营企业成为科技投入、科研开发和成果转化的主体。目前，国家发展和改革委员会已在信息产业、软件、生物、新材料、航空产业等领域批准广东省建设 10 家国家高技术产业基地，数量占全国总数的 1/8 强，位居全国首位。广东省各个国家高技术产业基地通过加强基础、配套设施以及公共服务平台建设，优化了产业发展环境，吸引了高世代液晶面板、通用飞机制造、超级计算中心等重大高技术项目落户，涌现出了华为、金发、冠昊、金山等一批创新型骨干民营企业，培育形成了软件、生物医药、新材料、航空等新兴产业集群。

——区域一体化激活民营资本，投资重要主体的地位增强。《规划纲要》实施一年来，打破以行政区划配置资源的思维定式，以区域一体化为抓手提升珠三角发展水平，在政府层面建立了“广佛肇”、“深莞惠”、“珠中江”三个经济圈合作发展机制，制定了珠三角基础设施、产业布局、环境保护、城市规划、公共服务等五个一体化规划。区域一体化建设促进了民营资本的流动和资源更广地域的配置，同质化竞争的地理隔阂被打破，更多的上规模民营企业把企业运营战略谋划放在整个珠三角、全省，甚至是全国背景下进行考虑，将总部设在珠三角，生产、研发、投资项目可以到广东、全国各地去。比如在惠州起步的 TCL 集团，在深圳与国有资本设立合资公司，投资建设第 8.5 代液晶面板生产线项目，总投资额 245 亿元。珠海以小家电生产的德豪润达，在安徽芜湖、江苏扬州投资兴办半导体照明项目，投资额预计将突破 30 亿元。据统计，2009 年前 11 个月，广州、深圳、佛山和东莞 4 个市的民间投资共完成 2653.54 亿元（民间投资含集体、私营和个体、股份合作、集体联营、国有与集体联营、其他联营、其他有限责任公司、股份有限公司和其他），增长 5.3%，占全省民间投资的 45.6%。从全省数据看，2009 年广东民营经济完成固定投资额 4688.82 亿元，同比增长 10.1%，占全社会固定资产投资的比重为 35.1%，比重有所下降，较 2008 年下降 3 个百分点，这主要是受国际金融危机影响，政府及国有投资增速较快，从相对数来看，仍然保持较快的增长速度。

——积极参与“双转移”，珠三角民间资本外溢与整合进度加快。广东省提出产业转移和劳动力“双转移”，加快珠三角地区产业结构和布局优化，充分发挥珠三角地区强大辐射带动效应，成为提升珠三角，推动广东省粤东西北跨越式发展的重要举措。省财政安排重点产业转移园区专项资金 75 亿元，扶持欠发达地区产业转移园区建设，促进珠三角劳动密集型产业向粤东西北等欠发达地区转移；每年安排劳动力培训转移就业专项资金 10 亿元以上，促进欠发达地区劳动力向当地二三产业和珠三角等发达地区转移。广东省工商联与地方政府签订合作协议，组织的民营企业参与地方重点产业和园区建设活动，得到了珠三角民营企业的广泛关注和积极参与。已经组织了五批民营企业产业考察活动，其中肇庆市签约项目金额达130亿元。珠三角地区九市工商联共同签订了《珠三角九市民营企业与商会贯彻实施〈规划纲要〉战略合作框架协议》，建立了沟通磋商、会员互认、异地援助等机制，加快推进珠三角地区民营企业共融发展，提升产业协作水平和层次。国际金融危机让珠三角民营企业对实施“双转移”，加快经济发展方式转变的重要性和迫切性有了更清晰的认识和深刻的体会。在财政激励扶持和商会组织引导作用下，珠三角民营企业抓住有利时机，主动参与“双转移”，加快整合和重组，联合各种经济成分，做大做强做优做恒，成为推动珠三角产业结构优化的重要力量。佛山市民营企业科达机电并购国有企业恒立泰，实现强强联合，打开了陶瓷机器产业整合的大门。广州国光收购国内品牌“AV－LIGHT－爱浪”，得到了有关公司的采购以及销售网点与渠道，为开拓内销市场、整合国内音响设备品牌打下了基础。深圳海王英特龙与英国葛兰素史克（GSK）成为合资公司，提升疫苗研发与生产的整体水平。万家乐控股子公司顺特电气有限公司与陕西省海珐输配电控股有限公司合资设立公司，实现由家用电器行业向电气设备行业的延伸与转型。

——发展领域进一步拓宽，行业细化合作趋势增强。珠三角民营经济向文化、科研、社会事业等领域进行延伸。全省文化领域民营企业超过2万家。民营医疗机构约占全省医疗市场的1/5。从事科研、生产的民营企业数目增加。以江门为例，2009年以来江门新培育60家民营科技企业。积极寻找和挖掘新产业、新领域的投资机会，以参股、控股、合作等形式参与到推动战略新兴产业发展。涉及产业领域呈现投资数额大、技术含量高的特点。中山创尔特进入公用事业，运营垃圾发展电厂，并积极在全国寻找新的投资机会，发展秸秆焚烧发展电厂等环保产业。在佛山、东莞、中山等民营经济发展较好的地区，一些民营企业跳出原有劳动密集型主业的框框，大胆抢先投资风电、太阳能行业，LED照明行业等知识与资本密集型产业，部分企业实现了规模化生产，产生了较为可观的经济效益。与此同时，传统产业加速内部分工，提升产业合作水平，注重与现代服务业的结合，增强整体竞争力，不再走简单规模扩张的传统粗放模式。如佛山服装行业，产业细分趋势更加明显，分解为原料、织布、印染、设计、制衣、销售等环节。佛山顺德成立了工业设计园，以民营资本为主的工业设计企业纷纷进驻，结合当地工业制造实力基础较好的优势，将传统制造与工业设计的优势结合起来，优化提升了民营经济存量，拓宽了民营经济新兴发展领域。

二 面临可持续发展的严峻挑战，加快经济发展方式转变迫在眉睫

在党和国家的关怀下，在广东省委省政府的领导下，乘着《规划纲要》实施的东风，民营经济赢得了新一轮大发展的好开局。当前珠三角民营经济发展的形势是好的，取得的成绩也是令人欣喜的，但也存在着明显不足。珠三角民营经济实现新发展所面临的压力和挑战集中在以下方面。

——土地开发强度大，生态环境承受巨大压力。据资料显示，珠三角面积为24437平方公里，不到广东省国土面积的14%，居住人口占全省的61%，2008年生产总值占全国的10%。珠三角九市民营经济占全省21市总量超7成。在自发原生态式的历史发展过程中，珠三角一些地区的工业园区、生活配套区、商业服务区建设缺少足够的规划，环保设备、交通运输、群众休憩等基础设施建设满足不了企业日益增长的需求。这致使民营企业集中的旧工业园区的更新改造跟不上环保要求和城市发展速度。这衍生出的发展问题：一是土地供需缺口大。土地价格快速上涨，社会资金大量涌向房地产行业，对从事实业的民营企业产生挤出效应。二、三线城市的存量土地，由于历史遗留问题，无法取得有效的物权登记，不能在市场上进行流转和交易，用地需求得不到有效满足。二是环保压力大。中小企业靠个体实现循环经济、环保绿色生产几无可能，必须依靠集中处理发挥规模经济效益。三是城镇建设力度不够，宜居环境还没形成，削弱了民营企业吸引外来优秀人才、发展高附加值的生活服务行业等能力。

——政策落实不到位，民营经济投资权、管理权、政策享受权保护有待加强。政策的操作层面上不落实或落实不到位仍然比较突出，民营经济的市场平等地位有待进一步维护。比如，由珠三角转移到广东省个别地区的民营企业土地使用证办理不下来，原有政策承诺兑现不了，导致产业转移的经济效益不佳。在投资行政管理上，根据政府产业投资目录，外资企业出口占70%以上的限制类行业可以属允许目录，外资企业全部出口的允许目录可以属鼓励目录，而民营经济没有相关政策优惠。基础性投资领域，现代服务业，尤其是金融行业，民营经济

进入的壁垒仍然存在。例如要求小额贷款公司转为村镇银行，必须要求是现有银行控股，则等同于要求小额贷款公司的民营企业股东将经营成果转交给银行机构。不少民营企业特别是中小企业反映，政府的扶持政策享受难。

——劳动力市场酝酿拐点变化，考验民营企业产业选择与管理模式。越来越多的迹象表明，国内劳动力市场供给无限弹性的阶段已经过去了。随着新生人口增长率的降低，所谓“人口红利”的拐点可能随时到来。我国区域经济进一步协调发展，必然将会导致外来珠三角务工人数进一步减少。再加上劳动力市场的年龄、文化等结构变化，普工的供给边际增量在减少，这些都改变了珠三角民营企业的外部发展参数。当前的劳动力的需求，客观上要求民营资本投向知识密集型、有更广的个人职业发展空间的现代新兴产业。而依靠劳动价格为主要竞争优势的劳动密集型产业的边际产出在下降，市场未来发展的空间也会越来越小。面对着这一重大变动，民营资本必须在产业选择上做出积极的回应，或是转移异地、或是优化提升、或是产业转型。此外，劳动力报酬期望的提高，劳动承受强度的下降，个人职业发展需求层次的提升，都对民营企业传统管理方式提出新的、更高的要求。比如，传统的人事管理制度，要更加体现人性化、科学化的要求，劳动管理的难度在增大。

——产业低端的格局没有完全改变，自主创新能力整体还有待加强。从国际金融危机后期的世界经济发展格局看，低端制造环节在产业链条中的地位被进一步弱化。据国外媒体测算，苹果 iPad 零件成本只占最终价格的 52%，售价 499 美元的 iPad，在珠三角的组装费用不过 12 美元，只占 2.4%。在与其他地区、其他国家的比较中，珠三角区域自身整体创新能力建设不强，因此仍然处于较低端，选择的产业门槛偏低。一些所谓的高技术企业，其实还是没有多大自主创新能力，技术主要来源仍然是国外购买，因而没有较强的议价能力，只能两头受挤。

——产业集群竞争趋同，需要建立联合协作的制度性基础。竞争同质化、缺少诚信合作成为珠三角民营企业发展上更高水平的一大劣势。珠三角的产业集群发展模式，仍然处于企业集中而产生产业配套优势的初级发展阶段。但目前推动产业集群高端化发展的基础还十分薄弱。体现在鼓励市场分散个体达成合作联合的基础仍然薄弱。比如，在企业股权合作方面，个别公司大股东侵占小股东合法权益，内部不公平交易等令外来投资者望而却步。以诚信为主的社会商业伦理还有待进一步强化，侵权、挖角等损害合作基础的恶性行为得不到根本遏制。民营企业依托商会实现良性联动，减少不正当竞争行为的潜力还有很大的空间。

三　未来发展趋势和相关建议

经过30多年，珠三角民营经济在传统发展模式上已经走到极致，转型升级是再上新台阶的必由之路。在发展环境上，中央把发展民营经济作为应对国际金融危机、保持经济平稳较快发展的重要举措。国务院出台了《关于鼓励和引导民间投资健康发展的若干意见》，广东省出台《关于促进民营经济发展上水平的意见》，为民营经济发展开辟了广阔空间，促进珠三角民营经济新一轮大发展、大提高的政策氛围已经形成。与我国其他经济区域相比，珠三角九市虽然在资源上有所不足，但由于同属广东省，又有毗邻港澳优势，区域基础设施条件好，创业文化氛围浓厚，未来仍将发挥我国经济发展主要推手的重要作用。要以继续贯彻落实珠三角《规划纲要》为契机，引导民营企业加快转型升级步伐，推进技术、产品和模式创新，提升珠三角民营经济的整体层次和水平。

完善政策综合支撑体系，加快民营经济发展方式转变。一是完善传统产业转型升级政策。增强财政资金在企业研发、标准制订、创新投资基金等上的拉动效力，引导民营资本加大自主创新投入。整合珠三角地区的技术产权交易中心，建设全国性的国际知识产权综合交易所。引导传统产业链条拓展与延伸，支持传统产业集群建立品牌营销中心、工业设计基地。二是建立鼓励民营资本发展战略新兴产业的政策。加强战略新兴行业的规划引导，制定促进民营投资新兴产业的财政投入、税费减免等激励政策，建立财政示范工程，加快培育战略新兴产业市场需求。三是完善配套行政管理体制改革。打破行政与市场垄断，探索土地融资的新模式，加强政府监督执法力度，完善市场信用环境。四是探索解决民营企业融资的新方法。把政府融资项目与中小企业融资相结合，鼓励合作银行增加对广东省中小企业的信贷规模。完善全省征信体系和网络征信数据库。丰富金融服务主体，支持民营资本组建粤商银行，建立中小企业金融机构，扩大小额贷款公司与村镇银行试点范围。

加强城市规划力度，增强高端民营投资吸引力。成本已经不是吸引资本，尤其是高端资本流动的主要因素。人力资源、生产生活条件、法制环境、社会文明生态等软环境才是更加重要的因素。针对珠三角规划和城市发展现状，应以盘活土地存量，处理好土地历史遗留问题为原则，加强对传统工业园区的规划和建设，引导民营企业进驻园区发展，完善行业公共研发平台，抓好民营科技园的规划建设，进一步聚合社会创新资源。大力开展宜居城市建设、社会文明建设，加强民营企业权益保护，进一步激活珠三角民营资本的活力，为民营企业发展创造良好的自然环境、社会环境。

加强企业家培训力度，建立优秀民营经济发展后备队伍。大规模的干部培训工作已经成为地方加快发展方式转变的重要配套工程。民营企业员工培训由劳动与民营经济主管部门负责，财政上能获得更多的支持，相关工作开展比较顺利。相对于民营企业主的培训，特别是财政资金是否能用于支持民营企业主培训工作上，社会还存有认识不一致、有所顾虑的情况。站在保持民营经济平稳健康发展的高度，更应该进一步解放思想，充分重视民营企业主的培训工作，把培训工作与思想政治工作结合起来。将对民营企业的培训工作重点，落在民营企业主、后备人才队伍的技能培训、政治教育上。进一步增强民营企业主产业报国、实业惠民的爱国主义情操，调动民营企业主，尤其是年青一代实施二次创业、开拓新领域的发展热情，规避过度消费等负面社会影响。

加强联合协同力度，大力发展以商会为纽带的产业联盟。应支持和引导珠三角民营企业自愿组建行业商会、异地商会、地区综合性商会等团体。支持商会参与区域、行业品牌建设与提升、产业整体转移、发展内需市场、企业融资等重要经济活动。推广区域行业商会申请和运作集体商标的成功做法。抓住广东简政强镇改革的机遇，加快商会服务功能建设，发挥商会在地区、行业共性技术创新、产业管理政策制定、行业和地区经济统计、人力资源开发等方面的积极作用，大力发展以商会经济为主要形态的民营经济组织化发展方式。

课题组负责人：潘丽珍

成　　　　员：庞　森

长三角区域民营经济发展报告

长三角民营经济在经过20多年的发展后取得了较大的成就，成为长三角区域国民经济发展新的增长点。2009年，是新世纪以来我国经济发展最为困难的一年。面对严峻的挑战，长三角两省一市民营企业紧紧围绕"保增长、调结构、促发展"的主线，民营经济总量增长平稳，民营企业数量不断增加，规模有所扩大，产品不断优化，竞争力不断提高，社会效益显著。民营工业企业科技水平不断提高，民营服务业企业发展较快，民间投资数量不断增加。一年来，长三角民营经济仍然保持稳定增长的势头，结构调整和转型提升步伐加快，自主创新竞争力继续增强，在拉动长三角区域经济增长、增加国家税收、促进城乡就业和推进共同富裕等方面作出了重大贡献。民营经济在长三角区域之中的地位与作用越来越突出，民营经济已越来越成为推动长三角区域经济发展的重要力量，其在发展生产力、扩大劳动就业、促进公有制企业转换经营机制、满足社会多样化需求和创造地区经济繁荣等方面都起着积极的作用。

一 2009年长三角民营经济发展总体情况

（一）经济总量平稳增长，数量不断增加

2009年，长三角民营经济实现增加值34064.97亿元，比2008年增加3338.15亿元，增长了10.86%。其中，上海民营经济实现增加值3583.72亿元，同比增长8.8%，增幅约比上年减少4.4个百分点，增长率略高于非公有制整体（8.5%）和公有制经济（8%）的增长幅度；占上海市生产总值比重和非公有制经济生产总值比重分别为24.1%和49.6%，比上年分别增加1.3个百分点和减少0.1个百分点。[①] 江苏省民营经济实现增加值17923.65亿元，同比增长

① 上海市民营经济指个体工商户和私营企业等非公有制经济，民营企业指个体工商户和私营企业等非公有制经济。本文有关上海民营经济的数据由上海市工商联提供。

13.4%，比上年提高0.9个百分点，民营经济总量已超过全省经济总量的一半以上，占全省GDP的比重达到52.6%，比上年提高1.3个百分点，总量位居全国之首。① 浙江省民营经济实现增加值12557.6亿元，同比增长6.38%，增幅比上年减少9.1个百分点，增长率低于全省8.9%的增长幅度，占全省GDP比重达到55%。②

2009年，长三角私营企业累计户数达到204.78万户，比2008年的185.36万户增长了10.47%；长三角个体工商户累计户数达到493.47万户，比2008年的448.41万户增长了10.04%。其中，上海私营企业累计达到56.96万户（不含分支机构），同比增长8.4%；私营企业分支机构6.1万户，同比减少1.9%；上海个体工商户累计达33.34万户，同比增长9.4%。江苏省私营企业和个体工商户注册户数累计达352.60万户，其中，私营企业91.16万户，个体工商户261.44万户，分别比上年增长11.7%和14.7%。浙江省私营企业和个体工商户数累计达255.35万户，同比增长5.62%。其中，私营企业56.66万户，同比增长9.41%；个体工商户注册户数累计达198.69万户，同比增长4.59%。

（二）规模有所扩大，投资热情回升

截至2009年末，长三角民营经济总注册资本46895.56亿元，同比增长22.74%，其中私营企业注册资本44404.81亿元，同比增长22.61%，个体工商户注册资本2490.74亿元，同比增长24.98%。上海民营经济总注册资本为11351.46亿元，同比增长15.59%。其中，私营企业注册资本11292.45亿元，同比增长15.6%；私营企业户均注册资金为198.2万元，同比增加了6.6%。私营企业中，注册资本1000万元以上1亿元以下的私营企业18105户，同比增长14.3%；注册资本1亿元以下的私营企业945户，同比增长16.5%。私营企业集团438户，同比增长19.7%。自然人设立的有限责任公司的注册资本总计

① 江苏民营经济统计调查的范围：江苏省行政区域范围内除国有控股以外的内资企业和个体经营户。具体包括集体企业、股份合作企业、集体联营企业、其他联营企业、其他有限责任公司（剔除国有控股企业）、股份有限公司（剔除国有控股企业）、私营独资企业、私营合伙企业、私营有限责任公司、私营股份有限公司、其他内资企业和个体经营户）。本文有关江苏民营经济数据由江苏省工商联提供。

② 浙江省民营经济指个体工商户与私营企业等非公有制经济，民营企业指个体工商户和私营等非公有制企业。本文有关浙江省民营经济数据由浙江省工商联提供。

10993.94亿元，户均注册资本213.88万元，同比增长了5.8%。江苏省私营企业和个体工商户注册资本金累计达到21718.39亿元，其中，私营企业累计注册资本金20136.65亿元，个体工商户累计注册资本金1581.74亿元，分别比上年增长28.1%和31.3%。浙江省私营企业和个体工商户注册资本金13825.71亿元，其中私营企业注册资本金12975.71亿元，比上年同期增长19.96%，个体工商户注册资本金849.99亿元，同比增长14.99%。

2009年，长三角民营经济的社会固定资产投资18315.7亿元，同比增长17.98%。其中，上海固定资产投资额中民间投资1269.5亿元，同比增长14.7%，占上海固定资产投资额的24.1%。江苏省民间投资突破万亿元，全年完成投资11746.2亿元，同比增长26.9%，占全社会投资比重达到62.6%，比上年提高1.1个百分点。其中，私营个体经济完成投资6791.38亿元，同比增长28.8%，拉动民间投资增长2.5个百分点。私营个体经济完成工业投资4621.2亿元，同比增长28.5%，增幅高于上年同期0.2个百分点，高于全省工业投资7.6个百分点。私营个体经济工业投资占全省工业投资总额比重达46.1%，比上年同期提高2.7个百分点。浙江省民间投资5300亿元，同比增长13.71%，低于国有及国有控股投资（25.6%）的增长幅度，占全社会固定资产投资总额的49.34%。其中以民营企业为主的制造业投资仅增长7.4%，低于国有投资的增速。在新开工项目投资中，非国有投资和民间投资分别增长31.2%和36.8%。

（三）社会效益显著，社会责任有所加强

2009年，长三角民营经济从业人员达到3593.57万人，比2008年增长7.75%，其中私营企业从业人数2714.4万人，同比增长6.18%，个体工商户从业人数879.17万人，同比增长12.91%。其中上海私营企业累计从业人员548.25万人，其中投资者117.63万人，雇工430.62万人，同比分别增长7.19%和7.55%；个体工商户年末累计从业人员40.82万人，其中当年新增从业人员7.28万人，同比分别增长9.14%和32.04%。江苏省私营和个体工商户2009年全年累计就业人数1776.52万人，比上年底增加145万人，增长8.9%，已成为就业的重要渠道。其中，私营企业从业人数1367.66万人，比上年底增加80.42万人，增长5.8%，其中投资者167.17万人，雇工1200.49万人；个体工商户从业人数为408.86万人，比上年底增加64.25万人，增长18.6%。浙江省私营企

业从业人数 798.49 万人，同比增长 5.41%，其中投资者 117.36 万人，雇工 681.12 万人；个体工商户从业人数 429.49 万人，同比增长 8.29%。

2009 年，长三角民营经济纳税达到 4336.14 亿元，同比增长 8.53%。其中，上海私营企业和个体工商户纳税户数分别为 46.86 万户和 11.53 万户，分别比上年增长 8.9% 和 17.67%；分别实现税收 812.25 亿元和 46.68 亿元，同比分别增长 6.61% 和 44.27%，分别约占全市税收收入比重的 16.97% 和 0.98%。江苏省民营经济上缴国地两税收入共 2499.5 亿元，同比增长 10.1%，缴税总额占全省税务部门直接征收总额的 49.3%。浙江省的民营经济实现税收 977.71 亿元，同比增长 5.05%，占浙江省税收的 21.74%，其中私营企业实现税收 808.15 亿元，同比增长 6.16%，个体工商户实现税收 169.56 亿元，同比增长 0.02%。

二　长三角规模以上民营工业企业发展状况及其特点比较

（一）都市型、科技型和外向型企业快速发展成为上海市民营工业企业发展的一大亮点

作为国内经济的中心，上海市优越的投资环境吸引了一批又一批外地民营企业的佼佼者和海归投资者。现在上海民营工业企业已涉及 28 个大类行业。从营业收入来看，上海规模以上民营工业企业主要集中在黑色金属、有色金属冶炼及压延加工业，电气机械及器材、线缆制造业，建筑业，金属制品业，通用设备和专用设备制造业，交通运输设备制造业上。截至 2009 年底，上海规模以上工业总产值 23873.08 亿元，比上年同期增长 3.2%，其中民营工业总产值 7792.54 亿元，比上年同期增长 1.02%。① 规模以上民营工业的营业收入和净利润继续增长，经营效率显著提高，继续领先全国同类企业，出口企业增加，出口总额增长。根据上海市统计局 2009 年 8 月公布的上海百强企业集团的情况，包括外商投资企业集团在内的 25 家入选的非公有制企业集团中，上海复星高科技（集团）有限公司、东方希望集团有限公司和上海永达控股（集团）有限公司高居

① 根据 http://www.stats-sh.gov.cn/2005shtj/sjfb/zb.asp?zhibiao=101&year=2009&month=12&zbwz 推算。

前三位。百强企业集团中，非公有制企业集团平均总资产报酬率达 7.5%，资本增值保值率为 108.7%，资产利税率为 9.4%，分别比公有制企业集团高出 4 个、8 个和 4.3 个百分点；非公有制企业集团人均劳动生产率达 131.5 万元，为公有制企业集团的 1.1 倍。①

近年来，上海民营企业规模保持上升态势，其中以从事电气机械与器材的私营企业规模上升最快。外地资本与外来企业入驻上海是上海民营工业迅速发展的重要途径。外地资本与外来企业之所以进驻上海，是因为一些规模大、知名度高的私营企业纷纷进驻上海，如四川东方希望集团、温州德力西集团，还有不少以自然人为投资主体的民营企业在上海设立了实体型企业。上海民营工业企业正在向具有国际大都市特点的行业方向发展。同时，民营科技企业已成为高新技术产业化中的主力军与推动区域经济增长的重要力量。此外，上海民营工业企业的产业集聚度与国际化程度也有所提高，市郊私营经济园区和中心城都市工业园区的民营企业数量都有所增加。因此，都市型、科技型、外向型和“专、精、特、新”型企业发展较快，促进了上海传统产业的升级改造，为出口结构的优化作出了贡献。

在都市型工业方面，服装服饰、食品加工、包装印刷、室内装饰用品、化妆品及清洁洗涤、工艺美术品和旅游用品、小型电子信息产品七个行业集中较多的民营工业企业，它的稳步增长，成为支撑全市工业增长的重要组成部分。

在科技型发展方面，许多民营企业陆续向新材料、航空航天、新能源汽车、软件与信息化等领域进军，2009 年民营科技企业在电子信息、生物医药、新材料、新能源和高效节能、航空航天、环境保护与资源综合利用、核应用技术等 11 个领域经认定的技术合同达 6196 项，涉及项目销售收入 133.53 亿元，全年新增上海中国弹簧制造有限公司等“小巨人”企业 34 家，新增上海宝景信息技术发展有限公司等“小巨人”培育企业 110 家。

在企业的国际化发展方面，许多民营工业企业由依靠长三角市场向国内和国外两个市场与两种资源转移，通过新建、并购和战略联盟方式，获得国外品牌和销售渠道；建设境外经贸合作或产业开发区，拓展集群式对外投资形式；开展海外研发投资，提升技术水平；探索开发资源类项目，促进可持续发展。在这些方

① 上海工商联：《2009 年上海民营经济发展报告》，第 34 页。

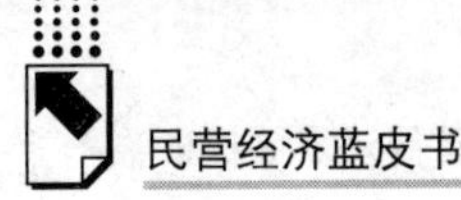

面做得较好的企业有上海华辰隆德丰集团、上海达之路国际集团、上海丰佳集团和上海曦龙生物医药公司和上海安信地板公司等。

（二）规模集约化与竞争实力提高是江苏省民营工业企业发展的重要特征

目前，江苏民营经济的发展已由早期的分散粗放型向规模集约化发展，规模实力不断增强。在各行业中，民营企业已占据主要地位，一批规模较大的旗舰性民营企业集团脱颖而出。从产业特征看，以劳动密集型为主，技术密集型企业逐步兴起，资本密集型企业发展缓慢。随着企业规模的扩大，民营企业的产品结构正从低档次、松散型逐步向系列化、集群化方向转变，并注重品牌塑造和科技创新。截至2009年底，全省规模以上民营工业企业数累计达到43824户，同比增长15.6%。实现增加值8288.8亿元，占全省规模以上工业的49.6%，比上年提高3.5个百分点，同比增长18.9%，高于全省规模以上工业增幅4.3个百分点。实现利润1685.2亿元，同比增长17.7%，占全省规模以上工业的43.6%，其中私营工业实现利润1085.4亿元。

截至2009年底，江苏省共有859家民营企业参与全国工商联上规模民营企业调研，户均实现营业收入20.99亿元，户均资产规模达13.54亿元，户均利润达8536.47万元。2009年“全国民营企业500强”，江苏有111家企业上榜，其中36家企业进入全国前100强。2009年全省百强民营企业（集团）实现营业收入12302.72亿元，比上年“百强民企”增长12.3%；实现利税总额777.47亿元，增长7.6%；实现利润总额525.28亿元，增长10.7%。超百亿元的民营企业达到38家，比上年增加6家。江苏沙钢集团有限公司、苏宁电器集团营业收入超过千亿元，南京钢铁集团有限公司营业收入超过500亿元，分列全省百强民营企业前三位。

江苏省广大民营企业坚定不移地走新型工业化发展道路，加快制造业转型升级步伐，着力建设国际先进制造业基地。以船舶制造业为例，全省规模以上船舶工业企业260多家，约占全国的1/5，2009年上半年即实现总产值865亿元，销售产值达835亿元，出口交货值386亿元，分别占全国总量的33.8%、33.9%和32.4%，工业总产值、销售产值和出口交货值三项指标均位居全国第一。

江苏省民营科技企业发展势头迅猛，已成为民营经济中最具创新活力的群体。目前，江苏省以民营高新技术企业为主体，具有一定自主创新能力的民营企业群体正在壮大；以企业为主体的技术创新体系和以高新技术产业化为中心的创新服务体系正在建立；以知识经济为先导、高新技术为主导的民营经济发展新格局正在逐步形成。截至2009年底，全省民营科技企业已达24431家，比上年增加12.4%，实现收入18695.76亿元，增加值4043.6亿元，净利润1581.3亿元，上缴税金1265.7亿元，对全省高新技术产业的贡献份额超过40%。民营企业自主创新意识进一步增强，研发投入规模逐年增加，自主创新成果显著提高。2009年全年民营企业共申请专利86046件，专利授权37364件，同比分别增长45.3%和58.3%。专利申请数量以及专利授权数量，均居全国第一。

知识产权成为江苏省民营企业持续发展的宝贵财富，极大地提升了民营企业的综合竞争力。经过多年的努力，目前江苏省民营企业产生了一大批国际级、国家级、省级知名品牌和驰名商标，江苏阳光、波司登荣获世界名牌称号，领跑全国纺织服装行业。至2009年，全省已有的200多个中国名牌中，民营企业占90%以上，1731个江苏名牌中，民营企业有1587个，占总数的91.7%。

2009年，江苏省主要行业经济运行良好。医药、机械和建材行业高位增长，销售收入同比分别增长31.6%、19.5%和16.7%，利润同比分别增长22%、30.9%和19.7%。轻工、石化和纺织行业增幅平稳，销售收入同比分别增长13.5%、12.1%和8.6%，利润同比分别增长28.5%、27.1%和27.5%。目前，江苏民营工业的空间布局逐渐集聚，块状经济特色日趋显现。从江苏民营企业的地区分布看，苏南地区是民营企业较为集中的区域，尤其是苏、锡、常三市民营企业个数已占全省民营企业数的一半以上，并且在发展过程中，形成了“一地一品”、“一镇一业”的块状经济特色。块状经济的发展，不仅带动了地方经济的快速发展，而且推动了专业市场的形成和发展，也使各市县形成了自己的特色产业，如邳州的板材加工、吴江市菀坪镇的国内中厚料缝纫机、扬中的低压电器、吴江市横扇镇的羊毛衫等。

（三）转型优化升级在浙江省民营工业企业中取得了新的发展

改革开放以来，浙江民营经济经历了由“地下微量型”到“数量积累型”的第一次实质性转型和从“数量积累型”再到“规模数量型”的第二次实质性转型。①浙江省民营经济具有自生自发的特点，早期起源于五金建材与小商品的交易及其生产，后来逐渐走向正规化与规模化。目前，浙江省规模以上民营工业企业成为工业的骨干力量，体现了民营工业企业开始走向规模化与集团化的趋势，对促进地方经济发展起到了不可替代的作用。近年来，随着产业结构的调整和技术力量的注入，浙江规模以上民营工业企业不断向高新技术产业进军，从低成本的竞争转向高收益、高附加值、高科技的竞争，这些经济增长方式的转变和技术创新成为浙江民企发展源源不断的动力。

2009 年，浙江省规模以上民营工业企业 49010 户，资产总额 22736 亿元，分别比 2008 年的 48727 户和 20112 亿元增长了 0.6% 和 13.0%，其从业人员达到 534.5 万人，占浙江省规模以上工业企业总就业人员的 69.03%，成为带动浙江就业的主力军，民营经济成为增加就业的重要渠道。规模以上民营工业企业工业总产值和工业增加值分别达到 24748 亿元和 4915.5 亿元，比 2008 年的 24448 亿元和 4686.7 亿元略微增长了 1.2% 和 4.9%，占浙江省规模以上工业企业总产值和工业增加值的 59.34% 和 60.77%。2009 年，浙江规模以上民营工业企业的主营业务收入和利润为 23720 亿元和 1107 亿元，分别比 2008 年提高了 0.9% 和 9.7%，占浙江省规模以上工业企业主营业务收入和利润比例为 61.99% 和 54.23%。规模以上民营工业企业所缴税金 660 亿元，占浙江省规模以上工业企业所缴税金的 45.61%。同时，2009 年规模以上民营工业企业的创新研发投入达到 227 亿元，同比增长 4.7%，占浙江省规模以上工业企业创新研发投入的 61.51%。

浙江经济发展呈现块状结构特点，且大部分首先是由私营工业企业为核心形成的。目前在浙江行政区域内，工业产值超亿元的各类块状经济 500 多处，其中超过 10 亿元的有 200 多处，这是浙江私营工业的重要载体。从行业结构分析，浙江省规模以上民营工业企业分布比较集中，主要分布在纺织、服装及其他纤维制品制造业、电气机械及器材制造业、金属制品和普通机械等 10 个传统产业，这 10 个行业的总产值所占比重达到 70% 以上。从近两年的主要行业结构变化看，纺织业、造纸及纸制品业、化学制品业、普通机械制造业、电器机械及器材

① 浙江民营经济需要第三次转型，http://www.zj.xinhuanet.com/boss/2004-04/21/content_2003235.htm。

制造业和其他制造业的工业产值所占比重有所提高；服装及其他纤维制品制造业、皮革皮毛羽绒及其制品业、塑料制品业和其他制造业的比重有所下降，其中服装及其他纤维制品制造业所占比重下降幅度较大。目前，杭州软件、宁波家电、温州皮鞋、温州台州汽车摩托车及配件、舟山台州修造船、永康五金、海宁皮革、嵊州领带等在国内外市场占有率都较高，已经成为全国乃至世界相关产品的重要加工制造基地。浙江的这种“块状经济”是以区域比较优势为基础、以轻工化生产为中心、以专业市场为依托而形成的，实质上体现了市场经济的专业分工、资源配置、降低成本、提高效率的基本规律。

2009 年浙江民营企业在全国民营企业 500 强中占 182 席，浙江企业百强中民营企业占 80% 以上。新认定的 2009 年浙江民营企业百强，规模和实力都有了较大的提升。位列百强前三位的娃哈哈集团、万向集团和广厦控股三项指标均创新高。

现在，浙江民营经济正处于第三次实质性转型的门槛上。以品牌引领新飞跃已成为浙江省民企新一轮发展的指向。浙江省民营工业企业正逐步从定牌加工走向创牌制造，从注重仿造走向注重品牌、研发，从简单的外加工合作步入企业联手打造区域经济品牌的良性循环。同时，自主创新是提升企业竞争能力的重要基础和内在动力。浙江省正在加强对民营科技企业的扶持力度，鼓励企业引进先进技术、先进设备，加快对传统产业的升级、改造，越来越多的民营企业注重人才、技术、管理等知识型要素投入，注重原始创新、引进技术再创新和集成创新。

三 长三角民营服务业与民间投资状况及其比较

（一）服务业成为上海民间投资的重点

近年来，民间投资占上海固定资产投资总额比重约为 1/5 ~ 1/4，呈现逐渐下降的趋势，其增长率也逐年放缓。目前，上海市固定资产投资产业结构发生了较为明显的变化，已经由 2007 年度第一产业投资下降，第二、第三产业投资增幅并驾齐驱，转变为第一、第二产业投资低速增长，第三产业投资高速增长的状态。

上海民营服务经济凭借从事企业实体数量众多等优势，借用上海国际大都市的交通区位优势与信息优势，在传统服务业、生产性服务业等大部分服务行业领域发展迅速。以创意、文化和新型商务为主的民营服务经济保持良好的发展势头。同时，利用上海航运中心建设和世博会筹备与举办的时机，上海民营企业在物流、会展服务业等现代服务业行业快速发展。此外，从事卫生、社会保障和社会福利等社会事业领域的民营企业保持稳定增长。在积极参与社会主义新农村建设中，从事农业专业合作社、农业服务业的民营企业也出现迅速增加的趋势。随着民营经济发展环境的逐步改善，在垄断性服务领域中的某些产业链环节，民营企业的投资经营活动趋于活跃，并体现出顽强的生命力和发展潜力，而在传统服务行业，民营企业已由数量上的主导转为资本和经营规模上的优势，并为社会提供了大量的就业机会。目前，民营服务经济已经成为本市服务领域的重要力量。在实现以服务经济为主的产业结构调整中，民营服务经济将成为一支不容忽视的市场力量。

目前，上海民营企业在服务业领域的数量居于三次产业首位，其中批发和零售业、房地产业占据了较大的比重。上海民营企业为适应国内外经济发展形势，加快经济转型和结构调整步伐，重点发展现代服务业。然而，上海民营传统服务业面临着严峻的成本压力，现代服务业尚处于低端，民营服务业在提升、转型中又受制于自身能力的不足。民营服务企业既有数量众多、生存能力强、机制灵活有效的优势，又存在实力较弱、规模尚小、技术手段落后和行业影响力低下等缺陷。因此，民营经济在本市现代服务业领域的发展，需要进一步改善其发展环境，实施市场开放、规制恰当、行业引导、区位集聚、公平竞争和必要扶助的产业政策，促使民营企业在本市新型服务业和生产性服务业发展中发挥更大的作用。在大力发展现代服务业和生产性服务业的过程中，要求政府放松产业管制与给予一定的扶助与支持的要求较为强烈。

（二）正在提速扩量的江苏省民营服务业与民间投资

江苏省把加快服务业发展与推动民营经济紧密结合起来，把发展现代服务业作为民营经济优化产业结构、转变发展方式新的切入点。一大批民营企业，以现代服务业产业集聚区为载体，依托良好的产业优势，大力发展现代物流、软件、科技服务、旅游、文化创意等服务产业，为江苏省服务业占比增加作出了积极贡献。2009年，省级现代服务业百强企业中，民营企业占27家，成为支撑和带动全省服务业发展的亮点。

近年来，江苏省民间投资发展速度明显加快，总量规模不断扩大，经营领域大大拓展。目前江苏省的民间投资已成为新一轮经济增长的强大推动力。与政府投资相比，民间投资受市场供需规律制约，利益驱动比较明显，较为贴近市场，切实地反映了区域经济发展的投资需求。这样，民间投资活跃的地方经济增长相对较快。苏南经济发达，非国有经济比重高，民间资金实力雄厚，聚集内在性较强，是江苏省民间投资的主力军。与之相比，苏中与苏北的民间投资相对较少，约相当于苏南的1/4或者更低，三大区域在民间投资发展上的差别是形成地区间经济发展水平差距的一个重要原因。目前江苏民间投资已遍及国民经济19个行业。在全省固定资产投资中，全部农业投资中民间投资所占比重达到一半左右；在制造业领域，民间投资已几乎遍及所有工业大类，制造业民间投资占到全部民间投资的一半，特别是一般竞争性领域，民间投资已显示出强大的经济实力和竞争优势，如纺织，黑色金属、有色金属冶炼及压延加工，通用设备制造，非金属矿物制造等行业既是制造业民间投资的主要行业，也是民间投资占主要地位的行业，民间投资均占到本行业全部投资的七成以上份额。特别是除烟草加工业外，家具、造纸、电气、金属、皮革、服装等行业均以非国有经济为主体，国有资本所占比重仅在一成以下。在服务业中，民间投资已延伸到教育、医疗、中介、旅游以及科技、金融等行业，正在从传统服务业向现代服务业转变。在垄断性领域，随着一些国有经济垄断的基础设施领域逐步向民间投资开放，越来越多的民间投资开始介入基础设施和公益事业的建设。通过市场化运作、大量吸引民间投资，基础设施建设的资金缺口得到有效缓解，旧城改造、城市供水、污水处理和垃圾处理等一批重大基础设施项目建设步伐加快，民间投资已经成为江苏城市化提速的重要动力。①

2009年江苏民间投资突破万亿元，达到11746.2亿元，同比增长26.9%；占全社会投资比重达62.6%，比上年提高1.1个百分点。从投资的行业分布看，制造业、房地产业、批发和零售业、水利环境和公共设施管理业、电力燃气及水

① 《江苏民间投资成为新一轮经济增长拉动力》，http://www.cce365.com/wenzhang_detail.asp?ID=18688&sPage=1。

的生产和供应业等行业的民间投资共计占到全部民间投资的90%以上。从分行业的投资结构看，在批发和零售业、住宿和餐饮业、房地产业、建筑业、制造业、租赁和商务服务业、农林牧渔业等行业中，民间投资已经占据投资的主导地位。

（三）不断拓展领域的浙江民营服务业与民间投资

目前浙江省优秀的民营企业已经初步完成了原始资本的积累阶段，近年来浙江民间投资领域不断拓展，但分布行业仍相对集中。浙江的民营资本与上海的外资嫁接、国有改制与外地资本不同，而是以民间自有资本积累投资为主，从目前看，浙江的民营投资资金占全社会投资资金来源的60%以上，民营投资中投资于固定资产的占30%以上，投资于科技的占70%以上。在制造业中，浙江省传统优势行业纺织业和非金属矿物制品业在民间投资总额中依然占据重要的地位，另外通用设备制造业、交通运输设备制造业、电气机械及器材制造业等新型制造业投资也有了较快的增长。随着国家针对民营企业发展的一系列政策措施的陆续落实，浙江省民营企业投资的产业以及行业分布也逐步拓宽，浙江省民营企业投资范围已经基本覆盖了国民经济的各个领域。首先从三次产业结构看，浙江省民营企业投资投向主要集中于第二、第三产业，第一产业的投资规模和所占比例很小，不足10亿元，占限额以上民间投资不足1%。再从行业细分的角度看，第二产业中的制造业、第三产业中的房地产业投资构成浙江省民营企业投资的主体，二者占限额以上民间投资的80%以上。其余的民间投资分散于电力燃气及水的生产和供应业、水利环境和公共设施管理业等16个行业中。社区服务业、中介服务业、信息服务业、融资担保、租赁服务等新兴行业日新月异，交通运输、仓储业、批发和零售业、租赁和商务服务业以及居民服务业发展较为迅速。

在长三角产业结构不断优化调整的大环境下，代表制造业发展方向的设备制造、机械制造业将是民营企业新的投资热点；随着经济体制改革的不断深入，政府迫切需要民间资本进入基础设施与基础产业等领域投资，以优化投资结构并提高资源配置效率，目前浙江省民营企业在基础设施与基础产业等行业的投资也有所发展，这对于破除行业垄断具有重要意义；浙江省民营企业投资在传统服务业的较多，占据了主导位置，但在现代服务业中，民营企业投资的力度还远远不够，随着我国相关服务投资领域的开放，目前浙江省的民营企业在现代物流业、金融业、信息服务业、旅游会展、教育与文化等新兴服务业的投资将以更快的速度增长。总而言之，目前浙江省民间投资正在从传统的服务业、制造业以及投机性的房地产业领域向垄断性、服务性与高技术行业发展。

2009 年，从浙江省企业总数来看，第一产业占 2.40%，第二产业占 46.04%，第三产业为 51.57%。在新设立的企业中，第三产业占比超过了 64%。浙江民营服务业发展保持较好的态势，民营企业实力进一步增强，户均注册资本达到 225 万元以上；企业规模进一步扩大，全省注册资本金超亿元的民营企业已经超过 1000 家，全省服务业企业总量已经超过第二产业，服务业企业总量及增加值增速均超过第二产业。商业服务业、金融业、信息软件业和通信制造企业增长态势明显，以品牌引领的经济增长趋势不断增强。以现代服务业与新兴产业为主体的服务业发展态势较好。从行业发展情况来看，计算机软件业同比增长 10%，商业流通（现代物流）企业同比增长 28.88%，教育服务业同比增长 15.7%，高科技企业新设立的企业数同比增长 21.18%。

2009 年，浙江省民间投资总额 5300 亿元，同长增长 13.71%。在新开工项目投资中，国有、非国有和民间投资分别增长 54.2%、31.2% 和 36.8%。民间投资和国有投资增长增速仍有不小的差距。特别是对制造业的投资仍显乏力，从固定资产投资结构来看，呈现“两头高、中间低”的增长态势，对房地产开发投资和基础设施投资增长较快，制造业投资相对滞后；全省限额以上基础设施投资 2893 亿元，增长 21.9%；而全年限额以上制造业投资 3656 亿元，增长仅 7.4%。

从投资方向来看，2009 年以来在房地产业强劲增长的刺激之下，浙江省相当多的民间资本从实体经济转向房地产市场。民间投资增长主要来自房地产业。此外，证券市场投资也是相当一部分民间资本的重要投资渠道。在许多大型民营企业的资本配比中，主业、房地产和证券投资占有较大的比重，而且后两个方面的投资收益较好，这进一步抑制了民间资本对主业特别是制造业的资金投入。

四　长三角区域民营经济发展趋势展望

（一）长三角民营经济面临的问题

1. 区域与产业的结构性矛盾较为突出

总体而言，目前，长三角地区企业发展尚未进入成熟阶段，再加上长三角地区的自然禀赋与文化条件相似性较高，长三角地区的产业结构出现了一定程度的相似性与趋同性。这些产业结构的趋同与同质化表现在长三角民营经济的主体是中小企业，劳动密集型、资源依赖型、能源消耗型企业居多，资源深加工、技术密集型和资金密集型企业相对较少。在国际产业链中，长三角民营企业还处于低端，附加值少、利润较低，产业利润容易受到外部需求下降、劳动力成本上升等多种因素的冲击。长三角民营企业的区域分工与协作还处于初步阶段，如在一些传统产业上，长三角地区初步形成了产业链上游的设计与下游的营销在上海，其他制造生产和加工环节放在其他城市的产业分工与协作关系。但是，长三角地区总体尚未形成完全按照产业链要求的成熟的上游与下游的分工与协作关系。

2. 开放型经济广度和深度亟待进一步增强

目前长三角的民营开放型经济还是以加工贸易为主，主要集中在纺织服装、化工和制造加工等传统产业，市场结构不合理。总体而言，长三角民营企业的自主创新能力亟待进一步提高，产品附加值需要进一步增多，企业抵御风险能力亟须进一步增强。后危机时代，长三角民营开放型经济面临加快出口创新、构建自主品牌竞争力，向绿色环保、高附加值方向深度转型的新要求。

3. 政策环境亟须进一步改善

长三角民营企业的投资领域受到抑制，行业分布过于集中，民营企业的融资问题长期得不到有效解决。虽然绝大部分行业在政策层面已经对民间资本开放，但是在具体操作层面仍然存在很多障碍，特别是部分高回报行业，由于政府垄断尚未完全打破，民间资本很难顺利进入。大量的民间资本只能拥挤在允许投资的少数行业内，造成过度竞争、重复建设，使资源不能通过投资在不同产业之间进行调整，无法实现更大范围内的资源优化。长三角民营经济的发展亟须在投资、融资、土地以及人才政策领域加快改革，构建整体上适宜于民营经济发展的环境。

（二）长三角民营经济发展面临的机遇

国家一系列支持民营经济发展的重大政策的出台，为民营经济发展提供了强有力的法律保护和政策支持，政府将为支持和推进民营企业新的大发展提供一个正式的制度化平台，政府将在机制上更加创新，在发展上更加放手，在政策上更加放开，为民营企业快速发展提供前所未有的法律环境和制度保障。同时，国内外经济形势有利于长三角民营经济发展。这些都为长三角民营经济发展提供了较好的条件。

1. 国务院发布《关于鼓励和引导民间投资健康发展的若干意见》

2010年5月，国务院发布了《关于鼓励和引导民间投资健康发展的若干意见》（以下简称“新36条”），这是继2005年出台的“非公经济36条”后对民营经济政策的又一次新的突破。“新36条”进一步拓宽了民间投资的领域和范围，鼓励和引导民间资本进入基础产业和基础设施、市政公用事业和政策性住房建设、社会事业、金融服务、商贸流通、国防科技工业等领域。鼓励和引导民间资本通过参股、控股、资产收购等方式，参与国有企业改制重组，支持有条件的民营企业通过联合重组方式做大做强。推动民营企业加强自主创新和转型升级，鼓励民营企业加大新产品开发力度，发展战略性新兴产业，积极参与国际竞争。清理和修改不利于民间投资发展的法规政策规定，支持民营企业的产品和服务进入政府采购目录。在放开市场准入的同时，切实加强监管。“新36条”的颁布和实施，为扩大民间投资效应，推动民营经济健康发展，提升经济增长的内生动力提供了有力的政策支撑。

2.《长江三角洲地区区域规划》发布

2010年5月，《长江三角洲地区区域规划》正式获批，长三角地区被定位为亚太地区重要的国际门户、全球重要的现代服务业和先进制造业中心、具有较强国际竞争力的世界级城市群。这是三地民营经济持续健康发展的巨大“利好”，给民营企业带来巨大商机，给民间资本带来宽广的投资舞台，有利于民营企业在更大范围内进行产业转移和结构升级，实现民营经济跨越式发展。

3. 我国大力促进内需发展

目前，我国大力促进内需发展，力求从依赖外需与投资拉动经济增长的局面转变到以内外需联动发展的方向上去。我国广阔的内部市场为长三角民营经济发展提供了较好的前景。2010年中央一号文件出台，建材下乡、家电下乡等强力推动资源要素向农村配置。着重强化的建材下乡和鼓励农民工进中小城镇落户等政策措施，都带有明显的刺激农村消费及鼓励农业人口进城买房等消费的意图。这对推动长三角经济增长，缓解产能过剩有着现实的指导意义，也对长三角民营经济发展具有较好的促进作用。

（三）促进长三角民营经济发展的政策与建议

长三角民营经济应当充分抓住发展机会，推进区域民营经济分工与协作的协调机制建设，加快建设公平有序的市场环境，提高自主创新能力，做好产业优化升级工作，扩量提质，为区域经济发展作出更多的贡献。

1. 大力推进区域民营经济分工与协作的平台建设

长三角产业结构趋同问题是经济发展到一定阶段的必然产物，也是为以后长江三角洲地区的专业化分工，充分利用比较优势与竞争准备必要基础。长三角地区必须加快制度建设，加快形成长三角的协调机制，推进区域民营经济分工与协作的平台建设，减少行政体制分割造成的市场与资源分割的负面影响；必须推动市场发挥资源配置的基础性作用，减少政府对经济运行的过分干预，这样才能促进长三角加快从产业结构趋同走向产业集聚与分工。长三角区域应当推进区域产业结构整体整合与分工，改变当前的重复建设和产业结构同构的现象。在具体运行操作之中，如组织以优势企业为主体的产业技术联盟，加大研发投入，开展联合攻关，在新兴领域突破一批重大关键技术。又如建立大型仪器共享平台建设，节省企业成本。在区域产业分工上，上海依托人力资源优势，发展先进制造业和现代服务业，首先应将长三角民营经济作为其功能辐射目标区，联手推进江浙两省的民营制造业加快转型升级，将各自的优势产业和特色产业做强做大，形成长三角地区布局合理、分工协作、各展所长、有国际竞争力的产业格局。

2. 加快建设更加公平有序的市场环境

在国家正在鼓励民营经济发展的背景之下，长三角区域应当加紧制订区域性经济政策，推进经济领域改革，完善公平有序的市场竞争环境，促进民营经济快速健康发展，鼓励民间资本进入基础设施、公用事业、金融服务、社会事业领域，参与国有企业改革重组。同时，着力优化投资结构，激发社会投资活力，在市场准入、政府采购、金融税收等方面提供无差别的政策待遇，进一步消除民间投资进入的不合理限制。

3. 提高自主创新能力，培育自主品牌

长三角应当将自主创新作为发展创新型经济的关键，大力培育自主知识产权和自主品牌，推动经济发展走上创新驱动的轨道。长三角应当把传统产业优化升级作为民营经济转变发展方式的战略重点，依靠自主创新以及引进吸收再创新，大规模开展技术改造，加大技改投入，运用高新技术和先进适用技术改造提升传统产业，强化科技支撑，培育更多的自主知识产权，进一步提高产业发展核心竞争力。鼓励发展民间风险投资，引导更多的社会资本投向自主创新，推进民营企业与高校、科研院所之间产学研深度合作，促进重大科技成果转化，培育壮大一批创新型龙头企业。同时，把人才队伍建设放在更加突出的位置，开展大规模培养培训人才活动，继续引进一批高层次的领军人才、拔尖人才和创新团队，以高素质人才支撑创新型经济发展。

4. 加快培育特色产业基地

长三角民营经济应当加快培育特色产业基地，提升集约发展水平。坚持突出重点、强化特色、完善功能，加强规划引导和政策调控，优化空间布局、促进要素集聚、形成区域特色。突出主导产业，强化特色优势，大力建设电子信息、集成电路、新能源、生物技术和新医药、新材料、光电产业、船舶制造、节能环保、软件和服务外包、现代农业等一批重点基地，尽快形成万亿元级、千亿元级的产业规模，提升区域经济的综合竞争力。围绕壮大优势主导产业，实施一批重大产业项目，建设一批处于产业链高端的龙头型、基地型企业，培育一批自主知识产权和自主品牌。通过提升产业自主创新能力，促进产业结构优化和产品附加值提升，使特色产业基地成为民营经济发展的产业高地、创新高地、人才高地。

课题组负责人：王志华

课 题 组 成 员：上海市工商联：陈建华　翁一飞

江苏省工商联：周　洁　董国宁　欧　坚　邓　伟

浙江省工商联：周冠鑫　景柏春

地方报告

福建省民营经济发展报告

福建省工商业联合会

2009 年是新世纪以来我国经济发展最为困难的一年，也是海峡西岸经济区发展战略上升为国家战略、福建发展迎来新的历史机遇的一年。面对国际金融危机的严重冲击和国内外复杂的经济形势，全省人民在省委、省政府的正确领导下，深入学习实践科学发展观，认真落实国务院《关于支持福建省加快建设海峡西岸经济区的若干意见》，立足福建，围绕发展，认真贯彻中央和省里扩大内需、保持经济平稳较快增长的一系列政策措施，认真实行积极的财政政策和适度宽松的货币政策，较快扭转了经济增速明显下滑的局面，实现了国民经济总体回升向好，全年实现地区生产总值 11949.53 亿元，比上年增长 12.0%。尤其是民营企业知难而上，积极应对，奋力拼搏，继续保持平稳快速发展态势，成为福建经济增长强有力的支撑。民营经济的健康快速发展为推动福建省经济增长、促进就业再就业、维护社会稳定和构建和谐社会作出了积极贡献。

一　抓机遇，民营经济平稳发展

（一）民营企业持续增长

从企业户数看，截至2009年底，福建省实有民营企业23.0577万户，比上年增加2.5602万户，增长12.5%。从注册资金看，民营企业注册资本（金）7235.49亿元，比上年增加1577.28亿元，增长27.88%。从户均注册资本（金）看，民营企业户均注册资本（金）313.80万元，比上年增加9.02万元，增长3.0%。从雇工人数增长看，民营企业从业人员267.866万人，比上年同期增加35.636万人，增长15.35%。

（二）民营工业在全省规模工业中比重继续提升，但利润增长低于全省平均水平

据省统计局统计，2009年全省规模以上工业增加值4585.23亿元，比上年增长13.0%，增速比上年回落3.7个百分点。其中，国有企业增长8.1%，集体企业增长18.6%，股份制企业增长18.9%，外商及港澳台投资企业增长8.2%，私营企业增长22.8%。规模以上工业企业实现利润784.27亿元，比上年增长35.6%。其中，股份制企业实现利润288.73亿元，增长22.5%；外商及港澳台投资企业实现利润445.16亿元，增长55.6%；私营企业实现利润171.70亿元，增长27.6%；国有及国有控股企业实现利润84.66亿元，增长29.6%。受国际金融危机的影响，以劳动力密集型为主的民营企业利润增长率较上年有较大下降。

（三）民间投资快速回升

2009年，全省完成全社会固定资产投资6362.03亿元，比上年增长20.0%。全年全社会民间投资3357.74亿元，占全社会投资的比重由上年的50.0%提高至52.8%。春江水暖鸭先知，民营企业善于在危机中抓住发展机遇，显示出民间资本对福建省经济回暖的坚定信心。

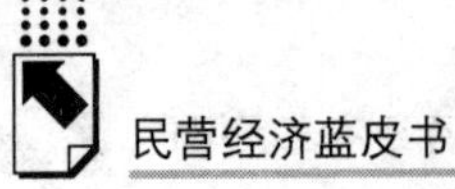

（四）民营企业进出口逆势增长

据福州海关统计，2009 年，福建省累计进出口总额实现 796.6 亿美元，同比下降 6.1%。面对国际需求下降，福建省民营企业没有束手待毙，而是发挥经营灵活的优势，抓住机遇，大胆出手，通过并购国际品牌、寻求国际资本合作、到境外设立营销网络或投资办厂等方式，扩大了国际市场占有率。民营企业进出口额达 240.7 亿美元，增长 21.5%。纺织品、机电产品、鞋类和农产品依然是福建省民营企业的主要出口商品，欧盟仍为福建省第一大贸易伙伴和第一大出口市场。

（五）民营科技企业不断成长壮大，成为民营经济发展的中坚力量

尤其是在软件业等新兴产业领域，民营经济更发挥了不可替代的作用。截至目前，全省经过认定的软件企业共 611 家，其中 95% 以上为民营企业。瑞芯微电子、福大自动化、网龙等一批福建民营科技企业凭借各自优势产品，已纷纷占据国内工控、IC 设计、动漫游戏等行业的龙头地位。

（六）民营企业成为新一轮闽企上市的主角

2009 年以来，随着国内及国际经济形势趋于好转，不少企业已重新进入上市轨道，民营企业成为新一轮闽企冲刺上市的主角。据福建省发展和改革委员会统计，2009 年全省共有 20 家民企通过境内外成功上市，融资 170.76 亿元。其中，南平的圣农发展和太阳电缆 2 家在境内上市，融资 15.09 亿元；中国利郎和匹克体育等 18 家企业分别在中国香港、新加坡、马来西亚、韩国、美国等国家和地区资本市场上市，融资 155.67 亿元。

（七）民营企业成为福建省与台湾产业对接新的生力军

随着大陆与台湾地区开放程度不断加深，福建省企业正纷纷把台湾作为重点拓展的市场，民营企业闻风而动，积极与台湾产业进行对接。福建省新大陆集团所属的福建新大陆电脑股份有限公司抢先入岛，出资 28 万欧元，收购了荷兰史利得公司在台湾独资设立的帝普科技公司 58% 的股份，并将帝普科技公司改名为“台湾新大陆股份有限公司”，主要从事电子产品设计、电子材料批

发和零售、资料处理服务和国际贸易，成为首家经商务部批准的赴台投资的大陆企业。

（八）社会责任感显著增强

民营企业毋庸置疑是推动福建省经济建设和履行社会责任的生力军，在捐资助学、扶贫助困、赈灾救灾、安置就业等方面，充分展示了福建省民营企业的社会责任心。而把慈善当做事业来经营，已然成为做大做强民营企业新一轮发展的价值取向。新华都集团董事长陈发树先生设立了新华都慈善基金会，并将其个人持有的价值83亿元人民币的有价证券捐赠给新华都慈善基金会，陈发树担任新华都慈善基金会会长，新华都集团总裁兼CEO唐骏先生担任新华都慈善基金会的执行理事长，全面负责新华都慈善基金会的管理和日常运营。该基金是目前中国规模最大的、个人出资的民间慈善基金。

二　给政策，党委政府支持民营企业应对国际金融危机

在国际金融危机背景下，福建省民营经济能够保持平稳较快发展，得益于民营企业积极应对，奋力拼搏，更得益于党中央、国务院和全省上下为民营企业创造的良好的发展环境。

第一，《福建省企业和企业经营者权益保护条例》经省十一届人大常委会第六次会议审议通过，于2009年1月1日开始实施。该条例的贯彻实施，从法律上保护了企业和企业经营者的合法权益，特别是为解决民营企业和企业经营者合法权益容易受到伤害这个长期以来带有普遍性的问题提供了法律依据，使民营企业能够更加有序、和谐、健康的发展，也增强了民营企业应对挑战、发展生产的信心。

第二，2009年1月出台的《福建省人民政府关于进一步减轻企业负担促进经济发展的若干意见》，取消和停止了征收100项行政事业性收费项目，并减征一批政府性基金和行政事业性收费项目共20项，减轻企业负担12.38亿元。有关部门举办各类金融专题座谈会、政银企对接会、协调会，解决福建省企业特别是民营企业融资难问题。有关部门还会同银监部门组织开展担保机构信用评级，放大担保倍数，对小型工商企业提供融资担保的担保机构，分别按年度担保额的

8%和5‰给予补偿。此外，相关部门还举办了专业展、扶持企业应用电子商务开拓市场、建设“福建省工业企业服务网”和“中国中小企业信息网·福建站”等网站、开展“送管理、送技术进企业”活动、积极帮助企业应对国际贸易壁垒等活动，为民营企业发展保驾护航，扶上马送一程。

第三，2009年5月14日国务院《关于支持福建省加快建设海峡西岸经济区的若干意见》的出台，为福建民营企业带来了难得的发展机遇，加之台海关系进一步改善，为福建民营企业的发展提供了更加广阔的空间。5月底，省政府出台了《关于进一步鼓励和扩大民间投资的若干意见（试行）》（闽政〔2009〕14号），该意见明确提出将采取简化民间投资的行政审批、做好民间投资的用地和用海需求保障、拓宽民间投资项目的融资渠道、用好鼓励民间投资的税收优惠政策、减少行政事业性收费和经营性收费、加强政府对民间投资的引导和支持等七大举措，鼓励民间资本进入基础设施和公用事业、先进制造业、服务业、现代农业、社会事业、小城镇建设、股权投资业七大领域。这极大地提高了民营企业的投资热情。

第四，从2009年1月起，国家实行增值税转型改革，允许对一般纳税人购进机器设备等固定资产的增值税进行抵扣，这项政策为民营企业减轻了投资成本，帮助民营企业轻装上阵。对减轻困难企业负担，鼓励企业扩大投资，加快技术升级改造提供了巨大的推动力。

三　重服务，各级工商联帮助民营企业应对国际金融危机

各级工商联紧紧围绕服务民营经济的工作中心，积极引导，帮助民营企业应对国际金融危机。

（一）深入企业开展走访、慰问、调研活动

国际金融危机发生后，福建省工商联把劳动密集型出口企业作为走访、慰问和调研的重点，深入了解外向型企业的生产经营情况和职工队伍稳定情况，掌握第一手资料。先后走访了200多家企业，召开了30多场企业家座谈会，广泛听取基层工商联和企业家的反映、意见和要求，客观分析造成外向型企业生产经营困难的原因。在此基础上，向省委、省政府领导提交了《在金融危机背景下我

省民营企业的生存状况与对策建议》专报件，反映了民营企业面临市场萎缩、产品积压、三角债加剧、贷款困难、劳资矛盾突出、职工队伍不稳等突出问题，引起了省领导的高度关注。省政府和省政协两次召开专题协调会，请政府相关部门共同研究、现场办公，为民营企业支招。尤其是集中解决了民营企业土地证、房产权证不全等历史遗留的难点问题，使全省近千家企业受益，受到了民营企业家的欢迎。

（二）及时为民营企业提供政策信息

为了帮助基层工商联和民营企业获取政策支持，引导民营企业了解政策、学好政策、用好政策，发挥政策威力，省工商联编印了上千册《应对金融危机文件汇编》之一、之二、之三，发到民营企业家手上，成为他们应对国际金融危机的有力武器。恒安集团利用国家关于引进设备免税政策，逆势发展，提前完成了企业生产设备更新改造；福建双飞日化集团，利用海外客户美国SOLAR公司申请破产的机会，仅用正常价格的2/3，就收购了该公司品牌和2000多个营销网点，完成了海外公司的注册；永同昌集团公司抓住行业重新洗牌、项目低价抛售的机会，在赞比亚和蒙古收购了一批优良矿业项目，迈开了企业“走出去”发展的步伐；长乐市多家纺织企业花巨资从国外进口自动络筒机300多台，创全国之最，既大幅提高了工效，又有力地提升了企业的竞争力。

（三）及时传递民营企业的呼声

各级工商联充分发挥参政议政的优势，利用各种渠道、场合、形式，为民营企业呼吁、代言。在2009年省“两会”上，省工商联发动担任省人大代表、省政协委员的企业家，以提案、议案的形式提出意见、建议和要求。省政协年会第一次安排了工商联界别2位委员在大会上发言，省工商联提交的《应对危机，促进海西经济在区域竞争中胜出的几点建议》的团体提案，被省政协列为重点提案，黄小晶省长做了批示，请有关部门认真研究省工商联提出的意见。担任省政协委员的民营企业家提交了25份政协提案，表达了企业家的愿望和呼声。其中要求提高农产品出口退税率的提案，经省财政厅向商务部和税务总局报告，最终提高了3个百分点的退税率，这可为福建省农产品加工出口企业增加效益4000

多万元，被民营企业家称为“含金量最高的一个提案”。省政协领导还带领经贸委、地税局、物价局、财政厅、劳动和社会保障厅、总工会等单位领导深入福州市、泉州市开展专题调研。通过调研，促成了省政府出台若干帮助企业解困、减轻企业负担的政策措施。

课 题 指 导：李祖可　张剑珍
课题负责人：邱家赞
课题组成员：课题指异：李祖可　张剑珍
谢庆双　黄秀梁　黄　兴
林玉宏　马晓峰　包　梅
执　　　笔：谢庆双　林玉宏

山东省民营经济发展报告

2009 年以来，山东省委、省政府坚持和完善以公有制为主体、多种所有制经济共同发展的基本经济制度，毫不动摇地鼓励、支持和引导非公有制经济发展。全省上下紧紧围绕中央和省、市各级政府出台的一系列保增长、保民生、保稳定的政策措施，积极帮扶，优化服务，全省个体私营经济稳步快速增长，农民专业合作社继续保持强劲发展势头。截至 2009 年 12 月底，全省实有个体工商户 215.7 万户，从业人员 466.7 万人，资金数额 668.5 亿元，同比分别增长 15.8%、13.8% 和 26.1%；实有私营企业 47.1 万户，从业人员 573.0 万人，注册资本（金）9294.2 亿元，同比分别增长 11.6%、14.5% 和 21.7%；农民专业合作社发展到 25873 户，出资总额 213.3 亿元，成员总数 26.6 万个，均实现了倍数增长，同比分别增长 132.3%、211.3% 和 109.1%。2010 年以来，全省个体私营经济继续保持良好发展势头，1～5 月，全省个体工商户达 226 万户，私营企业达 49 万户，个体私营从业人员 1100 万人，注册基金 11167 亿元，缴纳税金 230 亿元。

随着发展非公有制经济各项政策的不断落实，个体私营经济（包括个体工商户、私营企业和农民专业合作社）快速发展，在市场主体中所占比重持续上升，公有制经济比重不断降低。截止到 2009 年底，全省公有制经济、个体私营经济、外资经济市场主体户数比重分别为 4.7%、94.2% 和 1.1%，注册资本（金）比重分别为 40.8%、41.0% 和 18.2%。个体私营经济户数、注册资本（金）比重比上年提高了 1.1 个和 2.5 个百分点，其注册资本（金）比重首次超过公有制经济，占到四成以上。公有制经济逐渐退出一般竞争性行业，户数、注册资本（金）比重进一步下调。

一　发展特点

（一）个体工商户发展速度明显加快，资金实力大幅提高

2009 年，受“两费”停征、创业带动就业等多重利好因素的影响，全省个

体工商业进入加速发展阶段，实有户数、资金数额均呈明显上扬趋势。2009 年，全省新登记个体工商户 51.9 万户，突破 50 万户，同比增长 28.3%；截至年底全省个体工商户总量达到 215.7 万户，同比增长 15.8%，增幅均创历史新高。2000～2008 年，全省个体工商户年末实有户数始终处于稳中有升状态，年均净增加 6.8 万户，而 2009 年实有户数比 2008 年底净增 29.4 万户，是以往年均增幅的 4.3 倍。2009 年末个体工商户实有资金数额达 668.5 亿元，比上年同期净增 138.5 亿元，同比增幅为 26.1%，比户数的增幅高出 10.3 个百分点；其中年内新登记个体工商户资金数额为 188.3 亿元，同比增长 42.9%，比户数的增幅高 14.6 个百分点。全省个体工商户户均资金实力进一步提高，2009 年全省实有个体工商户户均资金首次突破 3 万元，新登记个体工商户户均资金达到 3.6 万元。

（二）私营企业发展迅速，后劲十足，在各类市场主体中所占比重明显提高

2008 年，受国际金融危机的影响，全省私营企业新登记户数降幅较大。2009 年，经济形势逐渐回暖，私营企业发展稳步回升，发展速度加快。截至年底，全省实有私营企业 47.1 万户，比 2008 年底增长 11.6%；年内新登记私营企业 8.7 万户，同比增长 17.2%。私营企业资金实力不断增强，私营大户增长迅速。2009 年底，全省私营企业注册资本（金）总额为 9294.2 亿元，比 2008 年底净增 1658.5 亿元，同比增长 21.7%，增幅是户数增幅的近 2 倍。全省私营企业户均注册资本（金）为 197.2 万元，500 万元以上企业共计 45372 户，占总户数的 9.6%，其中亿元以上企业 667 户，比上年同期增加 175 户，同比增幅为 35.6%。

受经济形势好转的影响和充裕的民间资本的支撑，私营企业发展后劲十足，2009 年私营企业发展快速回升，在各类企业中所占的比重进一步提高。2009 年全省国有集体性质企业、外资企业期末实有户数与本期登记户数均呈现下降趋势，年末全省实有各类企业 63.4 万户，注册资本（金）23955.8 亿元，私营企业所占比重分别为 74.3% 和 38.8%，分别比上年提高了 2.9 个和 2.1 个百分点。

（三）个体私营经济投资热点相对集中，个体私营服务业发展迅速

2009 年，全省一、二、三产业个体工商户、私营企业累计户数和新登记户

数同比均呈增长趋势，第三产业所占比重不断提高，服务业成为个体私营经济投资热点。截至2009年底，全省实有第三产业个体工商户189.6万户、私营企业28.8万户，分别占实有户数的87.9%和61.1%，分别比上年同期提高了0.6个和1.6个百分点，所占比重略有提高。全省个体私营经济三次产业结构比例为1.2:15.7:83.1。

2009年，全省新登记个体工商户51.9万户，其中第三产业46.1万户，占88.7%，即全省新登记个体工商户近九成从事第三产业。从行业分布看，新登记个体工商户最为集中的三个行业为：批发和零售业、居民服务和其他服务业、制造业，分别为33.1万户、5.1万户和4.8万户，其中仅批发和零售业就占新登记户数的63.8%。2009年，全省新登记私营企业8.7万户，排前三位的行业分别为批发和零售业、制造业、租赁和商务服务业，分别为3.6万户、1.9万户、0.9万户，第三产业6.0万户，占新登记户数的69.6%。

近年来，全省各级认真落实促进服务业发展的政策措施，积极引导企业内部二、三产业分离，促进了服务业市场主体总量的增加，促进了服务业的发展。2010年前三季度，全省二、三产业分离户数1732户，注册资本114.5亿元，从业人员21万人，新增营业收入53.2亿元，入库营业税及附加税5.6亿元。个体私营服务业已成为个体、私营企业从业的主要领域，对于经济结构的优化调整和缓解当前严峻的就业形势意义重大。

（四）公司制企业仍为私营企业投资的首选组织形式，合伙企业、个人独资企业发展各具特色

私营公司在全省实有私营企业数量和资金实力上均占绝对优势，且这种优势正在逐年强化，公司成为私营业者投资兴业的首选组织形式。截至2009年底，全省实有私营公司40.1万户，注册资本（金）9063.0亿元，从业人员502.6万人，分别占私营企业总数的85.1%、87.7%和97.5%，所占比重比上年进一步提升。

在私营公司中，一人有限公司和股份有限公司增长迅猛。截至2009年底，实有私营有限责任公司40.0万户，其中一人有限公司5.1万户，同比增长32.2%，包括自然人独资4.7万户、法人独资3800户。2006年修订后的《公司法》首次允许设立一人有限公司，因其具有投资人经营权集中和在出资额范围

内承担有限责任的双重优势，备受投资者青睐，因而自2006年以来的短短4年时间，年均增长1.3万户，占私营公司的比重提升至10.8%。2009年底，实有私营股份有限公司529户（不含分支机构），比上年底的318户增加了211户，同比增长66.4%；注册资本217.1亿元，同比增长70.9%；从业人员4.5万人，同比增长107.2%。股份有限公司发展迅速，已成为私营公司制企业发展的亮点，其在快速、广泛地融聚社会闲散资金，支持企业扩大再生产，在发展规模企业、安置就业等方面优势日益显现。

合伙企业户数延续了逐年下降趋势，但有限合伙企业登记数量增长迅速。2009年底实有合伙企业3081户，同比下降7.5%，其中普通合伙企业3036户，占合伙企业总数的98.5%，比上年同期下降1个百分点；有限合伙企业35户，比上年同期的8户增加了27户，有限合伙有利于鼓励风险投资，提高社会闲散资金的利用率，今后发展空间较大。2009年末实有特殊的普通合伙企业10户，比上年底增加1户，为会计师事务所。个人独资企业年末实有6.7万户，同比增长5.3%，扭转了近年来的下降趋势，占私营企业的14.2%。

（五）农民专业合作社继续保持跨越式发展势头，登记总量居全国前列

截至2009年底，全省实有农民专业合作社25873户，成员总数26.6万个，出资总额213.3亿元，年末实有户数居全国前列。其中，年内新登记14934户，成员总数14.8万个，出资总额140.0亿元，同比分别增长64.0%、51.1%和146.8%。2009年，全省日均登记41户农民专业合作社。

从业务范围看，全省农民专业合作社从事种植、养殖业的最多，跨领域兼营现象较多。其中种植业户数最多，为12032户，占总户数的46.5%；其次为养殖业8951户，占34.6%；再次为农业生产经营提供有关技术信息等服务的6320户，占总户数的24.4%；农产品加工、运输、贮藏等领域数量较少。从出资方式看，以货币出资为主，2009年底实有货币出资189.6亿元，占出资总额的88.9%。从出资规模看，出资额多为100万元以下，占总户数的75.9%；出资额100万~500万元的5446户，占21.0%；出资额500万元以上的799户，占3.1%，其中出资额过亿元的2户。从成员类别看，以农民成员为主，农民成员25.8万人，占成员总数的96.9%。

二 原因分析

2009 年，在国际金融危机不利影响下，全省个体私营经济、农民专业合作社仍然保持了较快的发展速度，并呈现加速发展的态势，究其原因主要有以下几点。

一是各级政府出台的“三保”政策措施成效显著，为个体私营经济发展注入强心针。为应对国际金融危机的影响，从中央到地方都出台了一系列保增长、保民生、保稳定的政策措施，扩大政府投资、实施税收优惠、拓宽融资渠道、加大对中小企业扶持支持等，为个体经济发展提供了强有力的政策支持。2009 年 11 月，山东在全国第一个制订了《关于贯彻国发［2009］36 号文件 进一步促进中小企业发展的实施意见》，出台了 30 条政策措施，在专项资金、信用担保、过桥资金、信贷融资、税收减免等方面有较大突破和创新。各市各部门也都出台了相应文件。

二是全省各有关部门立足职能积极扶持，为个体私营经济发展创造了良好的环境。为应对国际金融危机的冲击，山东省各级各部门采取一系列改革措施，大力扶持各类市场主体发展，积极开展股权出资、出质和动产抵押登记、小额贷款公司登记的试点工作，切实帮助企业解决融资难题，为个体私营经济发展营造了良好的环境。“两费”停征后，各级各部门服务发展水平进一步提升，引导个体户、私营企业做强做大，促进了个体私营经济发展。

三是创业带动就业政策激发了自主创业热情，营造了全民创业的社会氛围。为缓解全省严峻的就业形势，2010 年初省政府和各级各部门相继推出一系列创业带动就业的扶持措施，鼓励自主择业从事个体私营经济，极大地调动了创业积极性，营造鼓励自主创业发展个体私营经济的社会舆论氛围，推动了全省个体私营经济的发展。

四是通过政策激励、典型带动、量化考核，多措并举促进农民专业合作社又好又快发展。2009 年，山东省制定政策，进一步放宽了农民专业合作社名称、出资以及设立分支机构等条件；召开了促进农民专业合作社发展电视会议，表彰了 100 家“百佳农民专业合作社”，充分发挥典型的示范带动作用；将全省各市支持农民专业合作社发展工作，纳入量化考核，推动了农民专业合作社的发展。

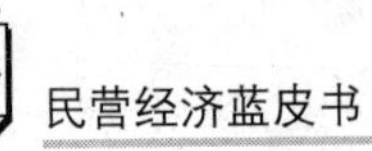

五是其他各类积极因素共同作用的结果。第十一届全运会在山东举办，赛区在全省17市实现了全覆盖，围绕全运会的筹备工作，各市开展了一系列城建综合环境治理，对经济发展起到了巨大的带动作用。此外，“好客山东”旅游业发展、各地特色园区建设等新的经济增长点的开发也推动了全省个体私营经济的发展。

三　问题及建议

2009年，全省个体私营经济的发展速度超过预期，为推动全省经济形势好转起到了重要作用，是全省经济持续增长的重要动力；农民专业合作社继续保持了强势发展势头，对农村发展、农业增效、农民增收起到了积极促进作用。但目前，全省个体私营经济仍存在发展层次不高，行业发展不平衡等问题，农民专业合作社发展仍存在“重组建、轻运行，重登记、轻指导，重数量、轻质量”问题。为此，提出以下建议。

（一）强化帮扶，进一步加大对个体私营经济发展的扶持力度

个体私营经济日益成为推动经济实现新增长的重要力量，成为吸纳社会劳动力的重要渠道，个体私营经济的发展对于促进全省经济形势整体好转和缓解严峻的就业形势意义重大。2009年，全省个体私营经济吸纳从业人员1039.7万人。建议进一步提高对个体私营经济的重视程度，加大对个体私营经济的扶持力度，放宽市场准入，缓解融资难问题，增强个体私营经济参与市场竞争、增加就业、发展经济的活力和竞争力，保护民间投资合法权益。

（二）积极引导，推动个体私营经济优化结构持续健康发展

从行业分布情况看，全省个体私营经济在劳动密集的批发和零售业、低端制造业相对集中，其结构不合理、资源利用率低、管理水平不高等问题更加突出。受资金、人才以及市场等因素影响，个体私营经济自主调整能力不足，产品和产业调整优化升级难度大。建议加强引导，积极推进个体私营经济结构调整和优化升级，引导走“专、精、特、新”的发展路子，实施产业集聚发展，重点发展软件、物流、服务外包、电子商务等现代服务业，扩大生产服务业领域和规模。

同时，引导个体工商大户优化组织形式，促进做强做大，走规范化经营和品牌化发展之路，提高市场竞争力。

（三）数质并重，促进全省农民专业合作社又好又快发展

2009 年全省农民专业合作社呈现出迅猛发展态势。但还存在经营管理不规范，农民主动参与经营的意识不强；发展不平衡、市场拉动和辐射能力较弱等问题。山东省是农业大省、畜牧大省、水产大省，截至 2008 年底全省农业人口 5860 万人，当前农民专业合作社中农民成员为 25.8 万人，仅占全省农业人口总数的 0.4%，农民专业合作社发展潜力巨大。今后在狠抓农民专业合作社扩大总量的同时，还应当通过加强指导，宣传促动，典型带动，引导农民专业合作社提升内在质量，规范发展；要通过帮助农民专业合作社实行品牌化经营，提高效益，真正起到促进农民增收、农村繁荣的作用。

课题组负责人：栾文通

课 题 组 成 员：李承新

海南省民营经济发展调研报告

2009年，为应对国际金融危机，海南省广大非公有制企业在省委、省政府的正确领导和鼓励支持下，积极主动作为，适时调整结构开拓市场，共克时艰逆势前行，总体保持平稳较快发展的良好态势，为海南省保增长、保民生、保稳定作出了重要的贡献。

一　2009年海南省非公有制经济发展的基本情况

据统计，2009年全省生产总值1646.60亿元，同比增长11.7%，其中非公有制经济贡献率在50%以上。海口、三亚、儋州、琼海、文昌等市县非公有制经济贡献率达到80%以上，占据了主导地位。截至2009年底，全省非公有制经济运行的基本情况如下。

数量与规模持续增长。全省各类非公有制企业69556户，占全省企业总数72.35%，同比增长10.7%；注册资金2624.28亿元，占全省51%，同比增长6.8%。全年企业退出（注销和吊销）总数为2173户，同比下降62.14%。个体工商户212042户，同比增长21.7%；注册资金56.19亿元，同比增长37.3%。

税收贡献进一步加大。全省非公有制经济上缴的税收为297.17亿元，占全省税收总额的86.23%，同比增长21.9%。其中，国税186.84亿元，占全省88.37%，比上年增长18.48%；地税110.33亿元，占全省82.84%，比上年增长27.9%。

进出口贡献不断提高。全省非公有制经济实现外贸进出口36.31亿美元，占全省（不含非海南企业）75.4%，同比增长15%。其中，出口9.76亿美元，占全省74.56%，同比下降16.37%，这主要是受国际金融危机下国际市场需求萎缩的影响；进口26.54亿美元，占全省75.76%，同比增长33.43%。

吸纳大量的社会就业。在国际金融危机的严峻挑战下，海南省广大非公有制企业积极承担社会责任，坚持不减员、不减薪，保障就业和稳定，为政府分忧。2009年全省城镇从业人员132.8万人，新增就业9.14万人，同比增长6.5%。其中，各类非公有制经济组织解决了近90%的社会就业。

此外，非公有制经济科技力量稳健增强，2009年新认定的16家高新技术企业中，有15家为非公有制企业；品牌创建意识逐渐深化，海南省新认定的54家驰（著）名商标中，非公有制企业占42家。

二　2009年海南省非公有制经济发展的主要特点

（一）政策支撑，助推非公有制经济平稳较快发展

自2008年底以来，为配合和落实中央刺激经济的系列政策，支持企业共克时艰，省委、省政府充分发挥调控服务职能，相继颁布实施了《海南省人民政府关于鼓励支持和引导中小企业和非公有制经济发展的若干规定》（“新25条”）和《海南省中小企业发展专项资金管理办法》、《海南省中小企业成长性奖励资金管理暂行办法》等四个配套政策，出台了《海南经济特区促进中小企业发展条例》，以及促进房地产业、高新技术产业、汽车产业、电子信息及软件产业、外贸出口等一系列政策措施，在财政支持、税费优惠、融资担保、科技创新等方面给予非公有制经济和中小企业政策的倾斜和有力的扶持，及时为企业应对危机谋求发展提供了坚实的政策保障。

同时，随着这些政策的实施，财政扶持力度不断加大。省财政设立了3亿元产业发展引导资金，中小企业发展专项资金规模从2008年的1000万元增至3000万元，还新设立了中小企业成长性奖励资金；安排中小企业技术创新资金400万元，扶持科技型中小企业技术创新项目；利用6700万元外贸扶持专项资金，支持鼓励外贸型中小企业积极开拓国际市场，减缓国际金融危机对海南省出口企业的消极影响；投入3000万元大力扶持热带特色农业发展；实施结构性减税7亿元；安排300万元扶持就业再就业；采取“一企一策”办法解决海航、海马汽车等企业的实际困难等。

一系列鼓励政策措施的密集出台，以及“真金白银”的扶持帮助，可以说

是前所未有的。政策效益的释放，促使非公有制经济所积蓄的发展潜能得到了较为充分的发挥，大大坚定了企业的发展信心，助推了非公有制经济平稳较快发展，成为2009年非公有制经济发展中的一大亮点。

（二）融资担保，开启中小企业融资难题的破冰之旅

为破解中小企业融资难题，2009年省政府全力推动“银行+担保+政府补贴”的中小企业融资服务模式，安排3000万元中小企业发展专项资金，主要按“三个一点”（给企业贴息一点，给担保公司风险补偿一点，给银行奖励一点）对中小企业担保贷款进行补贴奖励，激活了中小企业担保融资服务，使海南省中小企业担保贷款业务突破了多年徘徊的局面，实现了快速增长，有效缓解了中小企业融资难问题。截至2009年底，全省信用担保机构为中小企业提供新增担保贷款11.3亿元，同比增长122%；担保受益企业和个体工商户5445家，担保业务5853笔。获贷企业稳定，新增就业岗位1.7万个，新增销售收入达到30亿元。受益企业中有36%为首次获得银行贷款。其中，民营担保以其在解决中小企业融资问题上高效、灵活的机制和突出的业绩成为一个闪光点。如海南信联盛投资担保有限公司是海南省仅有的两家资本金上亿元的担保公司之一，2009年担保贷款业务达到2亿多元，比上年增长2倍多，累计为海南省180家中小企业提供7亿多元的资金支持，为助力中小企业渡难关，扩规模，进行产业转型，应对危机发挥了积极作用。

（三）逆势发展，非公有制经济持续加快回升

房地产业继续保持强劲发展势头。2009年初在国内很多地区房价走跌的环境下，海南房地产却逆势上扬，年底在国际旅游岛上升为国家发展战略的推动下，更是突飞猛进，成为拉动海南经济增长的重要动力。其中，占据房地产市场相当比重的非公有制经济作出了重要的贡献。2009年全省房地产开发投资287.9亿元，同比增长44.3%；商品住房销售570.77万平方米，同比增长54.5%；销售61806套，同比增长76.4%；销售金额366.28亿元，同比增长93%。房地产相关税收收入占全省地方税收收入总额的46.89%。海口、三亚增长较为稳定，琼海、文昌、万宁、陵水等东部二线城市增幅巨大，呈现快速发展势头。

旅游业回升并加快发展。2009年初受国际金融危机、甲流等影响，海南省

旅游业发展有所减弱，后期在相关政策的推动下逐步恢复生机，并呈现不断加快发展的趋势。2009 年全省接待旅游过夜人数 2250.33 万人次，比上年增长 9.2%。其中接待国内旅游者 2195.18 万人次，增长 12.0%；接待入境旅游者 55.15 万人次，下降 43.7%。旅游总收入 211.72 亿元，增长 10.1%。其中，国内旅游收入 192.82 亿元，增长 16.9%；入境旅游收入 18.9 亿元，下降 29.1%。旅游饭店客房开房率 59.18%。截至 2009 年底，全省共有星级宾馆 238 家，其中五星级宾馆 20 家，四星级宾馆 54 家，三星级宾馆 112 家，其中九成都是民营的。非公有制经济为全省旅游业的加快发展发挥了积极的作用。

制药工业继续保持快速增长。2009 年海南省非公有制经济完成工业总产值 755.69 亿元，占全省 71.14%；非公有制工业完成销售总产值 750.04 亿元，占全省 71.11%，其中海南省医药产业积极应对国际金融危机严峻挑战并取得快速发展。全省医药行业总产值突破 55 亿元，是国际金融危机背景下全省制造业中唯一实现连续每月正增长的行业，整体呈现良好发展态势。2009 年，全省制药企业共 90 家，其中通过 GMP 认证企业 79 家，规模以上生产企业有 52 家。省医药保健品行业协会统计显示，2009 年全省 52 家规模以上制药工业企业完成工业总产值 56.82 亿元，同比增长 24.22%；实现工业增加值 19.81 亿元，同比增长 21.38%。其中，非公有制规模以上制药企业 49 家，完成工业总产值 51.86 亿元，占全省规模以上制药企业总产值的 91.27%。

农业生产持续较快发展。2009 年省级农业重点龙头企业 138 家，其中非公有制企业 132 家；国家级龙头企业 17 家，其中非公有制企业 13 家。以非公有制企业为主体的农业龙头企业为领跑海南省农业发展和外销发挥了极其重要的作用。2009 年海南省农业完成增加值 461.93 亿元，比上年增长 7.2%。农业生产保持较快增长，农产品价格有不同程度走高，农产品出口出岛规模进一步扩大，在国际金融危机下逆势销往国内外 80 多个国家和地区。全年瓜果菜出岛量 493 万吨，同比增长 5.0%。

水产品出口逆势上扬。2009 年全省水产品出口 12.9 万吨，同比增长 2.2%；出口额 4.4 亿美元，下降 9.8%（主要是由于虾、海鱼等水产品受国际金融危机影响国际市场价格走低）。数量上涨主要是由于罗非鱼作为海南省第一大宗出口创汇农产品，欧盟等国对其需求一直在增长，受国际金融危机影响不大。同时，罗非鱼叫响国际市场，还得益于其品质优良，海南省出口企业完全依照出口市场

产品标准的要求来组织生产。2009 年罗非鱼加工出口量达 8.8 万吨，出口额 2.6 亿美元。受市场的强力拉动，罗非鱼产业已步入规模化生产、标准化管理和产业化经营的现代水产养殖业轨道。2009 年全省水产品出口企业共 42 家，除一家为国有经营外，其余皆为非公有制企业，在保障市场正常运转、推动行业快速发展中贡献突出。

（四）抗击危机，改制后的非公有制经济龙头企业中流显砥柱

多年来，许多有规模和实力的国有企业通过股份化、民营化改制加盟到非公有制企业队伍中，使海南省非公有制经济的总体规模和实力得到了迅速增强，产品的科技含量和品牌竞争力得到了全面提升，企业管理水平也得到了极大提高。尤其是在 2009 年应对国际金融危机，保增长、保民生、保稳定中，这些行业领军企业发挥了中流砥柱的作用。如海航集团积极把握经济走势，抢抓市场机遇，通过实施战略转型，实现了跨越式发展。2009 年，全集团实现收入 364 亿元；总资产达到 1411 亿元；引进飞机 53 架，使其飞机总数达 230 架；航空产业旅客运输量 2775 万人次，比上年增长 27.7%，为海南省“保增长”作出了重要的贡献。更为可贵的是，海航集团先后两次举行大规模的校园“千人招聘”活动，共招收优秀大学毕业生近 2000 名，积极为政府排忧。海马集团在全球汽车行业受国际金融危机影响市场低迷的大环境下，秉承“现金为王、节支惜付、保障主力、科学分配、优化机制”的经营策略，实现营业收入 62.67 亿元，同比增长 2.3%。现代集团在危机中提出“不裁员、不减薪、不减速”的口号，2009 年新增 300 余名员工，集团房地产板块实现销售额 1.49 亿元，同比增长 11.5%。同时，强化企业内功，实行“科技兴企”战略，全面提升产品竞争力，使得集团工业企业——赛诺实业赢得了市场。2009 年椰树集团面临国际金融危机不退反进，实现“一保一扭四增长”，创改革 24 年来税金、产值、销量三项指标的历史最高水平，尤其是改制后 3 年中上缴税金比改制前 3 年多 2.5 亿元，增长 63.51%，创造了持续发展的辉煌业绩。

（五）调整结构，以旅游业为龙头的现代服务业正在兴起

海南省非公有制经济充分发挥产业优势，积极调整产业结构，以特色休闲旅游业、休闲房地产业为重点的现代旅游服务业正蓬勃发展。房地产业是旅游业的

主要元素，旅游刺激房产升值，房产发展促进旅游发展，一个良性循环正在形成。房地产业参与旅游基础设施的开发建设，可以提高旅游接待能力；旅游业可以为房地产业注入新的理念，拓宽产业发展空间。旅游地产业的兴起实现了“资本+资源”的强强联合，将实现公共旅游资源的使用效率最大化，促进了海南房地产市场持续健康发展。经过近些年的努力，海南已经初步形成了以观光旅游、时令度假、候鸟家居、会展商务为运营体系，以酒店、住宅、旅游景点、文体娱乐设施为基本业态，从北到南沿海岸线分布的观光度假候居产业带。现已基本建成了滨海一线项目——亚龙湾，正在积极推进建设的有海棠湾、清水湾等10余个海湾，规划使用约166公里海岸线和536平方公里的滨海地区土地。据统计，全年旅游房地产累计销售总金额66.08亿元。旅游地产联姻又助推游艇产业等相关新兴产业的兴起。邮轮、游艇等中高端旅游产业，涉及游艇研究开发、使用消费、维修保养、设计制造、销售管理等相关一系列经济活动，其附加值高、产业链长、配套环节多、集中密集度高，具有巨大投资潜力，在产业的相互带动促进下，海南省产业支撑力不断增强，环境、资源和区位优势不断彰显，发展潜力与活力不断释放。非公有制经济成为提升海南省产业素质的重要推动力。

三 海南省非公有制经济发展存在的主要问题

纵向看，经过多年较快发展，海南省非公有制经济基础不断夯实，产业支撑力不断增强，发展潜力与活力不断释放，处于发展的上升期。但横向相比，海南省非公有制经济还存在着一些问题和障碍，主要体现在以下几个方面。

一是发展方式需进一步转变。国际金融危机冲击影响的余波尚存，经济回升的基础还不稳固，一些深层次矛盾特别是结构性矛盾仍然突出，非公有制经济发展仍面临着严峻的困难和挑战。经济总量小、结构不优、发展滞后仍然是海南省最突出的矛盾和问题。多数中小企业以劳动密集型、加工贸易型、资源依赖型居多，缺乏核心技术和自主品牌，管理水平不高，在复杂的经济环境下应变能力不足，缺乏竞争力，转变发展方式的任务更加迫切。部分工业行业还未走出困境，经济回升的基础还不稳固，稳增长、调结构的任务还很艰巨；制约发展的体制机制障碍还不少，对外开放的广度和深度与建设国际旅游岛的要求还有很大差距，许多行业开放程度仍不够，远远滞后于与国际接轨的定位。

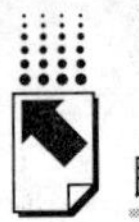

二是融资渠道仍需进一步拓展。虽然海南省中小企业融资担保取得了一定的突破性进展，但融资渠道还是太少、太窄，海南省担保机构总体实力还不强，当前绝大多数中小企业，尤其是与“三农”息息相关的农产品加工企业仍急需融资渡难关，企业调整结构、实现产品升级换代、开拓市场，更感觉资金匮乏。调查显示，融资难依然是民营企业和中小企业反映最强烈的问题。

三是发展环境仍需进一步改善。企业普遍认为，经过多年的努力，目前海南省投资环境总的来说比过去有了明显的改善，但一些部门尤其是基层执法人员仍存在着服务意识淡薄、办事效率低、乱用处罚权限，一些项目审批程序复杂、环节过多，部门之间配合协调不够等问题，影响到相关政策发挥应有的效用。

四　加快海南省非公有制经济发展的建议

海南国际旅游岛建设上升为国家战略，为海南省非公有制经济提供了重大的发展机遇和广阔的发展前景。从国际国内形势来看，当前正是实施体制机制改革、技术升级和结构调整的关键时机。为此建议如下。

（一）加大引导扶持力度，推动非公有制经济转变发展方式

一是及时做好产业规划政策导向及信息发布工作，引导海南省中小企业加快经济发展方式转变。按国际旅游岛建设产业发展战略定位，及时编制好相关产业发展规划，针对当前企业尤其是非公有制企业在产业发展导向上存在的盲区，由各级政务中心或相关职能部门不定期召开相关信息发布会，以及通过政府网站、新闻媒体和工商联宣传推介等多种渠道，引导、支持海南省广大非公有制企业按新的重点产业发展规划，调结构、转方式、上水平，不断提升市场竞争力和科技创新能力。

二是大力扶持发展低碳经济、循环经济。进一步落实好海南省产业发展引导资金和中小企业发展专项资金、技术创新资金等各项财政扶持鼓励政策，同时争取扩大海南省产业发展引导资金规模，引导和支持非公有制企业大力发展低耗能、低碳排放的产业。重点鼓励发展有资源优势的热带现代农业和现代服务业；积极推动生物医药、电子信息、膜技术、生物疫苗、生物育种、南药和香料产业等高新技术产业发展，培育一批具有海南特色的高新技术产业集群；积极推进清

洁能源开发和环保技术创新，把加快太阳能、风能、生物质能等作为新能源产业发展的重要方向，推动新能源汽车研究和开发，努力建设低碳经济的示范区。

三是鼓励、支持和引导非公有制经济提升自身素质。通过中小企业成长性奖励资金、技术创新资金和创品牌奖励等多种方式，引导企业在加快建立现代企业制度，完善公司治理结构，建立健全内部激励约束机制，形成科学规范的经营管理模式等方面自觉苦练内功，不断提高自身素质；平等待遇，切实落实人才引进、培养等方面的鼓励支持政策，推动非公有制企业人才队伍建设，为实现自身持续健康发展打下扎实基础。

（二）拓宽渠道，着力解决融资难这一制约非公有制企业转变发展方式的瓶颈问题

一是进一步完善制度，引导、培育现有担保公司做大做强。运用政府产业引导资金参股注资、吸引企业联合组建的方式，建立“国有资本为引导，民营资本为主体，股东构成多元化，业务运作市场化”的新型金融服务平台，充分发挥担保的放大效应，形成多赢的局面；再培育发展几家超亿元的担保公司，形成20亿~30亿元的担保能力；对原省财政各下拨500万元成立的18个市县国有担保公司进行整合，组建省市联动、行业配套的股份制担保公司，探索“中心公司+市县担保窗口+行业担保窗口”的企业化运行模式，切实发挥这笔国有担保资金的放大作用。

二是积极拓宽融资渠道，突破海南省中小企业和非公有制经济融资方式单一困境。尝试由多家机构合创信托产品，用大企业的钱支持中小型科技企业；尝试开展中小企业贷款保证保险试点，用保险与贷款捆绑的形式转移银行信贷风险，破解中小企业融资难题；出台信用担保联盟管理办法，组建再担保体系，推动银行机构扩大中小企业融资业务，降低中小企业融资成本。

（三）放宽准入，创新服务，打造改善非公有制经济和中小企业公共服务平台

一是放宽市场准入，鼓励引导非公有制经济进入垄断行业等领域。要及时制定海南省贯彻《国务院关于鼓励和引导民间资本投资健康发展的若干意见》的实施办法，吸引社会资金积极投资参与海南省开发建设；加大垄断行业改革力

度，消除非公有制资本进入产业部门的体制障碍和人为限制，鼓励和引导非公有制经济在经营形式上的进入或资本形式和经营形式上的同时进入，参与自然垄断行业、金融业、教育、科研及市政公用事业和基础设施建设等领域。推进市场主体和产权多元化，提高市场竞争力。

二是进一步强化政府服务职能，优化投资发展环境。进一步健全各级政务服务中心职能，尽量集中审批业务，简化审批程序，尤其是缩短办理工作日，如将现行的20个工作日缩短为5个或更短的工作日，不断提高政务效率；加大政策执行和政务服务的监督检查力度，每两年由人大牵头，组织相关部门、工商联和企业家代表对全省政策执行情况和政务环境进行一次联合检查和评比；在监督部门设立中小企业负担举报电话，坚决清查违规收费行为，努力为非公有制经济发展营造良好氛围。

课题组成员：谭　辉　郭　晋

广西壮族自治区民营经济发展报告

受国际金融危机的影响，2009 年是新世纪以来广西经济发展最为困难的一年。全区广大民营企业在各级各部门和社会各界的大力支持下，坚定发展信心，及时调整发展战略，努力克服各种不利因素的影响，成功抵御了国际金融危机的严重冲击，广西民营经济总体上保持了平稳较快发展势头。

一 2009 年广西民营经济发展主要经济指标

据自治区有关部门统计，截至 2009 年 12 月底：

——全区实有个体工商户 1178505 户，从业人员 2184766 人，资金数额 2714865.6 万元，分别比上年同期增长 3.6%、5.7% 和 28.4%；全区实有私营企业 108879 户（其中分支机构 17916 户），从业人员 1655167 人，注册资本（金）17518922.75 万元，分别比上年同期增长 21.4%、23.1% 和 29.8%；全区实有外商投资企业 4391 户，投资总额 271.98 亿美元，注册资本 149.78 亿美元，外商投资企业中外方认缴 120.8 亿美元，与上年同期相比，分别增长 2.18%、5.31%、7.7%、10.47%；

——全区规模以上民营企业工业增加值达 1291 亿元，比上年增长 21.5%，增幅高于全区平均水平 3.3 个百分点，占全区工业增加值的 57%；

——全区非国有单位投资额 2875.46 亿元，比上年增长 35.4%，但由于国有资金投资增长迅猛，非国有单位投资增幅低于全区平均水平 15.4 个百分点，占全区城镇固定资产投资的 55.7%；

——全区民营经济社会消费品零售总额 2349.51 亿元，比上年增长 9.68%，占全区社会消费品零售总额的 84.19%，比上年下降近 8 个百分点，造成民营经济社会消费品零售总额比重下降的原因，主要是国家 4 万亿元投资拉动了国有社会消费品零售总额的大幅增长；

——全区个体私营经济安排从业人员3839933人，新增从业人员537076人，其中个体工商经济新增从业人员308840万人，私营企业新增从业人员228236人；

——全区民营经济进出口总额达116.32亿美元，比上年增长19.79%，占全区进出口总额的81.88%；其中出口额达73.56亿美元，比上年增长41.46%，占全区出口总额的87.87%；进口额达42.76亿美元，同比减少5.2%，占全区进口总额的73.28%；

——2009年，全区民营企业上缴税收526亿元，同比增长10.95%，占全区税收的64.75%；其中上缴国税税收305.42亿元，同比增长7.77%，占全区国税总额的60.64%；上缴地税税收220.91亿元，同比增长15.65%，占全区地税税收的71.45%。

二 2009年广西民营经济发展的主要特点

（一）个体私营企业继续保持较好增长势头

2009年全区个体、私营企业数量、注册资金保持较好增长势头，外资企业增长明显，就业人员和工资持续增加，呈现出个体私营经济顽强的生命力。据自治区工商局统计，2009年12月底，全区个体工商户本期开业比上年同期增加3323户，新增从业人员308840人，新增资金数额925140.93万元；私营企业本期开业比上年同期增加8295户，新增从业人员228236人，新增注册资本（金）3392644.13万元；外资企业本期新开业94户，新增投资137208.1万美元，新增注册资本107127.6万美元，外方认缴新增长114518.9万美元。其中私营企业户数（含分支机构）、从业人员、注册资本（金）同比保持两位数快速增长。从区域看，私营企业仅南宁、柳州、桂林和梧州4市本期开业有10288户，占全区本期开业户数的47.6%，从业人员主要集中在批发和零售业、制造业，注册资本（金）主要流向租赁和商务服务业。在自治区工商联抽查的30家会员企业中增加员工的企业达22家，占抽查总数的73%；只有5家企业减员，占17%。大部分民营企业员工薪酬增幅高于全区平均水平，在5%～10%之间，其中增幅较大的有金融业、租赁和商务服务业、公共管理和社会组织、技术服务、建筑业等。

其中，员工薪酬增幅达5%的有11家，占37%；增幅达8%以上的有12家，占40%；减薪的企业只有5家，占17%。

（二）民营经济总体上企稳向好

随着国家和自治区“保增长、保民生、保稳定”的一系列政策和措施的实施，广西房地产、建材、装饰、汽车制造、汽配、制药、零售贸易、服务行业的民营企业销售（或营业收入）同比大幅增长；同时，广西受国际金融危机冲击最严重的有色金属、缫丝行业以及外向型民营工业企业去库存化问题基本得到解决，大部分企业实现了扭亏为盈。据自治区统计局统计，全区规模以上民营企业工业增加值达1291亿元，比上年增长21.5%，增幅高于全区平均水平3.3个百分点，占全区工业增加值的57%。据自治区工商联对以制造业为主的30家会员企业的抽样调查数据显示，全年销售收入与上年同期相比增长有20家，占抽样调查的67%，利润与上年相比增长有22家，占73%，利润负增长的只有8家，只占27%。部分企业抢抓机遇，扩大发展。部分企业成功上市融资，为企业的扩大发展注入强大动力，桂林三金药业成为国际金融危机之后首个通过IPO上市的民营企业、梧州神冠成为广西第一个在香港独立上市的企业，皇氏乳业也顺利在深交所中小企业板上市。永凯集团的酒精、纸浆项目顺利投产，南宁华南城的生产资料市场等一批重大项目陆续开工。由此可见，广西民营经济在国际金融危机的影响还未完全消除的情况下，仍然显示出强大的发展活力。民营企业总体呈现企稳回升，逆势而上的态势。

（三）民营进出口企业逆势上扬

2009年，全区有进出口实绩的民营企业1606家，出口总额60.8亿美元，同比增长57.2%，占出口总额已达72.6%，成为广西出口保持增长的主力军。外商投资企业出口12.8亿美元，同比下降21.1%，占出口总额的15.3%。国有企业出口10.2亿美元，同比下降45.6%，占出口总额的12.1%。出口超5000万美元的企业24家，其中出口超亿美元的企业7家。在民营进出口企业的拉动下，从9月份起当月出口和进出口实现增长后，全年进出口和出口一举双双实现增长。广西进出口和出口增幅分别较全国平均水平高出21.4和30个百分点，其中出口增幅在全国排第一位（全国仅两个省区市出口实现增长）；进出口增幅在全国排第2位（全国仅四个省区市进出口实现增长）。广西外贸进出口规模再创历史新高，在全国各省区市排位快速上升，其中进出口总额由2008年的第20位上升至第15位（在西部地区由第3位上升至第2位）；出口总额由第20位上升至第16位（在西部地区位列第3位）。

（四）非国有单位固定资产投资占比下降

2009年，全区非国有单位投资额达2875.46亿元，比上年增长35.4%，增幅低于全区平均水平15.4个百分点，占全区城镇固定资产投资的55.7%，所占比重比上年减少7.6个百分点。自治区工商联对20家会员企业的抽样调查结果显示，只有65%的企业进行了主要固定资产投资，24%的企业没有进行或者取消了原先计划的固定资产投资，说明还有部分民企在国际金融危机中缺乏发展信心，不敢扩大生产规模，只是维持或缩减生产规模，以求渡过危机。

（五）民营企业地税收入增长，国税收入减少

2009年全区民营企业地税税收收入220.91亿元，同比增长15.65%，占全区地税税收的71.45%；分企业类型看，外资企业（包括港澳台投资企业、外商投资企业，下同）税收收入19.08亿元，同比增长10.4%，占全区地税税收收入比重的5.6%，占民营企业税收收入比重的8.64%；私营企业税收收入13.55亿元，同比增长6.1%，占全区地税税收收入比重的4%，占民营企业税收收入比重的6.13%；个体经营户税收收入25.49亿元，同比增长7.9%，占全区地税税收收入比重的7.4%，占民营企业税收收入比重的11.54%。据自治区国税局统计测算，全区累计组织国税税收收入总额503.68亿元，比上年增长10.46%，其中民营企业税收收入总额305.42亿元，比上年增长7.77%，占全区国税税收总额的60.64%。

三　广西民营经济应对国际金融危机的主要做法

针对广西民营企业因国际金融危机的严重冲击而遇到的诸多困难。在自治区党委的领导下，全区各级各部门和社会各界同心同德，明确服务思路，创新服务

载体，强化服务实效，为帮助民营企业渡过难关，实现企稳向好发展做了大量实实在在的工作。

（一）认真落实中央和自治区应对国际金融危机的各项政策措施

自治区党委政府全面贯彻落实中央和自治区为应对国际金融危机出台的关于扩大内需和十大产业振兴计划等一系列政策措施，制定出台了《广西壮族自治区人民政府关于进一步支持中小企业融资的意见》等支持民营经济发展的一系列配套措施，同时，加快推进北部湾经济区开放开发、中国—东盟自由贸易区建设，努力为民营经济提供良好的政策支持和市场环境。

（二）深入开展民营企业发展服务年活动

为帮助企业应对国际金融危机，自治区还在全区范围内组织开展“项目建设年”、“服务企业年”活动，深入企业调查研究，积极为企业排忧解难。在开展服务企业年活动中，仅全区统战系统各单位就明确联系服务民营企业8080家，上门服务10391次，给民营企业赠送政策文件3万多册，向企业献良策3200条，帮助企业解决各种难题2100多件，举办“银企恳谈会”近200场，帮助企业解决100多亿元的贷款、较好地促进了民营企业平稳较快发展。

（三）强化培训，推动民营企业提升竞争力

为帮助企业解读有关政策和提升企业核心竞争力，各级各部门，尤其是统战部和工商联加强了对民营企业的培训工作。先后组织开展了非公企业成长讲座、助企工程培训班、民营企业投资与发展论坛系列培训学习，努力提升民营企业主和管理人员的整体素质，提高应对国际金融危机和发展难题的能力。

（四）民营企业危中求变应对有方

面对国际金融危机的不利影响，广西民营企业充分发挥较强的抗冲击能力和应对不利环境灵活机制的优势，从容应对。有的企业，如三环集团、强盛集团和富英制革等企业加大研发力度，努力提高自主创新能力，依靠核心技术增强竞争力，在国外市场萎缩的情况下，力保国外市场份额，同时，积极开拓国内市场，呈现出较好的发展前景；有的企业，如广西百大集团等企业积极引进专业管理人

才和团队，完善企业治理结构，提高企业管理水平，增强市场竞争力；大多数企业与员工风雨同舟、患难与共，努力不裁员、不减员，危机中靠团结协作有效增强了凝聚力、竞争力，从而成功度过了最艰难的时期。

四　广西民营经济发展中存在的主要问题

2009年，广西民营经济发展中也还存在一些不容忽视的问题。

一是社会上对民营经济的偏见仍然存在。尤其是国际金融危机期间，政府资金的大量注入，使手握重金的国有企业大举进入已经退出的行业，进一步挤压了民营经济的发展空间，所有制歧视的思维在社会上又有加重的趋势。

二是某些行业的进入仍然存在困难。由于在融资、征地等各种问题上存在困扰，民营企业难以进入需要大量资金和土地的行业，因此，在重大产业项目上，民营企业只能充担配角。

三是有关政策没有完全落到实处。政府职能部门服务意识、行政效能仍然有待提高；法制环境仍不理想，一定范围内存在的腐败行为、社会黑恶势力等严重干扰了企业的生产经营活动，民营经济的合法权益经常受到来自不同方面的侵犯。

四是投资成本显著增加。随着土地、融资、生产资料、劳动力价格的不断上涨，企业投资、生产、经营、环境成本大幅提高，利润摊薄，同时，国际市场恢复缓慢、内需仍然不旺，给广西企业造成巨大的发展压力。此外，由于缺乏相对科学的引导机制，大量的民间资本，甚至一些制造加工行业的企业也纷纷进入房地产等高利润行业，而对利润较薄的制造、加工等行业缺乏热情。

五是部分企业出现招工难，管理人才、技术骨干尤其难招；产业环境、物流配套等方面的滞后，也在一定程度上制约了广西民营经济的发展。

五　2010年广西民营经济发展预测和工作建议

2010年是复杂的一年，也是广西民营经济应对国际金融危机，加快发展的关键之年。民营经济发展仍将面临一系列的问题和困难，既有机遇也面临挑战。

（一）2010年广西民营经济面临的宏观发展环境

政策环境 2010年，我国经济发展仍将处于保增长与调结构的关键阶段，鉴于世界经济复苏前景依然不明朗、我国出口形势依然严峻、政策效应递减等原因，2011年我国宏观经济政策总基调不会改变，将继续实行积极的财政政策和适度宽松的货币政策。但随着经济形势的不断变化，将对财政政策和货币政策的操作工具进行动态微调，在“保增长”的同时，更加强调调结构、保民生、节能减排和促进区域协调发展。

市场环境 从外部环境看，中国—东盟自由贸易区正式建立，为中国和东盟各国经贸往来提供了便利，但国际市场需求能否持续好转存在不确定性；发达国家消费模式有所改变，各种形式的贸易保护和投资保护主义明显抬头，国际市场萎缩难以在短期内改变；全球货币发行短期内大幅增加，全球通货膨胀风险隐忧增加；产业结构调整加快，新能源等产业可能成为新的增长点，“碳减排”、“碳关税”等规则或准则正在形成，这将对国际贸易与投资发展产生深远影响。从国内经济看，内需不足，产能过剩，市场空间变窄；经济刺激政策空间变小，政府投资力度减弱，拉动效应递减；国内经济结构不合理、经济增长的内生动力不足，民间投资意愿不强；过多的投入使得温和通货膨胀的出现不可避免。广西民营以资源型为主，大多为初级产品，生产粗放，能耗较高，自主创新能力低，核心竞争力弱，面对新的市场环境，这种结构性的矛盾更加突出，面临的压力也十分巨大。

发展机遇 尽管面临较大的困难和挑战，但广西民营经济也面临着良好的发展机遇。一是国家和自治区出台的一系列应对国际金融危机的政策和扩内需、保增长的各项措施以及10大产业振兴计划的继续实施，将继续为广西民营经济的发展提供巨大的国内市场；二是中国—东盟自由贸易区的正式建立，为广西民营企业拓展东盟市场提供了便利；三是国家实施第二轮西部大开发政策和《国务院关于进一步促进广西经济社会发展的若干意见》的出台，为广西民营经济的发展提供了更加优惠的政策；四是国家产业结构调整转型和继续加大对新能源、新材料和信息技术等行业和一些服务业等领域的支持，为广西民营企业提供了新的发展契机；五是广西各级党委政府通过开展“服务企业年”、“项目建设年”等活动，使得广西民营经济发展环境更加优化；六是广西北部湾经济区开放开发建设的加快推进和一系列重大项目的投入，为广西民营经济的发展提供了更多的机遇。

总体上看，2010 年，广西民营经济将进一步调整产业结构，并克服国际金融危机带来的不利影响，继续保持持续快速发展的好势头，部分企业有可能实现跨越式发展。

（二）对 2010 年广西民营经济发展的工作建议

1. 充分利用新的机遇加快发展

2010 年国务院出台了《国务院关于进一步促进广西经济社会发展的若干意见》和国家将实施第二轮西部大开发政策等两个重要的优惠政策，这为广西民营经济的发展提供了新的机遇。广西应尽快配套相关的实施细则，加大宣传贯彻落实力度，引导民营经济抓住机遇，实现新的发展。

2. 进一步营造良好的发展环境

认真贯彻落实《国务院关于鼓励支持和引导个体私营等非公有制经济发展的若干意见》和《国务院关于进一步促进中小企业发展的若干意见》等各项政策措施，完善相关的配套措施和实施细则，加快政府职能转变，切实改正机关作风，增强服务意识，放宽市场准入，减少行政审批事项，营造更好更公平的发展环境。

3. 引导加快经济结构调整步伐

充分发挥财政、产业等各项政策的引领作用，引导企业深入贯彻落实科学发展观，及时调整发展战略和思路，转变发展方式，强化内部管理，加快技术创新，提高核心竞争力，培育新型企业文化，主动承担社会责任，树立企业形象，提高员工和社会满意度，推动企业可持续发展。同时，继续加大对优势企业的扶持力度，引导企业向优势产业集聚，鼓励中小企业走“专、精、特”新发展和大企业协作配套的路子，形成具有广西特色的优势产业，优化广西产业结构。

4. 加强对新兴产业的研究和规划

为加快广西经济结构调整步伐，提升竞争力，在中国—东盟自由贸易区的大框架下，从国际产业结构调整的高度，加大对广西发展新能源、清洁能源、新材料和低碳经济等新兴产业的研究和规划，制定出台相应的政策措施，发挥财政政策在提高经济质量、完善经济结构和促进长期发展等方面的优势和作用，引导民

营企业投入新的产业，促进产业结构转型，提高广西产业的国际竞争力。

5. 帮助民营企业提高东盟市场开拓能力

中国—东盟自由贸易区将于2010年1月1日建成，这标志着广西民营企业进入了一个新的时代，一方面为广西民营企业开拓东盟市场提供了难得的机遇，另一方面使广西部分行业直接面对东盟企业的竞争。建议政府根据实际制定相应措施，帮助广西民营企业学习国际经济贸易知识，增强国际竞争意识，提高国际市场开拓能力。鼓励、支持、引导广西民营企业解读政策，抓住机遇，充分利用国家支持东盟和大湄公河次区域发展的有关基金和政策，大力开拓东盟市场，利用国际国内两个市场发展壮大企业，提升国际竞争力。

课题组负责人：磨长英

课 题 组 成 员：唐振富　陆月兰　蓝家珍

西藏自治区民营经济发展报告

党中央、国务院历来十分重视和关心西藏工作，先后召开了五次西藏工作座谈会，制定了推进西藏跨越式发展和长治久安的一系列政策和措施。在国家和西藏自治区有关政策的指导下，西藏非公有制经济从无到有、从小到大，非公有制企业数量持续增长，规模发展更加凸显，经济总量大幅增长，经济社会效益显著提高，社会就业贡献突出，不仅对发展西藏社会生产力，满足人民多样化的文化物质需要、促进国民经济发展发挥着日益重要的作用，为维护社会稳定作出了贡献，也为西藏经济跨越式发展增强了活力，已成为西藏经济社会发展的重要因素和维护社会稳定、构建和谐社会的重要力量。

一　西藏非公有制经济发展的基本情况

中央第三、第四、第五次西藏工作座谈会以后，国家加大对西藏的投资建设力度，西藏的经济发展条件显著改善，吸引了大量的民间资本到西藏投资经营。特别是 2006 年 7 月，青藏铁路建成通车，使西藏与祖国内地的联系更加紧密、与世界的交流更加畅通、与时代的进步更加贴近，为西藏民营经济的全面快速发展带来了巨大的历史机遇。尤其是 2008 年以来，全国工商联加大对西藏非公有制经济的指导力度，全国工商联系统对口援藏工作逐步展开，在衔接协调对口支援工作、争取对口支援资金项目、探索建立对口支援工作机制方面取得了新突破，为区内外认识西藏、了解西藏、宣传西藏起到了积极作用，为加强对口援藏工作奠定了坚实基础、开创了良好局面。一是协调全国工商联成功举办了西藏首届非公有制经济人士暨工商联系统干部法律培训班和《中华工商时报》等中央主要新闻媒体赴藏专题采访工作。二是全国工商联赴藏调研组在西藏进行了为期 7 天的调研，形成了较有分量的西藏民营经济发展调研报告——《发展民营经济，促进繁荣发展》，上报国务院，得到了高度重视。三是全国工商联党组书记全哲洙率领全国工商联和北京、江苏等11个省市工商联及近30家著名民营企业的负责人赴藏考察调研，实地了解西藏经济社会和民营企业发展情况，并捐赠1000万元援助资金。四是考察团在藏期间，举行了西藏自治区招商引资项目推介会、进行项目接洽，集中举行了4场项目对接洽谈和招商引资项目推介会，企业家会外项目对接洽谈60多人次。杭州娃哈哈饮料生产线等19个项目已进藏建设，形成一定生产规模和税收，这将有力地带动内地民营企业进藏兴办实业，促进西藏非公有制经济跨越式发展。五是自治区政府与全国工商联赴藏考察团举行了座谈，就全国工商联系统对口支援工作进行了交流和探讨，在充分发挥工商联职能作用等方面达成了共识。

近年来，西藏非公有制经济进入了快速、健康、持续发展的新阶段，成为全区国民经济的重要组成部分和西藏自治区经济发展新的增长点，在促进全区经济结构调整、增强西藏整体经济实力、增加社会就业、满足广大人民群众生活的多样性需求等方面日益发挥着重大作用。2009年，西藏个体工商户达到8.70万户，注册资金24.66亿元，从业人员达到20.24万人，分别比2005年增长40.5%、126.8%、74.8%；非公有制企业达到6286户，注册资金176.9亿元，雇工人数达到11.8万人，分别比2005年增长138.9%、148.3%、171.6%；外商投资企业发展到243家，投资总额达6.36亿美元；非公有制经济上缴税收达25亿元，占全区各项税收总额的73%。

西藏工商联努力加强自身能力建设，服务“两个健康”的能力得到提高。一是积极吸纳在行业领域有影响力、具有领头羊作用的非公有制企业加入到工商联队伍，努力发展壮大会员队伍。截至2010年6月底，全区工商联共有会员2911个（其中企业会员506个、个人会员2395个、团体会员10个，区工商联直属会员企业69个）；2009年，在学习实践科学发展观活动中，新建16家非公有制企业党支部，还成立了西藏非公有制企业工会联合会，工商联会员队伍及其组织的不断壮大有力地推动了工商联事业的发展。二是加强“会员数据库”、“项目库”和“人才库”建设，为扩大工商联会员队伍主动创造条件，将编撰《西藏自治区非公有制经济建设项目推介书》，使该工作常态化，积极宣传西藏的投资项目。三是重视企业文化建设，成功举办西藏非公有制企业纪念西藏民主改革50周年文艺晚会——腾飞·西藏非公经济，展现了全区非公有制企业民主改革50年来取得的辉煌成就。四是积极参政议政，建言献策，每年向自治区人大、政协提交议案、提案，得到了自治区人大、政协的高度重视，充分发挥参政议政作用。

二　西藏非公有制经济发展中存在的问题

2008 年“3·14”事件发生后，西藏团结稳定的社会局面受到重创，非公有制企业直接经济损失约 3 亿元，间接损失无法估算，全区的建设和各项工作面临严峻形势和重大挑战。对全社会特别是对赴藏旅游观光者、投资者的信心打击很大，严重影响了经济和社会发展的步伐。事件发生后，西藏自治区工商联及时向全区非公有制经济界发出了“反对分裂，维护稳定，促进发展”的倡议，非公有制经济人士特别是代表人士立场坚定、旗帜鲜明，跟全区社会各界人民一道，在党中央的正确决策和亲切关怀下，在区党委、政府的坚强领导和有力部署下，声讨达赖集团滔天罪行，积极恢复生产经营，以实际行动迎头痛击达赖集团的分裂破坏活动，自觉维护祖国统一和民族团结，坚决果断地投入到平息达赖集团有组织、有预谋、精心策划的严重暴力犯罪事件各项处置工作中。与自治区总工会一起组织《共同约定行动》，号召广大非公有制企业在经济不景气的情况下做到不减薪、不裁员，为社会秩序日趋稳定，取得维护社会稳定斗争的阶段性重大胜利作出了积极贡献。

当前，西藏非公有制经济发展面临着前所未有的宝贵机遇。一是政策上的机遇。非公有制经济已经纳入国民经济和社会发展总体规划，制定和明确了有关非公有制经济发展的重要政策。二是发展环境上的机遇。随着不断深化西部大开发，发展非公有制经济的外部环境得到很大改善，为大力发展非公有制经济提供了十分广阔的空间。三是经济上的机遇。非公有制经济已经成为国民经济的重要组成部分和经济增长的主要来源，对全区 GDP、财政收入、社会就业的贡献率和社会投资的比例逐年提高，非公有制经济加快发展的基础条件更加坚实。

西藏非公有制经济发展的总体形势是好的，正面临着更加有利的发展机遇。但是，非公有制经济发展中还存在着不少困难和问题。一是思想还不够解放、观念有待进一步更新，个别地方、部门对非公有制经济的发展不能一视同仁，对发展非公有制经济重要性的认识有待进一步提高；二是全区各级工商联与政府有关部门协调服务非公有制经济的机制作用发挥不够，信息不对称，资源难共享，各涉及非公有制经济部门的职能作用发挥不充分，全社会支持帮助非公有制经济发展的力量尚未有效整合；三是非公有制经济发展存在着地域上、行业上的参差不齐，企业生产经营、产品研发存在盲目性，品牌战略意识差、市场开拓能力弱，相当一部分企业生产粗放，管理滞后，发展后劲不足，抵御市场风险能力较弱，处于高耗低效的状态，存在基础弱，起点低、科技含量低、产值低的“一弱三低”现象；四是企业融资渠道不畅，担保机制跟不上，贷款困难，服务非公有制企业发展的小额贷款公司、融资担保公司等小型金融机构尚不健全或运行不规范，资金短缺仍然是制约非公有制企业，尤其是中小企业发展的“瓶颈”；五是虽然研究和制定了鼓励和支持非公有制经济发展的政策措施，但在实际工作中，配套措施不具体，缺乏可操作性，同时存在有关部门在执行中落实力度不够、工作不到位的现象；六是非公有制经济组织党建工作存在多头管理、管理不到位、责任不明确的现象，影响了非公有制经济组织、基层党组织为群众服务，为企业服务，为发展服务的成效；七是非公有制经济人士和各类人才综合素质普遍偏低，尤其是高素质人才匮乏，制约了非公有制企业管理水平的提高、自主创新能力的提升和产品升级换代的推进，不能完全适应新形势下西藏非公有制经济发展的需要；八是非公有制企业存在劳动用工不规范、侵犯劳动者合法权益的现象，员工“五金”落实力度还不够；九是在非公有制经济获得一系列“通行证”的同时，非公有制企业在发展中经常遇到“三重门”（“铁门”、“玻璃门”、“弹簧门”）的阻碍。

三 推动西藏非公有制经济又好又快发展的建议

新世纪以来，非公有制经济进入快速发展轨道。国务院先后制定了“非公经济 36 条”、“促进中小企业发展 29 条”等文件，优化了非公有制经济发展的政策环境；党的十七大从理论基础和政策层面上，消除了影响非公有制经济发展的体制性障碍；国务院制定出台的《国务院关于鼓励和引导民间投资健康发展的若干意见》（“新36 条”），为民间投资发展营造了良好的舆论环境，极大地鼓舞了民营企业的发展信心。如何立足西藏区情，从新的历史起点出发，努力在“引导非公有制企业在加快经济发展方式转变上有更大作为、引导非公有制企业在保障和改善民生上有更大作为、引导非公有制企业在提升自身素质上有更大作为”，推动西藏非公有制经济又好又快发展，是当前摆在西藏非公有制经济发展工作中的重大课题。

第一，要充分发挥自治区非公有制经济综合协调机构的作用，完善有关部门合作协调机制，结合自身业务实际，定期、不定期研究解决非公有制经济发展存在的问题和要求，特别是让非公有制经济享受到中央第五次西藏工作座谈会提出的适合非公有制经济发展的政策和实惠，实现信息、资源共享，共同推动非公有制经济又好又快发展。

第二，为全面贯彻落实中央第五次西藏工作座谈会和区党委工作会议精神，认真分析总结西藏非公有制经济发展面临的形势、积累的经验和有利条件，尽快筹备由区党委、政府召开的全区非公有制经济发展大会，表彰全区非公有制经济发展先进个人和优秀典型（优秀建设者）。根据“新36条”和西藏非公有制经济发展实际，研究制定促进非公有制经济跨越式发展的政策措施，研究制定鼓励和引导西藏民间投资健康发展的政策规定，明确和细化各项鼓励和引导非公有制企业加快发展的配套措施，对国家允许的所有行业均予享受一视同仁的优惠政策，只要符合市场需求，符合西藏产业规定的，就积极予以鼓励和引导，为非公有制企业发展创造良好的政策环境和社会环境。

第三，充分发挥新闻媒体的舆论引导作用，把党中央新一轮优惠政策宣传到全区非公有制经济界，加大对非公有制经济人士在维护社会稳定、推动经济发展、构建和谐社会中的积极作用的宣传，增强信心，逐步消除“疑私、怕私、防私”的思想观念，为非公有制经济健康快速发展营造良好的舆论氛围。

第四，增加信贷风险补偿金额，解决担保机制问题，成立以国有资本为主导、民营资本广泛参与的股份制非公有制经济贷款担保公司，签订银企合作协议，缓解非公有制经济融资难问题，加大对非公有制企业上市工作的指导，为非公有制企业上市提供更加便捷的平台。

第五，创新组织模式，改进工作方法，加强领导协调，探索和建立符合非公有制经济健康发展的党建工作体制机制，明确非公有制经济组织、党的组织建设的牵头单位，理顺非公有制经济党建工作关系。

第六，进一步树立放宽市场准入政策，创造各类市场主体平等使用生产要素的环境的思想，打破阻碍民营经济发展的“三重门”现象，为营造平等竞争的市场环境扫清障碍。

第七，借鉴内地发展非公经济的经验，不仅要继续保持非公经济发展增速，更要在做大、做强、做精上下工夫，努力促进改善区内投资环境，“大力发展非公有制经济和个体工商户，鼓励内地经营者到西藏从事商贸、边贸、兴办实业”，努力在促进区内外非公有制企业“走出去”、“引进来”方面创造条件。

第八，扩大西藏外贸发展资金规模，扶持边贸市场建设，加强边境口岸建设，鼓励民间资本投资发展边境贸易，对民间资本从事边境贸易给予财政补助引导，对民营资本因边境纠纷造成的损失予以适当的财政资金风险补偿。

第九，由财政设立产业发展专项资金和高新技术发展专项资金，扶持企业投资发展西藏特色优势产业和自主研发新技术新产品，鼓励和支持非公有制企业树立品牌战略、搞好品牌建设，为非公有制企业上市搭建平台、创造条件。

第十，建立健全非公有制经济人才培养体系，紧紧围绕引导和推动非公有制经济，坚持科学发展观，走新型工业化道路，转变增长方式，不断提高产业层次、企业素质和发展水平，实现可持续发展的要求，由教育主管部门和区工商联牵头，有关方面配合协作，定期、不定期在区内区外党校、社院、高校办班，重点培育非公有制经济急需的现代经营管理人才、掌握现代科技知识的高新技术人才、农业产业化经营人才和农产品加工、资源综合利用技术等方面的人才。

第十一，参照国家公务员援藏规定，给予高层次人才进入西藏民营企业的相关待遇，对与西藏民营企业签订一年以上劳动合同的高层次科技或管理人才，在职称评定、政府津贴、评优表彰等方面与国有单位干部同等对待。关于非公有制经济人才职称评定方面，建议根据非公有制企业的实际，区政府责成有关部门制定有关专业技术资格评审条件，切实解决非公有制企业高级人才的职称待遇。

四　全面贯彻落实中央第五次西藏工作座谈会和区党委工作会议精神，充分发挥工商联的职能作用，积极促进“两个健康”

按照“引导非公有制企业在加快经济发展方式转变上有更大作为、引导非公有制企业在保障和改善民生上有更大作为、引导非公有制企业在提升自身素质上有更大作为”的要求，以“等不起”的紧迫感、“慢不得”的危机感、“坐不住”的责任感，用实际行动努力开创工商联工作新局面，全力促进非公有制经济人士健康成长和非公有制经济健康发展。

第一，教育、引导工商联干部和广大非公有制经济人士对中央第五次西藏工作座谈会和区党委工作会议重大意义、科学内涵、精神实质和根本要求的理解和认识，增强贯彻落实中央第五次西藏工作座谈会和区党委工作会议精神的自觉性和坚定性，进一步解放思想，更新观念，把思想认识统一到牢固树立中国特色社会主义共同理想上来，把思想认识统一到构建社会主义和谐西藏的要求上来，把思想认识统一到新时期新阶段对工商联工作的要求上来，把思想认识统一到区党委的决策部署和工作要求上来，在如何做到立足“三性”优势、发挥“五个作用”、促进“两个健康”等重大问题上达成共识。

第二，教育、引导工商联干部职工和广大非公有制经济人士认真贯彻落实中央第五次西藏工作座谈会和区党委工作会议精神，加强学习，积极实践，着力提高科学决策、统筹发展的能力，反对分裂、维护稳定的能力，化解矛盾、破解难题的能力，善于学习、开拓创新的能力，始终坚持为民宗旨，教育、引导广大非公有制经济人士牢固树立“团结稳定是福，分裂动乱是祸”的思想，努力在全区工商联系统和广大非公有制经济人士队伍中形成一心一意谋发展、旗帜鲜明抓稳定、全力以赴促和谐的局面。

第三，努力解决影响和制约促进“两个健康”的突出问题，解决工商联发挥职能作用方面存在的突出问题，解决非公有制经济人士反映集中的突出问题，解决非公有制经济人士最关心、最直接、最现实的利益问题；进一步明确区工商联立足“三性”优势、发挥“五个作用”、促进“两个健康”的工作思路，制定促进社会和谐稳定、促进“两个健康”的措施办法，建立促进“两个健康”的长效机制。

第四，按照区党委的要求，建立健全推进跨越式发展、推进长治久安的各项政策措施和体制机制，着重建立健全促进“两个健康”的领导机制、学习机制、工作机制、服务机制，切实转变职能和工作作风；要着重建立健全促进和谐稳定、促进“两个健康”的规章制度，强化服务非公有制企业，监督落实各项政策的意识和职能，为推动工商联工作和促进“两个健康”营造良好的社会氛围和发展环境。

课题组负责人：廖贻东

成　　　　员：胡　克

图书在版编目（CIP）数据

中国民营经济发展报告. 7，2009～2010 / 黄孟复主编.
—北京：社会科学文献出版社，2011.1
（民营经济蓝皮书）
ISBN 978-7-5097-1926-8

Ⅰ.①中… Ⅱ.①黄… Ⅲ.①私营经济-经济发展-研究报告-中国-2009～2010 Ⅳ.①F121.23

中国版本图书馆 CIP 数据核字（2010）第 229809 号

民营经济蓝皮书

中国民营经济发展报告 No.7（2009～2010）

主　　编 / 黄孟复
主　　审 / 全哲洙

出 版 人 / 谢寿光
总 编 辑 / 邹东涛
出 版 者 / 社会科学文献出版社
地　　址 / 北京市西城区北三环中路甲 29 号院 3 号楼华龙大厦
邮政编码 / 100029
网　　址 / http://www.ssap.com.cn
网站支持 /（010）59367077
责任部门 / 人文科学图书事业部（010）59367215
电子信箱 / bianjibu@ssap.cn
项目经理 / 宋月华　范　迎
责任编辑 / 范　迎　黄　丹
责任校对 / 郭艳萍　白秀君
责任印制 / 郭　妍　岳　阳　吴　波
品牌推广 / 蔡继辉

总 经 销 / 社会科学文献出版社发行部
（010）59367081　59367089
经　　销 / 各地书店
读者服务 / 读者服务中心（010）59367028
排　　版 / 北京中文天地文化艺术有限公司
印　　刷 / 北京季蜂印刷有限公司

开　　本 / 787mm×1092mm　1/16
印　　张 / 29　字数 / 496 千字
版　　次 / 2011 年 1 月第 1 版　印次 / 2011 年 1 月第 1 次印刷

书　　号 / ISBN 978-7-5097-1926-8
定　　价 / 69.00 元

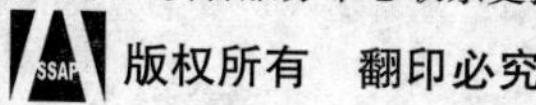